现代市场调查与预测

（第三版）

主　编　冯丽云
副主编　程化光　钟静　马君蕊

经济管理出版社

图书在版编目（CIP）数据

现代市场调查与预测/冯丽云主编. —3版. —北京：经济管理出版社，2008.6

ISBN 978-7-5096-0219-5

Ⅰ. 现…　　Ⅱ. 冯…　　Ⅲ. ①市场—调查　②市场预测

Ⅳ. F713.5

中国版本图书馆 CIP 数据核字（2008）第 044118 号

出版发行：**经济管理出版社**

北京市海淀区北蜂窝 8 号中雅大厦 11 层

电话：(010)51915602　　邮编：100038

印刷：三河市海波印务有限公司　　　　经销：新华书店

责任编辑：张洪林　赵　琪

技术编辑：晓　成

责任校对：超　凡

787mm×1092mm/16　　　　　　18.25 印张　　437 千字

2008 年 6 月第 3 版　　　　　　2010 年 8 月第 7 次印刷

印数：30001—33000 册　　　　　　定价：29.00 元

书号：ISBN 978-7-5096-0219-5

前　言

改革开放以来，我国的社会主义现代化建设取得了举世瞩目的伟大成就，国民经济高速发展，国家经济实力显著增强，人民生活水平迅速提高，伟大的祖国正面临着再度兴盛的历史机遇，中华民族正满怀信心地进入 21 世纪。

建立和完善社会主义市场经济体制是 21 世纪初的战略任务。随着社会主义市场经济体制在我国逐步建立与完善，企业由政府部门的附属物变成自主经营、自负盈亏的独立法人实体单位。从计划经济走出，步入市场经济海洋，市场的功能和作用也受到企业的重视与关注。企业进入市场，若要在激烈的市场竞争中取胜，就要正确地做出选择和决策。任何企业都希望尽可能正确地预见未来。企业在做出选择和决策时，要考虑的不是现在而是将来的市场环境条件，要衡量的不是现在而是将来的效果，这意味着任何企业决策都不可避免地伴随着市场调查与市场预测，特别是在今天大力发展社会主义市场经济的条件下，市场调查与市场预测显得尤为重要。为此，我们在教学实践和研究的基础上，编写了这本《现代市场调查与预测》，介绍现代市场调查与预测的理论和方法。

本书以介绍方法为主，结构清晰，内容精练，通俗易懂。书中引用大量的实例说明方法的运用，使学习者易于操作和掌握市场调查与市场预测的方法、技术。

本书由冯丽云主持编写，与程化光共同修订编写大纲。各章执笔人（以章为序）如下：冯丽云（第一、二、三、四、八、九、十、十四章），程化光（第五、七、十一、十二章），苏向明（第六章），雷培莉（第十三章）。全书由冯丽云主编，修改定稿，程化光任副主编。

本书在编写过程中，曾得到有关院校的大力支持和帮助，在此表示诚挚谢意。并对编写过程中所参阅的大量教材和相关书籍的作者，一并表示感谢。

由于时间仓促，水平有限，书中难免存在疏漏甚至错误之处，敬请读者批评、指正。

编　者

2000 年 1 月 2 日

第三版前言

本书自 2000 年 3 月出版发行以来，社会需求量较大。伴随社会发展，市场调查与预测的理念以及方法也日益深入人心，不光传统意义上的生产经营企业开始自觉、持续地开展各种层面的调查与分析，许多政府机构、公益组织以及个人也都开始注意到调查在决策中的价值和作用。因此，介绍市场调查与预测方法和技巧的书籍，成为这些组织及个人开展各类调查时的重要参考。而且，最近几年由于互联网等信息技术的发展和普遍应用，市场调查与预测方法本身从形态上也发生了许多变化。借此再版机会，我们考虑到如上社会需求和社会环境的变化，在保留原书特点的基础上，对原书的内容及体例做了更适合读者需求的修改：

适当更新了一些案例、观点和内容。在全书基本结构及观点不变的前提下，增补了一些较新的数据、图表和案例，从而使本书的内容更符合时代发展的实际情况，更丰富和生动，同时强化了本书的资料性和参考价值。

删减、合并了某些章节。在保持原书结构的同时，删除了个别实用性不强的章节，少数章节也根据内容的接近性与其他章节做了合并处理，使全书结构更加简明清晰，重点更加突出。

设计了更适合课堂教学以及自我学习使用的新体例，在章节编排上更注重模块化和生动性。具体修改如下：

1. 在每章开头增加了开篇案例，以故事或案例作为开头，用某个精心设计的场景或事件将读者的注意力吸引到与本章有关的基本概念上，方便读者对概念的认识和理解。

2. 在每章末增加了关键术语、思考题、互联网练习题和实战练习题等环节。

（1）关键术语：供读者在学习时作参考用，方便其把握本章知识要点。

（2）思考题：为读者或学习者提供一个复习和应用的工具，同时起到开阔思路，加深对所学知识理解的作用，旨在培养举一反三及深入思考问题的能力。

（3）互联网练习题：提供与该课程有关的网址及相关命题，培养学员将所学内容与网络资讯的收集、整理、应用联系起来，增强教材与现实的联系，拓展教材的应用空间。

（4）实战练习题：模拟一些在实际市场调查与预测操作中可能遇到的问题或情境，要求学员设计相应的解决方案，以此培养学生运用所学知识解决实际问题的能力。

本书修订后，内容新颖，案例多样、背景资料丰富，学习流程明确、实用性和指导性更强，也更加方便学习者学习和掌握现代市场调查与预测的理论、方法与技术。

本书由冯丽云主持修订，与钟静共同确定修订大纲和体例。全书由冯丽云主编，程化光、钟静、马君蕊任副主编。钟静按修订大纲负责执行第三版修订体例，以及新版书中所有新增内容的编写工作。具体各章执笔人（以章为序）如下：冯丽云（第一、二、三、四、九章），程化光（第五、十、十一章），苏向明（第六章），钟静（第一至十二章开篇案例、关键术语、思考题、互联网练习题和实战练习题、顾客满意度调查、调查报告的撰写与沟通等新版修订内容），马君蕊（第七、八章），沈丽（第十二章）。

本书在编写过程中，曾得到有关院校的大力支持和帮助，在此表示诚挚谢意。并对编写过程中所参阅的大量教材和相关书籍的作者，一并表示感谢。

由于时间仓促，水平有限，书中难免存在疏漏甚至错误之处，敬请读者批评、指正。

冯丽云

2008 年 2 月

目　录

第一篇　基本理论

第二篇　市场调查方法

第三篇　市场预测技术

第一篇　基本理论

第一章 导论

学习目标

- 回顾市场的概念和市场经济的含义
- 了解市场对企业的作用和企业对市场的主体性
- 认识市场调查的重要性
- 理解市场调查与市场预测的联系与区别
- 了解市场调查与预测学科的发展与应用
- 掌握市场调查与预测学科的特点及与其他相关学科的关系
- 把握全球市场调查的发展趋势

开篇案例

"左岸咖啡馆"是台湾统一企业（President）推出的一款高价位咖啡饮料。在上市之前，对于即将推出的新产品并没有特别具体、清晰的概念。根据当时的市场调查结果发现：台湾市面上普通利乐包（Tetra Pak）的饮料，售价一般都在 10~15 元新台币，罐装饮料售价在 20 元左右。统一企业希望新产品能比同类饮料售价更高，大约售价不低于 25元。高价位的定位需要更多产品品质和形象方面的支持，这无疑给企业提出了更多要求：到底应该怎样设计这款新产品来增加它的品质感？怎样定位新的品牌，塑造并赋予品牌高品质的感觉？

首先，要找到一个最能传达出产品高品质感的名字。为此统一企业调查了八组消费者，最后找出四个容易引起人们关于咖啡来源联想的地名作为备选：空中厨房、日式高级咖啡馆、左岸咖啡馆和唐宁街 10 号。其中左岸咖啡馆指的是巴黎塞纳河左岸充满人文气氛的咖啡馆，是诗人、哲学家喜欢聚集的地方。测试结果表明，人们普遍认为来自左岸咖啡馆的咖啡价值最高，他们甚至愿意为此多付一些钱。

根据咖啡产品以及左岸咖啡馆这个富有幻想性质的名字等特点，统一企业接下来将目标对象圈定在 17~22 岁的年轻女性上。因为她们诚实、多愁善感、喜爱文艺，而且生活经验不多，喜欢跟着感觉走。在消费时她们更热衷于产品以外的东西，寻求某种情感回报，喜欢那些能了解自己、表达内心需求的品牌。左岸咖啡馆这种感觉上是来自法国的、充满浪漫色彩的咖啡，能给她们精神上一种全新的感觉。

于是，左岸咖啡馆从产品设计、品名、包装、店头陈设、公关活动、广告促销等方面对品牌展开了全方位的宣传，促使消费者在脑海里建造一个自己喜欢的、理想的、最能释放自己情绪的法国咖啡馆。这种定位很符合目标消费者的心理需求，电视广告播出后引起很大反响，许多观众都认为左岸咖啡馆能给人带来一种愉快的孤独感，八成被访者相信有左岸咖啡馆的存在，有人甚至说"宁愿相信有"。为使消费者相信咖啡馆的存在，广告代理公司台湾奥美的工作人员说，"让我们忘记是在为包装饮料做广告，假想是在为一家远在法国的咖啡馆做广告!"于是他们将产品线进一步延伸到一家咖啡馆菜单上的所有东西，如蛋挞、奶茶、牛奶冻等各种法式甜品。在便利店的冷藏柜里，左岸咖啡馆用自己充满联想空间的产品，给忙碌的台湾人提供了一种便捷的方式，随时满足他们偶尔冒出来的一点点缥缈的精神欲望。

这种完全建立在对消费者心理了解基础上的"虚拟概念"的产品，在现实生活中获得了巨大的成功。左岸咖啡馆如一阵旋风刮过台湾，一大批年轻的女士们说"广告太棒了，我们去买吧!"头一年，左岸咖啡馆就卖了400万美元，品牌继续得到巩固。1998年上半年营业额比1997年同期增长15%，直到今天，这一增长速度仍在继续保持。左岸咖啡馆成为名副其实的高级品牌。

通过市场调研，统一企业不仅成功地设计出像左岸咖啡馆这样的新品牌，而且还因为敏感地抓住了目标消费者的心理需求，赢得了消费者的情感共鸣和喜爱，激发了进一步消费的欲望。

那么，什么是市场调查? 在开篇案例中，统一企业都采用了哪些类型的市场调查方法? 这些做法对左岸咖啡馆的成功起到什么作用? 成功的市场预测和市场调查有什么关系? 对企业而言，市场调查的意义何在? 这些都是本章将要展开仔细讨论的问题。

第一节　市场与企业

一、市场与市场经济

(一) 市场的概念

市场是商品经济的范畴，是以商品交换为基本内容的经济联系形式。在商品经济条件下，交换产生和存在的前提是社会分工和商品生产。由于社会分工，不同的生产者分别从事不同产品的生产，并为满足自身及他人需要而交换各自的产品，从而使一般劳动产品转化为商品，使产品生产也转化为商品生产。正是在这一条件下，用来交换商品以满足不同生产者需要的市场应运而生。因此，市场是商品经济条件下社会分工和商品生产的产物。市场与商品经济有着不可分割的内在联系。从人类经济发展过程看，不论哪种社会，只要有商品经济，有社会分工和商品生产，就必定存在市场。

市场又是历史的范畴，是随着社会生产力和商品经济的发展而不断发展的。在生产力和商品经济发展的不同阶段，由于商品交换的深度、广度不同，市场的内涵、范围及作用也存在着显著差异。在商品经济的萌芽阶段，由于生产力水平极其低下，人们只能以少量的剩余产品，个别地、偶然地进行交换。此时，市场尚没有形成固定的场所，仅仅表现为剩余物占有者相互让渡占有物的意志行为。在简单商品经济条件下，随着生产的发展和剩余产品的增多，人们交换产品的活动由偶然的、个别的行为过渡到比较经常的、普遍的行为，市场便开始在交通便利、人烟稠密的地方固定下来，成为专门从事商品交换的场所。但由于商品生产者进行交换的目的是"为买而卖"，因此，市场的范围和作用都是很有限的。在社会化商品经济条件下，随着社会分工的深化和商品生产的发展，商品交换的频率迅速增加，人们对交换的依赖日益加深，市场也就不再局限于一定的空间范围，而发展成为彼此独立的商品生产者相互之间进行经济联系的纽带，成为一切商品所有者通过买卖方式，相互让渡商品的交换关系的总和。

现代社会，随着生产力的迅速发展，发达国家相继进入市场经济阶段。由于市场经济是在商品经济高度发展的基础上形成和生长起来的，是商品经济高级形式，因而市场在这一阶段得到空前的发展，其内涵和外延也发生了极其深刻的变化。一方面，随着交换规模的扩大，市场冲破了地域分割，不仅越出了狭小的地区范围，形成一国的统一市场，而且扩展到国际范围，出现了多国间乃至全球性的国际市场，从而使市场的空间范围极大扩展；另一方面，市场体系高度发育，不仅生产资料、消费品等商品市场趋向成熟，而且生产要素市场，如金融市场、劳动力市场、信息市场、技术市场、房地产市场等也得到充分发展。各类市场彼此衔接，相互依存，形成完备的市场体系，成为社会生产、交换、分配、消费等各类经济活动的枢纽。此外，由市场经济的基本性质所决定，市场已成为社会资源的主要配置者和社会经济活动的主要调节者。企业作为市场主体直接面对市场，根据市场指向调整自身行为；社会经济运行亦通过市场机制协调各类比例关系，促进供给与需求、生产与消费之间的均衡发展。市场外延的扩大和内涵的变化表明，在现代市场经济条件下，市场的作用日益加强，它已经渗透到市场经济的各个方面，成为市场经济形式的集中表现，乃至包括了市场经济的全部内容。

由上述分析可见，随着社会分工和商品经济的发展，市场的概念也在不断发展和深化，并在深化过程中体现出不同层次的多重含义：

1. 市场，是指商品交换的场所，即买卖双方发生交易行为的地点或场所。这一重含义体现了市场的空间性质。任何商品交换活动，即使是与商品实体运动相脱离的期货交易，以及信息、技术等无形商品的交易行为，也都是借助现代化的交易手段，在特定的交易场所进行的。场所的概念为企业开展营销活动提供了空间基础。

2. 市场表现为对某种或某类商品的消费需求。由于市场是在商品所有者为满足各自需要而相互交换产品的基础上产生的，因此消费需求是市场的基本特征。市场经济条件下，消费需求含义更集中地体现了现代市场的本质特征。认识这重含义对企业开展市场营销具有直接意义。因为企业正是以消费者的市场需求为出发点制定生产经营决策的。从这个意义上讲，市场是指具有特定需要和欲望，而且愿意并能够通过交换来满足这种需要或欲望的全部潜在顾客。

3. 市场是各种市场主体之间交换关系乃至全部经济关系的总和。这重含义充分体现了市场的经济关系性质。在商品经济及市场经济条件下，所有商品生产者、经营者、消费者或其他各类经济主体，都必须通过市场从事交换活动，发生经济联系，实现各自利益。因此，市场成为以交换关系为主的各种经济关系的综合体。企业作为市场活动的主体之一，在营销过程中必须协调和兼顾各类主体之间的经济利益关系。

4. 市场是社会经济生活的综合体现，也是社会资源的主要配置者和经济活动的主要调节者，这是从宏观角度反映的市场含义。在这里，市场不仅表现为交换场所、交换关系和流通领域，而且囊括了生产、分配、消费等各个领域，体现了社会再生产的全过程，成为社会经济运行的总体反映。不仅如此，在市场经济条件下，市场还成为配置资源和调节经济的主要力量。任何企业的营销活动都要受到这一大市场环境的影响和制约，按照市场导向配置生产要素，组合营销活动。

市场的上述多重含义从不同角度概括、反映了市场的基本特征和性质，对企业开展市场调查和预测具有不同方面的意义。在现代市场经济条件下，市场处于不断发展中，市场内涵和外延都发生了深刻的变化，基本上形成了两类市场体系：一类是商品市场，另一类是生产要素市场。后者包括资金市场、技术市场、信息市场、劳动力市场等。我们这里讲的市场调查与预测，主要是指对商品市场的调查与预测，对后者涉及极少。从发展的角度看，作为研究范畴，将来也许会把后者包括进来。

（二）市场经济的含义

市场是商品生产、商品交换的产物，属于商品经济范畴。当一切社会经济活动通过市场，以市场作为资源配置的经济运行形式和方法时，商品经济进入高度发展阶段，即为市场经济。

党的第十四次代表大会明确规定，我国经济体制改革的目标，是建立社会主义市场经济体制。社会主义市场经济具有市场经济的一般共性：

1. 经济关系市场化。社会的一切经济活动都直接和间接地处于市场关系之中，体现供求规律、价格规律、竞争规律在内的市场机制是推动生产资源要素流动和促进资源优化配置的基本运行机制。

2. 企业行为自主化。企业是市场经济的主体，参加市场经济活动的每一个企业具有法人地位，都必须具有生产经营自主决策、自主经营的权利，必须自负盈亏。

3. 宏观控制间接化。政府部门不直接干预企业生产和经营的具体事务，而通过财政、税收、价格、金融等政策调节、规范企业经营活动，并保障市场健康运行和发展。

4. 管理规范化。竞争是市场经济的突出特点，由于市场结构本身难以达到完全竞争和提供完全的信息，而且市场竞争优胜劣汰、适者生存的客观规律容易引起两极分化，因而为实现经济长期稳定发展，需要一套科学而严谨的法规体系，让所有企业经营活动按照法规来进行，以弥补市场机制的缺陷，使整个经济运行有一个健全而科学的法制基础。

二、市场与企业

企业是一种经济组织。它通过为社会提供商品或劳动服务的使用价值，实现自己的价值，回收成本获取利润，持续地从事生产经营活动。换句话说，企业是投入某种生产、流通中所需要的资本，通过从事生产、流通活动使资本增殖，进而再投入，是使资本循环运动的经济实体。

我国实行社会主义市场经济模式。在这种经济模式中，企业拥有自主经营的法人地位。企业在生产、流通经济活动中，国家指令性计划部分越来越少，生产、流通必须建立在以市场需求为导向，充分利用资源的基础上，把市场作为企业生产经营的大舞台。一个企业的一切活动都是围绕市场展开，而市场则是变幻莫测，充满激烈竞争的"战场"，企业要想让自身的资本循环运动获得成功，取得好的经济效益，应该抓好两个基本环节：①以市场为导向，并以从市场取得资源为条件。②以生产为媒介，将生产的产品推向市场。为此，企业必须根据市场变化，做出正确的分析判断，制定出适合市场情况的战略和策略。企业参与市场，并促进市场发展，就必须充分认识市场对企业的作用和企业对市场的主体性。

（一）市场对企业的作用

市场对企业的作用主要有以下三点：

1. 市场关系企业的生存和发展，体现其对社会的贡献。从生产者和经营者的角度看，企业生产经营的产品或提供的服务在市场上有无销路，能否实现其价值，将直接影响企业的利润，关系着企业的生存和发展。马克思指出："每一种商品都只能在流通过程中实现它的价值；它是否实现它的价值，在多大程度上实现它的价值，这取决于当时市场状况。"[①] 马克思还指出商品的出售"是商品的惊险的跳跃"，"这个跳跃如果不成功，摔坏的不是商品，但一定是商品的所有者"。[②] 然而，问题还不仅仅如此，商品销售不出去，价值不能实现，企业就无法向国家上缴税利，又直接影响社会主义的积累，其实质也就是社会主义国家生产的这部分成果没有转化为人民可利用和享受的内容，没有为社会主义生产目的作贡献。

2. 市场引导企业适应消费，同时又检验和校正企业劳动的有用性。只要存在商品交换，价值规律就会客观地起作用。①市场反映供求比例关系，供求比例不协调，价格必然高于或低于价值。为此，企业要想卖出产品，事前必须了解供求关系变化趋向，并以此作为决策依据，事后又要以市场供求关系校正生产经营计划，以求适应消费，取得效益。②市场价格是检验企业经营好坏的尺度。为使企业成为所在行业中低成本优势的企业，让低成本转化为高收益，企业经营必须设法把个别劳动时间的耗费降低到社会必要劳动时间之下。通常企业只能采用新技术和先进的经营管理方法，通过如规模经济、专利技术、原材料优惠待遇、分销渠道选择等途径来降低生产成本和流通费用。

3. 市场充满竞争，既活跃繁荣经济，又给予企业威胁。有市场必然有竞争，在任何行业里，无论是生产一种产品还是提供一项服务，竞争规律都寓于下面五种竞争力量之中：新的竞争者进入，替代品的威胁，买方的讨价还价能力，供方的讨价还价能力和现有竞争者之间的竞争。竞争使供求和价格复杂多变，价格和供求又交互影响，在客观上迫使企业必须灵活经营，提高应变能力。一方面，生产者和经营者在市场上通过公平竞争，更加相知相识，能公正处理他们之间的利益，促使他们之间的生产经营协作关系更加紧密；另一方面，竞争必然优胜劣汰，鼓励先进、鞭策后进，迫使企业增强竞争意识，通过企业成本优势、别具一格、集中一点等竞争战略的运用，变市场威胁为动力，提高竞争能力。

（二）企业对市场的主体性

社会主义市场经济运行模式，宏观管理要根据市场运行规律引导市场发展，对企业微观管理来讲，要按照市场需求进行生产经营，同时接受国家宏观计划指导。正确处理计划与市场的关系，必须认识企业的市场主体性。

市场主体，是指市场上商品交易活动的当事者。它是相对于市场交易对象——商品而言的市场交易行为主体。总体而言，市场主体分两大类，即从事生产经营的各类工商企业或个人和具有一定支付能力的消费者。在这两大类市场主体之间的市场交易矛盾关系中，前者是矛盾的主要方面。企业的运行状况直接影响和决定着市场的整体运行，且促进商品经济由低级阶段向高级阶段市场经济发展。

---

① 《资本论》第3卷，第720页。
② 《资本论》第1卷，第124页。

1. 从发达的市场经济国家来看，企业成长推动市场体系的完善。从原始社会到封建社会，商品生产虽有发展，但基本上是以手工劳动为基础的自给自足的自然经济，家庭或手工作坊的经济组织形式不是真正的商品生产经营企业，市场体系极不完善。在资本主义生产方式的形成和商品生产高度发展的条件下，出现了劳动社会化程度比较高的以赢利为唯一目的的企业，企业成为一种社会普遍发展起来的组织生产和商品流通的主要形式，企业才成为市场主体。企业是为获取赢利，进行自主经营、自负盈亏、自我发展、自我约束，具有法人资格的经济单位。随着资本主义企业自身的发展，企业以"市场—技术—资源"经济发展公式，根据需求进取性地在市场上自主地进行交易和生产要素流动。当市场交易关系越来越趋复杂时，企业间自由放任式竞争的弊端也就越来越明显，促使政府出面制定各种经济法规以对市场交易活动宏观调控。就是说，是企业主体的成熟，促使市场体系和市场调控趋向完善，使企业市场交易行为规范化，资本主义商品经济也才成为真正的市场经济。

2. 从我国实现社会主义市场经济目标模式来看，我国经济改革以前，企业并不是真正意义上的企业，而是政府部门的附属物。改革以来，虽然加大了市场调节的范围和力度，但政府的指令性计划和过分的行政干预使企业未能最终摆脱政府行政部门附属物的地位，企业仍不能成为市场主体。实现从传统的计划经济体制向社会主义市场经济体制转变的前提和基础是把国有企业推向市场，使其成为自主经营、自负盈亏、自我发展、自我约束的市场主体。企业成为市场主体，一方面，企业的生产经营活动以市场为导向，即以市场为经济活动的"指南针"，根据市场需求的变化规律在市场上自主地进行商品交易和生产要素的流动，实行经营、价格、投资、贸易开放，避免人为设置障碍；另一方面，企业作为市场主体又要求公平竞争，要求设立保障公平竞争的各项法规和管理组织机构，有效地实施宏观调控。近几年来，随着企业自主权的扩大和主体意识的增强，这种要求也越来越强烈。

企业作为市场运行的主体，其主体特征主要是：

1. 经营决策自主性。企业成为真正意义上的商品生产者和经营者，应具备的基本条件是拥有经营决策自主权，即企业是法人产权主体，享有资产占有、使用、收益和处分等行为权利。具体表现为企业能够在国家间接宏观调控下，根据市场需要自主地对生产经营计划、投资安排、资金支配、产品和劳务定价以及企业内部的劳动、人事、工资资金分配等做出决定并有组织实施执行的权利，并且对经营后果负责。企业经营决策自主性能保障企业经营决策面向市场，实现资产重组和产权转让，促使资源配置优化。

2. 经济活动效益性。企业是一个相对独立的物质利益主体，企业经济活动必须讲究经济效益，即追求利润最大化。企业追求利润以满足企业生产经营本身的需要、集体福利和企业劳动者的收入三个方面的利益要求。这三个方面的利益是保证企业生产经营活动持续进行的条件，因为它能够激励企业员工用较少的社会劳动、较快的速度、较完全的措施实现商品的价值，最终实现利润最大化经营的目标。企业追求利润最大化的社会效益，一方面表现在企业利润大，上缴国家税利就多，国家积累也就多；另一方面还体现在局部社会劳动转化为社会必要劳动的过程中，企业为在市场中获得平均利润和超额利润，在生产经营过程中尽可能提高技术水平、提高劳动生产率、降低成本，从而推动社会技术进步、加速流通，并且在市场上展开全面竞争，企业运用价格、风险、供求、利率等市场机制要素在动态环境中不断吸取于自身有益的东西，在竞争中获得利润。换句话说，企业追求利润最大化也会成为推动市场繁荣和社会进步的一种动力。

3. 企业市场行为应变性。企业市场行为应变性，指企业充分认识生存空间——市场的复杂性、多变性，运用好经营决策自主权，能动地制定适应环境变动的对策。它表现为企业经营管理者在客观环境中要审时度势，分清积极面与消极面，运用诸如市场开拓不止、产品以新取胜、质量以优取胜、价格以廉取胜、顾客以信取胜、促销以特与快取胜等对策与应急措施，使企业市场行为在市场规则范围内，既满足消费者客观需要，又创造顾客需要，与多变的市场之间保持动态均衡。

4. 企业系统自组织性。企业是一个开放性系统。企业系统的自组织性是指企业运行机制使企业系统具有抗干扰能力。干扰是一种环境对系统的影响，它使系统偏离原来的稳定运行状态；抗干扰能力是企业自我组织、自我改造、自我发展能力的总称。抗干扰能力表现为企业能在生产、分配、交换、消费过程中出现诸如通货膨胀、国家紧缩银根和信贷以及其他非正常秩序等无序情况时，根据自身条件借助与环境间的物资、能量、信息的流动，加强组织控制，实行人、财、物全面优化配置，增强消化能力，维持一种时间、空间、功能的有序结构，把握市场机会或变威胁为机会，使企业系统返回原稳定状态或渐变为一种新的稳定状态。

企业系统自组织性的作用有以下表现：①创业，即根据市场需要吸收人、财、物等资源，组织成立一个为市场提供产品和服务的新企业。②管理，即通过强化管理，挖掘企业内部潜力，提高资源利用效率。③扩大，即企业通过与外界资源的流动，增加新产品或新服务，在本地区或外地增设分支机构。④联合，即通过不同企业的联营、联合、兼并、集团化，使资源得到最佳利用。这四种表现促使企业在变动的环境中保持经济良性循环。

经营决策自主性是企业市场运行的基础和前提；经济活动效益性是主体目标；企业市场行为应变性是主体行为目的性要求；企业系统自组织性是主体行业的机理。在实践中，企业越是能将四个主体特征有机结合，就越能对市场各种变化做出相应的能动反应，满足需求、引导消费、促成市场的开拓，提高竞争优势，成为一个卓有成效的企业。

第二节　市场调查的必要性

市场调查同市场预测以及在市场预测的基础上做出的经营决策有着密切的联系。如果行之有效的经营决策要以科学的市场预测为前提条件，那么要对市场的未来发展进行科学的预测，则必须以及时掌握市场信息、搞好市场调查为基础。因而，从一定意义上讲，市场调查是市场预测、经营决策过程中必不可少的一部分。

一、市场调查的作用

国际知名的市场调查专家、美国得克萨斯大学阿灵顿分校市场营销系主任小卡尔·迈克丹尼尔（Carl McDaniel, Jr）博士在其著作《当代市场调研》中指出："市场调研具有三种功能：描述、诊断和预测。它的描述功能是指收集并陈述事实。例如，某个行业的历史销售趋势是什么样的？消费者对某产品及其广告的态度如何？调研的第二种功能是诊断功能，指解释信息或活动。例如，改变包装对销售会产生什么影响？换句话说，为了更好地服务顾客和潜在顾客，应该如何对产品/服务提供物进行调整？最后一种功能是预测功能。例如，企业如何更好地利用持续变化的市场中出现的机会？"

市场调研具有的这三种功能对企业营销管理来讲是至关重要的。

目前，市场上大多数产品已进入或正在进入买方市场。如果企业面对的是国际市场，情况更是如此。在这样的市场条件下，企业经常会面临这样一些问题：花费很多资金生产出来的产品却找不到市场；开发出了一种符合购买者要求的产品，并设计出了颇能吸引人的广告，但却错过了市场上的销售时机；由于销售渠道没有找好，优良的产品出现销路不畅等。在市场竞争激烈的情况下，出现这样的问题直接关系到企业的生存和发展，因而市场调查的作用就越加重要，对市场信息、资料收集得越多，分析得越准确，产品的销路则会越好；因此，市场调查已成为工商企业者共同关注的目标，被许多人称为企业的"雷达"或"眼睛"，其重要作用主要表现在以下几个方面：

（一）为企业决策提供依据

经营决策决定了企业的经营方向和目标。它的正确与否，直接关系到企业的成功与失败。因此，瞄准市场，使生产或经营的产品迎合消费者的需要是经营决策中需要首先解决的问题。

企业的产品有多大的市场，是指消费者对本企业产品的购买力有多大。而消费者之所以要选择这种产品，需要企业摸清以下的情况：此种产品被消费者认可的程度，对消费者有何吸引力；销售量有多大；是普遍需要还是哪一个特殊阶层需要；定价多高消费者可以接受；这种定价水平是否能使企业赢利；广告宣传应侧重强调哪一个部分才能吸引更多人的注意；市场上是否有同种产品；经销商对此种产品的看法，是否愿意经营。如果是一个出口型的企业，市场调研还需了解更多的情况。如哪些国家对此种产品的需求量最大；产品在进入国际市场前应做哪些改变；选择什么样的销售渠道；打入国际市场的成本支出有多大；等等。在收集到相关资料以后，才能根据本企业实际情况，确定营销活动的最佳方案，做出决策。

就单个企业来讲，它所生产或经营的产品，也许是新产品，也许是市场上已经有的产品，也许还未最后决定未来将发展哪些产品，通过市场调研，结合本企业的实际情况，企业才能决定是采用寻找同别人竞争的手段生产或经营已经在市场出现的产品之策略，还是采用寻找市场缝隙之策略，以己之长，克他之短；还是采用同以往一样的策略，力争保持原有的市场份额。实际上，经营策略的正确与否建立在准确的资讯的基础之上，再加上管理人员的正确判断，就会使企业在代价很小的情况下，取得最好的效益。

在买方市场的情况下，占有市场不易，保持住市场份额更不易，它是企业面临的一个长期的课题。因此，只有坚持不懈地进行市场调查，不断收集和反馈消费者及竞争者的信息，才能正确把握经营策略的制定和调整，从而在市场上站稳脚跟，立于不败之地。

（二）有助于企业开拓市场，开发新产品

任何企业不会在现有市场上永远保持销售旺势，要想扩大影响，继续赢利，就不能把希望寄托在一个有限的地区范围内。当一种产品在某个特定市场上未达到饱和状态时，企业就应开始着眼于更长远的市场，这是企业谋求发展的需要，而当产品在某一地区或某一消费者群中出现饱和时，开辟远方市场，使产品向更多更远的地区辐射就成为非常迫切的问题了。通过市场调查活动，企业不仅可以了解其他地区对产品的需求，甚至可以了解到国外市场的需求情况，它使企业掌握了该向哪些地区发展、有无发展余地的有用信息，从而决定下一步的经营战略。

就工业企业而言，某种产品进入成熟期后，最有效的继续生存的方式就是开发新产品。新产品既可以是原有产品在某些方面的改造，也可以是重新生产一种全新型的产品，究竟应该采取哪种方式，同样需要通过市场调查来研究消费者的需求变化。

消费者的需求受社会、个人、心理和生理因素的影响，它不是靠经验和主观判断就可以确切把握的。在商品丰富的情况下，消费者的需求会更加苛刻，选择性也会增强，对新奇产品的认可也会越来越快，这对企业维持老产品的销售会产生不利的影响，但对开发新产品来说，则存在着很多成功的契机。市场调查可以了解和掌握消费者的消费趋向、新的要求以及对本企业产品的期望，等等。如果调研结果表明开发新产品或改造老产品才能维持企业应有的收益时，那么产品生产的及时转向就会使企业的销售出现新的高潮。

（三）有利于企业在竞争中占据有利地位，赢得竞争优势

"人无我有，人有我转"的经营策略是每一个企业对付市场竞争的有效方法。知己知彼，才能跟竞争对手进行较量，这同样要借助于市场调研，通过调查摸清竞争对手占有市场的情况以及竞争产品之所以受欢迎的原因。

要达到在竞争中取胜的目的，就必须掌握对手的经营策略、产品优势、经营力量、促销手段及未来的发展意图，等等。企业面对的可能是一个竞争对手，也可能是多个对手，是采取以实力相拼的策略，还是采取避开竞争、另觅新径的策略，要根据调查结果并结合企业实际做出决断。在竞争中占据有利地位，并不一定非要进行直接的面对面的竞争，因为直接竞争的损耗将会很大，因此，通过市场调查，了解对手的情况，就可以在竞争中绕开对手的优势，发挥自己的长处，或针对竞争者的弱点，突出自身的特色，以吸引消费者选择本企业的产品。一旦竞争决策有误，经营的失败不仅表现为市场占有率的减少，也意味着对手力量的进一步强大，显然，市场调查对竞争中的取胜意义重大。

（四）促进经营管理的改善，增加销售，增加赢利

企业生产或经营的好坏，最终要取决于经营管理者的管理水平。重视市场调查，不断收集和获取新的信息，才能熟知生产和管理技术发展的最新动态，找出自身的差距，从而向更先进的水平靠拢。

市场作为商品交换的场所，具有比较商品的功能，不论企业生产能力、技术水平、生产设施、原材料和成本的支出的情况怎样，生产的产品都要被置于市场上进行比较。由于市场只承认在社会必要劳动时间内生产出来的产品，最终能够站稳市场的将是那些生产低投入、低损耗、高产值、高质量产品的企业。如果企业的经营管理水平高，能够有效地调动现有资源，并合理调配，进行最佳组合，就可以达到降低成本、减少损耗的目的。企业通过市场调查更多地了解其他企业的优势和先进技术，才能学习或借鉴他人的长处，提高自身的管理水平和竞争能力。

现代经营管理注重的是科学化和理性化的管理。它是建立在拥有大量数据和文字资料的基础之上的。管理决策不能凭经验，而要以对大量资料进行分析后的结果为依据，做出科学的判断，因此，重视市场调查是提高企业管理水平的基础。

当今的时代也是科学技术飞速发展的时代，吸收和采纳新技术的水平和速度是企业经营管理水平高低的重要标志。市场调查可以及时掌握与企业相关领域新产品和新技术的发展状况，为采用新技术和新设备创造良好的条件。而只有不断采用高新技术的企业，才能超前于其他企业，保持自己的竞争优势，同时，高新的技术要求新的管理方式和经营观

念，它们之间相辅相成，促使企业不断改善管理水平，以达到高产值、低消耗、多销售、少支出的目的。

二、市场调查与市场预测

从市场预测的角度分析，市场调查的必要性也是显而易见的。众所周知，市场调查是市场预测的基础和前提。这主要表现在以下四个方面：

（一）市场调查可以为确定市场预测目标提供方向

企业在市场营销管理过程中，需要处理的问题和矛盾很多，通过市场调查分析，可以发现问题的症结而使问题能较顺利地解决。即使不能完全解决问题，也可以为市场预测提供研究方向，成为企业进行市场预测的目标。

（二）市场调查可以为市场预测提供必需的信息资料

企业进行市场预测时，为保证预测结果的准确性，就必须对市场信息进行科学分析，从中找出规律性的东西。而市场调查获得的大量信息资料正是市场预测的资料来源，这些资料为市场预测数学模型的建立与求解提供了大量历史数据和现实数据，有助于取得较准确的预测结果。

（三）市场调查方法丰富和充实了预测技术

市场调查方法大都具有简便实用、好懂易记的特点。市场预测的许多方法正是在市场调查方法基础上充实、提高而形成的。例如，用于预测的"专家意见法"，就是吸取了市场调查的方法，经过反复实践而形成的，既简便实用，又避免了结果的不确定性和离散性。有些简单的市场调查方法，如问卷填表法、访问座谈法等，若在调查内容中加进预测项目，同样可以得到简明的预测结果。

（四）市场预测的结论要依靠市场调查来验证和修订

市场预测不是凭空臆想，而是建立在认识和把握客观规律的基础之上的一种预见和测算，是在科学理论指导下做出的有一定科学根据的假定。但假定毕竟是假定，预见不等于客观现实。市场预测的结论正确与否，最终还要由市场发展的实践来检验。因此，市场调查不仅能够检验前一段的预测结果，还能够分析论证预测成功或失误的原因，总结经验教训，不断提高市场预测的水平。另外，在做出预测以后，也可以通过市场调查获得新的信息，对预测结果进行修正。

由此可知，市场调查是认识市场变化的起点，也是市场预测的出发点。离开市场调查，根本谈不上科学的市场预测。所谓鉴往知来，就是这个道理。因此，市场调查实际已成为市场预测的有机组成部分。许多企业面对复杂多变、千头万绪的市场问题，不知从何处入手去解决，有的甚至以为只要掌握了预测手段，搞了预测工作就会提高管理水平，这是不正确的，须知市场预测只有建立在市场调查的基础之上，才会结出丰硕的果实，也才能对企业经营管理发挥重大作用。

从以上分析可以看出：市场调查与市场预测之间虽然存在着密切的联系，但二者并不是一回事，绝不能混淆。二者之间既有联系也有区别，主要区别在于：

1. 两者的研究侧重点不同。市场调查和市场预测虽然都研究市场商品供求关系及其影响因素，但市场调查侧重于市场现状和历史的研究，这是一种客观的描述性研究，目的是了解市场客观实际情况，弄清事实真相，并及时捕捉市场信息；市场预测则侧重于市场未来的研究，这是一种预测性研究，着重探讨市场供求关系的发展趋势及各种影响此趋势变化的因素，目的是对未来的市场及时做出推断和估计。其间虽不免有交叉重叠之处，但区别依然是十分明显的。

2. 两者的研究结果不同。进行市场调查和市场预测，其最终目的都是通过对市场的研究，为各种决策提供依据。但市场调查所获得的结果是市场的各种数据、资料和调查报告，这些都是客观现实的实实在在的反映，涉及的内容比市场预测要广泛得多，因而既可作市场预测的依据和资料，也可直接为经济管理部门和企业的日常决策提供依据。而市场预测所获得的结果是关于未来市场发展的预测报告，是一种有一定科学根据的假定，主要为制订计划和管理决策服务。

3. 两者的研究过程和研究方法也不完全相同。在市场营销活动中，由于对市场缺乏全面了解，需要进行初步的市场调查。一旦对市场有了认识，了解了市场现状，就可规划未来的发展目标，这时才需要进行市场预测。从研究方法看，市场调查的方法多属于了解情况、认识市场、捕捉信息的定性研究；而市场预测的方法则多是建立在定性分析基础上的定量测算，许多方面需要运用数学方法和模型。

第三节　市场预测与企业决策

一、预测属于认识范畴

我们处于信息社会。美国经济学家约翰·奈斯比特有过这样的论述："我们仍然认为自己是生活在工业社会里，但是事实上我们已经迈入以创造和分配信息为主的经济社会，即信息社会。农业社会，时间以'过去'为主，农民根据过去的经验，知道如何播种、收割、储藏；工业社会，时间以'现在'为主，生产、经营、出售就事论事；在信息社会里，时间以'未来'为主，谁能把握未来，谁就是强者。"因此，我们必须根据现在掌握的信息，预见未来。

预测，是指根据过去和现在去推测未来，由已知推测未知。人类在社会实践中，为达到某种目的，要趋利避害地规划未来行为，总要事前对所关心事物的发展趋势或可能结果做出判断和测算。自有人类文明以来，就存在预测活动。预测对象涉及很广，几乎涉及自然界和人类社会的各个领域，如社会预测、经济预测、科学预测、技术预测、军事预测，等等。

由已知去推测未知，绝非是臆测。而是运用各种知识和科学手段，分析研究历史与现实资料，经过科学思维将现有认识延伸到未来，对所关心事物的发展趋势或可能结果进行事先的推测和估计。

预测属于认识范畴。人类通过"实践、认识、再实践、再认识"这一无限反复过程，不断发现和认识真理，由此能从现实揭示客观事物发展变化的规律性，也才能事前对事物未来产生认识。预测实际是一个过程：从过去和现在已知的信息出发，利用一定的分析方法和技术，去探索事物现在至未来的变化过程，推断出未来的可能结果。未来事物是随机事件，可能这样，也可能那样，具有不肯定性，正是为了减少这种认识上的不肯定性，人们需要预测，进行探索性思维，据以减少风险。预测这种思维认识过程由预测依据、预测分析、预测技术和预测结果四个基本要素组成。预测依据，是指在调查研究的基础上所掌握的反映过去、现实的有关情报、数据和资料；预测分析，是指将各种预测依据经过核对、比较、综合，进行科学思维分析与估计、测算；预测技术，是指预测分析所运用的科学理论、方法和手段（使用的工具和设备）；预测结果，是指在预测分析的基础上，预测者最后对事物发展趋势、规模、程度、性质、特点以及各种可能性水平做出的判断结论。

随着人类社会各种预测实践经验的积累，尤其在第二次世界大战后，世界经济和科学技术的迅猛发展，各种事物的运动规律不断地被揭示，人们进行探索的思维方法和手段也不断地科学化、现代化，预测随之也成为一门科学。预测科学不断地吸收自然科学和社会科学的成果为营养，在实践中使人类预测活动的预测理论与方法日臻丰富和完善；预测的可靠性程度也越来越高，运用范围越来越广，几乎涉及自然界和人类社会的各个领域，如政治、经济、科学等，使人们日益感受到"凡事预则立，不预则废"的重要性。例如，在1992年美国总统大选中，美国的民意测验中心预测大选中将有：42%的人投克林顿的票；37%的人投布什的票；17%的人投佩罗的票。上述的误差为±3%。1992年11月4日总统大选揭晓，投票结果是：克林顿43%，布什38%，佩罗19%。全国选民的99%参加了投票。又例如，日本丰田汽车公司为了打入美国市场，对美国及世界经济做了多年的调查研究，预测到未来能源日趋紧张、通货膨胀加剧、城市交通更加拥挤、环境保护将引起社会广泛重视。针对这四种情况，做出研制节能、廉价、安全、可靠、具有第一流的限制排气系统的小汽车的决策，而美国当时却忽视了这方面的预测。当上述四种情况相继出现时，日本汽车大量涌进美国市场，并受到用户的极大欢迎，使得美国汽车工业受到很大的冲击，日本汽车工业取得了全球汽车霸主的地位。

二、市场预测是正确决策的基础

决策同样是个过程。它要从现实问题出发，去探索解决问题期望达到的目标和寻找实现目标的办法、途径，形成可付诸实施的最优方案，进而去组织执行，实现目标。也就是说，决策过程中形成的最优方案是一种对未来行为方式的筹划，要指导实践，通过在实践中执行达到目标，并且证实这种探索性思维结果（最优方案）正确与否，促进认识的又一次飞跃。所以，决策既属于认识范畴，又属于实践范畴。

认识是主观对客观的反映，任何决策离不开认识，尤其不能没有预测这种探索性思维。企业的决策为了达到正确的目标，要在各种不同方案中进行比较选择，它在本质上是面向未来的。因此，企业能否正确而有效地进行决策，在很大程度上取决于决策者对企业生产经营活动的发展趋势和变化程度的认识能力和判断能力。而这种认识能力和判断能力的基础是市场信息。准确的市场信息是进行正确决策的必要前提。

市场信息从广义上讲，它是对商品交换过程中市场系统客观形态及其变化规律的反映。市场信息积累到一定量之后，被人们认识和掌握，而系统化的市场信息就成为市场经营管理的知识。这些有关市场活动的知识经过人们的收集、传递、接收，被用来解决特定的经营管理问题，则称为市场情报。所以，市场信息又是对被人们传递、接收、理解了的，与市场活动有关的各种消息、数据、资料、知识、情报的统称。企业获取市场信息的手段是市场调查研究。

日本从第二次世界大战战败后，经过30多年的努力，到20世纪80年代一跃成为世界经济超强国家之一，是与日本企业不断以强劲的竞争力在国际市场上争得一个又一个胜利分不开的。日本企业成功的一个很重要的原因在于其独特的营销技巧，而这些营销技巧之关键在于企业根据市场调查研究，将发掘并抓住市场机会作为经营活动的出发点和归宿。《新竞争——日本式营销策略》一书，归纳日本企业能够占领美国市场的原因为五点：

1. 寻找现已存在的机会，即在众多的市场细分中寻找出被其他公司所忽略或服务不佳的细分市场为自己的目标市场，为即将面临的市场竞争做好市场定位。

2. 创造出来的机会，即日本企业经过自己的研究与技术发展在市场上敢于承担领导者与创新者的角色。创造出来的机会是在激烈的竞争中凭借研究与技术，寻找并建立新的产品与市场机会。

3. 用营销创造力开创市场机会，即日本企业以产品品质和独特的分销渠道、定价、广告显示市场创造力，借助塑造企业的差异形象来提高自己市场的竞争力。

4. 适应及改变顾客偏好，即了解顾客需要什么，以及愿意付出多少代价，预测并满足顾客的需要。在这方面日本企业绝不只是让自己为顾客购买显示出来的偏好所引诱，更重视从中探索出跨越现有偏好的倾向，常常以渐进式的产品开发模式展现出改变顾客偏好的能力。

5. 学习竞争者以创造机会，即日本企业不仅研究顾客，还专注了解竞争者，学习其长处，也从中找到竞争对手的脆弱点，据以创造机会。

上述五点原因的实质是市场调查研究为企业决策提供了准确的市场信息，使日本企业比美国企业更快、更迅速地把握市场机会，逐渐挤进并占领了相当一部分美国市场。可见，市场调查是企业市场经营的重要环节。企业要根据经济规律的要求和市场特点，创造性地对商品在市场上的竞争地位、市场占有率、商品销售的优势和劣势、价格、销售量、产品的生命周期、新产品的开发能力、销售途径等，进行调查研究，掌握市场变化规律，寻找市场营销薄弱环节，以谋划适应环境和时间变化的经营战略和策略，创造性地开展经营活动。也可以说，企业通过市场调查研究收集市场活动历史和现实的事实材料，借助预测理论与方法探索未来，对市场活动未来发展趋势做出预计，推测市场活动发展变化可能达到的水平和规模，减少对未来市场活动认识的不确定性，为设想解决问题方案及方案论证、评价、比较选择提供科学依据。调查研究，收集市场活动历史、现实信息是市场预测必不可少的基础工作；预测是对未来市场活动不确定性、未来发展前景做出表述和预计，是将现实与未来联系起来进行探索性思维；预测得到的未来信息量越多，企业决策也才能有正确的防患于未然、积极进取的对策；预测对决策具有参谋作用，离开预测，决策就会陷入盲目性，预测是正确决策的前提。

对于企业来说，正如法国展望与预测中心科技展望部主任马塞尔扬所说的那样："任何时候，我们都要先于竞争对手捕捉到未来技术的发展前景和消费者的要求，同时，要有足够的勇气利用预测结果做出决策。许多企业家遭失败，一方面是因为没有预测或有预测错误；另一方面则是因为当自己在少数派时，不敢相信自己掌握着真理。"预测成为企业进行技术选择的工具，并在决策时发挥重要作用。

综上所述，我们对市场预测可作如下定义：市场预测，是指在市场调查的基础上，运用预测理论与方法，对企业决策者关心的变量的变化趋势和未来可能达到的水平做出估计与测算，为决策提供依据的过程。

市场调查研究可以获得市场变量和经济关系的有关历史和现实的信息。企业决策者关心的变量（即关心事件），在微观经济方面主要是市场需求量、企业的销售量及竞争对手的销售量和投入要素的价格水平之类的变量。在宏观经济方面主要是国民生产总值、经济发展速度、积累与消费比例、居民消费占总消费比重、进出口总额水平、通货膨胀率、科技发展水平和利率等。微观经济变量的预测必须根据企业经济活动实际需要自觉地组织，其预测结果显示市场容量大小、企业在市场中所占份额、企业相对收益能力，这些结果有助于企业对生产、分销管理、广告和促销等做出计划和进行控制，能够帮助企业经营者发现新的顾客和改变产品以满足顾客不断变化的需要。而宏观经济变量反映企业经济活动的社会经济环境条件，大多数情况下这类变量的预测由国家经济部门进行，企业利用公布的预测结果，了解它们的变动对微观经济变量的影响程度，以及带来的机遇与风险。

市场预测从性质上讲，它服务于企业经营管理，为决策提供信息服务。它既可能是长期的，也可能是短期性的。例如，为企业制订产品生产计划、销售计划、库存计划提供信息服务的是短期预测。而长期预测则基本上为企业经营方向选择、设备投资、研究开发等决策提供信息依据。短期预测主要是微观经济变量预测。长期预测则兼有微观、宏观两类经济变量预测。

市场预测的可靠性直接影响企业决策的正确性。市场预测的可靠性主要决定于市场调查研究提供信息的可靠性、预测理论和方法应用的合理性。许多市场预测实践使企业决策者认识到，即使目前市场预测方面存在诸多困难，如预测依据不够完善、预测人才短缺、预测技术手段的局限性等，致使预测结果可靠性不太令人满意，但还是应当开展预测。因为市场预测能使决策者减少对未来不肯定性认识，根据预测结果来判断企业经济活动是否正常，企业面临何种机遇与风险，该怎样决策，从而促进经营活动蒸蒸日上。

综上所述，现代企业经营管理的重心在企业决策，企业决策的基础是信息，市场预测是给企业决策提供信息服务的重要手段，这种信息服务通过企业决策加以利用才能产生价值，转化为财富。做好市场预测有益于决策者提高预见能力和判断能力。市场预测越可靠，企业决策越正确，经营管理越有成效，创造财富也越多。

第四节　市场调查和预测学科的发展与应用[①]

一、市场调查与预测学科的发展过程

小卡尔·迈克丹尼尔博士在其著作《当代市场调研》中指出：市场调研实践的历史与营销一样久远。早期腓尼基人在地中海沿岸各港口之间进行交易时就进行市场需求研究。马可·波罗的日记中也记载了在中国旅行时，他曾从事过市场调研。实践证明，市场调查与预测的需要是随着商品生产和商品交换的发展而产生和发展的。在人类历史上，开展国内外贸易已有千百年的历史。与之相适应，市场调查与预测实践的历史也与国内外贸易一样久远。使用市场调研给管理者带来了很多益处，这也是促使人们开展市场调研的原动力。由于企业能够从调研中赢得竞争优势，所以，人们可能会认为市场调研至少应该有几百年的历史了。然而，事实并非如此。营销调研直到 20 世纪初才走出萌芽状态。市场调

---

① 叶树滋编：《市场调查与商情预测参考资料》，中央广播电视大学出版社，1985 年 8 月版。

查与预测形成为一门学科，或者说一门应用科学，是在 20 世纪初首先在美国逐渐发展起来的。

市场调查与预测学科的发展，在美国大致可以分为三个阶段。

（一）市场调研学科的建立期

这段时期是从 20 世纪初至 20 世纪 30 年代。1905 年，美国宾州大学首先开设了一门课程，叫做"产品的销售"。1911 年，美国当时一个最大的出版商"柯的斯"出版公司，聘请佩林（Charles Coolidge Parlin）担任该公司商业调查部经理。佩林首先对农具销售进行了调查，接着对纺织品批发和零售渠道进行了系统的调查，后来，他亲自调查访问了美国 100 个大城市的所有主要百货商店，系统地收集了第一手资料并著书立说，为分销普查提供了分类的基本方法。他有不少创建，如在美国的商品经营上，把便利品和选购品加以区分，等等，都是他首先提出来的。当时他编写了一本名为《销售机会》的书，内有美国各大城市的人口地图、分地区的人口密度、收入水平和有关资料，受到了人们的重视。佩林为销售调查作出了巨大的贡献，被推崇为"市场调查"这门学科的先驱，美国市场营销协会（America Marketing Association）每年都召开纪念佩林报告会。

在佩林的影响下，美国橡胶公司在 1915 年建立了商业调查部，随后，史威夫脱公司也建立了商业调查部。与此同时，美国的一些垄断企业和主要公司也纷纷建立组织，开展系统的市场调查工作，取得了显著的经营成果和经验。杜邦公司建立了一个贸易分析部，规定其销售人员定期提出关于销售数量、商品情况和销售预计的报告，并立档加以研究分析，成为一个行之有效的制度。希尔斯公司是世界最大的一个商业企业，从 20 世纪初以来，这个公司一贯重视市场调查，通过市场调研，制定、调整和改变经营方针、方法，从而适应不同的经济发展阶段的市场需求变化，取得了长期的、持续的发展。

与此同时，美国哈佛大学商学院成立了商业调查研究所，他们进行调查后提出的第一个报告是《关于鞋店流通费用的报告》。后来，他们又对杂货店、专业商店、百货商店等进行了调查，并发表了这些商业企业的流通费用的调查报告。西北大学商学院，也在 1918 年建立了商业研究所，当时，其调查的主要重点是各种类型的零售商的经营数字。1911 年，美国凯洛克广告公司，首先采用邮寄卡片询问的调查方法。1929 年，在美国政府和有关地方工商团体的共同配合下，对全美进行了一次分销普查（Census of Distribution），这次普查被看成是美国市场调查工作的一个里程碑。在 1933 年、1935 年、1939 年，又进行了普查工作。后来，这种普查改称商业普查（Census of Business），至今仍定期进行。这些普查揭示了美国全国市场结构的完整情况，收集和分析了各种各样的商品如何从生产者到消费者手中的过程，各种类型的中间商和分销渠道的作用，以及各种中间商的营销成本，也提供了关于各种市场营销机构和商品大类的详细销售数字，提供了改进市场营销活动和减少浪费的依据。

在市场调查的开拓期内，确定了实地调查法、观察法和试验法，也开始发展了调查表法和抽样理论，并对销售机构、组织进行了基本的调查，开展了销售成本和费用的分析。同时，在美国也先后出版了不少关于市场调查的专著，其中，较早的是芝加哥大学教授邓楷所著的《商业调查》（1919 年），弗立得里克所著的《商业调查和统计》（1920 年），怀特所著的《市场分析》（1921 年）。1937 年，美国市场营销协会（AMA）组织专家集体编写的《市场调查技术》一书，对这门学科的形成和发展起了重要作用。从此，市场调查这门学科建立起来，并打下了坚实的、包括理论和实践两方面的基础。

（二）市场预测学科的形成期

在 1930~1950 年这段时间，随着统计方法的进步和突破，市场调查的方法也逐步得到巩固和提高，市场调查的范围也日益扩大到有关市场营销问题的各个方面。在这一时期，配额抽样、概率抽样、消费者与商店抽样、统计推断、回归方法、简单相关分析、趋势分析等，都有所应用和发展，分配成本分析受到普遍重视，商店稽查也开始出现了。市场预测工作中的科学性有了较大的提高，并开始取得效益。

20 世纪 20 年代初期，风行一时的巴布生图表就是早期的市场预测资料。它分别将美国和加拿大两国主要商品的批发物价指数、全国工业生产产品指数、股票价格指数、公债收益统计等，编成美国巴布生商业图表（Babson Chart of US Business）和加拿大巴布生图表（Babson Chart of Canada），以供工商企业作为参考，预测市场。哈佛大学商学院也编成哈佛每月指数图表，提供给商品市场、证券市场和货币市场。但是，这些预测都未能预测到 1929~1930 年经济危机突然爆发，使工商界深感失望。以后，西方经济学家从挫折中吸取了教训，开展了对商业周期的分析和预测。趋势和循环分析（Trend and Cycle Analysis）受到了人们的重视，在技术上也有所发展。第二次世界大战后，在分析商业循环序列的过程中，采用所得支出方法的研究，估计全国总产值，使人们对于决定总需求的各种因素可以作进一步的了解。与此同时，市场预测的方法、技术也逐渐得到改进和提高。

20 世纪 50 年代，美国市场由卖方市场向买方市场的转变要求更好的市场情报。生产者不再能够卖出他们生产的任何产品。生产设备、广告和存货成本的上涨以及其他一些因素使得价格失败的可能性比以往大大增加。这时，重要的是通过市场调研发现市场需求，预测市场需求，然后再精心生产产品满足这些需求。

20 世纪 50 年代中期，主要依据容易区分的顾客人口统计特征提出了市场细分概念。同一时期，人们开始进行动机研究，重点分析消费者行为的原因。市场细分、动机分析与先进的调查技术的结合，导致个人心理变化和利益细分等重要创新研究。60 年代，先后提出了许多描述性和预测性的数学模型，如随机模型、马尔科夫模型（Markovian model）和线性学习模型。更为重要的是 60 年代初计算机的快速发展。计算机大大提高了调研人员快速分析、储存和检索大量信息的能力。

（三）市场信息系统的开拓期

自 1950 年以来，市场调查日益与市场预测结合起来。以后，随着电子计算机在企业中应用日益广泛，一个新型的现代企业信息系统逐渐形成，市场调查已成为这个信息系统的主要组成部分之一，并在现代企业营销管理中日益发挥重要作用。

世界第一台电子计算机是 1946 年在美国宾州大学诞生的。电子计算机应用的日益推广和杰出功能，使得经济计量学、市场信息管理以及市场预测技术都进入了一个新的阶段。与此同时，在市场调查与预测技术方面，动机研究、运筹学应用、态度测量技术、多元回归和相关分析、因子分析和判断分析、实验设计、数理模式、贝叶斯分析和决策理论、尺度理论、销售模拟、情报储存和校正、非数量多向尺度法、经济计量模型，等等，都有所创新和发展。

目前，在一些发达国家中，市场信息系统已基本形成。它们建立了以电子计算机控制的商情系统，以及与此相适应的工作程序，使市场调查与预测走上了现代化管理的道路。

以电子计算机为基础的市场信息系统，最早建立的有美国米德·约翰逊公司（美国达而顿公司的一个子公司）、通用面粉公司和孟山都公司，等等。其中，米德·约翰逊公司在

1961 年首先建立了市场信息系统。

可以确信，今后市场调研与预测无论在数量上还是在质量上都会有极大的提高。研究的数量会越来越多，成本也一定会增加。与此同时，更加高级的方法将得到采用和改进。基于扫描仪的调研、数据库营销和顾客满意度调研将会越来越受重视。更为重要的是，市场调研活动的范围将扩大，扩展到诸如非营利组织和政府部门等领域。今后，没有正式市场调研部门的公司将寥寥无几。互联网对于市场调研者来讲正在逐渐变成一种有力的工具，它或许是对市场调研影响最大的因素。互联网至少在以下几个方面影响着市场调研行业：它在很大程度上替代图书馆和各种印刷材料作为二手资料的来源；可以作为数据收集工具；能为项目管理提供帮助；可以被用来发送报告；可以为某一项目的小组成员彼此沟通提供方便。

经济发展、科技进步和信息革命一浪高过一浪，市场调研行业面临很多挑战，例如，如何使互联网融入调研过程以及如何吸引人们参与调研。所有这些将极大地推进市场调查与预测学科的发展。

二、市场调查与预测在国外企业中的应用

美、日、英等国是当今商业最为发达的国家。市场调查与预测，一方面是其工商企业在国内外激烈竞争中不可缺少的工具；另一方面又促进了这些国家贸易的发展。

目前，在美国的大公司中，大都设有正规的市场调查部门，由一个市场调查经理主持，并负责经常地向主管市场营销的副总经理或其他最高领导部门作报告。这个市场调查经理负责市场调查研究、管理和咨询工作。在较小的公司里，市场调研部门设有少数专职调研人员，在大公司里，则有 12~24 个专职人员，他们中有调查专家、统计师和行为科学家等，按不同行业或不同类别，人员编制有所侧重。这些市场调查部门的预算，占公司全部销售额的 1%~35%，同时，这些部门的经费有 1/5~1/2 是付给公司以外的专门的市场调查公司的。

在美国，公司可以用多种方式委托进行市场调查。小公司可以请大学的学生或教授来设计和从事调查项目，也可以聘请市场调查公司。在亚洲从事市场调查的成本各国或地区都不一样。下面是可口可乐公司的例子。

可口可乐公司比较了它在太平洋周边 13 个国家或地区从事市场调查的价格（见表1–1）。

表 1–1 　　　　　　　　　　　亚洲市场调查价格指数 *

国家或地区	零售查账	模拟采购实验	电视广告实验	整群概率抽样消费者问卷调查	定额抽样消费者问卷调查	选定消费者日记	家庭储货检查	产品品尝实验	专题讨论	店内访问
澳大利亚	97 (40352)**	110 (10786)	112 (15520)	118 (45102)	95 (25608)	23 (2163)	不详	102 (11640)	112 (1940)	37 (1067)
中国 (仅上海)	126 (52000)	91 (8900)	73 (10100)	87 (33400)	122 (33000)	不详	168 (8100)	114 (13000)	125 (2180)	194 (5600)
香港	109 (45000)	86 (8400)	67 (9200)	97 (37000)	126 (33980)	不详	172 (8300)	109 (12400)	114 (1980)	176 (5100)
印度尼西亚	29 (12000)	不详	不详	不详	93 (25000)	不详	不详	68 (7790)	86 (1500)	52 (1500)

国家或地区	零售查账	模拟采购实验	电视广告实验	整群概率抽样消费者问卷调查	定额抽样消费者问卷调查	选定消费者日记	家庭储货检查	产品品尝实验	专题讨论	店内访问
日本	145 (60000)	250 (246000)	336 (46300)	262 (100515)	292 (78900)	310 (28600)	不详	281 (32100)	247 (4300)	297 (8600)
马来西亚	98 (40740)	94 (9259)	161 (22222)	60 (22963)	80 (21481)	不详	77 (3704)	130 (14815)	不详	128 (3704)
新西兰	104 (42912)	57 (56400)	112 (15520)	不详	32 (8686)	5 (502)	不详	57 (6556)	51 (894)	72 (2086)
巴基斯坦	121 (50000)	51 (5000)	14 (2000)	20 (7500)	26 (7100)	43 (4000)	25 (1200)	73 (8300)	29 (500)	13 (375)
菲律宾	86 (35700)	32 (3100)	26 (3600)	70 (26767)	34 (9290)	251 (23210)	44 (2140)	47 (5350)	40 (700)	24 (700)
新加坡	101 (42000)	122 (12000)	109 (15000)	110 (42000)	148 (40000)	不详	155 (7500)	149 (17000)	104 (1800)	121 (3500)
韩国	98 (40500)	153 (15000)	109 (15000)	156 (59675)	130 (35000)	不详	166 (8000)	140 (16000)	173 (3000)	104 (3000)
斯里兰卡	不详	不详	11 (1500)	13 (4900)	17 (4650)	32 (2950)	31 (1500)	30 (3400)	22 (390)	13 (366)
泰国	87 (36000)	55 (5400)	70 (9600)	109 (41600)	104 (28000)	35 (3200)	62 (3000)	60 (6800)	97 (1680)	69 (2000)
平均价格	100 (41434)	100 (9826)	100 (13797)	100 (38311)	100 (26977)	100 (9232)	100 (4827)	100 (11412)	100 (1739)	100 (2892)

注：* 平均价格指数=100；** 括号内数字单位为美元，其他同。

基于比较结果，可口可乐公司得出了每个国家或地区的价格指数（其中以 100 为平均值）见表 1-2。

表 1-2

最昂贵的国家		高于平均值的国家或地区		低于平均值的国家	
日本	269	韩国	137	澳大利亚	90
		新加坡	124	泰国	75
		中国（仅上海）	122	印度尼西亚	66
		香港	117	菲律宾	65
		马来西亚	104	新西兰	61
				巴基斯坦	42
				斯里兰卡	21

按价格指数的高低顺序将这些国家或地区分成三组。在日本从事市场调查的费用是亚洲国家或地区中最昂贵的。第二组是市场调查费用高于平均值的国家或地区，包括韩国、新加坡、中国、香港和马来西亚。第三组是市场调查费用低于平均值的国家，包括澳大利亚、泰国、印度尼西亚、菲律宾、新西兰、巴基斯坦和斯里兰卡。

市场调查公司可以归为三种类型：

1. 多方服务市场调查公司。这些公司定期收集消费者和贸易的信息，出售给多个客户。例如，AC 尼尔森公司和 SRG 市场调查公司。

2. 顾客委托型的市场调查公司。这些公司受雇进行特定的市场调查项目。它们设计调查方案，而调查报告属于客户。

3. 专业市场调查公司。这些公司为其他公司提供特殊的服务。最典型的例子是从事实地市场调查服务的公司，专门为其他公司提供实地访问的服务。

日本的市场调查工作是在第二次世界大战后从美国引进的，它比美国迟了40年。但是发展很快，在某些方面大有后来者居上之势。日本的对外贸易从1950年以来，发展速度是惊人的。日本贸易增长的主要原因，除了日本经济的不断增长和制定了振兴出口贸易等政策以外，就是花了大本钱搞市场调查，把握市场趋势，产销对路。

"二战"后初期，日本贸易有一个很大的缺陷，即不看国际市场行情，盲目地对外出口，国际市场对日本商品也缺乏了解。为了扭转盲目出口的状况，日本企业积极地在海外设立分店和办事处。这些海外机构派驻海外的大批训练有素的人员，每天都把直接取得的各种各类信息、经济情报、数字和分析，电传回本公司，星期天也不例外。据报道，三菱商事株式会社每天接收的电讯条子可环绕地球11圈。日本第二大商社三井物产综合商社设有一个现代化的情报中心，能在几分钟内得到伦敦、纽约等国外主要市场当天行情和国际市场动态，从而能迅速算出适当价格并做出决定。由于日本商社拥有遍布世界的现代化的情报网，因此在错综复杂、瞬息万变的国际市场中不断取胜，使其在对外贸易中迅速发展。

在日本，除了大贸易公司外，还有官方、半官方和民间机构在收集世界各地的政治、经济、军事和社会资料。比较有名的如日本半官方的日本贸易振兴会（JETRO），其服务对象主要是占国内99%以上的中小企业，有时还组织出口会议和不同商品的贸易会。出口会议，即组织企业讨论如何扩大出口问题，出口会议主席由总理大臣担任，委员有大臣和有关部门的负责人及学者。日本贸易振兴会将国外经济、贸易、产业和商品等相关信息的调查、收集和提供，作为最重点业务而实施。它的海外情报中心向企业提供的信息主要有：

1. 一般经济情报。包括：经济动向，贸易动向，商品动向，制度情报，技术动向，投资，资源，成套设备等。

2. 个别调查情报。市场调查，受托调查，商品动向调查，投资现地调查，国外企业信誉调查。

3. 贸易统计快报。用电子计算机抽出美国、法国、英国、加拿大等国家的贸易统计数据，加工检索列表。

日本经济界研究国内外市场，重视经济情报，不断研究世界市场新动向，已形成一种体制，这是他们在国际市场的竞争中常能取胜的一个重要原因。

英国是老牌商业国家。英国人称市场调查为贸易的"眼睛"，现代化的商情调研是贸易的"雷达"。从1970年起，英国贸易部内就建立了以电子计算机控制的商情系统，贸易部提供的商情，约占英国全部商情的一半。英国的主要公司和工商企业也都很重视专业商情研究和行情研究。在实际调查方面，英国企业与美国企业不相上下，都是世界上搞得最好的。据有关资料统计，全世界设有市场调查全国性协会的国家有32个以上，其中主要有美国、英国、法国、日本、意大利、荷兰、巴西、墨西哥、罗马尼亚等国。国际性组织有：国际市场营销联盟（International Marketing Federation），设于荷兰海牙；民意调查世界协会（World Association for public Research），设于美国威廉斯城；欧洲民意和营销调查学会（ESOMAR—European Society for Opinion Marketing Research），设于荷兰阿姆斯特丹；

欧洲工业市场营销调查协会 (EV—AF—European Association for Industrial Marketing Research)，设于英国伦敦。

三、我国的市场调查、预测工作在发展中

新中国成立以后，中央及各地都建立了国家统计机构，对国民经济各项指标进行了全面的统计和分析，同时，也开展了社会经济调查。例如，为了系统地收集、整理和掌握职工家庭就业状况、经济负担情况、货币收支、消费结构和主要商品消费者，早在20世纪50年代初期，就开展了全国范围的职工家庭生活调查工作。1964年全国共有59个城市24个县城抽选了139000多个职工家庭，就收入等基本情况做了一次调查。50年代，有一些企业和部门，也曾设有专门的机构，配有专职人员进行市场调查，但是由于极"左"思想的干扰，一直时断时续，在"文化大革命"中遭受批判而停顿。

党的十一届三中全会以后，改革开放的春风使我国的市场调查、预测工作开始走向正轨。1978年，国家计划部门开始用数学模型作宏观经济预测。1979年，我国成立了未来研究会，社会—经济预测工作是该会经常研究的课题之一。

1988年7月，我国第一家提供有偿服务的专业市场调查公司在广州成立，随后在北京、上海、哈尔滨等城市也相继出现了专业市场调查公司。据ESOMAR提供的数据显示，市场调查业1997年的全球营业额为118亿美元，美国排名第一，为44亿美元；排在第五位的法国也为85亿美元。而我国，据业内人士保守估计，约为0.54亿美元，仅为美国的1.2%，法国的6.4%。这说明我国的市场调查业至1997年虽已有近十年的发展历程，但与国外发达国家比较，仍处于起步阶段。

从行业发展的角度分析，市场调查行业主要有三个特点：

第一，市场进入的技术障碍较高。一个典型的入户调查项目，就包括抽样、问卷设计、访员培训、实地督导、复核、编码录入、统计分析、报告撰写等多个专业性较强的环节，没有经过专门的训练，即使有再多资本也难以进入。

第二，启动资金要求低。注册一个市场调查公司只需10万元人民币，项目运作的硬件设施主要是电脑、打印机、传真机等必备办公设备，如不考虑项目支出，日常的运营费用只有房租和人员工资两大块。

第三，市场相对有限。并不是每个公司都有市场调查的需求，而一个有此需求的企业则可能已有较满意的合作伙伴，故对于一个新公司而言，是否能在有限的市场中开拓是其生存的第一条件。

以上三个特点决定了调查行业的发展没有出现"忽如一夜春风来，千树万树梨花开"的局面。而调查公司内部的高层管理人员另立门户的现象则非常普遍，并已成为新生调查公司的主要来源。

如今，在我国直接或间接涉及市场调查行业的机构有6万余家。其中，京、穗地区超过100家。在6万余家市场调查机构中，咨询公司类约占30%；信息公司类约占20%；研究公司类约占7%；调查事务所类约占6%；市场监测类约占15%；网络调查类约占22%。6万余家市场调查机构大致可以分为三类，它们在规模、市场定位、营销手段、面临的问题等方面都存在着很大差异。

第一类是外资调查公司，如盖洛普、SRG等，由于公司开办时的前期投入较大，故其规模、办公环境都优于其他调查公司。外资调查公司进入中国市场的直接动力是其服务的

大型跨国公司对中国市场的调查需求，间接动力是为中国内地庞大的市场服务潜力所吸引。由海外总部接全球性的委托单子，实施其中国部分，是外资调查公司的重要客户来源。这和外资调查公司的以下特点是紧密相关的：①其项目质量的控制和全球性调研项目的要求相符合。项目操作的规范性较强，公司各部门分工明确，如同一项目实地资料的搜集和后期分析是由不同部门负责的。②业务量较为稳定，对国内客户的接单能力弱，在1997年前极少在国内市场展开营销活动。③研究人员素质较高，公司在调研方面的培训能力很强。外资调查公司的劣势为：一是调查项目的报价很高，往往超出国内客户的心理承受能力，如盖洛普所言："在调查质量上是客户选择我们，在调查报价上是我们选择客户。"二是难以留住高级管理人员。由于外方掌握企业的决策权，而中方人员大多行使管理权，加之调查行业的市场进入障碍低，个人对公司的市场业绩有很大影响，故高级人员的"出走"亦经常发生。三是外资调查公司的"流水线"式的运作更适于保证规范性研究项目的质量，对于客户较为特殊、针对性强的地域性项目，优势不明显。总之，外资调查公司在中国的发展既取决于其总部的发展计划是否适合中国市场，亦取决于国内市场接受外资公司的客户群能否稳定增长。

第二类是有政府背景的国有调研公司。如国家及各省的统计局都有调研公司。其优势：一是能发挥其城市调查队、农村调查队的网络优势，且办公场所、人员工资等支出普遍较低，项目成本很低；二是拥有政府信息资源，能够容易获得很多行业背景数据；三是依靠其成本低和行业数据的优势，在市场调查之外的信息咨询业务有较广泛的客户群。它们也存在相当的劣势：一是国有企业的管理体制不畅，个人工作绩效与回报得不到保障；二是市场压力不明显，企业营销取向不明显；三是其作为受政府部门管理的公司，缺乏独立性；四是在省市一级的城市调查队等系统的实地调研工作质量得不到保证，数据误差较大。目前，它们中的佼佼者亦有与外资合二为一的趋势。如国家统计局下属的华通现代已与美国的 Market Fact 合资，中央电视台下属的央视调研公司已与法国最大的收视率调研公司合资。它们如果能将外资的管理、技术与政府部门的行业优势、数据资源结合起来，在细分市场上，如收视率调查，很容易形成行业垄断。

第三类是民营专业调查公司，其以市场调查为主要业务，不从事其他经营活动，也不依靠市场调查从事企业评价、名牌推荐等变相广告活动。此类调查公司大多为管理者以股份制的方式创办，投资人和经营人一体化，合伙制色彩较浓。它们的数量最多，在传媒上出现的次数也远远高于上两类调查公司。其优势在于：一是市场营销能力较强，经常在传媒上发布调查结果，以增加知名度。对客户的反应迅速，服务意识较强。二是采用项目主任负责制，即除了统计分析等技术性很强的环节外，一个项目从设计到报告撰写都由一位研究人员负责。这样有利于最大限度激发个人的积极性和责任心，但也使调研项目的质量与项目主持人的个人素质密切相关。三是能够满足客户的特别需要，如某些难度较大的调研项目，民营公司往往能比外资、国有公司做得更好，因为它获得信息的手段较前两类灵活得多。四是报价方面具有较强的竞争力。这是由其运营成本较低决定的，在调研的实地支出、访员劳务上，三类调查公司没有大的差异。民营调查公司的劣势在于：一是企业规模不大，在执行多城市项目时竞争力较差。二是人员流失现象严重。由于绝大多数民营调查公司都是在近 5 年内成立的，企业的技术水平和公司的主要技术人员密切相关，故人员流失对公司的项目质量有严重影响。三是市场开拓的难度较大，在现阶段各专业调查公司的生存都不是问题，但能否在企业规模和技术水平上都上台阶则是民营调查公司的"龙门"。

目前，国内企业激烈的价格竞争导致的利润压力将逼迫中国企业的决策系统由现在的随意性向科学性进化。在国内需求旺盛的时候，往往只要产品有了知名度，庞大的国内市场就为其提供飞速膨胀的可能性。因此，很多国内企业曾靠简单的广告投入创造了一夜成名的神话。此时，其决策随意性体现在广告策略缺乏品牌定位和形象建立的因素，因此，也就缺乏长久发展的动力。决策的随意性也体现在产品开发方面缺乏市场导向，从而导致某些新产品推出后昙花一现。正是因为缺乏科学的决策，很多国内企业在国内基本需求饱和的时候陷入价格竞争的泥潭。为摆脱这种被动局面，国内企业的决策向科学化转变将成为必然趋势。在这一转变过程中，国内企业无疑将求助于市场调查来克服表现于以上两点的决策随意性，进而为市场调查业的发展带来新的契机。

随着中国加入 WTO，将会有更多的外资投入到中国市场。外资的进入必将以充分的市场调查为先导。这一方面直接扩大对市场调查的需求，另一方面也会为国内企业树立成功的范例和带来更加激烈的竞争，从而促进国内企业增加对市场研究的需求。

由此可见，国内市场调查业尚有非常大的发展空间，而国内企业有可能成为拉动市场调查业进一步发展的主力军。现在国内市场调查业面临的主要问题是如何建立自身的竞争优势，有效开发国内需求，在更大的市场空间里赢得更大的市场份额。

总之，改革开放 30 年来，我国经济得到很大发展。随着社会主义市场经济体制的逐步建立和日趋完善，市场体系逐步形成，市场调查与预测也在实践中日趋成熟。许多地区、许多部门、行业形成了一整套市场信息体系，建立了市场信息系统，并定期发布市场信息；各种市场信息、市场行情、市场预测的报刊迅速增加；市场调查与预测的研究工作，也从引进国外的方法、经验，转向联系我国的实际，总结我国的经验，并向纵深发展。市场调查与预测独立了出来，成为一门应用科学。

四、全球市场调查发展趋势

目前，世界经济的发展变化呈现出两大趋势：一是全球化；二是市场化。战略伙伴关系不仅仅出现在一个国家而且也出现在全球各地。大型跨国公司是全球市场调查的主要购买者。随着这些公司组织机构和战略的全球化，它们希望得到持续的战略咨询而不是一系列单个项目的咨询。计划建立全球战略联盟的调查提供者必须在一定数量的国家（或至少在这些国家的某些地区）设立办事处。另外，还必须拥有能够进行全球调查的人员和技术，甚至是高度专业化的技术。今天，一个全球市场调查公司必须通晓全球营销。在全球 40 多个国家拥有办事处的世界第二大全球市场调查企业国际调查公司（Research International）的总裁菲利普·巴纳德（Philip Barnard）对全球问题做了一些预测，见下面的"全球化问题 1-1"。

全球化问题 1-1　变革中的国际市场调研

全球市场调研实践正在不断发展和趋于成熟。在这个变革时期，调研企业的调研人员和企业的调研人员都将面临新的机会。通过在国家、地区及企业（全球）层次上开展工作，几百家跨国公司大约占了全球调研费用的70%。据估计，仅美国的公司就占了全球营销调研费用的一半以上。

从结构上看，全球市场大致包括30%的连续调研和70%的定制调查或专项调研。"连续"主要指辛迪加市场和对家庭、商店、医生等专门群体的媒体调查服务。扫描技术的使用、大规模计算的能力、数据库管理/决策支持系统以及专门小组的高价招聘和维护都意味着调研需要很高的投资。

综上所述，该行业的进入壁垒是很高的，一旦在市场上取得了支配地位就会有很高的回报。然而，技术的发展和调研巨头之间价格竞争的加剧已经使得高额的利润在近几年有所下降甚至消失了。几个大公司抢占市场造成了高达数千万甚至上亿美元的损失。全球调研需求趋势在近20年中，顾客的需求发生了许多变化，其中最主要的变化有以下几个方面：

（1）使用者越来越广泛。购买和利用市场调研不再完全集中于生产包装类消费品的公司，尽管它们仍是最多的一类企业。近几年增长最强劲的是消费者服务业（尤其是金融服务）以及公用事业/公共部门/受管制的行业等领域。全球的私有化政策加速了这个趋势。

（2）市场调研边界拓宽。定制/专项调研机构不再局限于从事产品和信息传播调研和使用者关系及态度研究。由于受到全面质量管理运动的推动，顾客满意度、服务质量/企业绩效、品牌权益和战略定位等方面的测评也有了很大的发展。

（3）国际化。这个明显的趋势有很多表现形式。企业的全球化和地区/国际品牌的开发将"外面的"世界与公司营销人员和调研人员的日常生活拉近，尤其是在美国。在传统上，对于美国企业来说，"国内"与"国际"有明显的区分。

许多大型跨国公司确立了营销调研总的指导方针，以保证公司采用的方法和技术在全球范围内实现标准化和协调一致。然后，这些公司指定合适的调研提供者（或者更进一步，指全球合作伙伴）在全球范围内开展调研工作。这个过程也可以反过来运作，即国际化的调研企业为客户建立和精选全球调研方法的组合。

随着以前那些封闭型经济的开放（尤其是中东欧及亚洲）和拉美及亚太地区新兴国家经济的快速发展，国际化趋势得到加强。世贸组织、北美自由贸易区、欧盟和东盟等全球性和区域性贸易组织和协定更进一步推动了国际化趋势的发展。

全球调研供给趋势

调研供给的全球化在很大程度上反映了调研需求重点的变化，不过，有些供给趋势来自人们对市场调研认识的转变。营销调研被认为是商业服务或专业服务市场中增长最快的一个部门，而且与其他部门相比它受衰退的影响更小。

（1）所有权的集中。尽管营销调研行业仍然是高度分散的（目前全球主要的调研企业有3000多家），但是通过20世纪80年代以来的并购还是创造了一小批大型的全球/区域性企业。其中，最大的25家企业约占了全部市场的55%。仅D&B营销信息公司（包括尼尔森、IMS、SRG）几乎就占了全球调研业务的1/4。前4位的调研公司主要集中于辛迪加式的"连续"调研市场。

（2）供给的多样化。在过去10年中形成的行业结构的特点是，一小部分企业成为上市公司或其子公司，其中有些已发展成为跨国公司（例如提供辛迪加服务的尼尔森公司、从事定制调研的国际调研公司），但是，大多数调研企业是私人企业。传统的家庭作坊式的企业与专业机构、专业顾问和大型数据超市进行竞争。严格意义上的全球调研企业还很少，但是已经出现了一些比较强的地区性企业和几家全球网络，许多公司还在海外进行技术授权或特许经营。调研公司的广泛性和多样性为客户提供了广阔的选择空间。

（3）专门化。客户需求不仅导致大型调研公司按照专业部门来进行重组，而且也推动了专业化供应商的发展。近几年增长最快的调研公司是专业化企业，如 Millward Brown 公司。

（4）国际化。许多调研企业现在通过与海外的子公司、网络或其他供应商通力合作，为客户开展多国调研。国际化的特许经营以及调研技术的授权协议已经得到广泛使用。

五、市场调查与预测的学科特点

市场调查与预测这门学科的发展过程表明：它是一门实践性很强的学科。它源于实践，高于实践，是科学与艺术结合的结晶。学习市场调查与预测这门课程，要以经济学理论为基础，借鉴市场营销学、管理学、计划学、统计学的理论，坚持理论联系实际，才能掌握市场调查与预测的基本理论和科学方法，为社会主义现代化建设服务，为企业经营管理服务。

要学好这门课程，需注意以下三个问题：

（一）要以马克思主义哲学为指导

市场调查与预测作为一门方法论性质的学科，研究它要以马克思主义哲学为指导。因为马克思主义哲学作为自然科学与社会科学的概括与总结，是指导各门学科研究方法的基础，市场调查与预测既然要探讨市场活动的规律和方法，就必然要以哲学所阐明的认识世界的最一般的方法为指导，这是不以人的意志为转移的客观规律。只有按照马克思主义哲学的世界可知论、实践出真知的基本观点；只有按照唯物辩证法所阐明的事物发展规律的范畴，将其作为市场调查与预测的理论依据，才能逐步达到正确认识市场、预测未来市场的目的。

（二）要从本质上把握市场变化规律

市场调查与预测研究的市场供求关系是十分错综复杂的。市场将国民经济各部门连接为一个整体，互相联系，互相依存，甚至互相对立。市场变化实际上是综合地反映了国民经济各种比例关系的平衡状况和变动趋向。因此，进行市场调查与预测绝不能仅仅停留在对表面现象的描述上，也不能只见一点不及其余，而是要尽可能从本质上把握市场变化规律，这样才能做出正确的判断和推测。要做到这一点，必须以一定的经济理论为指导，对市场乃至整个国民经济进行深入的分析。马克思主义的政治经济学以及各种部门经济学（如工业经济学、商业经济学、农业经济学、消费经济学等）从不同角度和不同层次为市场调查与预测提供了理论依据。这里，尤其值得注意的是，资本主义国家的市场调查与预测虽然是在西方经济学理论的指导下进行的，但这些理论中有许多是可以借鉴、为我所用的，尽管理论内容不同，但就市场调查与预测离不开经济理论指导这一点而言，各国却是相同的。各种市场调查与预测的方法、技术、数学模型，都要依据经济理论加以评价和验证。

而市场调查与预测方法是否可行，结果是否符合实际，又可以反过来验证经济理论是否正确和完善，从而有助于推动理论研究的深入发展。

（三）要了解本课程与其他学科的关系

1. 对市场调查与市场预测的研究，不能脱离对市场商品供求、社会经济关系、企业经营管理行为的分析，不能不考虑各种调查、预测方式、方法的经济意义。为此，一方面，要在社会主义市场经济理论和现代化管理理论指导下研究和开展市场调查、预测；另一方面，在一定程度上，要让学科的发展对社会主义市场经济理论和现代企业管理理论研究的深入发展起到推动作用。

2. 学科同统计学、运筹学与近代数学有着十分密切的关系。学科吸取它们的研究成果，与市场预测和决策实践活动结合起来，形成了逻辑推演、分析、归纳、综合与论证的多种定量分析方法与技术，如时间序列分析预测法、回归分析预测法、线性规划、马尔柯夫过程决策技术，等等，从而大大提高了人们进行预测、决策的主观能力。

3. 学科与行为科学的关系。实践性、经济效益性是企业决策的两个主要特点。企业能否将决策最优方案变成现实，与决策实施过程中执行者的行为有极为密切的关系。按照行为科学的观点，人们是带着多种需要进入企业的，他们的精神、物质需要，是产生工作动机的目的。只有决策最优方案赢得执行者（企业全体员工）的支持，才能调动其自觉性、主动性和积极性。因此，决策者一方面要依据市场调查与预测的结论选取最优方案；另一方面要重视对执行者行为需求的研究，必须研究和考虑决策方案如何反映执行者的特点、环境变化和决策自身的能力三个变量的动态关系，让决策目标综合个人目标，通过具体措施激励执行者在执行过程中的自觉性、主动性和积极性。能得到决策执行者拥护和支持的决策，才是科学的决策，这是企业决策科学化、民主化的基本要求。

4. 学科与管理科学（经济管理、企业管理、市场营销管理）之间存在着相互联系和相互促进的关系。管理学提出市场调查与预测的研究课题和内容，市场调查与预测的发展，有助于这些课题的解决，进而促进管理学科的发展。市场营销学的研究，包括企业面临的环境与市场分析、营销活动与营销决策、营销组织与控制。在分析企业面临的宏观环境与微观环境中，在分析市场需求时，在确定企业市场机会和发展战略与营销战略时，在企业选择目标市场时，都离不开市场调查与市场预测所提供的信息，市场调查与预测正是为企业市场营销服务的。因此，有人把市场调查与预测作为市场营销的分支。市场营销活动的核心是四个方面基本策略的选择，即产品策略、渠道策略、促销策略、定价策略。企业综合运用市场营销组合，靠市场调查提供的信息，才能形成最佳方案。从这个角度说，市场调查、预测与市场营销学是密不可分的。

5. 老三论（系统论、信息论、控制论）和新三论（耗散结构论、协同论、突变论）是科学的方法论，对指导市场调查与预测的研究也具有重要意义。人口学、社会学、心理学等学科的研究成果，也被市场调查与预测广泛吸收，或完善市场调查与预测的方法，或充实市场调查与预测的内容。由此可知，学好市场调查与预测，必须具备广博的相关学科知识。在当前，特别要能够利用电脑进行市场分析和计算，只有多进行实践，才能不断增长才干，提高能力水平，真正学好用好市场调查与预测这门现代技术。

本章精要：

1. 市场的含义。市场是指具有特定需求和欲望，而且愿意并能够通过交换来满足这种需求或欲望的全部潜在顾客。

2. 市场经济的含义。当一切社会经济活动通过市场，以市场为资源配置的经济运行形式和方法时，商品经济进入高度发展阶段，即为市场经济。

3. 社会主义市场经济的基本特征。社会主义市场经济具有市场经济的一般共性：①经济关系市场化。②企业行为自主化。③宏观控制间接化。④管理规范化。

4. 在社会主义市场经济条件下，企业要想取得好的经济效益，应该抓好两个基本环节：①以市场为导向，并以从市场取得资源为条件。②以生产为媒介，将生产的产品推向市场。

5. 在社会主义市场经济条件下，市场对企业的作用主要表现在：①市场关系企业的生存和发展，体现企业对社会的贡献。②市场引导企业适应消费，同时，又检验和校正企业劳动的有用性。③市场充满竞争，既活跃繁荣经济，又给予企业威胁，优胜劣汰。

6. 市场主体的含义。市场主体是指市场上商品交易活动的当事者。它是相对于市场交易对象——商品而言的市场交易行为主体。总体而言，市场主体分两大类，即从事生产经营的各类工商企业或个人和具有一定支付能力的消费者。

7. 企业作为市场运行的主体，其主体特征主要有：①经营决策自主性。②经济活动效益性。③企业市场行为应变性。④企业系统自组织性。

8. 市场调查具有三种功能：描述、诊断和预测。

9. 市场调查的重要作用主要表现在：①为企业决策提供依据。②有助于企业开拓市场，开发新产品。③有助于企业在竞争中占据有利地位，赢得竞争优势。④提高企业经营管理水平，增加盈利。

10. 市场调查是市场预测的基础和前提。这主要表现在：①市场调查可以为确定市场预测目标提供方向。②市场调查可以为市场预测提供必需的信息资料。③市场调查方法丰富和充实了预测技术。④市场预测的结论要依靠市场调查来验证和修订。

11. 市场预测的含义。市场预测是指在市场调查的基础上，运用预测理论与方法，对企业决策者关心的变量的变化趋势和未来可能水平做出估计与测算，为决策提供依据的过程。

12. 市场预测服务于企业经营管理，为经营决策提供信息服务。市场预测的可靠性直接影响企业决策的正确性。

13. 市场调查与预测形成为一门学科，是在20世纪初首先在美国逐渐发展起来的。其发展大致可分为三个阶段：①市场调研学科的建立期。②市场预测学科的形成期。③市场信息系统的开拓期。

14. 改革开放30年来，我国经济得到很大发展。随着社会主义市场经济体制的逐步建立和日趋完善，市场调查与预测也在实践中日趋成熟。目前，我国已有6万余家市场调查机构，许多地区、部门、行业形成了一整套市场信息体系，建立了市场信息系统。市场调查与预测的学术研究工作，也从引进国外的方法、经验，转向联系我国的实际，总结我国的实践，并向纵深发展。随着通信、扫描仪和计算机技术的不断成熟，定量和定性调研方法在数量上和先进性方面均得到长足发展。

15. 市场调研人员已经开始大量使用互联网。互联网从以下几方面影响着市场调研行业：①它在很大程度上替代图书馆和各种印刷材料作为二手资料的来源。②可以作为数据收集工具。③能为项目管理提供帮助。④可以被用来发送报告。⑤可以为某一项目的小组成员彼此沟通提供方便。

16. 全球市场调研发展趋势：全球调研需求趋势为：①使用者越来越广泛。②市场调研边界拓宽。③国际化。全球调研供给趋势为：①所有权的集中。②供给的多样化。③专门化。④国际化。

关键术语：

市场　市场经济　市场主体　市场调查　市场预测　描述　预测　诊断

思考题：

1. 举例说明市场调查的描述、诊断和预测作用。

2. 为什么市场调查对营销决策者是重要的？

3. 比较下列不同类型的公司应如何利用市场调查。

  a. 非耐用品消费品制造商　b. 耐用品消费品制造商　c. 工业品制造商

  d. 服务类公司　e. 非营利组织　f. 零售商　g. 广告代理机构　h. 媒体

  i. 政府

4. 越来越多的组织包括非营利机构也在使用市场调研，你认为产生这种趋势的原因是什么？

5. 市场调查行业具有什么特点？

6. 全球市场调研的发展趋势有哪些？

互联网练习题：

上网搜索以下 3 家专业的市场调查公司并访问公司的网站主页：零点调查公司，盖洛普公司，IMI 市场信息研究所。了解这 3 家公司的业务特点有何异同。

实战练习题：

1. 请选择一家你认为经营得比较有特色的市场调查公司，向全班其他同学介绍。国际性公司或中国本土的公司都可以，了解公司概况，如成立年限、公司性质、业务特色、典型案例、业界影响等。制作成演示文件，进行口头汇报。

2. 数据搜寻练习：请寻找一组你认为有用或有趣的调查数据与同学们分享你的发现。

第二章 市场调查基本理论

学习目标

- 了解市场调查与市场营销信息系统的关系
- 熟悉市场营销信息系统的概念和构成
- 界定市场调查的含义
- 掌握市场调查的特征
- 了解市场调查的内容与类型
- 熟知市场调查的原则与程序

开篇案例 *

由上海汽车工业（集团）总公司和美国通用汽车公司各出资50%组建而成的上海通用汽车有限公司，成立于1997年6月12日。和大多数汽车公司一样，上海通用也采用一些传统的做法树立企业形象，改善客户关系。但20世纪90年代后，由于信息技术和网络所带来的市场环境的剧烈变化，汽车公司传统的大众化传播战略面临史无前例的巨大冲击，营销理念也开始发生转变。

成立之初，上海通用就确立了"以客户为中心"的管理理念，并实施了客户关系管理（CRM）系统项目。该项目的第一步就是建立全公司范围内统一的顾客数据库，把原来分散在各部门的顾客信息进行集中的系统管理。虽然过去也积累很多客户数据，但这些数据有的残缺，有的完全没用。例如，原来的系统中只有顾客购买汽车时的数据，如姓名、地址、电话、邮政编码、所购汽车型号、发动机号码以及机架号码。但是，从客户购车开始至今，车辆状况如何、有没有进行过修理，如果修理过是在哪里修理的、更换过什么零件、对修理服务的评价如何等，这些动态数据的缺乏，导致厂商对汽车现况没有完整、持续的了解，也无法向客户提供更有针对性的服务。另外，顾客数据记录不科学、重要数据缺乏、顾客无法在系统内有效共享等，都是过去数据库存在的问题。

针对这些问题，上海通用开始着手建设统一的顾客数据库，通过收集和积累顾客大量的信息，使公司在真正意义上了解自己的顾客，从而预测消费者有多大可能去购买某类产品，然后利用这些信息给产品以精确定位，有针对性地制作营销信息达到说服消费者的目的。例如，上海通用把数据库里的顾客根据可能购车的时间分为四类即立刻购买、3个月内购买、6个月内购买、1年之内，分别采用不同的沟通方法。对于立即购买的客户，由

---

* 本案例参考资料：何佳讯：《广告案例教程》，复旦大学出版社，2006年9月第2版，第205~209页。

销售人员掌握该名单对其进行及时的跟踪服务；对于 3 个月内购买的客户，系统会提醒销售人员，能否补充一些信息，让客户提前购买或立刻购买；对于 6 个月内购买的客户，为其提供比较详细的资料；而对于 1 年内购买的客户只提供普通资料就可以了。由于对潜在顾客进行了分类管理，营销深度和营销投入都得到了合理规划和分配，上海通用的营销努力取得了明显的市场效果。

上海通用的这种做法就是典型的营销信息系统（MIS）设计，其中也包含了客户关系管理（CRM）的思想。1985 年《财富》杂志的一项调查显示，参与调查的 100 家公司中 2/3 的公司都有营销信息系统。那么什么是营销信息系统？为什么今天无论是较大公司还是较小公司都开始普及营销信息系统？持续、系统的市场调查都包含哪些内容？有哪些类型？需遵循的基本原则和程序是什么？这些都是本章即将讨论的内容。

第一节　市场调查与市场营销信息系统

市场调查与市场预测是企业进行有效的市场营销活动的基础。它是一种系统的研究工作。为此，企业必须建立完善的市场营销信息系统，认真地开展市场调查和市场预测活动。因为，市场营销作为企业在不同市场环境中所进行的一种经营决策和管理活动，不是凭空想象或主观臆断就可以成功的，而是需要大量的信息。然而，企业得到无效的、过时的、不可信的或者零乱无序的信息，却是屡见不鲜的。许多企业决策者对现有的信息资源很不满意。他们常常抱怨找不到关键的信息，真正需要的信息太少而不能利用的信息却太多，重要的信息已失去时效，信息的准确性也无法保证，等等。在 20 世纪 90 年代末，企业进行有效的跨世纪的市场营销，必须有更多更好的信息，但是许多企业至今仍未做到。今天，在日趋激烈的市场竞争中，越来越多的企业意识到了这方面的问题，并采取实际措施去建立、改进、加强它们的市场营销信息系统。

一、企业营销与市场信息

从企业经营的角度分析，企业与市场的联系包含着三个主要流程：①货物或劳务由企业流向买主。②货币由买主流向企业。③企业与市场、环境之间的信息沟通。企业开展市场营销活动，不仅需要资金、材料、设备、人力的资源要素，而且需要信息。可以认为，信息是营销活动的形成要素之一，是第五项资源。

人类早已认识到信息对于市场营销活动的作用及其重要性。但在当代企业的营销活动中，信息数量之大，信息收集之复杂，信息之于营销的重要性，远非过去的时代所能比拟。如果说，在过去的时代，由于交换是有限的，市场是狭小的，多数产品的销售者与购买者十分接近，因而，卖方（企业）比较容易了解到购买者的需要与欲望，即市场营销活动所需信息的取得总的来说不十分复杂，通常比较简单，那么，随着我国社会主义市场经济体制的建立和发展，市场发育程度的提高，信息的取得便越来越复杂化了。

信息收集复杂化的原因主要是由于下述三种情况：

1. 市场地域越来越大。随着国内各地区之间乃至国际之间经济联系的加强，市场已由地区性市场扩展到全国乃至国际市场。当企业扩大了市场的地域范围时，经理们就需要收集、加工比以前更多的市场信息了。

2. 购买者的购买行为复杂化了。随着购买者收入的增加，他们在选购商品时变得更加挑剔，这使得购买行为复杂化，由此引起对购买行为研究的复杂化。

3. 竞争由价格竞争发展到非价格竞争。在较高收入水准的市场中，购买者对产品的价格不像过去那样敏感，价格高低对购买决策的影响力度大为削弱。因而，品牌、产品差异、广告和销售推广等竞争手段的作用日益突出。但这些非价格竞争手段能否有效运用，取决于是否能获得准确的、大量的、及时的信息。

上述情况表明，为了及时有效地寻求和发现市场机会，为了对营销过程中可能出现的变化与问题有所预料，为了在日趋激烈的市场竞争中获胜，企业需要建立一个有效的市场信息系统，以便及时有效地收集、加工与运用各种市场信息。显而易见，在对顾客、竞争对手、市场商品供求动态、企业自身运行状况等情况制。

如果从企业发展的战略角度来看，可以认为战略上的成功在于能够在涉及企业长远兴衰的重大问题上把握未来，而若要把握未来，则依赖于掌握大量的、准确的、系统的信息。不仅如此，一个成功的企业，其战略计划过程还应是一个信息不断反馈、循环的过程，只有存在这样的运动过程，才能保证企业战略计划始终处于不断调整偏差和不断更新的优化动态运行中。可见，信息的流动始终贯穿于企业营销活动的全过程。科学的收集、整理及运用市场信息是企业经营决策的前提。

当前，这些剧增的信息需求已经可以通过新的信息技术得到满足。近30年来，我们已经目睹了计算机、缩微胶片、闭路电视、复印机、传真机、录音机、录像机、影碟机和其他设备给信息处理带来的革命。

二、信息的基本特征

为了做好营销信息工作，有必要认识信息的基本特征。作为一般信息（即广义上的信息），具有如下特征：

1. 可扩散性。信息只有通过传递才能为人们接受和利用，它可以通过各种传递方式被迅速地散布。

2. 可共享性。信息虽然可以被转让，但这种转让并非如物质产品交易那样，你占有后我便失去了，而是转让给你后我也并未失去，大家共同享有。

3. 可压缩性。信息可以被人们依据各种特定的需要，进行收集、筛选、整理、概括和归纳，并可建立相应的信息系统对大量的信息进行多次加工，增加信息自身的信息量。

4. 可存贮性。信息可以通过体内贮存（指人通过大脑的记忆功能把信息存贮）和体外贮存（指通过各种文字性的、音像性的、编码性的载体把信息存贮）这两种方式存贮起来。

5. 可以扩充性。信息可以随着人类社会的不断发展变化，随着时间的延续而不断地得以扩充。社会越进步、发达，信息扩充的速度就越快。

市场营销信息作为广义信息的组成部分，除具有一般信息特征外，还具有以下特征：

1. 客观性。市场营销信息是客观存在的。只要进行市场营销活动，就会产生客观反映活动状况的信息。市场营销信息量大、多变，既有来自企业内部的，又有来自企业外部的；既有原始信息，又有加工过的信息；既有稳定信息，又有流动信息和偶发信息；等等。企业在收集信息时，应遵循其客观性，力求客观、准确，这样才能真实反映市场动态状况，有利于企业分析影响营销活动的各种因素，以做出适应市场变化的决策，提高企业的适应能力和应变能力。

2. 时效性。市场营销活动极为频繁，情况瞬间万变，这就决定了市场营销信息形成速度快、难以控制、时效性强的特点。对此，日本的商业情报专家认为："一个准确程度达到百分之百的情报，其价值还不如一个准确性只有 50%，但赢得了时间的情报。特别是在竞争激烈之际，企业采取对策如果慢了一步，就会遭到覆灭的命运。"因此，企业应建立有效的信息网络，以便及时、准确地收集信息，为营销决策服务。否则，市场信息将瞬间消失而使企业丧失时机。过时的信息对企业营销决策是毫无价值的。

3. 系统性。市场营销信息不是零星的、个别的信息集合，而是若干具有特殊内容的信息在一定时间和空间范围内形成的系统集合。因而，企业应连续、大量、多方面地收集信息，并进行加工，分析其间的内在联系，以保证信息的全面性和完整性，使其成为有用的信息。

4. 双向性。它是指信息的传递和信息的反馈。信息的获得依赖于传媒对信息的传递。随着科学技术迅猛发展，现代的传播媒介呈现出多样化和高速化。企业应利用先进的信息技术与设备，有计划、有组织、连续不断地对信息进行收集与传递，以保证信息的科学性、准确性与及时性。

企业通过信息的传递对营销活动进行控制，控制的结果又作为信息反馈到企业，企业利用反馈的信息对营销计划进行调整和修正，再对营销活动进行控制。这样，在企业的营销活动中，信息的流动始终是以市场为核心贯穿于企业营销活动的全过程。企业通过信息的传递与反馈，做出营销计划与决策，并对营销活动进行控制。

三、市场营销信息系统的概念和构成

(一) 市场营销信息系统的概念

既然所有的企业营销计划和决策都需要有充分、准确的信息资料作为基础，企业就应有一套科学的信息管理办法和程序，对信息进行收集、实行管理，使它们成为有用的信息，这就是市场营销信息系统。具体地说，市场营销信息系统是由人、计算机和程序组成，为营销决策服务的信息系统。它的任务主要是为企业营销决策者收集、整理、分析、评价并传递有用、适时、准确的信息。

(二) 市场营销信息系统的构成

市场营销信息系统一般是由四个子系统构成的。这四个子系统是：内部报告系统，市场营销情报系统，市场营销研究系统（市场调查），市场营销分析系统。市场营销信息系统的概念以及四个子系统之间的关系如图 2-1 所示。

企业的规模和类型不同，它们的营销信息系统的具体构成也必然存在着差异。因而，市场营销信息系统并无固定的模式，但其基本构成一般都是相同的。

1. 内部报告系统。所有企业都具有一定形式的内部报告系统，以反映企业目前各方面情况和提供营销决策所需要的企业内部信息。这类信息主要包括企业的生产能力、规模、布局、产品的产量、质量、品种、型号、性能、规格、价格等，产品的销售情况、库存情况，产品的成本信息以及和利润有关的信息，如现金流量、应收应付款、销售利润等各项最新数据。

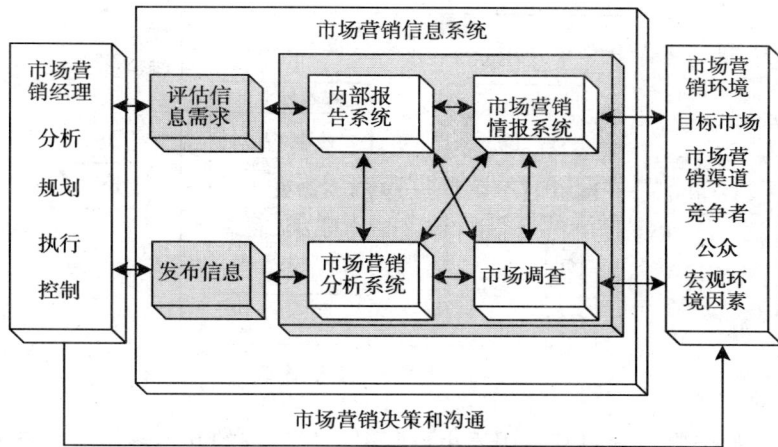

图 2-1 市场营销信息系统

2. **市场营销情报系统。** 它是指向市场营销决策人员提供外部市场营销环境变化信息的一整套信息来源与程序。它的作用是确定企业市场营销决策所需要的外部环境变化信息及它们的优先次序，并对这些信息进行收集、整理和分析，及时向决策人员提供外部环境变化的日常信息。

外部环境情报，又称市场营销情报，可使用多种方法，通过多种途径获得。如可以通过阅读报纸杂志，与消费者直接交谈，参加各种展销会、订货会和商品展示会，观察市场动态；还可以购买竞争者的情报，收集竞争者的广告，向专门的情报供应机构购买情报；等等。通过这些途径都可以获得有关政策法规、消费者购买行为、市场商品动态、竞争对手情况等方面的情报。

3. **市场调查，又称市场营销研究系统。** 它的主要作用是为解决企业市场营销面临的某项具体问题，从而系统地收集有关信息，做出分析和评价，提出对该问题的研究结果。

市场营销研究的范围很广泛。常见的项目主要有：市场特点的研究、市场潜量的估计、竞争者产品的研究、分销渠道的研究、价格研究及消费者行为的研究等。

进行具体项目的研究，有关人员应找出市场营销活动中的潜在问题，划定研究所需资料的收集范围，以便有计划、有针对性地进行资料的收集工作。在收集资料的过程中，要注意资料的可靠性与公正性。

对资料的整理、计算和分析是很重要的研究步骤。在分析过程中，可利用各种统计分析方法，如回归分析法、相关分析法、因子分析法等。

最后的研究结果，要以书面报告的形式给出。报告的内容主要有研究目的、研究方法、资料分析、研究结果摘要、结论与建议。报告应力求简明、客观、完整。

4. **市场营销分析系统。** 它是由统计工具库和模型库构成，采用先进的技术对市场营销信息进行分析，并做出有关问题的决策。市场营销分析系统如图 2-2 所示。

统计工具库中是一组先进的统计方法，用来帮助有关人员深入地了解数据之间的关系及其统计上的可靠性。

模型库中存放的是一系列数学模型。利用这些数学模型，市场营销决策人员可以做出量化的、科学的决策。

可以认为，有了计算机，才有了现代的市场营销系统。目前，我国已有相当多的企业

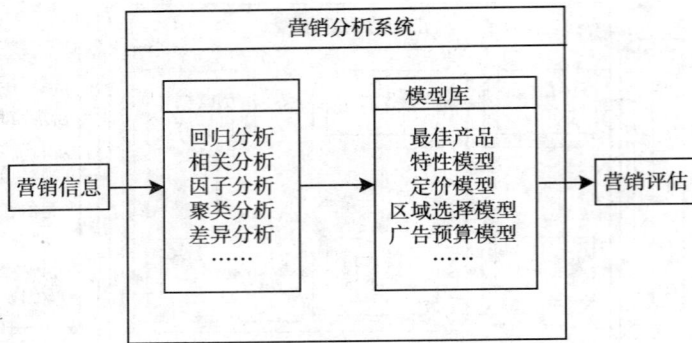

图 2-2　市场营销分析系统

配备有计算机，但能有效地将其应用于市场营销信息处理的并不多见。重视并掌握计算机在市场营销信息处理中的作用，是企业营销管理人员面临的亟待解决的重大课题。

目前，相当多的企业的市场营销信息工作离信息系统的要求相去甚远。这一点是特别需要引起企业界高度重视的。

第二节　市场调查的含义与特征

一、市场调查的含义

市场调查，也称市场调研，关于它的确切含义，国内外市场营销学界曾做过多种不同的解释和表述。

美国市场营销协会（American Marketing Assqciation）对市场调查所下的正式定义为："市场调研是一种通过信息将消费者、顾客和公众与营销者连接起来的职能。这些信息用于识别和确定营销机会及问题，产生、提炼和评估营销活动，监督营销绩效，改进人们对营销过程的理解。市场调研规定了解决这些问题所需的信息，设计收集信息的方法，管理并实施信息收集过程，分析结果，最后要沟通所得的结论及其意义。"[①]

国际著名市场营销学专家菲利普·科特勒（Philip Kqtler）博士给市场调查下的定义如下："市场调查是系统地设计、收集、分析并报告与公司面临的特定市场营销状况有关的数据和调查结果。"[②]

小卡尔·麦克丹尼尔博士在其著作《当代市场调研》中阐述他的看法："简单地说，市场调研是指对与营销决策相关的数据进行计划、收集和分析并把分析结果向管理者沟通的过程。"因此，他给这个术语（Marketing reseach）下的定义是："市场调研是计划、收集和分析与营销决策有关的资料，并向管理者沟通分析结果。"

市场由供给和需求两方组成，它们之间彼此为对方提供市场，在商品日益丰富的情况下，作为供应一方的生产者面临着激烈的市场竞争。这种竞争既有产品竞争，资金、人才

---

① 摘自 "New Marketing Research Definition Apprqved"，Marketing News（January 2, 1987），pp.1，14.

② 摘自菲利普·科特勒著：《市场营销管理》（亚洲版）上册，第124页。

的竞争，也有技术水平和技术设施的竞争；作为需求一方的消费者，在一个日益庞大、种类繁多的商品群面前必然会有所选择；而在这种市场条件下谁能赢得消费者的垂青，谁就是成功者，反之，则面临着被挤出市场的命运。因此，生存危机是企业必须时时注意的问题，然而机遇也同时存在，这就要看企业如何掌握和抓住时机。

以市场营销学的观点来看，市场是由具有一定支付能力的需求所组成，而形成需求和选择商品的权利都在消费者手中，企业所要解决的问题是如何把消费者的注意力吸引到本企业的产品上来。在众多的商品面前，消费者之所以做出自己的选择，是何种因素在影响和支配着他们，这就需要进行市场调查，并以此为基础宣传企业的产品，引导消费者购买。

在市场上，生产紧随消费的情况普遍存在，但生产也可以强制需求，即在消费者对产品有了了解和认识以后，认可产品，并进行购买，这种强制需求一旦成功，企业就可率先进入产品的销售领域，从而在市场上占据绝对优势。然而强制需求的成功必须建立在满足消费者的某种需求的基础之上，成功的背后，市场调查起着极为重要的作用。

市场调查是企业有效地利用和调动市场情报、信息的主要手段。它是企业开展市场营销活动的基础，因而在很大程度上决定着企业的前途和未来。

基于以上认识，我们可以给出如下定义：

市场调查，是指通过有目的地对一系列与营销决策有关的资料、情报、信息的收集、筛选、分类和分析，来了解现有的和潜在的市场，并以此为依据做出经营决策，从而达到进入市场、占有市场并取得预期效果的目的。它是企业开展经营活动的前提。

二、市场调查的特征

作为企业市场营销活动的基础，市场调查执行着自己的特殊职能和任务，它具有如下的特征：

（一）市场调查具有较强的针对性

市场调查的针对性是由企业经营活动的目的性所决定的。调查工作费时、费力，还要有费用支出，因此，调查不能盲目进行，企业须根据所要生产或经营的产品（或服务）进行市场调查。这里应该避免的情况是，一些企业未对该企业的实际情况做充分和科学的估计，就借用别人的市场调查结果或市场上表现出来的某种信息来进行生产或经营，这种做法虽然省时省力，但却冒着盲目经营的风险，在市场竞争激烈的情况下，最终将招致经营失败。

市场调查既要针对产品，也要针对竞争对手进行调查，因为对付竞争已经成为企业经营战略的重要组成部分，要想在竞争中取胜，就必须了解竞争者的实力和优势，从而确定企业的竞争策略是采取直接对抗还是退避迂回的方式。

（二）市场调查具有普遍性和经营性

在激烈的市场竞争中，市场调查工作不能只停留在生产或经营活动以前的阶段，在生产和经营过程中，售前、售中、售后的阶段都需要进行市场调查，收集一切可以为企业所用的信息资料，以便随时调整政策，适应市场不断变化的形势。同时，经常性的调查活动也是发现潜在市场的有效方法，对开拓新的市场领域有积极作用。

以第二次世界大战后世界经济中发展最快的日本为例，日本人在考虑打入和渗透美国市场时，由于对美国国内市场了解甚少，于是开展了被人们称之为"疯狂的情报活动"，而当他们成功地进入了美国市场以后，仍然大规模地进行情报的收集和市场调查工作，并在决策中充分利用获取的情报，从而保住了已占有的市场份额。此外，日本的综合贸易商社为日本制造商提供一系列最新最精确的市场信息，其中有关于库存控制、生产计划、资金投放、原材料供应、市场需求及价格差异等方面的详尽情报。企业可以根据自己的需要依据相关的情况制定全球战略，这种信息收集的先进程度被世人称为可以与美国五角大楼匹敌的"现代全球通讯巨兽"。由此看出，多方面、经常性地收集、积累情报，是企业经营处于不败之地的需要，也是市场调查在动态的市场中所必须执行的职能。

（三）市场调查具有科学性

市场调查是企业为达到营销目的而进行的活动。为减少调查的盲目性和人、财、物的浪费，对所需要收集的资料和信息必须经过事先的规划。例如，采用何种调查方式，问卷如何拟定、调查对象该有哪些，等等。为了获得能够最准确地反映市场情况的企业所需要的资源和信息，而又不增加费用开支，在调查内容的确定上就要考虑那些影响程度最大的因素，并将诸多的因素合理搭配，以最简洁、明了而又易答的方式呈现给调查对象。

市场调查中对资料的汇集和分析，是为了掌握事物的本质，从而把握住影响市场营销活动的关键因素。由于市场是由消费者组成的，它与一般的物理现象或定式不同，受着复杂的生理和心理特征的影响。同样的一幅照片或一种商品在同一时间、同一地点内引起人们不同的联想，而作了稍微的改动之后，又会出现新的变化，所以，简单汇总的方法不能解决市场调查中所遇到的很多问题，还需运用统计学、数学、概率论及心理学等学科的知识去进行统计、分类和进一步的分析。

（四）市场调查的结果带有某些不确定性

市场调查根据调查内容的不同可采用不同的方式，但被调查者千变万化的心理状态有时会增加对市场调查结果进行分析的难度。如果市场调查人员只是根据那些可以找到的有关销售方面的统计数字来研究问题，所得出的结果肯定会与实际相差颇大，也不能为产品的设计和广告设计提供多么有价值的资料，即使是考虑到了消费者的心理因素，但因顾客身临购买现场时对商品的选择与被调查时有意识地回答问题的心理状态有所不同也会使调查结果与实际有所偏差。例如，有些市场调查人员发现，当他们向被调查者询问洗发液的问题时，得到的回答经常是：洗发液最重要的是能够把头发洗干净，但当调查人员把货样拿给人们看时，却有很多人总是先闻一闻有没有香味。在美国，长期以来肥皂制造商搞不清粉红色香皂是否受欢迎，因为每当把不同颜色的香皂摆在人们面前时，他们总是指着粉红色的那块，但是在商店里粉红色的香皂却很少成为热门货。

这种不确定性有时会使调查人员感到无所适从，在工业品的市场调查中，由于工业品的特殊用途，这种不确定性并不明显，而在日用消费品的调查中，这种不确定性有时会表现得很明显，这时，市场调查人员不仅要"听其言"，而且还要"观其行"；否则，调查结果就会出现很大的误差。

（五）市场调查具有时效性

市场是开放的、动态的，时间的推移、经济的发展、国家政策的调整，都会使市场发生相应的变化。一定时期的流行产品会在另一时期无人问津，而滞销商品有可能在一定时期以后成为新的畅销产品。市场调查是在一定时间范围内进行的。它所反映的只是某一特定时期的信息和情况，在一定时期内具备其有效性，但一段时间后又会出现新情况和新问题，以前的调查结果就会滞后于形势的发展，此时，仍沿用过去调查的结果，只会使企业延误大好时机，陷入困难的境地。比如，当电视机的生产能力已经超过需求量，但还未在市场上表现出来时，仍以过去的电视机生产供不应求的观念作为决策依据，盲目引进国外设备或扩大生产能力，其结果肯定是产品的大量积压；如果此时能做一些市场调查，而在电视机的性能或规格上多做些文章，情况则会大不相同。

就市场调查的特征问题，美国市场营销学专家菲利普·科特勒在其著作《市场营销管理》（亚洲版）中提出了自己的看法。他认为，有效的市场调查具有以下七个特征：

1. 科学的方法。有效的市场调查是使用科学的方法：仔细观察、形成假设、预测并试验。举例如下：

某个邮购公司的退货率高达30%。管理层要求市场经理调查原因。市场调查员检查了退回订单的特征，如顾客的地理位置、退回订单的金额以及商品种类。然后做出假设：顾客等候订购商品的时间越长，退货的可能性就越大。统计分析证实了这个假设。调查员估计出使退货率下降所要求的服务速度。公司采纳了他的建议，结果证明预测是正确的。

2. 调查的创造性。市场调查最好能提出解决问题的建设性的方法。

3. 多种方法。能干的市场调查员并不依赖一种方法，强调方法要适应问题，而不是问题适应方法。他们也知道通过多种来源收集信息有更大的可信度。

4. 模型和数据的相互依赖。能干的市场调查员懂得事实的含义是源自问题的冒险。这些冒险指导要收集信息的类型。因此，应尽可能予以明确。

5. 信息的价值和成本。能干的市场调查员应注意衡量信息的价值与成本之比。价值和成本能帮助市场调查部门确定应该进行哪个调查项目、应该应用什么样的调查设计以及初期结果出来后应该收集更多的信息。调查的成本很容易计算，而价值就很难确定了。价值依赖于调查结果的可靠性和有效性，以及管理层是否愿意承认调查结果并加以使用。

6. 正常的怀疑态度。能干的市场调查员对经理轻率做出的关于市场运转方式的假设应持怀疑态度。

7. 合乎职业道德的市场营销。大多数市场调查都会给公司和消费者带来好处。通过市场调查使公司更了解消费者的需要，为消费者提供更满意的产品和服务。然而，滥用市场调查也会危害或惹恼消费者。

第三节　市场调查的内容与类型

一、市场调查的内容

市场调查的内容是很广泛的，企业可根据确定的市场调查目标进行取舍。一般来说，市场调查的内容主要涉及以下四个方面：社会环境调查、市场需求调查、产品调查、市场营销活动调查。除此以外，还有现在越来越被企业所重视的顾客满意度调查。

（一）社会环境调查

消费者的任何活动脱离不开所处的社会环境，企业的生产、经营活动也一样。一个地区的社会环境是由政治、经济、文化、气候、地理等因素所组成的，而这些因素往往是企业自身难以驾驭和影响的。只有在了解的基础上去适应它，并将其为我所用，才能取得经营的成功。对社会环境的调查包括以下几个方面：

1. 政治环境。

（1）政府的经济政策。一般来说，政府的经济政策（包括对外经济政策）是为了适应本国经济条件和利益制定的。在我国，由于各地区生产力水平、经济发展程度的不同，政府对各地区的经济政策也不同。有些地区的经济政策宽松些，有的严格些。对行业也采取倾斜政策，对不同的行业采取不同的优惠、扶持或限制政策，这些都会对企业的经营活动产生影响。进入国际市场的企业，还需了解当地政府的对外经济政策。当地政府对于外国投资是鼓励还是限制；对产品优惠、保护、减税或限制、加税的政策如何，对投资方或供应方都会产生有利或不利的影响。此外，在不同时期，国家的经济政策也会做出相应的改变或调整，它会波及各个地区各个行业。因此，对企业的经营也会产生影响。

（2）政治体制。这方面的调查，是进入国际市场的企业需要认真考虑的问题。外国的体制是否与本国相同，是资本主义还是社会主义，是民主制还是专制，其政党是多党制还是一党制，还是两党轮流制，各派的政见、地位有何不同等，对国家经济政策、法规的制定和实施都会产生影响，尤其是当地政府对外国产品和投资所采取的积极或消极的态度，是调查中需要考虑的重点。

（3）政策的连续性和政府的稳定性。政策的连续性对于企业有一个良好的外部经营环境具有重要作用。政策随着时间和条件的改变会有所变化，但相对稳定性则是必须的。

企业应对政府有关经济政策和法规目前的状况、未来一段时间内将做何调整、会在什么时候和什么条件下做出调整有一定的了解。当地政府的稳定性直接影响对外经济政策的连续性，政府的不断更迭所引起的政策多变，换届政府不继续履行上届政府的诺言或政策，对外国投资采取没收或国有化的政策，都会直接影响外国投资的收回和利益。

2. 经济环境。

（1）经济发展水平。它主要影响市场容量和市场需求结构，经济发展水平增长快，就业人口就会相应增加。而失业率低、企业开工率高以及经济形势的宽松，必然引起消费需求的增加和消费结构的改变；反之，需求量就会减少。

（2）经济特征。它包括某一地区或国家的人口、收入、自然资源及经济基础结构等，这些因素都在不同程度上影响市场，如每一地区或国家由于资源条件的不同，总是对缺乏的资源或产品产生需求；此外，重工业区、农业区等某种行业比较集中的地区，其市场需求也有自己的特点，因此，某种产品的适用程度也会有所不同。

（3）贸易政策和法规。国外市场的贸易政策和法规，是进入国际市场的企业必须了解的情况。有关贸易的政策和法规，包括该国的关税情况、配额分配情况、国内税、货币管制措施以及卫生与安全规定等。在贸易保护主义日益加重的情况下，各国的非关税壁垒也日益严重，如果不全面了解当地的有关法规，必然会导致经营的失败。

3. 文化环境。

每一个地区或国家都有自己传统的思想意识、风俗习惯、思维方式、宗教信仰、艺术创造、价值观等，它们构成了该地区或国家的文化并直接影响人们的生活方式和消费习惯。对于市场经营人员来说，经营活动必须适合当地的文化和传统习惯，才能得到当地人的认可，产品才能被人们所接受。

在构成文化的诸因素中，知识水平影响人的需求构成及对产品的评判能力。知识水平高的地区或国家，科技先进、性能复杂的产品会有很好的销路；而性能简单、易于操作、价格便宜的产品则在知识水平低的地区或国家能找到很好的销路。在文化因素中，还有一个不容忽视的方面，即宗教信仰及传统的风俗习惯，市场营销活动应尊重当地的宗教信仰，否则，会引起当地人的反感，导致营销活动的失败。

4. 气候、地理环境。

气候会影响消费者的饮食习惯、衣着、住房及住房设施。某种气候条件下，消费者的商品选择会带有一定的针对性，这种情况并不是人为因素造成的，所以，同样的产品在不同气候条件下，会有截然相反的需求状况，销售方面当然也会有很大差别。地理因素也就是各地区的地理环境，如山区、平原、高原、江河湖海流经地区或远离水资源地区，等等。地理环境决定了地区之间资源状态分布、消费习惯、结构及消费方式的不同，因而，产品在不同的地理环境下适用程度和需求程度会有很大差别，由此引起销售量、销售结构及销售方式的不同。

以上所述社会环境的各个因素并不以企业的意志为转移，因此，市场调查首先要对企业所处的环境进行调查，以便对这些不可控因素的特征有充分了解，从而避免在经营中出现与周围环境相冲突的情况，并尽量去利用环境中有利于企业发展的方面，保证经营活动的顺利进行。

（二）市场需求调查

对企业来说，市场就是具有一定支付能力的需求。平时所说的产品市场好坏、容量大小等实际上是针对消费者而言的。市场容量大小制约着企业生产、经营的规模。没有需求，也就谈不上具有市场容量，当然就无法进行生产；需求变化，生产也会随之发生变化。所以，针对消费者所进行的调查是市场调查内容中最基本的部分。

1. 消费需求量调查。消费需求量直接决定市场规模的大小，除了前面所述的社会环境对需求量的影响作用以外，影响需求量的因素还有以下几方面。

（1）货币收入。消费者需求数量的大小要取决于其货币收入的多少。在拥有一定货币收入的条件下，消费者才可能挑选和购买自己所需的商品。货币收入主要来自以下几个方面：①劳动收入：如职工的工资收入、奖金；农民出售农产品所获得的收入；从事兼职工作所获得的工资以外的收入；有偿转让或出售自己的发明专利所获得的收入；等等。这部分收入是消费者货币收入来源中最基本、最主要的部分，随着国家经济水平的发展，劳动生产率的进一步提高，这部分收入呈不断上升的趋势。②从财政信贷系统获得的收入：如助学金、奖学金、救济金和储蓄利息，等等。③其他方面的来源：如股息收入、亲属的赠与、接受的遗产等。需要注意的是，不同的收入阶层，货币收入的多少是有很大差别的。不同的收入阶层会根据自己的收入水平选择适合本人身份及收入的商品。

（2）人口数量。人口数量是计算需求量时必须考虑的因素。因为人口数量多，对商品的需求量就大，尤其是日常食品和日用工业品这类商品，其需求量随着人口的增加必然增加。但在考察某一产品的市场销量可能有多大时，还要将人口因素与货币收入联系在一起，人口数量大并不意味着对所有产品的需求潜力大。在低工资、低收入，或货币收入增长缓慢的情况下，尽管人口数量大，但对某种产品并不一定就形成现实的购买力。它可能要在一段时期或很长时期以后才能体现出来，真正形成购买力。如果只考虑某地区人口数量多，就认为产品肯定好销，很有可能出现事与愿违的情况。此外，在考虑人口数量时，也要把流动人口考虑进去，有些地区是人口流入量大于流出量，有些地区则相反。流动人口的比例大，需求量也就大，需求增长量也越多，所以，这一因素是不能忽视的。

2. 消费结构调查。消费结构，是指消费者将其货币收入用于不同商品的比例。它决定了消费者的消费投向，对消费结构的调查包括以下几个方面的内容。

（1）人口构成。由于人口的性别、年龄、职业、文化程度、民族等的不同，其消费投向会有很大的差异。就消费者的性别而言，女性消费者在美容、服装、零食方面的开销较大；而男性消费者则在烟酒、社交方面的开销较大。就年龄来讲，儿童在食品、玩具方面的支出占很大比重；青年则崇尚时髦和新奇的商品，对新产品认可过程很快；老年人则更注重商品的实用性和营养、保健方面的功能。就职业而言，不同的职业收入水平的差异及职业特点的需要，使消费投向的特点也很明显。大公司的职员由于收入水平高，追求名牌、突出身份的观念就较强；而一般企事业单位的职工相比之下更注重价廉物美的商品；从事教育及科研工作的消费者，则将很多花费用在书籍、报刊的购买上。知识水平的高低同样影响消费投向，知识水平高的消费者注重商品性能的科学性、外包装的艺术性，突出个性也是这部分消费者追求的目标。不同的民族由于风俗习惯、宗教信仰的不同，消费投向更是具有各自的特点。因此，在市场调查中，为了更准确地瞄准目标市场，必须把人口特征作为重要的调查内容来考虑，从中了解不同特征的消费者对商品的看法和偏好的程度，以此为依据来确定应该面对的消费者群，并针对这部分人的消费意愿进行产品的设计和市场营销活动。

（2）家庭规模和构成。家庭规模也就是家庭的人口数。家庭人口数多，对商品的需求量就大。但购买力的大小则要视就业人口在家庭总人口中的比重而定。目前，我国的家庭规模呈逐渐缩小的趋势，两个大人、一个子女的家庭类型已具有普遍性。由于家庭人口不多，且两人只负担一个孩子，所以，这样的3口之家其购买力的潜力就很大，尤其是独生子女的开销更大。此外，用于耐用消费品、奢侈品及装饰品等方面的开支也在不断增长。

在家庭构成上，过去四世同堂的家庭构成已越来越让位于3口之家。由于大家庭分解为若干独立的小家庭，每个单独的小家庭也需要完备的家庭用品和设施，因此，对商品的需求量必然增加。随着近几年经济的迅速发展，住房条件的不断改善，家庭装饰材料及大件高值家用电器的需求量逐年稳步上升的情况正好说明了这一点。

（3）收入增长状况。经济增长，收入水平也会随之相应增加。根据恩格尔系数所测算的消费结构的比重变化，当人们收入增加时，用于吃、穿方面的支出比重会逐渐下降，而用于住、用方面的开支则会呈上升趋势。日本曾对零售业各行业的店铺增减情况做过一次普查，发现副食零售店一直是增长的，这同在外就餐人数的增加、妇女就业增加引起的饮食业的发展和家庭用的经过一定加工的副食行业的发展有直接联系；体育用品、乐器、花木等行业也在增长，说明业余时间生活趋于多样化；而一直处于下降状态的是鞋靴、西服、禽蛋等行业，这与吃、穿的比重减少有关。我国的调查结果也表明了在生活水平提高了以后，吃的比重在下降，而穿、用、住的花费增加很快，这种由于收入增长所带来的消费结构的变化，对企业今后的生产方向具有指导意义。

（4）商品供应状况以及价格变化。商品供应状况指市场上商品的供应是否充足。当商品由于某种原因供应不足或限量供应时，消费者会将其消费投向转移到哪种产品上去？当商品价格提高或提高到一定幅度以后，消费投向又会转到哪种产品上去？这种调查，一方面使企业了解由于供应和价格的变动，会引起什么样的需求变动；另一方面也为那些生产替代产品的厂家提供了有用的参考依据。

3. 消费者行为调查。消费者行为是市场调查中较难把握，而又带有不确定性的因素。它受多方面因素影响，如消费者心理、性格、宗教信仰、文化程度、消费习惯、个人偏好和周围环境等。这些因素都可以在一定程度上促成消费者的购买行为。消费者行为的调查就是要了解这些主客观因素及其发展变化对消费者购买行为的影响。

（1）消费者心理需要。消费者心理需要是促成消费者购买行为的关键因素。由于心理需要具有多变性、多样性和复杂性，所以，非常有必要调查消费者出于何种心理需要来购买某种商品，怎样去迎合这种心理需要进行产品的宣传。

消费者心理需要表现为：①习俗心理需要。由于消费者所处地理环境、风俗习惯、宗教信仰、传统观念以及种族的不同所存在的不同心理需要。②同步心理需要。在社会风气、潮流、时尚的影响下，赶时髦、随潮流的心理需要。③偏爱心理的需要。由于心理素质、文化程度、业余爱好、职业习惯和生活环境的影响，从而产生对某种商品的特殊爱好。④经济心理需要。即注重经济实惠、价廉物美、货价相等的心理需要。⑤好奇心理需要。即对新事物、新构想的求知心理及追求新颖、奇特的心理需要。⑥便利心理需要。即要求购买方便、迅速、服务周到、热情、商品易携带、维修和使用的心理需要。⑦美观心理需要。要求商品的美观、使人赏心悦目或产生舒适感的需要。⑧求名心理的需要。为保证商品的质量以及体现一定的社会和经济地位而产生的挑选名牌、以商品品牌来决定购买的心理需要。在促成消费者发生购买行为的过程中，可能是一种也可能是多种心理需要发挥了作用，如果能抓住起关键作用的心理因素，在产品设计、外观包装、广告宣传等方面强化某种效果，就会达到促进购买、吸引顾客的目的。

（2）购买行为类型。根据消费者购买行为的不同态度所进行的分类，主要分为：①习惯型购买，即根据以往形成的习惯或效仿他人的经验而决定购买，表现为长期惠顾于一种型号的商品或某家商场而不易受外界的干扰。②理智型购买，即根据自己的经验和学识判别商品，对商品进行认真的分析、比较和衡量后才做出决定，而且不愿意外人介入。③感情型购买，即在购买时因感情因素的支配，容易受到某种宣传和广告的吸引，经常以商品是否能符合感情的需要进行购买。④冲动型购买，即消费者为商品的某一方面（商标、样式、价格等）所强烈吸引，迅速做出购买决策，而不愿对商品做反复比较。⑤经济型购买，即消费者多从经济方面着眼考虑购买，特别是对价格非常敏感，购买高级商品以求好而购买低级商品以求廉的购买行为。⑥随意型购买，即消费者缺乏购买经验，或随大流，或奉命购买，并乐于听取别人的指教。

消费者的购买行为会因所购买商品、购买地点、时间及周围环境的不同而改变，这又与决定消费行为的决策过程有关，消费者的决策程序有几种情况：①长期的决策过程。即消费者探询有关这种商品的具体细节情况，然后把各种信息来源进行整理、分类比较和评价，选择出最佳方案进行决策。②限定的决策过程。即不经过外部探索这一阶段而做出的决策，当某人有了某种需求之后，由于所需的品牌没有，于是在其他品牌的商品中选择了一个过去曾经尝试过而且感觉不错的品牌。③习惯性的购买决策。指既不通过外部探索也不经过评价过程，而是按照以往的习惯迅速、直接地做出购买商品的决策。④突发性的购买决策，消费者没有经过探索评价的过程，因对商品所表现的某种特征极感兴趣，而迅速做出购买商品的决策。

尽管企业的营销管理人员无法直接塑造或操纵消费者文化、家庭的建立以及人格或其他心理特征，但可以通过调查来了解这些因素，以便能以积极主动的方法去影响消费者的决策过程。在经营过程中，完全有必要也有可能以某种消费者购买方式方面的知识为基础，来组织对消费者进行的信息传递和输送，说服消费者对某一特定产品、服务或社会活动采取实际行动。

（三）产品调查

对任何一家企业来说，产品必须要适合消费者的需求，才能促使消费者进行购买。然而这样还不够，还要使产品能够得到越来越多的消费者的认可并购买之，这才称得上是成功的产品。推出一种成功的商品，既可以在原产品的基础上进行某种改良，也可以另创一种崭新的产品，究竟应采用哪种方法，这就需要对有关产品的许多方面进行调查。

1. 产品生产能力调查。生产能力与市场商品的可供量直接相关，同时，也关系到企业产品未来发展的潜力。对生产能力的调查有如下内容：

（1）原材料来源。是否能保证按时供应、充分供应。

（2）生产设施的现代化程度、机器设备的先进程度。

（3）技术水平情况。采用的是否是先进技术，在同行业中技术水平处于什么样的地位。

（4）资金状况。生产成本与利润、贷款与自有资金的比例、负债情况、资金周转等。

（5）人员素质。包括管理人员、设计人员及实际操作人员的资历、学历和经验。

在以上的调查项目中值得重视的是，生产该类商品的生产技术水平达到了什么样的层次，在企业中高水平技术的利用程度如何，这些都是增强生产能力的最有力的潜在因素。

2. 产品实体调查。产品实体调查是对产品本身各种性能的好坏程度所做的调查。它包括以下几个方面。

（1）产品的规格。产品规格大小，会在不同的消费者中有不同的反应，对于一个特定的市场，产品规格必须适合当地人们的习惯或爱好。例如，有些市场需要产品的所有规格，越齐全越好，而有些市场可能只青睐某种或某几种规格。

（2）产品的颜色及图案。颜色在不同地区会有不同的象征意义，人们对颜色的偏好也会因地而异，而消费者对颜色的偏好会直接影响产品的销售。图案也存在着类似的情况，在某些地区受人欢迎的图案，在其他地区可能是忌讳或不祥的表示。

（3）味道。不同消费者对产品味道的反应是多种多样的，在不同的地区，消费者会偏好不同的特殊味道。所以，人与人之间、地区与地区之间普遍存在着对各种味道或口味的不同偏好，如果在这个方面不能符合消费者的需求，产品就可能出现滞销问题。

（4）式样和类型。对很多服装和一些日用品而言，式样和类型的要求在不同的地区也存在着差异，如城市与农村之间、国家之间、地区之间等。此外，式样和类型也易于因时尚的改变而迅速发生变化，因此，必须了解各地区之间存在的差异及未来可能发生的变化。

（5）原料。产品的原料构成会因地区、因国家的不同而存在不同的需求。如有些国家喜爱纯天然原料制成的衣服；有些则习惯于用混纺原料；有些地区或国家则喜欢用化纤作为原料，不同的需求和习惯会对某种商品产生出不同的市场容量。

（6）产品的性能。产品性能是消费者最为关注的问题之一。产品的耐用性、功率的大小、发热量、防水功能、能源损耗和方便保养等都是消费者在购买商品时会考虑的问题，但不同的消费者对产品的某个或某几个性能的关注程度会有很大差别。有些消费者注重产品的耐用性，有些消费者关心的是维修是否方便，而有些消费者则关心功率及能源损耗方面的性能如何。

3. 产品的包装调查。产品的包装应该既美观、结实，而又便于运输和装卸。所以，根据包装所起的作用，要在这方面进行以下内容的调查：

（1）销售包装。这种包装视产品供应的对象不同而不同，对于日用工业品和食品，包装应该起到美观、保护和宣传的作用。美观作用：可以对产品的推销起到很好的效果，在同类商品同时陈列的时候，醒目、独特、美观的包装会吸引顾客的视线，引起顾客的注意，最终使顾客产生购买行为。保护作用：指包装能否起到不损害使用价值的作用，如防潮、防晒及包装材料的质地是否结实。宣传作用：指包装应该向消费者传达产品的信息，使顾客更好地了解产品，如在包装上印刷产品的使用说明、产地、原料、数量、规格等。针对上述说明的包装所起的作用，可在调查中查明：①包装与当地的推销环境是否协调，或是否显得突出。②消费者对何种图案或颜色有特殊的偏好。③在同类产品中顾客认为最好、最受欢迎的产品包装的造型。④竞争产品的包装样式。⑤包装上是否需要详尽的说明。除了上述几个调查项目以外，也要对各地消费者对包装规格大小的要求进行调查。那些不习惯经常购物的人可以接受大包装；反之，小包装则更适宜。

对于工业品的包装，需要有下列调查内容：①包装是否易于存储、拆封。②包装是否牢固、便于运输。③包装是否便于识别商品。④外包装是否有利于再利用、回收等。⑤包装的费用情况。

（2）运输包装。在运输过程中，商品包装是否能适应运输方式的要求以保证商品的使用价值不受损害、包装材料不破损；不同的运输工具要求什么样的包装形式。这些都是对运输包装的重要调查项目。

对装卸方法、防盗、防晒、防潮、仓储形式及包装成本的调查，为决定采用何种包装材料和形式提供了很好的参考资料。

（3）产品包装的附带性调查。对产品包装的附带性调查，主要是针对产品包装上的商标和标签而言的。好的商标既有维护和传扬厂方名声的作用，也有独特、吸引人的作用，因此，要做的调查有：①商标名称和标志是否与其他产品相同或类似。②商标名称和标签在消费者心中的影响是否深刻，吸引人。③商标和名称是否与当地人的心理相协调。

4. 产品生命周期的调查。任何进入市场的产品都有其市场寿命，也被称为产品的生命周期，它包括引入期、增长期、成熟期和衰退期四个阶段。企业首先要明确自己所生产和经营的产品处于生命周期的哪一阶段，所以，需要在产品的销售量、利润率、经营者和消费者对产品的兴趣等方面进行调查。

当产品处于引入期时，这时产品初次进入市场，带有一定风险性，必须经消费者认可才能在市场上站住脚跟，此时，市场调查的重点应是：①消费者选择此种产品的动机。②消费者对此种产品价格的承受力。③市场上有无类似产品。④消费者对此种产品的需求程度。⑤产品的特殊优势。

当产品处于增长期时，产品已在市场上保住了自己的阵地，并开始出现上升的势头，这时的调查内容应包括：①产品受欢迎的原因。②产品在哪些方面尚有不足，还需要改进。③是否出现了竞争产品。④潜在的消费需求量有多大。

在产品的成熟期，产品已进入销售的最高点，市场上出现了多家竞争，销售量已很难再提高，且还有下降的趋势，此时，生产或经营单位应考虑转向或改进产品，因而对市场的调查应着重在：①消费者减少购买的原因。②竞争产品的优势。

通过这样的调查，企业可以确定应采取什么样的公关、宣传及促销活动来促使消费者购买，维持市场占有率。

当企业已确定产品进入衰退期后，就要停止生产或经营，而转向其他产品。随着市场商品的丰富、产品更新换代的速度加快，一些产品的生命周期并不按照四阶段来完成其市场寿命，有些产品进入市场以后，或直接进入成熟期，或经过短暂的增长期后进入衰退期；另外，在不同的地区同种产品会处在不同的生命周期阶段，城市处于成熟期，农村可能进入增长期；国内市场进入增长期，发达国家可能已进入成熟期甚至是衰退期，而其他一些发展中国家可能只处于导入期或增长期。因此，只有通过调查来明确产品的生命周期，并采取相应的措施，才能制定出正确的产品政策。

5. 产品价格的调查。产品打入市场，必然要考虑成本与利润。制定产品价格的意义不仅在于弥补成本和费用支出，并获得利润，而且与竞争密切相关，因为价格竞争仍然是占有市场的有效手段。所以说，产品定价除了需要考虑本企业产品的生产成本及费用支出的多少以外，还要视市场及竞争情况而定。定价高，利润也高，但销售量会减少，资金周转较慢；定价低，利润也低，但销售量会增加，资金周转也就随之加快。在销售旺季时，可适当提价，淡季适当落价。但由于产品的价格弹性不同，调价会带来不同的效果，所以，要对调价后引起的销售量的增加或减少进行调查以指导调价。除此以外，定价的高低与目标市场消费者的购买力高低也有关系，目标市场中消费水平高的顾客与消费水平低的顾客所能承受的价格变动有很大不同，前者更要注重体现身份，后者更注重价廉物美。因此，在定价方面，需要调查的内容有：

（1）目标市场不同阶层顾客对产品的需求程度。

（2）竞争产品的定价水平及销售量。

（3）采用浮动价格是否合适？提价和降价带来的反映。

（4）目标市场不同消费者对产品价格的要求。

（5）现有定价能否使企业赢利，赢利水平在同类企业中居于什么样的地位。

这些项目的调查，可使企业及时了解定价水平的高低、何时应调价等。

（四）市场营销活动调查

市场营销组合包括产品、定价、分销渠道与促销这四大内容。这里主要就渠道、促销及促销活动的实用性等方面分析一下相关的调查内容。

1. 竞争对手的调查。任何产品在市场上都会遇到竞争对手，当产品进入销售旺季时，竞争对手会更多。竞争可以是直接竞争，如生产或经营同类产品的厂家；也可以是间接竞争，即产品不同，但用途相同的产品，如矿泉水制造厂商对生产果汁、汽水的厂商来说就构成了间接竞争。不论何种竞争，不论竞争对手的实力如何，要想使自己处于有利地位，首先要对竞争对手进行调查，以确定企业的竞争策略。需要查明的内容有：

（1）竞争者产品的优势在什么地方。

（2）竞争者所占有的市场份额有多大。

（3）竞争是直接竞争还是间接竞争。

（4）竞争者的生产能力和市场计划。

（5）竞争者对分销渠道的控制程度。

（6）在竞争中主要竞争者有哪些？他们对市场的控制力有多大？消费者对主要竞争者的产品的认可程度。

（7）竞争者产品的缺陷，消费者还有哪些要求未在竞争产品中体现出来。

查明以上这些情况，才能判断出本企业所具备的与竞争对手相抗衡的条件或可能性，才能清楚地知道自己在市场竞争中所处的地位。如果要打入国际市场，还需要了解外国厂商在市场上的份额及在该国市场上所处的优势等。任何一个成功的竞争者，都有自己的经营优势或特色，如产品质量好、价格适中，公司雄厚的资金保护，对销售渠道的控制，成功的广告，有效的促销手段等。因此，对竞争者的分析，一方面可以借鉴他人的长处和经验；另一方面又可以以此为依据判定企业竞争策略，以达到以己之长，克他之短的功效。

2. 分销渠道调查。分销渠道，是指商品从生产领域进入消费领域所经过的通道。需求是分销渠道形成的前提，在现代经济社会中，大多数商品不能直接送到消费者手中，而只能通过中间环节，即商品经营者（如中间商、经销商、代理人、经纪人等）来完成商品从生产向消费的转移。这种中间环节的存在，是企业维持和开拓市场的需要，因为企业生产的限制，使人、财、物的利用不可能完全解决产品的销路问题，尤其是开辟远方市场的任务。所以，分销渠道的选择与控制，寻找什么样的中间商，中间商能否将产品渗透到市场中去，就成为企业能否成功地进入市场，尤其是打入国际市场的关键所在了。

市场营销活动中，大体上有三种分销渠道可供选择：①直接卖给用户。②通过商品经销商（批发、零售）卖给用户。③委托代理商负责推销。

对于这三种方式，哪一种最能有效地辐射商品，使更多的商品进入市场，并能为更多的消费者了解和认可商品，就需要做下列调查：①此类商品最常见的流通渠道或分销渠道的情况，是直接供应用户还是通过中间商。②现行分销渠道中最成功的类型。③市场上是否存在分销此种产品的权威性机构，如果存在，他们经销的商品在市场上所占的份额。④市场上经营此种产品的经销商，尤其是主要经销商，是否愿意或有无能力再接受新的货源。⑤市场上经营此产品的经销商，尤其是主要经销商，经销此种产品的要求和条件。⑥经销商除了经销商品以外，是否还承担其他促销业务。如广告宣传、售后服务等。此外，经销商需要什么样的帮助，如技术培训、资金扶持等。⑦经销此种产品的竞争情况，成功者的优势是什么。⑧经销商维持的一般库存量是多大。⑨产品在每一环节的加价或折扣是多少。

在掌握了上述调查项目的资料以后，企业就可以针对应该选择的分销渠道做出决策。在选择分销渠道时，还要考虑到自己的目标市场，有些经销商的力量很强，推销有力，但可能不屑于或不愿花费更多的人力、物力向该企业的目标顾客进行推销；而有些经销商尽管实力不太雄厚，但却被目标顾客所接受和欢迎，他们也会全力去推销产品。因此在调查中，除了做量上的比较外，还要考虑一些人为的因素，做出对企业最有利、最有效的选择。现代的营销手段中，单靠产品自身的优势已不足以取得最后的成功，如果产品生产出来以后，质量和价格等都可以与同类产品相竞争，但却出现销路问题，则很可能是在渠道的选择上出现了失误。它最终将导致产品策略的失败。

现在有越来越多的企业直接向零售商供货，而不通过批发环节，这种方式减少了经营费用，并能使产品尽快与消费者见面，但这种做法并不一定适用于所有产品，在选择由零售商直接供应消费者时，需要考虑下列因素：①零售企业所在区域、服务范围、服务的人口数量。②购买此种商品的顾客经常选择哪类零售商店进行购买。③经营此种商品的商店其进货来源有哪些。④有哪些或哪类零售商店经营此种商品很成功及成功的原因。

在以调查资料为依据的基础上，有目的地向一些零售商供货或建立起固定的业务联系，就可以达到预期的效果。

3. 服务调查。在我国，商品售前、售中、售后服务已日益成为广大消费者购买商品时考虑的重要因素。在生活水平提高的情况下，小件商品的售后服务并不被人们特别看重，而在耐用家电和一些技术性产品的购买上，服务是非常重要的考虑内容。正因为如此，企业之间的竞争往往在服务上做文章。某种产品在特定地区的维修方便，会使其销售量在本地区内超过其他没有这种优势的同类产品，这种现象已屡见不鲜。就服务本身来讲，它包括的内容有：对产品代办托运、免费运送，上门修理，技术咨询，培训有关人员，提供零配件，代办保险、索赔，担保产品性能和使用期限等。对不同的产品，顾客对服务的要求也有所不同，如技术性产品与家用电器，都要求维修方便，并担保使用性能，但前者更注重技术培训和咨询方面的服务，后者则更注重运输、维修是否方便等。因此，要进行以下几方面的调查：

(1) 消费者或供应对象希望在哪些方面得到服务。

(2) 消费者公认的服务好的同类产品有哪些。

(3) 竞争者提供的服务有哪些，有哪方面的欠缺和不足。

在市场竞争中，处于同等地位的企业，如果能在服务上下大工夫，将会吸引众多的顾客和回头客，它也是维护企业声誉、完善企业形象的有效手段。

4. 促销活动调查。促销活动包括广告宣传、公关活动、现场演示、优惠或有奖销售等一系列活动。在产品处于不同生命周期或不同季节的情况下，采用哪一种或几种方式更能促销，需要依据调查资料来进行决策。

(1) 广告调查。在所有促销活动中，广告被公认是效果好、影响面广的一种形式，它被消费者广泛接受，而且对消费者购买动机的形成有重要的促进作用。作为一个好的广告，应具备如下条件：①在广告播出的几秒钟内抓住顾客的视线，并能让顾客从中体验到美感。②广告要使人相信，看后将广告中的商品作为考虑对象。③广告词应易于记忆，可以长时间保留在受众的脑海里。

由于广告本身应该具备这些条件，因而在制作广告前要对消费者和商品的情况进行调查，并计算费用情况，以确定广告的创意和制作过程。在制作广告前应进行的调查活动包括以下几个方面：①消费者调查：广告的诉求对象就是该商品的消费者，因此必须调查消费者的收入情况、需求水平、心理特征、知识水平、风俗习惯等，在同类产品已经出现的情况下，还应调查消费者使用商品的情况和要求。②商品调查：主要调查和研究在同类产品中此种商品的独特之处，以确定向消费者强调商品的哪一部分功效来吸引更多的顾客，这种调查对确定广告宣传的主题有重要作用。

根据对上述两项内容的调查，可以进一步分析消费者的需求水平、潜在需求、购买时间和地点等，从而决定采用什么样的广告主题和广告媒体，并估算广告制作、播放或刊登的费用。

好的广告会给人留下深刻的印象，促成购买动机的实现，并激发消费者的潜在需求。一个广告播出之后，专家或专业人员与一般的受众对其会有不同的理解和看法，有时他们之间的看法会截然相反。但由于广告本身所具有的商业特征，广告的成功主要看其推销商品的功效，因此，很多企业和广告人员对广告的效果会提出问题，花了那么多广告费是不是产生了预期的效果？为此进行的广告效果的调查要考虑如下内容：①广告引起什么人、多少人的注意，在众多的观者中，给哪部分人留下的印象最深。②广告是否引起观者的兴趣。③广告给观众一个什么样的商品形象。④看过广告后，观众是否产生购买欲望。

在一般情况下，经常把广告的有效性与随之而来的销售变化情况联系起来加以考虑，由于做了广告，产品的销售增加、营业额增加，由此得出广告有效的结论；如果广告播出或刊登后，产品的销量没有明显增加，则说明无效。这种判断方式是很有道理的，因为广告现在已成为最普及的宣传商品的方式，消费者获取商品的情报信息时，也更加依赖于广告。现代市场的成功经营者不做任何广告就取得成功的几乎没有，而因广告成功的事例比比皆是，所以，把销售额与广告效果联系起来的判断方法有很强的说服力。然而，有时销售额的增加或减少可能并不完全是由于广告的效果，如有时广告虽然已播出或刊登，但由于经济衰退的加剧或更多竞争者的加入，使销售额下降或维持不变，这时并不能说明广告的效果差，因为如果不做广告，销售情况可能会更糟，也许在众多的竞争者中，由于广告的效果使该企业的市场维持情况是最好的；由于某种时尚或社会心理因素的影响，商品的销量大增，但这并不能归功于广告的效果，只是这时不易发现广告本身的问题罢了。由此可见，广告调查不能单纯以销售额的变化情况为依据，顾客对广告的印象、留下的记忆以及信任程度也是重要的调查内容。

（2）其他促销活动的调查。促销活动除了广告以外，还有降价、优惠销售、有奖销售、现场演示、馈赠礼品等方法，促销活动的调查主要有下列内容：①采用优惠、赠品、有奖销售等方法以后，销售额的增加幅度，消费者的反应是积极的，还是漠不关心。②有多少使用其他品牌的消费者在上述促销活动进行以后，改用本公司的产品。③改用本公司产品的顾客其反应程度如何。④促销活动展开以后市场占有率的变化；在竞争中的地位是否发生变化。

现在已有很多企业在采用促销活动中的赠品战略及优惠销售，并且其成为消费者司空见惯的销售方式。因此，这些促销活动应该有自己的特色，并能在消费者心中形成一种固定的形象，尤为重要的是让消费者相信他能在购买中确实得到实惠。由于在不同地区，不同消费者的习惯、生活方式和价值观不同，因而不宜采用固定的促销形式，而对促销活动的调查，可以使企业掌握促销活动的实用程度如何，实际效果和长远效果如何，并及时就出现的问题对促销方式进行调整和改进。

（五）顾客满意度调查

对于任何商业组织而言，成功的关键是拥有满意的顾客，因为只有满意的顾客才有可能成为企业的长期顾客。而长期顾客则意味着一系列价值：业务的稳定增长、利润的源源不断、累计成本的降低等。早有研究表明，通常情况下，赢得一位新顾客所需要的成本是维持一位老顾客的5~10倍。所以，任何类型的企业或公司现在都越来越重视顾客满意度调查，从20世纪80年代末起，全球的企业都开始普遍实施质量改进和顾客满意计划，以期降低成本、留住顾客、增加市场份额和改善盈利状况。这种情形直接导致在市场调查行业顾客满意度调查迅速兴起，而有关顾客满意方面的数据差不多都是通过顾客调查得到的。

顾客满意度调查和以往常用的调查方法有很多相似之处，无论在调查设计上还是主要采用的方法以及工具等上，都遵循一般调研的科学。但是，由于顾客满意度调研的重点在于对态度的调查研究，因此，也存在一些特殊的问题。

首先，它是基于对产品或服务的评价的衡量，而不是对顾客偏好的权衡。这要求调查设计者首先要对服务或产品的使用流程非常清楚，才能选择恰当的时机进行调查。比如目前许多银行都使用了一些形式简单的顾客满意度调查，在顾客拨打服务电话或在窗口办理业务时都预先提示顾客要对接下来的人员服务做出评价，随即通过电脑联网的电话或密码机输入评价的代码。这样一方面可以方便地获取顾客的评价信息，另一方面对业务员的工作也形成了良好的监督。开篇案例中上海通用的做法也一样，是在顾客购买完车子之后调查一次就可以了，还是要利用一个数据库系统和数据采集制度持久地获取顾客动态的评价信息，都是顾客满意度调查要仔细考虑的问题。什么时候测量？是在购买时进行还是一周之后、三个月之后或者一年之后，通常取决于产品的性质和研究的重点。

其次，它主要是针对顾客态度进行的测量，因此要求调查设计者能针对顾客的反应设计出合理的态度量表。和行为相比，态度是不太容易准确测量的。比如选项设计是偶数的回答很容易漏掉那些中间态度的意见，而过于复杂的态度选项会降低态度测量的质量，过于简单的态度选项又会让结果没有区分力。下面一个例子可以说明态度测量在应用时可能出现的尴尬：某公司测量满意度时的标尺是"非常满意、一般满意或不满意"，测量结果95%的受访者都选择非常满意，这令公司高层管理者们非常高兴。可是，接下来当他们想改进公司的服务时，却发现这么高的分值令他们感觉无路可走，虽然明知服务永远都应该有进一步改进的空间。如果将测量标尺改成"非常满意、很满意、一般满意或不满意"，提供一个层次降低非常满意的人数，也就留出了服务进一步改进的空间。因此，在满意度调查中，满意度高并不意味着没有改进的余地，因为态度是会变化的，而且满意度测量反应是基于是什么的评价，而不是基于能做什么的评价。

另外，对满意度调查得来的数据在使用时也需慎重。因为态度数据总是存在一定误差，有时测试出来的数据并不一定能够准确反映事实状况。例如在医院的调查中，产科的服务满意度通常要比癌症科的高，这种差异往往不够真实，因为产科通常负责新生儿接生，这类服务比较容易给评价者带来喜悦的心情；对医生的评价也一样，在评价设计中医生说话的语速可能与整体评价高度相关，但这并不意味着降低说话语速就可以提高对该医生服务的整体评价。而且，诊断和治疗是两回事，被访者可以表达不满意，但这并不意味着能告诉管理者改进的方式。因此，顾客满意度调查只是为了解顾客对产品或服务的一个概括性的感受，为下一步的改进提供方向而已。

二、市场调查的类型

市场调查涉及的内容相当广泛。在经济体制改革深入发展的过程中，无论是宏观经济管理，还是微观经济管理，几乎都离不开市场调查。因此，市场调查的类型也比较多。

（一）根据市场调查的目的，可以分为应用性市场调查和基础性市场调查两种类型

实际上，从事任何市场调查都是为了更好地了解市场，搞清楚战略失败的原因或减少决策中的不确定性。为这些目的而进行的市场调查被称为应用性市场调查。例如，蔬菜的价格应该提高吗？服装公司应该为其服装选择什么样的品牌名称？哪个商业广告更容易让受众记住呢：A还是B？另一种类型，基础的或纯粹的调查则是为了拓展新的知识领域，它并不以某个具体的实际问题为目标。基础性调查的目的是为现有的理论提供进一步的证明或对某一概念或现象获得更多的了解。例如，基础性调查可能检验一个关于高度复杂的决策问题的假设，或者检验一个关于消费者信息问题的假设。从长期来看，基础性调查有助于更多地了解我们所生活的世界。通常，基础性调研的结果在短期内不能直接应用于实践。目前，大多数基础性调研都是在大学中进行的。调研结果被刊登在一些期刊上。企业所做的大多数调研都是应用性的，因为它们必须在成本上划算并对决策人员有明显的价值。

（二）根据市场调查活动的范围，可以分为狭义的市场调查和广义的市场调查两种类型

狭义的市场调查，是指对市场消费需求，包括企业生产消费需求和个人生活需求进行调查。广义的市场调查，是指在狭义市场调查的基础上加上对产品的分析。这里所说的产品分析，不是生产企业对产品在生产过程中所进行的物理上、化学上的分析，而是从商品的使用价值和消费的角度对产品进行分析。如对进入流通领域的产品的性能、形状、大小、重量和使用方便程度、色彩、价格等进行调查分析，是一项非常有意义的市场调研工作。它有利于促使生产企业适应消费者需要改进生产，有助于发现老产品的新用途，还会为新产品开拓市场。

（三）根据购买目的，可以分为消费者市场调查和生产者市场调查两种类型

这里所说的消费者市场，是指消费者为满足个人或家庭消费需要而购买生活资料或劳务的市场，又称生活资料市场。生产者市场，是指生产者为满足生产活动需要而购买生产资料或劳务的市场，又称生产资料市场。这两种类型的市场，不论是从购买商品的对象、购买的商品上看，还是从购买活动的特点上看，都有所不同。消费者市场的商品购买者是消费者个人，购买的商品是最终产品，主要是生活资料，购买活动是经常的、零星的或少量的，并且由于商品消费是可以相互代替的，因而购买活动具有一定弹性的特点，购买者一般缺乏专门的商品知识，服务质量的高低对商品的销售量影响极大。生产者市场的商品购买者主要是生产企业单位；购买的商品是最初产品和中间产品，或者为生产资料；购买活动具有定期的、大量的和缺乏一定弹性的特点；同时，生产者市场的购买者有专门知识，一般都有固定的主见。

尽管消费者市场同生产者市场不同，但两者之间有着密切的联系。它们之间的最基本的联系，就是生产者市场的商品购销活动要以消费者市场为基础。因为消费者市场所反映的需要才是真正的最终消费需要。

必须指出，在实践中，可能有一些生产部门和生产企业，同最终消费者从来不发生直接业务往来，即便如此，它的经营活动目的仍然是为了最终消费者，还要依据最终消费者的需要而生产。所以，在整个社会经济生活中，不论是直接从事市场商品流通业务，还是直接从事生产业务，都必须重视消费者市场的调查研究，重视把自己的经营活动，逐渐地从以生产为中心转向以消费者为中心。这是社会主义市场经济发展的客观要求。

（四）根据需要市场调查提供信息目的的不同，可以分为探索性、描述性、因果性和预测性市场调查四种类型

1. 探索性市场调查，是指当研究的问题或范围不明确时所采用的一种调查，主要是用来发现问题，收集一些有关资料，以确定经营管理需要研究的问题的症结所在。例如，某企业近几个月来销售量持续下降，但企业弄不明白是什么原因所致。是经济衰退的影响？广告支出的不足？销售代理效率低？消费者偏好改变？要找出问题原因就应该采取探索性调查，如从中间商或者用户那里收集资料，找出主要原因，为解决问题打下基础。

2. 描述性市场调查，是指进行事实资料的收集、整理，把市场的客观情况如实地加以描述和反映。描述性市场调查用来解决诸如"是什么"的问题，它比探索性调查要更深入、更细致，它假定调研者事先已对问题有相关的了解，是为进一步研究问题症结的事实而收集必要的资料，以说明其"是什么"、"何时"、"如何"等问题。例如，在销售研究中，收集不同时期销售量、广告支出、广告效果的事实资料，经统计分析能说明广告支出什么时候增加了几个百分点，销售量有了多少个百分点的变化。至于两者哪一个为因，哪一个

为果，可根据需要再做研究。

3. 因果性市场调查，是指收集研究对象事物在发展过程中的变化与影响因素的广泛资料，分清原因与结果，并指明何者为决定性的变量。例如，销售研究中，收集不同时期说明销售水平的销售量（额）、市场份额、利润等因变量资料，收集影响销售水平的不同时期的企业的价格与广告支出、竞争者的广告支出与价格、消费者的收入与偏好等自变量资料，在这些资料基础上就可以了解这些自变量对某一因变量（如销售量）的关系，确定其中哪一个为决定性自变量。

4. 预测性市场调查，是指收集研究对象事物过去和现在的各种市场情报资料，掌握其发展变化的规律，运用一定方法估计未来一定时期内市场对某种商品的需求量及其变化趋势。

由于市场情况复杂多变，经营管理问题多种多样，因而决策过程、决策主体对信息需要的目的也会不同，上述四类市场调查就是为满足决策主体的不同信息需要而进行的调查。它们之间的关系是后者包含前者，后者总是在前者基础上提供更多的信息。

（五）按市场调查的主体不同，可以分为委托调查和自行调查两种类型

1. 委托调查，是指委托专业调查机构代理调查。委托调查的特点是调查单位可以不受企业固有的看法的影响，更客观地进行调查；这是因为专业调查机构长期从事调查研究，机构内分工较细，专业程度较高，经验丰富，专业技能强。其缺点主要是委托单位与调查机构间需要协调；调研的信息保密性低。

2. 自行调查，是指企业自己设置调查部门专门负责企业的市场调查工作。自行调查具有成本低、便于积累经验的优点。其缺点是不易看清企业的问题（所谓"不识庐山真面目，只缘身在此山中"）；缺乏客观性和使用的调查方法可能落后。

市场调查，也可以按产品层次、空间层次、时间层次等区分为不同的类型。按产品层次可以分成不同商品市场的调查。例如，可以分成服装、百货、鞋帽、五金、交电、食品等各类商品的市场调查；服装市场调查又可分为对妇女服装、成人服装、儿童服装市场的调查；妇女服装市场调查还可分为对呢绒、化学纤维织物、棉布等不同质料的服装市场调查，以及不同季节的妇女服装市场等。按空间层次可以区分为全国性市场调查、区域性市场调查、地区性市场调查等。按时间层次，则可以分为经常性市场调查、定期性市场调查和临时性专题市场调查等。属于这方面的不同类型的市场调查，往往与同类型的市场预测结合在一起，相辅相成地进行。

第四节 市场调查的原则与程序

一、市场调查的原则

市场调查既然是通过收集、分类、筛选资料，为企业生产和经营提供正确依据的活动，它就需要遵循以下原则。

（一）时效性原则

在现代市场经营中，时间就是机遇，也就意味着金钱。丧失机遇，会导致整个经营策

略和活动的失败；抓住机遇，则为成功铺平了道路。市场调查的时效性就表现为应及时捕捉住市场上任何有用的情报、信息，及时分析、及时反馈，为企业在经营过程中适时地制定和调整策略创造条件。在市场调查工作开始进行之后，要充分利用有限的时间，尽可能多地收集所需的资料和情报；调查工作的拖延，不但会增加费用支出，浪费金钱，也会使生产或经营决策出现滞后，对生产或经营的顺利进行极为不利。

（二）准确性原则

市场调查工作要把收集到的资料、情报和信息进行筛选、整理，在经过调查人员的分析以后得出调查结论，供企业决策之用。因此，市场调查收集到的资料，必须体现准确性原则，对调查资料的分析必须实事求是，尊重客观事实，切忌以主观臆造来代替科学的分析。同样，片面、以偏赅全的做法也是不可取的。要使企业的经营活动在正确的轨道上运行，就必须要有准确的信息作为依据，才能瞄准市场，看清问题，抓住时机。

（三）系统性原则

市场调查的系统性表现为应全面收集有关企业生产和经营方面的信息资料。因为在社会化大生产的条件下企业的生产和经营活动既受内部也受外部因素的影响和制约，这些因素既可以起积极作用，也可以阻碍企业的正常发展。由于很多因素之间的变动是互为因果的，如果只是单纯地了解某一事物，而不去考察这一事物如何对企业发挥作用和为什么会产生如此作用，就不能把握这一事物的本质，也就难以对影响经营的关键因素做出正确的结论。从这个意义上说，市场调查既要了解该企业的生产和经营实际，又要了解竞争对手的有关情况；既要认识到企业内部机构设置、人员配备、管理素质和方式等对经营的影响，也要调查社会环境的各方面对企业和消费者的影响程度。

（四）经济性原则

市场调查是一件费时、费力、费财的活动。它不仅需要人的体力和脑力的支出，同时，还要利用一定的物质手段，以确保调查工作的顺利进行和调查结果的准确。在调查内容不变的情况下，采用的调查方式不同，费用支出也会有所差别；同样，在费用支出相同的情况下，不同的调查方案也会产生出不同的效果。由于各企业的财力情况不同，因此需要根据自己的实力去确定调查费用的支出，并制定相应的调查方案。对中小企业来说，没有像大企业那样的财力去搞规模较大的市场调查，就可以更多地采用参观访问、直接听取顾客意见、大量阅读各种宣传媒体上的有关信息、收集竞争者的产品等方式进行市场调查，只要工作做得认真细致而又有连续性，同样会收到很好的调查效果。因此，市场调查也要讲求经济效益，力争以较少的投入取得最好的效果。

（五）科学性原则

市场调查不是简单地收集情报、信息的活动，为了在时间和经费有限的情况下，获得更多、更准确的资料和信息，就必须对调查的过程进行科学的安排。采用什么样的调查方式，选择谁作为调查对象，问卷如何拟定才能达到既明确调查意图又能使被调查者易于答复的效果等，这些都需要进行认真的研究；同时，运用一些社会学和心理学方面的知识，以便与被调查者更好地交流；在汇集调查资料的过程中，要使用计算机这种高科技产品来替代手工操作，对大量信息进行准确严格的分类和统计；对资料所作的分析应由具有一定专业知识的人员进行，以便对汇总的资料和信息做出更深入的分析；分析人员还要掌握和运用相关数学模型和公式，从而将汇总的资料以理性化的数据表示出来，精确地反映调查结果。

二、市场调查的程序

市场调查是指针对企业生产、经营中所要解决的问题而进行的活动。因此，调查活动必须具备很强的目的性，在目标确定以后，工作需按照一定的程序进行。从准备到方案的制定，直至最后的实施和完成，每一阶段都有其特定的工作内容，来保证调查工作有秩序地进行，减少盲目性。

市场调查过程大致分为如下几个阶段：调查前的准备阶段、制订调查计划阶段、收集资料阶段、整理和分析资料阶段以及追踪调查阶段。每一阶段工作完成得好坏，关系到下一个过程的工作质量。如果调查主题确定准确，调查方式选择得当，就能够保证调查资料应有的重要价值。如果资料收集得完备、及时，就为分析的准确性创造了良好的条件。如图 2-3 所示。

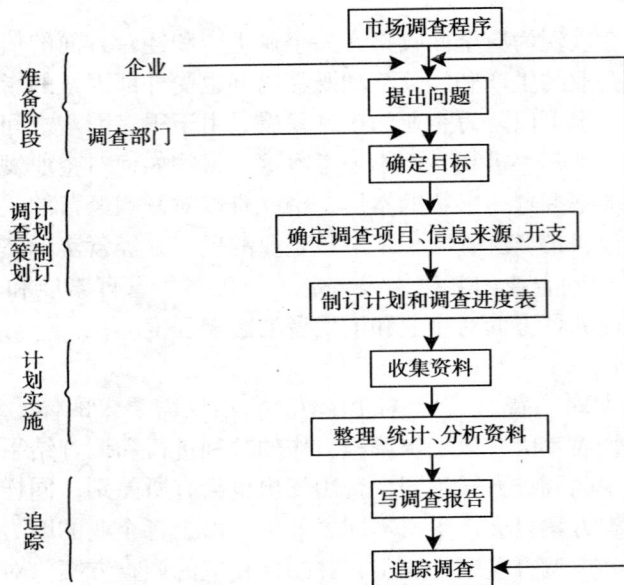

图 2-3　市场调查程序

（一）调查前的准备阶段

准备阶段的工作对进入实质性的调查具有重要意义，提出问题是这个阶段的开始。由企事业单位提出的问题，虽然比较明确，但不具体，只是一个带有方向性的问题，一般情况下这类问题主要牵涉以下几个方面：①企业未来的发展方向。企业的进一步发展需要更深层次地了解市场规模和结构，如有关新产品的开发问题，这种产品的需求量、市场潜力和发展前景等情况决定了企业对新产品开发的投资规模，也同样影响企业未来的投资方向。②生产、经营中出现的困难。在生产、经营过程中，会出现这样或那样的困难，如销售出现困难，导致产品的积压、资金呆滞、市场占有率下降等，需要找出产生问题的原因和解决问题的方法。③竞争。为了保住和扩大市场，就必须与对手进行竞争，也就必须了解竞争对手的各种情况。通过对市场上各种竞争力量的分析与对比，来寻找市场缝隙，找出竞争对手的弱点，抓住时机，从而在竞争中取胜。

调查前的准备，主要包括以下两个步骤：

1. 提出问题。在很多情况下，企业针对出现的或要解决的问题只是向市场调查部门提出一个大致的调查范围或意图，因而对于市场调查部门来说，需要根据调查范围来确定调查的主题。如果企业提出销售不畅的问题，调查范围有了，就要首先针对影响销售的诸多因素进行调查，是渠道选择不当，还是质量有问题；是设计问题，还是包装不适宜等。初步调查后如果发现是渠道不畅的原因，则要把下一步的调查重点放在渠道的选择上，也就是在关键问题上下工夫，这样才能提出实质性的意见和建议。

提出问题是调研过程中最重要也是较困难的任务。如果调研者对销售决策的问题理解不清或对问题的结果没有充分的准备，就会出现难以指导调研进行的情况；同时对调研的结果也会感到无所适从，不知关键问题出在哪里。例如，一个生产运动鞋的公司向一个市场调研机构提出调研课题，要求市场调研人员了解人们对该公司抱有什么想法，这种运动鞋在受到体育明星的认可以后对潜在购买者有什么影响；而当调研人员会见该公司的销售人员，希望知道该公司为何要调查这方面的情况时，回答只是上级主管部门要求做出这样的调研结果，这就是说，销售人员只是机械地照搬了上级的意图，把调研首先建立在销售者只关心该公司的运动鞋上，而没有考虑到竞争者的产品；照此意图调查的话，虽然能够调查出消费者对该公司运动鞋的看法，但这种调查结果会与实际销售情况出现较大误差，因为消费者在选择运动鞋时，面对的是众多厂家的商品。

为了保证调查结果的正确性和实用性，必须先将调查目标确定下来。但由于市场调研人员并不十分了解企业的业务进展情况和存在的问题，所以，要向公司的决策和管理部门了解他们的调查意图。对调研工作来讲，漫无目标或目标不明确，只能造成人、财、物的浪费。

调查中，对调查目标的确定需先搞清以下几个问题：①为什么要调查。②调查中想了解什么。③调查结果有什么样的用处。④谁想知道调查的结果。

2. 试验性调查。在调查目标未确定以前，调查部门应根据提出的问题挑选一些精通有关问题的人，进行访问，探询一些建设性的意见。所谓精通问题者既包括生产厂商、设计人员，也包括一些经销商，如批发商、零售商等。对精通问题者访问的主要目的是将调查的范围缩小。如果把所有影响因素都调查到的话，不仅成本过大，而且重点未被突出，反而将主要问题的反映程度冲淡，如调查某产品的销售问题时，可就影响销售的各种因素征询相关人员的意见，最后确定出最主要的影响因素作为调查重点。

如果已经有了正确的调查主题，则可以根据初步调查的结果，进一步研究调查应采用哪种方式，调查的具体内容及对象等，以便下一步的调查工作顺利进行。

（二）调查活动的策划阶段

试验性调查以及调查主题的确定是制订调查计划的基础。为了更有效地进行实质性的调查，需要根据调查目标进行调查策划，以指导调查活动。

调查活动的策划，需要考虑的方面有调查项目、调查方式，信息来源，经费估算及调查进度表等。在实际调查活动中，调查人员依据调查计划的安排来组织调查活动，管理或负责人员可按照计划规定检查调查活动的情况。

1. 确定调查项目。调查项目是为了获得统计资料而设立的，它必须依据调查的目标进行设置。影响调查目标的因素很多，都可以成为调查项目之一，但调查项目的增加，使调查的工作量和统计量也会相应增加，所以，要对所有相关因素进行取舍。①对有关项目的重要程度进行比较，然后，选择那些相关程度较高的项目。②调查项目有些是调查人员假设的，这些项目必须与调查主题关系密切，而且要意义明确，便于回答。③要根据经费的多少、统计能力和调查方式等情况，确定调查项目。

2. 确定信息来源。调查项目确定以后，调查人员需要考虑如下问题：①哪些是所需的资料。②从什么地方可以获得这些资料。③通过什么调查方式能够获得资料。④应该进行调查的对象是哪些。

上述问题实际上就是根据调查目标确定信息来源时所应考虑的几个方面。信息来源有两大类：一类是文字资料；另一类是通过各种实地调查从调查对象那里获取的信息资料。

现有的文字资料可以通过几种渠道获取：企业的销售实绩，生产情况，资金财务状况，产品质量、性能，包装及材料、规格，价格和利润等可以从企业的各种报表、原始凭证及生产销售报告中获取，其他相关信息可以从公共机构中获得，如图书馆、统计部门、国际组织、政府机构、出版社、商业协会、情报机构、研究机构、银行、消费者组织和各种公司的出版物及参考书等。

现有文字资料一般不能满足调查活动的全部要求，所以，在调查中还要采取其他方式获得所需要的资料，如采用实地调查的方式，通过访问、散发问卷、参观、展销等形式了解消费者的要求，也可以采用抽样调查的形式。

通过不同的调查方式获取信息资料，需要考虑如下几个问题：

（1）调查地点，是指选择某一城市，还是几个城市；是选择某城市的一个区，还是特定的销售环境。

（2）调查对象，是指面向所有消费者，还是某一部分消费者；是选择熟悉本产品的消费者，还是未曾使用过该产品的消费者。有些调查活动采用面向所有消费者的方式，意在了解消费者对产品的看法和印象以及潜在顾客的情况；有些调查则专门针对那些使用过某产品的顾客，从而弄清消费者喜欢该产品的哪些方面，对哪些方面还不满意，希望有什么样的改进。例如，日本的汽车商人欲打入美国市场时，他们所调查的是拥有或使用过德国大众公司的"甲壳虫式"微型汽车的美国人，以此决定向美国出口什么样的轿车最受欢迎。

（3）调查时间，是指采用一年调查一次，还是反复多次地调查的方式；是采用固定时间还是非固定时间进行调查。

3. 估算调查费用。调查费用因调查目标的不同而有很大差异，消费者调查、产品调查、渠道调查或销售调查等的费用支出都不一样。此外，调查方式、规模、时间、项目的多少也直接影响费用的支出。但不论什么样的调查，调查费用都应包括下列内容，见表2-1。

调查费用的估算对调查效果的影响很大，对市场调查部门或单独的市场调查机构而言，每次调查所估算的费用当然是越高越好，但是企业只能支出有限的费用用于调查，不可能任由调查单位提出过高的费用开支，因此，在提出经费估算时，调查单位须提交一份详细的估价单，将所有费用开支一一列出，供企业审阅。费用开支数目要实事求是，不能过高但也不能过低。合理的支出是保证调查顺利进行的重要条件，调查单位应以有限的经费达到最好的调查效果，这不仅是调查单位树立信誉的需要，也是调查单位水平高低的体现。

在调查费用估算和开支这个问题上，应避免两种情况：①调查时间的拖延，这样必然造成费用开支的加大，应力求避免这种情况的发生。②缩减必要的调查费用也是非常不可取的，调查活动必须有一定的费用开支来维持正常的调查所需，减少必要的开支只会导致

表 2–1   调查费用估价单

申请人：
调查题目：
调查地点：
调查时间：   年　月　日—　年　月　日

项目	数量	单价	金额	备注
资料费				
文件费				
差旅费（交通费）				
统计费				
交际费				
调查费				
劳务费				
杂费				
其他				
总计				

调查的不彻底或无法进行下去，因此，也就难以达到预期的目的，这对企业自身的生产和经营是有害无利的。

4. 调查项目建议书。通过对调查项目、方式、资料来源及经费估算等内容的确定，调查人员可按所列项目向企业提出调查项目建议书，对调查过程进行简要的说明，供企业审阅。调查项目建议书是调查人员经过试验性调查及一系列的分析研究后拟定的。它对企业提出的调查任务作了更具体、更详细的说明，因此，调查项目建议书完全是以调研者的角度对调查目标及调查过程所作的说明。但由于调查项目建议书是供企业审阅及参考之用的，所以，其中的内容一般都比较简明扼要，以便于企业有关人员阅读和理解，见表 2–2。

表 2–2   调查项目建议书

调查题目：
调查单位：
调查人员：
调查负责人：
日期：　　年　月　日—　年　月　日

1. 问题以及背景材料：
2. 调查内容：
3. 调查所要达到的目的：
4. 调查方式：
5. 调查对象：
6. 调查地点：
7. 经费估算：

负责人审批意见	申请人：
财务审批意见	申请日期：　年　月　日

（三）调查计划的制订

1. 调查计划制订的必要性。调查活动是一个完整的过程，也是一种集体配合的工作过程。由于牵涉大量资料的收集、整理、分析以及调查人员与各方面有关人士的接触，因此，为了保证调查活动有条不紊和有秩序地进行，需要制订调查计划，对调查的内容及时间安排做出明确而详尽的规定，以此来指导整个调查活动的进行。

2. 调查计划的制订。调查计划分为两大项内容：对调查内容的说明和调查时间进度表。调查计划因调查所要达到的目标不同，计划的内容、繁简程度也不相同，时间安排上也有长有短。在计划的实施过程中，它并不是一成不变的，根据调查进度情况及某些问题的出现，可对调查计划中的某些内容进行修改，增加或删减，以适应变化的形势，并及时调整计划中的不符合实际情况的内容。

（1）对调查内容的说明。这部分内容实际上是将各种调查的构想和操作明确化。它包括调查目的、调查的方法和技术、资料的收集和整理、调查对象的选择、经费估算以及人员安排等，见表2-3。

表 2-3   调查计划表

调查目的	为何要做此调查、需要了解些什么、调查结果有何用途
调查方法	问卷法（当面填写）、询问法、电话法、邮寄法、观察法
调查地区	被调查者居住地区、居住范围
调查对象、样本	对象的选定（资格、姓名、条件）、样本数量、样本选取
调查时间、地点	开始日期、完成日期、在外调查时间、调查会开始时间、所需时间、会址
调查项目	访问项目、问卷项目（附问卷表）、分类项目
分析方法	统计的项目、分析、预测方法
提交调查报告	报告书的形式、份数、内容、中间报告、最终报告
调查进度表	策划、实施、统计、分析、提交报告书
调查费用	各项开支数目、总开支额
调查人员	策划人员、调查人员、负责人姓名、资历

调查计划表制定以后，调查过程须按照计划规定进行，计划表也作为监督和指导调查过程进展情况的依据。

（2）调查进度表。调查进度表是将调查过程每一阶段需完成的任务做出规定，避免重复劳动、拖延时间。调查进度，一方面可以指导和把握计划的完成进度；另一方面可以控制调查成本，以达到用有限的经费获得最佳成果的目的。

调查进度表将调查过程划分为几个阶段，并说明各阶段应完成的任务、时间的限定以及人员安排等。市场调查的进度一般可分为如下几个阶段：①策划、确立调查目标。②查寻文字资料。③进行实地调查。④对资料进行汇总、整理、统计、核对及分析。⑤市场调查报告初稿完成、征求意见。⑥市场调查报告的修改与定稿；调查报告完成，提交有关部门或企业。

（四）计划实施阶段

调查计划实施阶段，进入了实质性的调查阶段。这一阶段要按照调查进度表的规定分阶段进行。

1. 查寻文字资料的阶段。这一阶段主要是对现有的文字资料进行调查和收集。最现成的文字资料就是企业的各种报表，通过这些资料了解企业的生产、经营、销售及库存方面的情况。此外，还可以查寻已经公开发表的统计资料和其他定性的资料，如公司图书馆、公司卷宗、政府部门、公共图书馆等的外界资料。在查寻这两类资料的过程中，要考虑还有哪些资料需要进行补充；还应去查寻和索取竞争者的业务资料进行对比，最后确定哪些资料需要进行实地调查。

在这一阶段，除了确定哪些资料还需要进行实地调查以外，还要准备实地调查方案，设计抽样结构和抽样对象；在编列准备走访的名单时，要查寻行业目录或根据企业所推荐的调查对象来确定走访的对象；如果走访的对象是消费者，应先确定是一般消费者还是某一特定的消费者群。总之，这一阶段的工作为下一步的实地调查创造了条件。

2. 实地调查阶段。实地调查可以直接获得调查对象对调查项目的反映，弥补文字资料的不足。实地调查既可以采用询问的方式，由调查人员与调查对象亲自交谈来获取信息；也可以采用散发问卷的形式，由调查对象进行填写。为便于回答，不论是询问式还是问卷式的调查方法，都需要对问题的内容和提问方式进行设计。同时，也要考虑走访和答卷所需要的时间、调查人员一天能够走访的数量等。在调查过程中，调查人员有必要将已走访的情况或已收回的问卷定期进行一次汇总和研究，以了解实地走访是否能顺利进行，是否能得到走访对象的很好配合。

3. 对资料的汇总、整理、分析阶段。文字资料和实地采访所获得的资料要进行汇总，这种汇总既可以是一次性的汇总，也可以在调查中逐次汇集和统计。为便于汇总和更清楚地反映问题，需要在汇总前对资料进行分类，编制每一类别的统计表。进行分类整理以后，要核查一下是否还有需要补充的内容或有无疏漏的地方，以便进一步补充和修改。在所有资料整理工作完成后，就要根据调查的主题对资料进行分析，并着手写调查报告。

4. 对调查报告的初稿征询意见。市场调查的分析报告初稿完成后，需要征求委托单位的经理或有关负责人的意见；采用的方式既可以是面交委托单位审阅，然后听取意见，也可以采用召开讨论会的形式。总之，在初稿完成后，要向委托单位详细说明调查结果及对结果的分析。调查人员通过与委托单位互相交换意见，可检查调查结果与委托人的意图是否完全吻合，是否达到了委托人所要求的标准，还有哪些地方需要修改；委托单位在听取调查结果的同时，也可以了解用户或消费者对企业产品或促销活动的反映。当企业有关负责人忙于日常工作而无暇阅读调查报告时，利用一定的空闲时间参加调查讨论会，是了解市场的一个极好的机会。

5. 修改、定稿，呈交报告书。在听取了委托人一方的意见并对调查报告做进一步的修改和补充后，就可以定稿，呈交给委托单位。报告书既要有文字说明，也应有统计、图表说明，呈交报告书既可以采用报告会的形式，也可以直接交给有关负责人。由于阅读报告的人多是繁忙的业务负责人，所以，报告的写作应力求语言简练、明确、易于理解，内容讲求适用性，并配以图表进行说明。如果是技术性的报告，因其读者大多数是专业人员或专家，因此，要力求推理严密，并提供详细的技术资料及资料来源说明，注重报告的技术性，以增强说服力。

（五）追踪调查阶段

调查报告的呈交，说明调查工作就此告一段落。但是，为了更好地履行调查工作的职责，还应进行追踪调查。追踪调查需要了解的情况是：

1. 追踪调查前一段工作的成效。调查单位的调查有时难以与企业的意图完全一致，有时由于调查中所出现的误差也会与企业所要求的标准偏离，因此，追踪调查需要了解调查报告中所提建议是否符合实际，所提数据是否准确、合理，调查报告分析结果对企业的适用性如何等，以考察调查工作的成效。

2. 调查结果的采纳情况。追踪调查还需要了解调查结果是否被委托人完全采纳。没有采纳的原因是什么，调查报告未被采纳或被搁置是调查单位的责任，还是委托单位的问题。调查结果被采纳的情况下，在实践过程中仍有可能未按照调查报告所提的建议去做，这样就会影响实施的效果，需要进行纠正，以便企业的经营顺利进行。

本章精要：

1. 从企业经营的角度分析，企业与市场的联系包含着三个主要流程：①货物或劳务由企业流向买主。②货币由买主流向企业。③企业与市场、环境之间的信息沟通。

2. 信息是营销活动的形成要素之一，是第五项资源。

3. 作为一般信息（即广义上的信息）具有如下五个特征：①可扩散性。②可共享性。③可压缩性。④可存贮性。⑤可扩充性。

4. 市场营销信息作为广义信息的组成部分，除具有一般信息特征外，还具有客观性、时效性、系统性、双向性特征。

5. 市场营销信息系统是由人、计算机和程序组成，为营销决策服务的信息系统。它的任务主要是为企业营销决策者收集、整理、分析、评价并传递有用、适时、准确的信息。

6. 企业的规模和类型不同，其营销信息系统的具体构成必然存在着差异。因而，市场营销信息系统并无固定的模式，但其基本构成一般都是相同的，即由内部报告系统、市场营销情报系统、市场调查（又称市场营销研究系统）和市场营销分析系统四个部分构成。

7. 市场调查是指通过有目的地对一系列与营销决策有关的资料、情报、信息的收集、筛选、分类和分析，来了解现有的和潜在的市场，并以此为依据做出经营决策，从而达到进入市场、占有市场并取得预期效果的目的。它是企业开展经营活动的前提。

8. 市场调查具有以下五个特征：①较强的针对性。②普遍性和经营性。③科学性。④市场调查的结果带有某些不确定性。⑤时效性。

9. 市场调查的内容是很广泛的，企业可以根据确定的市场调查目标进行取舍。一般地讲，市场调查的内容主要涉及社会环境调查、市场需求调查、产品调查和市场营销活动调查四个方面。

10. 市场调查的类型主要有：①根据市场调查的目的，可以分为应用性市场调查和基础性市场调查两种类型。②根据市场调查活动的范围，可以分为狭义的市场调查和广义的市场调查两种类型。③根据购买目的，可以分为消费者市场调查和生产者市场调查两种类型。④根据需要市场调查提供信息目的的不同，可以分为探索性市场调查、描述性市场调查、因果性市场调查和预测性市场调查四种类型。⑤根据市场调查的主体不同，可以分为委托调查和自行调查两种类型。

11. 市场调查要遵循以下五条原则：①时效性原则。②准确性原则。③系统性原则。④经济性原则。⑤科学性原则。

12. 市场调查程序大致分为以下五个阶段：①调查前的准备阶段。②制订调查计划阶段。③收集资料阶段。④整理和分析资料阶段。⑤追踪调查阶段。

关键术语：

信息 市场营销信息系统 产品调查 应用性市场调查 基础性市场调查 探索性市场调查 描述性市场调查 因果性市场调查 市场调查过程 试验性调查 调查项目建议书

思考题:

1. 什么是营销信息系统? 营销信息系统可能包含什么信息?

2. 一个市场调查项目应遵循哪些原则和程序?

3. 调查计划书有什么用处?

4. 顾客满意度调查为什么越来越为众多企业所重视? 它和一般的市场调查有何不同之处?

5. "在一个市场调查项目中, 没有比清楚地、充分地定义你所要研究的问题这一点更重要的。它最终决定了你能不能圆满地完成客户的要求。如果问题定义得很差, 或者根本就是遭到了误解, 会导致整个调查的彻底失败。"谈谈你对这句话的理解, 说明为什么问题界定是调研过程中最重要的阶段?

互联网练习题:

上网搜索以下公司, 了解其营销信息系统是怎样设计的: 美国宝洁公司 (P&G)、日本电通株式会社 (Dentsu)、中国李宁公司 (Lining)。

实战练习题:

1. 假设你在一家专业调查公司工作, 这时正好有一家专门给网球爱好者办的《网球杂志》(TENNIS)想做一个读者调查, 希望了解一些有关读者的详细信息, 比如什么样的人在读杂志, 对现有杂志版面及内容有什么看法, 等等, 希望从中得到有益的信息, 以便对杂志的改进做一些参考。杂志找到了你所工作的调查公司, 你认为这次调查需要主要解决的是哪些问题? 该从哪些方面去考虑调查的设计?

2. 以下情形分别适合哪种市场调查设计?

A. 想知道消费者对一种新的防羊毛织物缩水的洗衣粉的反应?

B. 想了解百事可乐 (Pepsi) 新广告是否引起了更多销售?

C. 确定某购物中心目标市场主要所在区域。

第三章 市场预测基本理论

学习目标

- 定义市场预测的概念
- 了解市场预测的特征
- 了解市场预测的作用
- 熟悉市场预测的基本原理与原则
- 熟悉市场预测的种类与内容
- 掌握市场预测的基本程序
- 把握市场预测精度及其度量指标
- 把握提高预测精度的途径

开篇案例 *

　　北京麦肯特市场推广咨询公司在 2000 年 11 月 4~5 日两天采用等距抽样方法对北京市 8 个城区 312 户家庭使用 CATI（计算机辅助的电话访问）系统进行了依次市场调研。调查结果发现，消费者在冬夏两季的饮料消费选择上存在明显差别：

　　夏季，消费者选择的饮料类型百分比如下：碳酸饮料 61.5%、茶饮料 14.7%、果汁饮料 10.3%、水饮料 8.3%、乳酸饮料 5.1%。冬季，消费者选择类型如下：碳酸饮料 21.8%、茶饮料 16.0%、果汁饮料 39.7%、水饮料 4.5%、乳酸饮料 10.3%。

　　而且调查还发现，46% 的消费者夏天喝得最多的品牌占全部饮料消费的 91%~100%，而 39% 的消费者冬天喝得最多的品牌占冬季全部饮料消费的 91%~100%。夏天选择可口可乐的消费者有 71% 在冬季会改变自己饮料的品牌选择。冬季饮料消费量只占夏季的 30%。只有 4% 的消费者回答冬季绝对不会饮用各种饮料。

　　以上调查数据反映了北京市饮料市场的季节性消费变动。这组数据对我们了解消费者季节性的饮料消费有什么帮助，能够得出什么结论？这些结论对饮料生产企业而言有什么用处？对来年饮料的投产类型和数量，这组数据是否具有参考价值？什么是市场预测？市场调查对市场预测有什么作用？这些都是本章即将讨论的内容。

---

　　* 本章开篇案例中的数据资料摘自陆军、周安柱、梅清豪编著：《市场调研》，电子工业出版社，2003 年 1 月第 1 版，第 276~277 页。

第一节　市场预测的含义与作用

一、市场预测的含义

市场预测，是指在市场调查的基础上，运用预测理论与方法，对决策者关心的变量的变化趋势和未来可能水平做出估计与测算，为决策提供依据的过程。市场预测是为决策提供信息服务的重要手段，是正确决策的基础。

从以上定义可以看出：市场预测具有服务性、描述性和局限性三大特征。

（一）服务性

服务性，是指市场预测是为企业决策服务的。从程序上讲，预测在先，决策则是根据预测结果做出的。凡事"预则立，不预则废"。早在 1956 年，陈云同志在谈到经济工作时就指出："我们做工作，要用 90%以上的时间研究情况，用不到 10%的时间决定政策。"市场预测对企业生产经营环节及其外部环境的未来发展提供变动趋势、变动方向、变动程度等方面的定性和定量化的估计；而企业决策则以预测结果作为基础，通过分析比较，趋利避害，选取最优方案。因此，预测是决定的先导，是决策科学化的前提。没有准确、科学的预测，要取得企业决策的成功是不可能的。而企业决策是企业经营管理的关键，决策正确与否，关系企业的生存和发展。决策失误，必然导致企业经营管理混乱，经营失败，亏损倒闭；决策正确，可以使企业管理有方，经营成功，提高企业的经济效益。所以，在实际工作中，要充分认识到预测的服务性，把企业预测与企业决策有机地结合起来，才能收到经营管理的良好效果。

（二）描述性

市场预测是认识客观事物、掌握客观规律的一种科学方法。它在调查研究、科学实验和广泛收集信息资料的基础上，通过一定的程序和数学统计方法，掌握事物的发展变化规律，取得关于事物未来发展变化趋势的各种信息，即对各种可能出现的情况、结果和水平做出客观的、科学的描述。它描述出事物各种因素之间相互作用的关系与程度，反映事物发展变化的客观规律性。在预测过程中，无论是建立定量预测的数学模型，还是定性预测的逻辑思维模型，都是预测程序中必不可少的重要步骤，是人们对客观事物认识的一种描述。这种描述，一方面，反映了预测具有科学性，不是主观随意的猜测。另一方面，反映了预测具有近似性，即这种描述肯定会有误差。因为这种描述是根据过去和现在的已知因素，事先对事物未来的发展变化情况做出的推测和描述，而未来的情况并不是过去和现在的简单重复，各种影响企业生产经营的因素和外部环境存在着错综复杂的不断变化。所以，这种描述会在一定程度上与将来发生的实际情况有某些偏差。描述不可能完全准确，不可能与实际情况绝对一致，肯定会有误差。即使我们对预测结果的描述是建立在严格逻辑论证和科学实验基础之上，被证明是正确的，未来也不会按照某一趋势永远发展下去，事物总是要经历发生、发展、消亡等过程。而在事物重大转折阶段交替处，往往会出现向上或向下超出误差范围的趋势变化。不少预测学专家称事物重大阶段转变时点为转折点。如果对转折点的描述失误，将会造成重大损失、挫折甚至失败，或者将失去获得巨大成功的良好时机。因此，对预测结果的描述的难度和技巧之一，就在于如何处理好误差范围和转折点问题，使预测更好、更准确地反映客观规律。对预测结果的描述，要求准确，允许存在误差。当然，要尽力减少误差程度，提高预测精度，使预测成为决策的可靠依据。

　　（三）局限性

　　市场预测是人们对事物的未来发展做出的科学判断。而人们对未来的认识总有一定的局限性。这是因为事物发展变化受许多因素的影响，客观规律也只有在事物发展过程中逐步地明显化和逐步地被人们所认识。人们对未来的预测，往往受到经验、知识、时间、条件、认识、工具等多方面的限制，预测误差在所难免，使得预测的应用范围和预测深度受到不同程度的影响。

二、市场预测的作用

　　1992 年，邓小平南方视察谈话的发表和党的十四大的召开，使我国社会主义市场经济呈现出蓬勃发展、百舸争流的新局面。市场经济从某种意义上讲是信息决策的商品经济，因此，掌握信息，做好企业预测工作就成为关系企业生存发展的大问题。如果说计划经济时期企业的生产经营要靠行政命令和经验，那么在现代化的市场经济条件下，很重要的一条就是要靠市场预测。市场预测的作用可以归纳为以下几点：

　　（一）有利于更好地满足消费需要

　　满足人民不断增长的物质和文化需要是社会主义生产的目的。我国实行经济改革以来，市场发育速度加快了，经过近 30 年的快速发展，2006 年我国的国内生产总值已经达到 26452 亿美元，比改革开放起步时的 1978 年，增长了近 13 倍，成为世界第四大经济体；人均国内生产总值超过 2000 美元，增长了近 9 倍；城镇居民人均可支配收入 11759元，农民人均纯收入 3587 元，分别增长了 34 倍和 27 倍。这一切，为城镇居民生活水平从生存到温饱再向小康发展的历史性跨越奠定了坚实的基础。随之，人们的物质、文化消费需求变化迅速，选择性不断加强。企业的生产经营活动与市场结合得更紧密，过去的卖方市场有的在逐步转向买方市场，有的已经成为买方市场。这些变化促使企业树立消费导向市场营销观念，企业只有通过预测及时掌握市场需求变化趋势和可能达到的需求水平，根据企业的经营条件，选择和确定企业目标市场，才能在市场变化之中避免盲目经营，不断地满足市场现实需求和潜在需求。

　　（二）有利于企业利用市场调节，合理配置资源

　　市场调节是市场经济条件下资源配置的一种形式。它是按市场价格波动调节各个企业自动决定商品产需衔接，自发地形成社会资源配置的流向。这几年价格改革迈出较大步伐。1998 年，生产资料销售总额中，市场调节部分已上升到 80% 以上；社会商品零售总额中，市场调节部分已上升到 90% 以上。企业愈来愈关注由市场价格波动反映的市场供求变化。市场预测能向企业决策者提供市场价格波动反映的市场供求行情变化趋向，以便企业适应社会对各种商品的需求量的变化，自觉地指导企业选择和调整生产经营方向，选择新产品开发，采取经营策略使产品及时打入并占领市场，合理组织人、财、物的比例和流向，减少资源在使用中的浪费，促进企业资源最佳组合得以充分利用，保证企业的合理的自我发展、自我约束，使市场活而不乱，生产协调发展。例如，改革开放以后，我国家电工业发展迅速，洗衣机、电风扇、收录机、电冰箱、彩电等行业，仅用了 10 年时间就形成了西方国家三四十年才达到的规模。但这一成就的取得却付出了巨大代价。比如，电风

扇行业 20 世纪 80 年代初一哄而起的电风扇生产企业达 5000 家。三次全国性"电风扇大战"过后，十几个名牌产品经过反复较量，其地位都难以撼动，从而走上了规模经济之路。又如，彩电行业到 1988 年全国已引进至少 125 条装配生产线，形成 1750 万台的巨大生产能力，而到 1989 年，市场容量小到只有 938 万台，激烈的竞争使相当一部分厂家被淘汰，造成了资源配置上的巨大浪费。这就是因为不注意进行预测，才会一哄而上，造成产销脱节，资源浪费。到 80 年代末期，随着我国录像机市场看好，录像机生产是否还会重复电风扇、彩电、冰箱等生产的老路呢？这次一些企业在市场研究中看到了我国录像机市场的巨大潜力：80 年代末期，我国录像机的社会拥有量为 800 万台，主要集中在大城市和南方。按照我国家庭为 2.9 亿户计算，普及率仅为 2.8%。而国外录像机市场已开始走下坡路，如日本的录像机普及率达 93%，欧美市场也接近饱和，在这种形势下国外企业都想尽快占领中国市场。为此，我国 10 个主要厂家联合组建了中国华录电子有限公司，在 1992 年 6 月正式宣布成立，决定集中全国财力、人力和技术，以避免投资分散和重复建设，高水平、高起点地一次达到经济规模生产，使国有资产在这一产业中占绝对优势，确立主导地位。

（三）有利于提高企业的竞争能力

现代竞争观念与传统竞争观念有着根本的不同。传统竞争观念认为，一个企业是否具有较强的竞争能力，关键看企业的技术、人才占有的实力。现代竞争观念认为，决定企业竞争能力的关键是看企业对信息情报占有的数量多少和质量高低。在激烈的市场竞争中，谁先占有情报谁就能处于主动。如果一个企业技术先进、人才济济，但不能及时开展市场预测及对情报的全面、综合利用，认清市场变动，就会因缺乏预见能力、判断能力，致使企业的有利因素不能充分发挥作用。相反，如果条件差的企业，能及时准确地掌握市场动向，采取有效对策，在竞争中也会变弱为强。

上海华联商厦是在全国享有知名度的大型零售百货商店，在改革开放的 20 多年中获得了很大成功，2001 年销售额突破 9 亿元，年利润超过 5000 万元，单位面积营业额超过 5 万元。他们成功的经验之中很重要的一点，是树立"超前一步"意识，发挥"龙头"和"导向"作用。"超前一步"，是指"当一种新的品种即将形成之时，企业就应该预测到、把握到，并着手开拓和发展新的商品"。如前几年他们经过周密的市场调查，预测彩电、冰箱、洗衣机"老三大件"逐步趋向饱和，而空调器、家用电脑、摩托车将作为"新三大件"崛起，进入千家万户，于是，他们组织业务人员大力开拓货源，在"市场热潮"到来之时，企业货源充足，应付自如，打了一个"主动仗"。可以说，"超前一步"是企业克敌制胜的"法宝"。他们所说的"超前一步"就是科学的预测，是一个企业经营管理、人才、市场研究等诸方面综合力量的集中体现。

第二节　市场预测的基本原理与原则

一、市场预测的基本原理

市场预测是应用预测的一般原理与原则，以市场行情为主要对象所进行的预测。市场行情同世界上任何事物一样，是一种客观存在。人们可以运用马克思主义认识论的原理，从感性到理性，逐步揭示出它的发展规律性。在长期的预测实践中，人们已经逐步摸索和总结出对市场进行科学预测的基本原理与原则，从而使市场预测工作有了科学的理论基础。

市场预测的基本原理主要有：

（一）可知性原理

可知性原理，是指市场预测对象的未来发展趋势是可知的，人们可以通过对市场规律的认识和运用科学的方法对其进行预测。马克思主义辩证唯物论和认识论认为，客观世界是可知的，客观事物的发展变化是有规律的，客观事物的规律性是可以认识的。人们通过"实践、认识、再实践、再认识……"这一无限反复的过程，可以克服主观与客观、认识与实践之间的矛盾，不断发现和认识真理，揭示客观事物发展变化的规律性。市场全部预测活动建立在可知性原理的基础上。在市场预测中，由于市场行情变化多端，偶然因素对市场供求变化产生较大影响，因而不容易揭示出某些商品供求变动的规律性，使人感到市场似乎变幻莫测。其实，根据可知性原理，再变化多端的事物，只要有一定的规律，在实践中就可以逐步认识、掌握、运用这种规律，来揭示市场未来变化的大致趋势和动向。

（二）系统性原理

系统性原理，是指把预测对象看做一个系统，以系统管理指导预测活动。系统论认为，每个系统内部各个组成部分之间相互联系、相互作用，并且同其他事物系统之间也是相互联系、相互制约的。它强调系统的目的性、整体性和层次性，强调运用系统分析的方法对所要预测的问题加以定量化和模式化。根据系统性原理进行市场预测，可以把预测对象——市场行情看成一个系统。它存在于社会经济预测这个大系统内，同其他预测系统如人口预测、工业预测、农业预测等相互联系、相互制约。它的内部有商品需求预测、商品资源预测等子系统，子系统内又有更小的系统，可以分成若干层次，每个层次之间彼此也是相互联系、相互制约的。从系统论的观点来看，市场预测不是孤立的，不能封闭起来，它必须同其他预测系统密切结合，相辅相成，彼此交流信息。进行市场预测，既需要从宏观经济方面预测市场供求关系、消费需求结构及其发展变化趋势，也应从微观经济方面研究本行业和本企业在历史上的市场份额，同行业内部的其他企业的现实经营情况，本企业的经营优势和劣势，影响本企业经营的内部、外部、可控、不可控等各种因素及其变化情况，预测期内采用改善经营管理的新措施、新方法的可能性，可能会遇到的变化和阻力，等等。这样，才能通过系统、全面、翔实的材料进行市场预测，提出较能接近实际情况的整体最优方案，有利于做出正确的经营决策。

（三）服务性原理

服务性原理，是指市场预测本身不是目的，它是为企业经营决策服务的，即为了对企业未来的战略目标和发展方向做出正确的决策提供科学的依据。市场预测与经营决策是企业经营活动中两个既有区别又互相联系的阶段，但从总体上看，预测是经营决策过程中的一个重要组成部分。

一般地讲，决策过程大致是：①提出问题，确定目标，通过调查等方法，搜集大量准确的数据。②进行预测，拟定决策方案，并对多种决策进行可行性分析，包括对其技术经济效果的评价。③进行决策选择，即由决策人员或决策集体，在多种方案中选出最佳方案。从决策的大致过程可以看出，预测是前提，是基础，是最复杂的阶段，但是最关键的阶段是决策。因为决策的正确与否，关系到企业经营活动的成败和取得经济效益的大小。

市场预测是为经济决策服务的。在预测工作中应用服务性原理，有两个方面的作用：①要求市场预测以及作为其基础的市场调查、市场情报收集要有明确的目的性和一定的针对性，根据决策的需要设计调查方案、调查内容、调查方式、预测范围、口径、预测模型，等等。②经营决策的确定和选择重视市场预测的作用，特别是在社会主义市场经济条件下，不论宏观经济决策还是微观经济决策，都不能像过去那样靠经验、拍脑袋做出，而要以科学的市场预测为基础，只有这样，才能做到决策的科学化，更好地提高企业经济效益和社会经济效益。

二、市场预测的基本原则

(一) 连续性原则

连续性原则，又称连贯性原则或惯性原则，是指一切客观事物的发展都具有符合规律的连续性。一切社会经济现象都有它的过去、现在和未来。没有一种事物的发展会与其过去的行为没有联系，过去的行为不仅影响现在，还会影响未来。市场作为一个客观经济事物，从时间上考察，它的发展也是一个连续的过程，即未来的市场是在过去和现在的市场基础上演变而来的，是市场的过去和现在的延续。因此，企业在进行市场预测时，必须首先从搜集过去和现在的资料入手，然后推测出将来的发展变化趋势。应用最多的两类预测技术——利用回归法建立因果关系预测模型和利用时间序列外推法建立趋势预测模型，就是以这一原则为前提的。

在市场预测中，运用连续性原则需注意以下两个问题：

1. 要求预测目标的历史发展数据所显示的变化趋势具有一定的规律性。如果事物的变化是不规则的，预测目标的变化带有很大的偶然性，就不能依据连续性原则进行预测。

2. 要注意分析预测目标历史演变规律发生作用的客观条件，在未来预测期内是否发生变化。事物发展的内在规律是在一定的条件下显示出来的，是会随客观条件的变化而变化的。应用连续性原则进行预测，要以经济系统的稳定性为前提，即只有在系统稳定时，事物之间的内在联系及基本特征才有可能延续下去。然而，由于企业所处的营销环境非常复杂，企业这个经济系统的发展又易受各种偶然因素的影响，所以，绝对稳定的企业系统是不存在的。一般只要认为企业系统是处于相对稳定状态或者预测对象的发展是处于相对稳定阶段的条件下，就可以运用连续性原则进行预测。

(二) 类推原则

类推原则，是指许多事物相互之间在发展变化上常有类似之处。利用预测对象与其他事物的发展变化在时间上有前后不同，但在表现上有类似之处的特点，人们有可能根据已知事物的基本类似的结构和发展模型，通过类推的方法对后发展事物的前景做出预测。这种类推既适用于同类事物之间，也适用于不同类事物之间。之所以如此，是因为客观事物之间存在着某些类似性，这种类似性具体表现在事物之间结构、模式、性质、发展趋势等方面的接近。与社会、企业乃至家庭经济活动都有一定的模式一样，市场经济活动也有自己的模式；竞争往往导致买方市场，垄断形成卖方市场；供过于求，价格下跌；供不应求，价格上涨。经济运动的模式是可以认识的，它有基本规律性。观察到某种现象（征兆），就可以根据以往的经济发展来预测将来会发生什么变化，并进一步预测到未来的情况。

世界上存在着许多相似、类同的事物，掌握了其中一种事物的发展变化规律，就可以推测出其他类似事物的演变规律。人们常说的"举一反三"、"依此类推"，说的就是这个道理。

例如，对未来空调器的家庭普及率趋向的预测，既可以参考国外或国内空调器普及较早地区的家庭普及率发展趋势加以类推，也可以参考同空调器需求相近的室内装修的家庭普及率发展趋势加以类推。

利用类推原则进行企业预测，必须首先弄清用来类比的两事物之间的发展变化是否具有类似性。一般讲，愈类似的事物，类推预测的效果愈好。当然，类似并不等于相同，再加上地点、时间、范围以及其他许多条件的不同，常常会使两事物的发展变化产生较大的差距。因此，在运用类推原则进行预测时，必须考虑哪些是可比因素，哪些是不可比因素，尽量设法修正不可比因素所带来的偏差，然后进行类比，使预测结果具有更高的可信度。当用局部去类推整体时，则应注意这个局部的特征能否反映整体的特征，是否具有代表性。因为在任何整体中都可能存在与整体发展相异或某些特征与整体特征差别较大的局部，用这些不具有代表性的局部去类推整体，就会出现较大的误差；甚至得出完全相反的结论。

（三）相关原则

世界上各种事物之间都存在着直接的或间接的联系。事物之间，或构成一种事物的诸多因素之间，存在着或大或小的相互联系、相互依存、相互制约的关系，要么相生，要么相克。任何事物的发展变化都不是孤立的，都是与其他事物的发展变化相互联系、相互影响的。市场需求量和供应量的变化，也存在着各种相关因素。如随着我国经济体制改革的深入发展，城乡人民收入增加，会引起消费水平的提高和消费结构的变化；商品价格的上涨，会刺激生产资料需求量的增加；等等。因此，当人们知道影响市场需求量的某一个因素发生变化时，就可以预测出需求量的增减。一元线性回归和多元回归中的因果关系法，就是根据这一原则建立起来的。因果关系是相关性多种表现形式中最重要的、应用最广的一种形式。同时，相关性还包括着不表示为因果关系的某一事物伴随着其他事物变化而变化的相关现象，因此，相关性和因果性并不完全等同。因果关系，是指任何事物的发展变化都是有原因的，它的变化状况是原因作用的结果，人们可以从已知的原因推测未知的结果。一般情况下，原因在前，结果在后，或者原因与结果几乎同时出现。但在一定条件下，原因和结果可以互相转化。此时此地是结果，在彼时彼地就成为原因。而且在事物的发展过程中，还存在着一因多果、一果多因、互为因果等种种复杂情况。因此，在市场预测中，必须对客观事物的因果关系进行具体的、多方面的分析，才能在事物发展的因果关系中正确揭示出对预测目标起作用的主要和次要、内部和外部原因，把握住影响预测目标的诸因素的不同作用，预测出事物发展的必然趋势和偶然因素可能产生的干扰。

相关原则是进行预测工作时首先要考虑的一个重要原则和方法。特别是对于定量分析方法，如果能找到一个或几个与预测对象密切相关的、可控的或可以预先知道其变化情况的经济变量，利用历史数据建立起它们与预测对象之间的数学模型，一般能收到较好的预测效果。

（四）质、量分析结合原则

质、量分析结合的原则，是指在市场预测中要把量的分析法（定量预测方法）与质的分析法（定性预测方法）结合起来使用，才能取得预测的良好效果。质、量分析相结合的原则，是现代企业预测得以科学进行的一项重要原则。

近几十年来，随着市场经济的发展，企业对预测的重视以及科学技术的迅猛发展，预测的方法也名目繁多。据西方国家有关研究单位统计，预测方法有上百种之多，其中使用比较广泛、比较有效的有二三十种，经常使用的有十几种。这么多预测方法如何分类，国内外也还没有一个统一的分类方法。最常见的一种分类方法，是把预测方法分为量的分析法（定量预测方法）和质的分析法（定性预测方法）两大类。量的分析法，即根据一定数据，运用数学模型来确定各变数之间的数量关系，并据此预测市场未来的变化。量的分析法的主要特点是"凭数据说话"，能够通过各变数之间的数量关系，较准确地测算市场未来的发展趋势，为企业经营决策提供科学依据。它的不足之处是，单纯量的分析会忽视非量的因素，会把市场预测问题完全埋没在烦琐的数学模型圈子里。质的分析法则是依据预测者个人的经验和分析能力，通过对影响市场变化的各种因素的分析、判断、推理，来推测市场未来的发展变化。它的特点是简便易行，不需要经过复杂的数学运算过程。但也正因为如此，它的欠缺在于不能够提供以精确数据为依据的市场预测值，而只能提供市场未来发展的大致趋势。为扬长避短，在市场预测实践中应将量的分析法与质的分析法结合起来使用，两类方法相辅相成，以便保证企业对市场未来的发展变化做出科学预测。

（五）可控制原则

可控制原则，是指企业对所预测的客观社会经济事件的未来发展趋向和进程，在一定程度上是可以控制的。根据可知性原理，客观世界是可知的，客观事物的发展变化是有规律的，这种规律性是可以认识的。当人们认识了客观事物发展的规律性以后，就可以创造条件，使预测对象在企业自觉控制下朝着所希望的方向发展。在预测中，企业之所以可以利用可控制原则，对于本来属于不确定的未来事件，可以通过有意识的控制，预先较有把握地使其不确定性极小化，其理论依据是唯物主义的认识论和反映论，即世界是可知的，虽然物质决定意识，但意识对物质也有反作用。因此，人可以发挥主观能动性，在认识客观世界的基础上有意识地改造客观世界。反映到预测实践中，就是说在影响预测对象发展变化的诸因素中，有些是可控因素，有些是不可控因素，有些因素可以直接控制，有些因素则只能间接控制。具体到某一企业，如果预测其目标市场的发展变化趋势，那么在诸多的影响因素中如国际政治局势、经济形势、科技状况、竞争状况以及其他企业的发展情况，等等，都属于不可控因素；可控因素主要指本企业的人、财、物的潜力挖掘，有可能采取的改善经营管理的方法、措施及本企业经营战略的修正，等等。利用可控制原则，就是要利用可控因素，研究不可控因素，尽量避免不可控因素对预测目标可能产生的干扰。因此，可控制原则的运用应当与以随机现象为研究对象的数理统计方法如概率推断法结合起来。

第三节　市场预测的种类与内容

一、市场预测的种类

在社会主义市场经济条件下，为使企业生产经营活动适应瞬息万变的市场需求，市场预测工作必须做到经常化和多样化，必须进行多种类型的预测。

市场预测，从不同角度划分可以有多种分类标志，大体上可分为以下几种：

1. 按预测要求质与量的侧重点不同，可分为定性预测与定量预测。

定性预测是指就预测对象目标运动的内在机理进行质的分析，据以判断未来质的变化情况，并辅以量的表述。

定量预测是运用一套严密的预测理论和根据这些理论所建立的数学模型，对预测对象目标运动质的规律进行描述，据以预测未来量的变化程度。

2. 按照时间层次，市场预测按未来一定时间期限（称预测期）的长短，可分为短期、近期、中期、长期四种预测。

短期预测，预测期一般在半年以下至1周，主要是为企业日常经营决策服务，讲究预测时效性。

近期预测，预测期一般在半年以上至2年以内，主要是测算年度市场需求量，为企业编制年度计划、安排市场、组织货源提供依据。

中期预测，预测期一般在2年以上5年以内，一般是对政治、经济、技术、社会等影响市场发展起长期作用的因素做调查分析后，作出未来市场发展趋势预测，为企业制定中期规划提供依据。

长期预测，预测期一般在5年以上，是为企业制定发展的长期规划提供依据。

预测的准确性随着预测期的长短而不同，预测期愈长，误差就愈大，准确性就愈差。预测期的长短服从企业决策的需要，一般企业的市场预测常常为短、近、中三种预测。

二、市场预测的内容

市场预测的内容十分广泛。从国家宏观经济管理部门角度进行的宏观市场预测，主要包括预测生产的发展及其变化、市场容量及其变化、市场价格的变化趋势、消费需求的变化趋势及对外贸易的变化等内容。从企业角度进行市场预测，则主要是在宏观预测指导下，根据已有资料预测企业目标市场的未来发展趋势，预测企业的市场占有率变化，以便及时调整企业的经营发展方向，作出正确的经营决策，在激烈的市场竞争中立于不败之地。因此，它至少应包括以下预测内容：

（一）市场需求预测

市场需求预测是预测消费者、用户在一定时期、一定市场范围内，对某种商品有货币支付能力的需求。它包括需求量的预测和需求商品的品种、规格、花色、型号、款式、质量、包装、品牌、商标、需要时间等变动趋势的预测。市场需求预测包括质与量两个方面。从质的方面考察，市场需求预测要解决"需求什么"的问题；从量的方面考察，市场需求预测要解决"需求多少"的问题。

企业寻找市场机会的第一步是估计市场需求什么。这一方面的预测主要包括以下内容：

1. 顾客调查与分析。社会主义基本经济规律要求在发展生产的基础上，最大限度地满足人民日益增长的物质生活和文化生活的需要。因此，顾客的需求应是企业一切经营活动的出发点和中心，对顾客的调查研究理所当然地成为市场需求预测的重要内容。通俗些说，需求预测首先要弄清楚需求者是谁。

对顾客的调查与分析，其内容一般应包括：谁是商品的需求者，并把需求者按照消费需求的不同分成若干顾客群；现有顾客数量、地区分布、顾客的消费心理活动和购买动机；顾客的购买行为、购买程度和一次购买量；顾客对商品的质量、性能、用途、规格、款式、包装、商标、品牌、服务等方面的意见和要求；顾客的收入来源和支出构成；顾客消费结构的变化；潜在顾客的情况；等等。在调查的基础上，按照顾客的不同需求和购买行为、购买习惯等差异，进行市场细分，并选定适合本企业为之服务的目标市场。

顾客的需求是不断发展变化的，对顾客的调查分析和企业目标市场的选择，不能一劳永逸。要在市场预测的基础上，不断变换服务对象、服务内容和目标市场。

2. 市场需求趋势分析预测。消费者的市场需求受多种因素的影响，其中主要的影响因素是消费者收入的变化。在社会主义市场经济条件下，消费者收入主要受国家收入分配政策的影响，作为工商企业经营者应熟悉国家政策，分析目标市场已有顾客的购买力的变化趋势。随着经济改革的深入发展，城乡居民收入大幅度增加，党的富民政策必然带来消费结构、消费倾向的巨大变化。吃、穿、住、用、行消费支出构成比例的变化，人们对商品的追求由低中档向中高档发展，均会给工商企业的经营者带来新的机遇和挑战。因此，不断地进行市场需求趋势分析预测，对企业的生存和发展关系重大。

3. 消费需求倾向的变化趋势预测。消费需求倾向的变化，可以分为几种类型：①需求量在一定时期直线上升，即长期供不应求，但对不同商品品种、质量的要求又有所变化。②挑选性强、工艺性强、地区性强、花色式样变化快，如服装。③需求季节性很强，适令销量大增，过令则急剧下降，如冷饮。④需求波浪起伏，新花色上市销售突增，然后逐渐滞销，工艺改进后又会成为畅销品。消费需求倾向的不同，有些是由商品的本身属性所决定的，有些则是由商品供求状况所决定的。作为工商企业的经营者，要特别注意研究本企业生产经营的商品的属性及其消费倾向变化。

4. 消费心理变化趋势分析预测。人们的消费心理引起消费动机，消费动机又引发购买行为。随着收入的增加，攀比心理、赶时髦心理以及与一定的社会集团、社会阶层相适应的趋同心理、归属心理、表现自我价值的非趋同心理（追求商品的个性化）等，对购买行为的影响越来越大，甚至直接影响着市场需求。

企业寻找市场机会的第二步是估计市场的总需求量。在对上述四项内容预测分析的基础上，最后通过在历史资料分析基础上建立起需求与各因素的函数关系，就可以测算出未来市场需求数量，结合定性分析最后确定未来市场需求水平。

（二）市场供应预测

市场供应，是指在一定时期内可以投放市场以供出售的商品资源。这些商品资源主要来自生产部门，其次是进口，此外还有国家储备、商业部门的商品储存以及社会潜在物资（如废旧物资）。

市场供应预测，是指对进入市场的商品资源总量及其构成和各种具体商品市场可供量的变化趋势的预测。它同市场需求预测结合起来，可以预见未来市场供求矛盾的变化趋势。我国由于外贸进口主要受国家控制，因此，市场供应预测主要是预测生产部门可以提供的商品量及其构成。

预测生产的发展及其变化趋势，要搜集历史资料，了解有关产品历年的产值、产量、成本和销售等情况；要了解同类产品现有的生产企业的数量、生产能力、原材料供应、生产设备、生产技术和产品质量的现状以及各项经济指标在同行业达到的水平；要了解生产企业的设备更新、技术引进以及近期挖潜、革新、改造的措施和基建规划；在预测生产结构的基础上，研究各种产品在预测期内可能提供商品资源的企业及其生产能力，已有产品的数量、质量、花色、式样、规格等发展变化，新产品的生产发展趋势、生产技术、原材料和能源消耗、成本和价格等的变化，产品销售的竞争能力及市场需求动向等，进而测算出商品资源量、适应市场需求的程度及其发展趋势。

只有在摸清商品资源的基础上，预测出各种产品的发展前景，才能结合市场需求的变化，较精确地预测市场供求关系的发展趋势，作出正确的经营决策。以粮食生产为例，根据预测，中国的粮食需求到2000年大概是5.1亿吨，届时，预测的粮食产量为5亿吨，也许能高一些。然而人口不断增加，生活水平不断提高，需求量还会增大。预计到2030年，按我国人口增长的中方案，人口达到15.2亿人时，粮食的需求量大概是7亿吨，估计那时中国的粮食产量仅6.6亿吨，这就有相当的缺口。人口增长若取高方案，到2030年就是15.6亿人，粮食需求量为7.5亿吨，粮食缺口将达到9000万吨。这样一个大国，依靠大量进口粮食来解决吃饭问题，事实上是行不通的。从2000~2030年，要把粮食产量从5亿吨提高到7.5亿吨并不容易——耕地面积不可能再增加（可能还会减少），只有靠提高粮食单产，让总产量提高30%~40%，才能满足中国人口食物和生物原料的需求。

实现这一目标的潜力当然是巨大的：中国农业生产效益仍比较低，成本普遍过高。粮食价格和其他相同品种和质量的农产品价格，都较国际市场为高；现有耕地中，高产田仅占21%，中产田占56%，低产田占23%，显示我国农业生产的单位面积平均产量与世界先进地区还有很大差距；而我国土地与水资源的利用率也不高，浪费严重。要解决这些问题，实现上述目标，除继续稳定农村政策，保护、改良耕地和节约用水，更关键的，就是要发展和大力普及先进的农业科学技术，实现中国的农业产业化。[①]

（三）科学技术发展预测

科学技术发展预测，是指对科学技术的未来发展及其对社会、生产、生活的影响，对企业生产经营活动的影响，尤其是对与本企业产品有关或与材料、工艺、设备等有关的学科的科技发展水平、发展方向、发展速度和发展趋势等方面情况的分析研究和预测，为制定企业科学技术决策及科研发展规划服务。

多少世纪以来，人们一直在进行各种常规的预测（如预测气候、经济条件），而预测科学技术的想法则是由于近50年来的技术"爆炸"才出现的。在迅速变化的社会中，科学技术预测不但有助于我们预测新技术本身，而且有助于我们预测这些技术可能引起的后果。

当前，世界科学技术迅猛发展，其特点：①以微电子为标志的尖端技术发展速度快。②应用技术的发展速度快。③重视在民用产品上采用最新科技成果。④未来科技的研究受到人们的普遍注意。人们已经在能源、制造、通信、交通、生物工程等方面做出了巨大努力，甚至开始期待星际旅行。无疑，科学技术的发展给人们的需求带来更广阔的天地，企业经营者有责任加速和引导这个过程。

科学技术迅猛发展给企业经营带来的影响表现为：①大部分产品的市场生命周期有明显缩短的趋势。据有关部门统计，1920年以前，应用品从试销到成熟平均时距为34年；1939~1959年，缩短为8年；1959年以后，为3~5年。②技术贸易的比重增长。③劳动密集型产业面临的压力将加大。④发展中国家劳动力费用低廉的优势在国际经济联系中将削弱。⑤流通方式将向更加现代化发展。⑥对企业的领导结构及人员素质提出更高的要求，甚至全新的观念等。

---

① 参见周光召著：《土地诗篇》（序），云南人民出版社，1999年9月版。

在企业面临的诸多环境因素中，科学技术环境是一种重要而有长远影响的因素。科学技术本身是强大的动力，其发展速度和水平，能够摧毁旧产品和旧的工艺方法，乃至一个工业部门；科学技术的发展，新技术、新工艺、新材料的推广运用，对企业商品的成本、定价等都有重要影响。这种影响就其本质来讲，是不可避免的。企业要想取得经营上的成功，就必须预测科学技术发展可能引起的后果和问题，可能带来的机遇或威胁；必须十分注意本行业产品的技术状况及科技发展趋势；必须透彻地了解与所研究的技术项目有关的历史、当前发展情况和未来趋势，并进行准确的预测。

（四）企业生产经营能力预测

任何企业要从事生产经营活动，完成和实现其经营目标，就必须具备生产经营的三要素：人力、物力、财力。三要素相互结合、有机构成一个整体，缺一不可，相互依赖，不可分割，并且要按一定比例而分别存在，按照经营的客观要求科学组合而成。因此，使企业中各要素的能力和水平都得以充分发挥，并将这些因素有效地、科学地加以组合，创造出任何某一要素都达不到的综合效能，这就是企业生产经营能力。它一般由三个部分组成，即研究发展能力、营运能力和销售能力。

研究和发展能力，是指企业管理人员对企业经营与环境变动关系作历史考察、现状分析和发展趋势预测，制定企业经营目标和运用达到目标的手段的能力。它主要包括市场调查与研究，预见未来；科技水平发展与趋势研究；企业规模、组织机构的研究；信息接受与判断能力，目标选择能力，管理改革和创新研究能力，以及企业发展水平研究等内容。

营运，是指企业运用各种主观条件力量从事经营活动的全过程，也是企业朝决策目标方向发展的实现过程。工商企业的营运能力，是指通过对经营要素的总指挥、协调、组织和控制来实现和完成工商企业的从采购到销售、储存与运输、经营与服务、内部管理与对外公共关系等一系列经营活动，以达到最大效益目标和最高效率的经营能力和水平。营运能力调查与预测的内容主要包括企业经营诸因素，如设备的利用，营运人员的技术水平、经验，商品流通组织机构，经营成本、质量、资源的控制与管理等，要在主观条件形成的力量指挥、协调下，对企业的全部运行过程进行系统的整体的分析、预测。

销售能力，是指企业的各种促销手段的综合运用所具有的力量和能力。它主要包括商品创新、推销技术、销售服务等内容。对销售能力的预测也要从这几个方面来进行。对工商企业来讲，销售是企业经营的中心环节，商品销售能力的预测是企业生产经营能力预测的中心内容。随着我国社会主义市场经济体系的逐步建立和发展，新的销售观念要求以消费者的需求为中心来组织商品购销活动，以市场为导向来进行生产经营。市场上消费者需求受到多种因素的影响，企业经营就是要把影响的因素转变为企业能力来促进企业销售的手段。如根据环境的影响预测，来制定企业的销售策略，通过各种促销手段来影响和促进消费者的购买行为。

企业生产经营能力预测是企业制订长期计划过程的第一步，它为确定企业目标和战略计划提供基础。它主要包括对有关的人力、财力和物力（设备、材料、外协件、能源和燃料等）的供应来源与渠道情况的调查、预测。由于企业的生产经营能力是企业的主观条件发挥所组成的力量，它依赖于企业各要素水平的发挥。形成企业能力的主观条件不同，能力高低不同，企业规模大小、经营方式和所处的环境不同，企业生产经营能力差异也就大。因此，调查分析方法或分析体系也不尽相同。但从总体上看，对企业生产经营能力的调查分析预测总是可以找到一些共同的、带有普遍性和规律性的东西，即对三种基本经营能力，分别从设备方面、人力方面、组织方面与管理方面四个角度来进行系统分析、预测。在预测时，注意研究以下三个问题：

1. 与一般的企业和最成功的企业相比较，研究本企业是否可能进一步发挥生产经营能力，找到新的有利机会和途径发展新业务。

2. 研究企业在经营策略不变的情况下，经营能力是否已经充分发挥，找出提高经营能力的途径，以便更好地达到企业目标。

3. 研究如何充分发挥企业自身的经营能力，着重考虑是否需要改变经营策略，是否可以开发新的商品市场与经营领域。主要从以下四方面预测：

（1）在测定企业经营发展状况时，可把本行业发展速度与本企业发展速度相比较，作为相对发展指数来预测企业总体能力。其计算公式为：

$$相对发展速度 = \frac{本企业发展速度}{本行业发展速度}$$

其速度可以用销售额、利润、资产等项指标来进行分析、预测。

（2）在测定企业今后经营发展能力时，中心内容是了解市场的潜在能力，可通过企业与市场的差别来分析。通过对市场和商品的各种差别的调查分析，企业就可以利用差别发现机会，抓住机会，使企业得到发展。

（3）企业发展的可能性还可以通过相对销售增长率来预测分析。其计算公式为：

$$相对销售增长率 = \frac{本企业销售增长率}{本行业销售增长率}$$

（4）在预测企业未来销售前景时，可以通过对市场占有率的变化趋势作出预测来进行。其计算公式为：

$$商品市场占有率 = \frac{本企业某种商品销售量（额）}{该类商品的市场总销售量（额）}$$

（五）企业财务及环境意外事件等预测

企业在组织商品实体流动的同时，要引起资金的筹集、分配、使用和管理等一系列财务组织活动。以最少的资金消耗取得最大的经济效果，这是每个企业共同的期望。企业财务预测，就是对未来一定时期内企业经营活动所取得的有效成果和资金消耗这两者进行预测。它为企业经营决策提供财务上的科学依据，对改善企业经营管理，提高经济效益有重要意义。

预测企业财务的主要指标有商品销售额、劳动生产率、资金占有及资金周转率、流通费用及流通费用率、利润和利润率、设备利用率等。

经营环境是对企业经营影响最有力的因素。企业面对的经营环境不是固定不变的，而是经常处于变动之中，并且，许多变动往往又由于其突发性而形成强大的冲击波。特别是环境意外事件的发生，对企业生产经营活动会产生意想不到的巨大影响。环境的变化，或者给企业带来可以利用的市场机会，或者给企业带来一定的环境威胁。预测、分析、把握经营环境的变化，善于从中发现并抓住有利于企业发展的机会（利用环境的有利方面），避开或减轻不利于企业发展的威胁（避开经营环境的不利方面），是企业经营决策的首要问题。实际上，企业的经营活动是适应环境变化，对不断变化的环境作出积极反应的动态过程。而企业的经营活动本身又可以影响环境变化过程。因此，企业是否有效地发现、分析和预测环境的变化及趋势，特别是环境意外事件的发生，关系到企业的生存和发展。

环境意外事件有突发性的、前兆性的，大体有以下几方面的事件：

1. 重大政策和措施。国家和地方各级政府、企业领导部门的政策法令或经济措施或经济改革等，会对企业生产经营带来巨大影响。政策和法令是指向社会成员行动的，它与经济活动有着密切的联系。例如，对外开放，提倡学习外语，就会刺激录音机、录音带、纸张、圆珠笔、自来水笔等需求量的增加；企业经营机制的转换，自主权的扩大，就会导致生产量和奖金的增加，购买力随之提高，从而影响中、高档商品的需求量；高级烟的提价，就会增加中、低级烟的需求量；随着国家计划生育政策的贯彻执行，家庭对独生子女视为掌上明珠，这令儿童的日用品、玩具、高级点心、糖果、营养佳品等的需求量大增，引起市场商品供求的巨大变化。全国工资改革、住房改革等一系列重大措施的出台，将会给市场带来哪些变化？作为企业经营管理决策者，对此应该进行事先的分析预测。新政策、法令的颁布和重大经济改革措施一般是有前兆的。关键是要注意并事先对某些前兆进行预测、分析和判断，并做好准备。

2. 新技术成果的应用。20 世纪以来，世界总产值每隔 20 年翻一番，这主要靠文化知识的提高和科学技术新成果的应用。新材料、新产品日新月异，对企业的生产经营有着密切的关系。如果忽视或者不重视这个重要环境因素，将对企业生产经营带来难以估量的损失。

3. 外贸进出口的发展和变化。国内市场与国际市场有着密切联系。自党的十一届三中全会以来，我国执行对外开放的政策，进出口贸易发展很快。我国与别国之间贸易协定的签订，我国对外国或外国对我国的贸易政策、关税政策的变化，还有某些国家国内的经济政策、政治运动以及发生战争，等等，都会影响我国的贸易活动，会给企业生产经营带来重大影响。国际间的重大事件有的有前兆，也有突发性的。

我国地域辽阔，发生自然灾害的现象也是难免的。自然灾害会对食品的市场供应带来变化。还有社会风尚的变化，如结婚提倡节约或铺张等都会对市场需求产生很大影响。在 20 世纪 90 年代，全国每年有 1000 多万对新婚夫妇，其购买力在四五百亿元以上。

总之，企业要想在激烈的市场竞争中求生存、求发展，就必须对环境意外事件进行预测和判断。

第四节　市场预测的基本程序

市场预测工作遵循一定的程序，可以提高预测工作的效率，提高预测的精度与质量，以便更有效地为企业经营决策服务。

一般来讲，预测要按图 3-1 所示的程序进行。

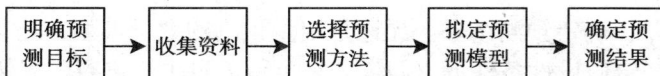

明确预测目标 → 收集资料 → 选择预测方法 → 拟定预测模型 → 确定预测结果

图 3-1　预测程序图

一、明确预测目标

预测工作的第一个程序是明确预测目标，即预测什么，通过预测要解决什么问题，进而明确规定预测目标、预测期限和预测目标的数量单位。

预测目标要避免空泛，要明确具体，如确定是对某一种产品或几种产品销售量的预测，还是中、长期预测等。

二、收集与分析历史与现实数据资料

预测的数据资料依据就是市场调查中得到的直接情报信息和间接情报信息。资料的收集一定要注意广泛性、适用性和可靠性。资料收集得不全面、不系统，将严重影响预测质量。但也不是说资料越多越好，漫无目的地收集资料：一是浪费时间、人力和资金；二是资料过多，又无系统性和适用性，反而给预测工作带来麻烦，增大预测误差，降低预测质量。

市场预测所需要的资料有纵、横之分。纵的资料是指经济现象的历史统计数据，如历年的生产、销售、消费、库存等各种资料，这是分析经济现象的发展趋势和季节变动所必需的资料。收集历史资料应该区分其包含的趋势性变化、季节性变化、循环性变化、随机性变化，对历史上一次性事件、偶发性事件，应该作透彻分析，或剔除，或适当调整。横的资料是指某一特定时间内对同一预测对象有所影响的各种因素的统计资料和情况，如价格变动和广告宣传对市场需求的影响等。利用这些横的资料，可以从它们与预测对象之间的依存关系中，进行因果关系预测。因此，要分析各种市场因素间的相互依存关系，判断预测期内这种依存关系的变化动向、各因素的发展趋势及当前市场需求和消费心理的变化动态，从而对未来市场商品供求关系的发展变化趋势作出总体判断。

三、选择预测方法，拟定预测模型，进行预测

在预测时，应根据预测目标和占有的信息资料，选择适当的预测方法和模型进行预测。预测方法不同，预测结果也就不一样。预测方法和预测模型的选择，还要考虑预测费用的多少和对预测精度的要求。按照选定的预测方法所得出的预测结果，一定要尽量接近于客观事物的实际情况。有时还可以把几种预测方法结合起来使用，互相验证和综合分析预测结果。

一般来讲，对定量预测，可以建立数学模型；对定性预测，可以建立逻辑思维模型。然后选择适当的预测方法进行预测模型计算和估计。

关于预测的方法和模型将在本书有关章节中详细论述。

四、确定预测结果

1. 将预测中发现的一些与过去不同的新因素（内部和外部的），尽量转化为数量概念，并分析这些因素的影响范围和影响程度；同时，分析出预测与实际可能产生的误差、误差的大小及其原因。

2. 修订预测数量，确定预测结果。无论是定量预测的数学模型，还是定性预测的逻辑思维模型，都是在一定假设性条件下（假设未来类似于过去）进行的，因此，预测得出的数量不可能完全准确及全面。所以，在进行分析评价之后，要将未考虑到的因素的影响范围和影响程度以及误差原因等作综合分析，以修正调整预测模型得出的预测数量，提出较准确、较完善的预测结果。

第五节　预测精度及其提高途径

一、预测精度及其度量指标

在市场预测中，人们经常要问预测的精度有多大？这个问题的提出是难以回避的。由于市场预测的对象是市场现象中的各变量之间的对应关系，那么这种关系的形成过程必然要受到人们的意志和行为的强烈影响。例如，消费者的购买决策行为，有关的市场多方面因素等。因此，不论用什么预测方法和预测模型，预测误差都会产生，并不是每次预测都是准确的。从理论上讲，预测本身就包含着一定程度的误差。预测是对未来作出的一种判断，而未来事件是属于不确定事件。它可能发生，也可能不发生；即使发生了，在范围和程度上也可能与事先的估计有一定的出入。

尽管不能期待预测结果百分之百准确，但无论如何，对企业来讲，应尽可能地追求准确，因为误差较大的预测所带来的危害是严重的。特别是对未来市场需求的预测，由于诸多因素的交叉影响，使得市场需求的发展变化经常处于很不稳定的状态，所以，预测精度愈应被重视。

市场预测的目的要求不同，对预测精度的要求亦不同。一般就预测期长短而言，预测期愈短，其精确度要求愈高；从商品类别来看，涉及国计民生的重要商品的销售预测精度要求比一般日用小商品要高些；从预测方法来看，不同预测方法在准确地预测某种基本数据样式和预测该样式发展过程的转折点方面，其能力各不相同。例如，时间序列分析法用来预测数据的长期趋势是合适的，而对因市场饱和及经济紧缩或消费过热等原因引起的转折是根本不能预测的，而用多元回归分析法和经济计量模型、市场调查预测法、扩张指数法就能较好地预测转折点，从而提高预测精度，满足决策要求。

从根本上说，市场预测的目的是根据预测结果去制订计划、规划或作出有关问题的决策，取得好的企业经济效益和社会经济效益。因此，总希望预测结果和未来实际情况接近一些，预测误差小一些。预测误差，是指预测值与实际值之间的偏差。预测误差大小表明预测精度的高低。实际的预测误差通常要在计划、规划或某项决策实施之后，通过预测追踪进行预测值和实际值的比较才能知晓，进而分析产生误差的原因，以便改进预测工作，提高预测精度。在选择定量预测方法进行预测的过程中，人们往往通过利用选择预测方法的数学模型来测定该预测方法的理论预测误差大小，作为选择合适预测方法和调整预测值的依据。

一般来讲，度量预测精度的指标主要有：

（一）预测准确度

预测准确度就是预测值与实际值相接近的程度，常用相对数表示。定义为：

$$预测准确度 = 1 - \frac{|Y - \hat{Y}|}{Y} \times 100\%$$

式中：$\hat{Y}$代表实际值

Y 代表预测值

|Y−Ŷ|代表预测误差绝对值

$\dfrac{|Y-\hat{Y}|}{Y} \times 100\%$ 为预测相对误差

通常，预测准确度达到 90% 以上就为高预测准确度，低于 70% 为预测不准，介于二者之间则为预测基本准确。例如，用三次指数平滑法建立棉布全国销售量的预测模型，得出预测计算值 1986 年为 57.94 亿米，根据 1988 年《中国统计年鉴》，1986 年实际棉布销售量为 68.6 亿米。则该预测值的预测准确度为：

$1 - \dfrac{|68.6 - 57.94|}{68.6} \times 100\% = 84.5\%$

所以，该定量预测方法的预测精确度尚属一般，预测基本准确。如果在定量预测基础上，结合定性分析，发现消费者近年穿着方面追求舒适的消费倾向上升，因此，将预测值调整到 62 亿米（预测结果确定为 62 亿米），这样预测准确度为：

$1 - \dfrac{|68.6 - 62|}{68.6} \times 100\% = 90.4\%$

本次预测的准确度提高了，预测效果比较好。

该例说明，每一次预测活动都把定量分析和定性分析结合起来运用，就可以提高预测准确度和预测效果。

（二）评价数学预测模型预测误差的指标

为了评价定量预测法中各数学预测模型的预测精度，综合考察某段历史时期的理论预测误差大小，常用的预测误差指标有：平均误差、平均绝对误差和均方误差。下面分别介绍具体计算公式。

1. 平均误差计算公式。

$\text{平均误差} = \dfrac{\sum(Y_i - \hat{Y}_i)}{n}$ （i = 1，2，…，n）

式中，分子为某段历史时期内每个观察周期的观察实际值（Y_i）与数学预测模型测算值（$\hat{Y}_i$）之偏差的总和，n 代表该段时期内的观察周期数。也就是说，平均误差只是每个观察期的理论误差加起来求平均值。

2. 平均绝对误差计算公式。

$\text{平均绝对误差} = \dfrac{\sum|Y_i - \hat{Y}_i|}{n}$ （i = 1，2，…，n）

由于理论误差有正有负，在计算平均误差过程中相互抵消，而使平均误差不能反映实际误差大小。平均绝对误差，就是用某段历史时期内每个观察期理论误差的绝对值加起来求平均值。它能较好地反映实际误差水平。评价数学预测模型常用此项指标作为衡量预测方法的预测误差尺度。

3. 均方误差计算公式。

$\text{均方误差} = \dfrac{\sum(Y_i - \hat{Y}_i)^2}{n}$ （i = 1，2，…，n）

均方误差是把每个观察期理论误差值平方，再计算这些理论误差平方值的平均数。从统计观点来看，均方误差优于平均绝对误差。但均方误差在数值上要比平均绝对误差大，由于人们从数值上总是愿意接受较小的偏差值，而不愿接受大的偏差值，故一般不习惯采用此项指标。

预测人员在选用定量预测法进行预测时，对各种预测模型的评价，在历史数据样式基本不变的情况下，往往是把均方误差和平均绝对误差这两项指标作为评价和选择精确度的依据。

二、提高预测精度的途径

（一）数据资料的充分可靠，是提高预测精度的重要途径

掌握全面而可靠的数据资料是进行企业预测的基础。数据资料不全会影响预测的准确性，数据资料的失真会导致预测的失败。不能等到要预测的时候，才去临时收集数据资料，这样做，既一时难以收集到必要的数据资料，又无法保证数据资料的可靠性。因此，企业应有自己的数据库，保存有关企业预测所需要的各类数据和资料。

（二）预测人员素质高，是提高预测精度的有效途径

企业预测精度的大小取决于预测人员素质的高低。显而易见，如果让一位从未接触过经营理论或缺乏经营实践的人去预测某商品的市场占有率的变化趋势，是不可能成功的。因而，对于承担市场预测工作的人员来讲，熟悉基本的经营理论和具有一定的实践经验，是最起码的要求。预测人员必须对自己所预测的对象有足够的了解，并且掌握对其进行分析的足够知识。出色的预测人员的知识当然要比这广泛得多，要具备一定的职业素质、文化素质、心理素质，等等。预测人员本身的经验不足，水平不高，心理因素的影响，都会直接影响到预测的精度。而且所预测的对象愈复杂，难度愈大，则这方面的要求便愈高。因此，培养预测人员的预测能力，提高其素质，是提高企业预测精度的有效途径。

（三）决策者的参与是提高预测精度的关键

企业预测是为企业决策服务的。从预测人员提出的多种预测方案中选择最优方案或满意方案，起决定性作用（最后拍板）的是企业决策者。决策者（含决策组织）是决策的主体，是企业的权力机构和经营管理者。特别是决策领导者的素质水平和参与程度决定了企业预测的精确程度。"关键在于领导"，这一句话在企业预测中同样适用。好的决策领导者能充分认识到市场预测的重要性，并亲自过问和参与，给预测工作以正确的领导和全力的支持，使市场预测工作与企业决策密切结合起来，顺利开展，成绩优异，精确度高，从而使企业兴旺发达；差的决策领导者，对市场预测工作的重要性缺乏认识，认识不到预测是决策的基础，决策是经营的关键，预测与决策密不可分，从而对市场预测工作漠不关心，再好的预测方案遇上这样的决策者也只能是"束之高阁"，这会直接影响市场预测的顺利进行，进而影响预测的精度。因此，决策者的参与是提高预测精度的关键和重要途径之一。

本章精要：

1. 市场预测是指在市场调查基础上，运用预测理论与方法，对决策者关心的变量的变化趋势和未来可能水平作出估计与测算，为决策提供依据的过程。

2. 市场预测具有服务性、描述性和局限性三大特征。

3. 市场预测的作用主要有：①有利于更好地满足消费需要。②有利于企业利用市场调

节合理配置资源。③有利于提高企业的竞争能力。

4. 市场预测的基本原理主要有：①可知性原理。②系统性原理。③服务性原理。

5. 市场预测的基本原则主要有：①连续性原则。②类推原则。③相关原则。④质、量分析相结合原则。⑤可控制原则。

6. 市场预测从不同角度划分，可以有多种分类标志，大体上分类如下：①按预测要求质与量的侧重点不同，可以分为定性预测与定量预测两种类型。②按照时间层次，市场预测按未来一定时间期限（称预测期）的长短，可以分为短期、近期、中期、长期四种预测。

7. 市场预测的内容十分广泛。主要包括：①市场需求预测。②市场供应预测。③科学技术发展预测。④企业生产经营能力预测。⑤企业财务及环境意外事件等预测。

8. 一般来讲，预测要按以下程序进行，即明确预测目标、收集资料、选择预测方法、拟定预测模型和确定预测结果。

9. 预测误差是指预测值与实际值之间的偏差。预测误差大小表明预测精度的高低。一般来讲，度量预测精度的指标主要有：预测准确度，平均误差，平均绝对误差和均方误差。

10. 数据资料的充分可靠是提高预测精度的重要途径；预测人员素质高是提高预测精度的有效途径；决策者的参与是提高预测精度的关键。

关键术语：

市场预测　定性预测　定量预测　长期预测　短期预测　预测误差　预测精度

思考题：

1. 什么是市场预测？

2. 市场预测的基本程序是什么？

3. 在进行市场预测时应注意哪些问题？

4. 请说明在进行以下主题的市场预测时，用到的预测类型主要是什么？

A. 促销奖品和促销效果间的关系。

B. 未来 5 年内北京房地产市场价格的变化。

C. 17~22 岁女性的消费观念变化预测。

5. 市场预测通常包括的内容很广泛，对一个企业来说，经常进行的是哪些内容的市场预测？

6. 什么是预测误差？应该如何降低预测误差？

互联网练习题：

浏览国家统计局的人口统计网站，记录上面可以查询到的人口统计数字，通过这些数字预测其对消费可能产生的影响都有哪些。

实战练习题：

凯丝恩贝（Kiss&Bake）是一家新式的蛋糕西点连锁店，主要开设在北京市的地铁以及城铁沿线的站台内或周围地区，经营品种包括咖啡、各式面包、蛋糕等，由于产品样式新颖、口感纯正，店面形象设计亲切可爱，可以在上下班途中很方便地进行购买，非常受人们的欢迎。目前，凯丝恩贝也面临越来越多的竞争对手和市场的变化，如果由你来负责对其未来 5 年进行发展规划，你会建议它主要着手哪些方面的市场预测？

第二篇 市场调查方法

第四章　文案调查

学习目标

开篇案例

李平是一个刚从大学毕业的学生，所修专业是市场营销。他找到的第一个职位是在本田（Honda）中国分公司的产品经营组。当他进入时，该组正在进行一项紧急任务，要分析目前中国市场上的产品组合、汽车产品现状并预测未来 10 年内中国汽车市场的变化，同时向高级管理者推荐一些应变措施。

加入工作小组之后，第一阶段是对不同汽车的细分市场进行背景分析，初步按照本田的主要车型分为轻便的实用型汽车、跑车和豪华型轿车。根据细分市场的不同，大家分组分别进行背景资料收集工作。李平被分到了实用型汽车组。根据工作日程安排，李平必须在第二天早上之前完成资料收集工作，并在次日的会议上对其他人汇报他的分析和他对该市场的潜力以及未来趋势的初步结论。

在非常有限的时间条件下，李平知道，要保证及时完成他的报告的话，唯一的希望就是找到所需要的资料。他所采取的第一步就是上 Baidu（百度）或者 Google 这类的搜索引擎网站，查询有"实用型汽车市场"关键字的网站。然后进入这些网站中寻找相关的资料。当网上的资料还不够充分的时候，他又跑到图书馆，查询相关的报刊，搜索电子刊物或者复印相关报道。

最后，在阅读、分析、辨别这些资料后，李平完成了一份两页纸的报告。阐述了以下问题：

1. 中国目前实用型汽车市场的规模；
2. 市场增长的趋势；
3. 目前市场上的领导品牌；

4. 未来 10 年中，有哪些人口变化趋势会影响该市场；

5. 其他有关因素；

6. 本田公司是否应该扩大在实用型汽车市场上的份额。

看完李平的经历，你认为他做得对不对？他的报告会得到同事和上司的认可吗？这样收集资料和得出的结论是否足够、可靠？目前阶段，李平所做的这些事情有什么意义？

整体营销调研计划的开端，都是从文案调查开始的。伟大的科学家牛顿曾说过："如果我比别人看得远一些，那是因为我站在巨人的肩膀上。"实施文案调查就是寻找巨人的肩膀。那么，什么是文案调查？文案调查主要有哪些方法和途径？优点和缺点是什么？需要遵循的原则有哪些？这些问题都是本章要详细介绍的部分。

第一节　文案调查的含义与要求

一、文案调查的含义

（一）文案调查的概念

文案调查，是指通过收集各种历史和现实的动态统计资料，从中摘取与市场调查课题有关的情报，在办公室内进行统计分析的调查方法，亦称为间接调查法、资料分析法或室内研究法。文案调查的对象是各种历史和现实的统计资料。例如，通过资料研究，可以进行市场供求趋势分析、市场相关因素分析、市场占有率分析等。此法的优点是可以充分利用第二手资料，节省调查费用。但是，调查人员必须要有较丰富的专业知识和分析能力，才能胜任。文案调查要求更多的专业知识、实践经验和技巧。这是项艰辛的工作，要求有耐性、创造性和持久性。

市场营销信息的来源或是第二手资料，或是第一手资料即实地调研资料。第二手资料，是指在某处已经存在并已为某种目的而收集起来的信息。文案调查，就是对第二手资料的调查活动。随着社会信息化的程度越来越高，"秀才不出门，能知天下事"的谚语已成为现实。

当所需的某一个市场的资料有限而且已有可靠的文字资料时，文案调查往往是比较有效的调查方法。但是，当需要更深入地了解某一个市场情况时，实地调查仍是必不可少的。因此，文案调查往往是实地调查的基础和前道工序。除非第二手资料已充分利用，否则，不要轻易地搞重复调查。

（二）文案调查的任务

文案调查的任务主要有：

1. 为实地调查提供背景材料。实地调查前需要对整个形势有充分认识，这在很大程度上要依靠统计资料来提供。

2. 在某些情况下，文案调查可以代替实地调查。例如，在新产品开发调查中，用第二手统计数据和新、旧产品技术性能数据进行对比分析后，有时也能写出调查报告。

3. 如果考虑到许多细分市场，在通过代价很高的实地调研去调查这些市场以前，文案调查可以提供足够的资料，来确定最有希望的市场。

4. 可用于市场趋势分析和对总体参数的估算。因为实地调查通常用抽样调查的方法进行，而用这种方法对了解总体参数是有困难的。例如，要了解市场总的潜力是多少，这就要用市场统计资料来提供情况，然后用趋势分析的方法来推算总体。

5. 可以为企业内部改革提供依据。在很多情况下，现成资料比实地调查的作用大得多，企业的内部改革需要了解企业概况，如历史沿革、财务结构、生产技术、职工现状以及市场情况。它们主要是通过企业的统计资料来反映的。实地调查虽然可以增加一些新内容，但不能反映企业的总貌。

（三）文献资料的来源

文献资料，包括企业内部资料和企业外部资料。内部资料主要是企业内部的市场销售信息系统所经常收集的资料；外部资料主要是企业外部的单位所持有的资料。内部资料是在企业的正常运转过程中收集、整理并使用的。它对于分析、辨别存在的机会与问题，制定与评价相应的决策方案都是必不可少的。对于现代企业营销管理来讲，建立市场营销信息系统将企业的内部资料全部放入信息系统中的数据库里，是非常必要的。这样做，便于查、修、删、改，实施动态管理。外部资料是存在于企业外部各种各样信息源（如书籍、报刊、政府出版物、名录等）上的资料。直到在线数据出现以前，图书馆一直是文案调查资料的唯一重要来源。如今，越来越多的人是借助于国际互联网，进入在线数据库来收集第二手资料。

企业内部资料主要包括：

1. 市场调查部门汇编的资料。一个工作有序的调查部门或个人，总是把每个调研课题所掌握的全部资料仔细地做好索引和归入档案。这样每当他们承担一个新的课题时，就无须从头调查同样的问题。资料保存在文件夹里，登记在索引卡片上。这些资料不仅应该包括在进行具体调研课题过程中所获得的资料，而且还应该包括从他们的组织机构中收到的报刊和其他文献的剪报等。

2. 信息系统提供的统计资料，如客户订货单、销售额及销售分布地区、销售损益表、库存情况、产品成本等。从这些对生产、销售、成本以及分布地区的分析中，可以检验各种因素的变化情况。

外部资料，是指公共机构提供的已出版的和未出版的资料。这些公共机构可能是官方的，也可能是私营的。它们提供资料的目的，有的是作为政府的一项工作，有的是为了赢利，也有的是为了自身的长远利益。一个好的市场调研部门一定要熟悉这些公共机构，熟悉在这些机构里的工作人员，熟悉他们所能供应的资料种类。现列举几种外部资料来源：

1. 国家统计机关公布的统计资料，包括工业普查资料、统计资料汇编、商业地图等。

2. 行业协会发布的行业资料。它们是同行企业资料的宝贵来源。

3. 图书馆里保存的大量商情资料。图书馆除了有提供贸易统计数字和有关市场的基本经济资料外，还有各种产品、买货机构等更具体的资料。

4. 出版社提供的书籍、文献、期刊。出版社出版的有：工商企业名录、商业评论、统计丛书、产业研究资料等。而许多报刊为了吸引读者，也常常刊登市场行情和一些分析报道。

5. 银行的经济调查、商业评论期刊。国外许多大银行，如巴克利银行、大通银行等，都发行期刊，这些期刊往往有最完善的报道，而且一经索取就可以得到。

6. 专业组织的调查报告。随着我国经济改革的深化，消费者组织、质量监督机构、股票交易所等专业组织也会发表有关统计资料和分析报告。

7. 研究机构的调查报告。许多研究所和从事市场调研的组织，除了为各单独委托人完成研究工作外，为提高知名度，还经常发表市场报告和行业研究论文。

8. 在线数据库。存放在世界各地的服务器上的文章与报告的数据库可用计算机很容易地进行搜索。借助于国际互联网现在可以很便宜地进入某些数据库。市场调研所需的许多信息，商业性提供者那里都有现成的。可是，不管按公开价还是按用量收费都很高，比如MAID/深海（Profound）（5），它现在已与拨号/数据之星（Dia-log/Data-Star）（6）合并，以及FT/摘要（Profile）（7）（FT为财务定时信息有限公司的缩写）。这样的信息源的用户需要预先签约并要学习怎样进行高效节约的搜索（以减少成本）；对新签约户可提供免费或低价的培训。与国际互联网相比，搜索在线数据库花费较昂贵，如据有关机构介绍，典型的重要用户每年要花 5000~10000 英镑。这是因为数据库供方收集的有价值的报告，即使逐页都是现成可用的，其标价也很高。

9. 利用检索工具。企业外部资料的收集相对于内部资料的收集要困难一些。在收集企业外部信息时，系统地使用索引、文摘、指南和其他的检索工具是非常重要的。文摘与索引的差别是文摘提供了文献的基本内容，而索引则只是提供了关于文献的外部特征，例如，作者、文献名、出版商、出版时间等。名录则提供了有关工商企业、机构等的某些情况，如名称、地址、经营活动范围、电话号码等。

各种资料的检索工具如：

（1）有关书的检索工具。《全国总书目》是反映我国图书出版情况最全的一种目录。该书是由中国版本图书馆主编，收录了我国各正式出版单位每年出版的公开发行的各种文字的图书。

《书目卡片》是图书馆供查阅者使用的检索工具。这种卡片一般是提供一些书的信息，如作者、书名、出版单位等，有的书目卡片还包括书的摘要。

（2）有关期刊与报纸上文献的检索工具。如：《全国报刊索引》（哲社版与科技版）月刊由上海图书馆编辑出版。该刊以摘录的形式收录中央与各地方出版的报纸、杂志资料，是一种综合性的查找全国报刊文献的检索工具。

《中国人民大学复印报刊资料》由中国人民大学书报资料室编辑，收录全国以及海外各种主要的中文报刊上刊登的文章。

《世界经济文献目录》由中国科学院图书馆编，每期轮流收编中、西、俄、日文中的一种文字的有关篇目。该目录反映全世界较重要的有关刊物中论述财经各方面的论文。

《工业企业经济文摘》是由科学技术出版社编辑出版的月刊，内容包括世界经济、工业经济的一般问题，冶金、电力、纺织等各工业部门的经济和生产组织情况。

《人民日报索引》、《光明日报索引》等都是检索该报所发表的文章的重要工具。

国际市场资料的检索有许多，如 "The UK Marketing Source Book"、"The Source Book"、"European Directory of Marketing Information Sources" 等都是比较有名的检索工具。

（3）有关政府资料的检索工具。

（4）各种名录作为检索工具。如：《中国企事业名录大全》由经济科学出版社出版，收录了全国 150 万个企事业单位，每个名录包括名称、地址、电话号码、产品和业务范围等。

《中国工商企业名录》由各地方分别出版，按工业类型分类。

《中国企业概况》由中国企业概况委员会编辑出版，收录有中国近万家企业的基本情况，按行业分卷，而各行业分省、市编排。它是一部全面介绍企业情况的大型工具书。

《中国企业登记年鉴》由国家工商行政管理局主编，每年按特辑、专辑和分册出版。

（5）其他检索工具。由中国科技情报所的下属单位编辑的各种科技文摘刊物是检索国外科技文献的重要检索工具。

（6）计算机检索。目前，一些较大的图书馆将书目卡片输入计算机资料库中，让查阅者通过计算机来检索。

（7）人工检索。查询第二手资料的重要线索之一是找图书馆的图书管理员，他们对图书馆的资料有相当的了解。

以上情报资料都是通过一定记录方式，记录在一定物质载体上的知识，也叫文献资料。现代社会的文献资料按不同的载体形式和记录技术，分为手工型、印刷型、微缩型、机读型、视听资料和卫星资料六类。目前，在我国最基本、最普遍的还是印刷型文献资料。随着经济的发展和社会的进步，当代社会的印刷型文献资料最突出的特点是数量剧增、分布非常分散、内容交叉重复、水分也较多。在这种情况下，当调查人员发现信息源时，就应该从具体需要出发，对它们进行选择评价。许多材料可以不必购买或花时间详细研究。调查人员应选择能提供最好信息的机构。

（四）持续的文案调查

企业营销调查系统的特点是，它绝不会使市场调查的任务终止于某一时间和地点，企业的营销调查部门源源不断地收集营销信息。持续的调查工作加强了对营销活动过程的检查、分析和控制，它已成为一个提高营销管理水平的有效工具。持续的文案调查所提供的信息会起到以下作用：

1. 检验企业能否达到预定的营销目标。

2. 观察顾客对公司的声誉、产品质量、服务方式和价格等态度变化。

3. 剖析竞争者的市场策略对公司的影响情况。

4. 评价公司的营销计划实现率和销售队伍的战斗力。

5. 分析市场特征和发展趋势，以帮助公司领导做出扩大的还是收缩的营销战略决策。

二、文案调查的要求

我们说，调查人员应选择能提供最好信息的机构，这并不意味着调查人员对某一调查课题仅找一个信息源。只要可能，都要用两种或两种以上的信息源交叉核实资料，以免错误解释。为此，文案调查必须满足以下要求：

（一）调查面要广

1. 组织和动员的力量要广。不仅专业调查人员参加，而且要通过对企业领导、全体工作人员的信息教育，使他们也积极参与文案调查。

2. 收集和积累的情报资料面要广。要通过各种信息渠道，利用各种机会，采取多种方式广开信息源，大量收集各方面有价值的文献，并且在时序上要保持连续性，以便获得反映客观事物发展变化情况的资料。

（二）收集的资料要有针对性

针对性，是指要重点收集与调查项目主题关系最密切的情报资料。

1. 最基本的一条要求是：收集的资料要包含对企业生产经营有用的情报信息；否则，就失去了收集的意义。

2. 经摘录、整理、选择、传递、提供利用的情报资料应该是市场调查课题所需要的、可用的，涉及范围大概能全面地、准确地满足市场调查课题的要求。

（三）收集的资料要保证及时

收集的资料要保证及时，即要保证信息资料的时效性，要考虑这种资料涉及的时间是否合适。一篇 6 年前对某个企业的调查资料也许包含着有用的背景材料，但在此期间企业的情况已经发生了变化。对与市场调查课题有关的各种最新资料、最新信息，要用最快的速度及时了解、及时收集、及时加工、及时利用，以提高文献资料的实用价值。

第二节　可用信息的范围

通过文案调查的资料来源可获取市场调研项目所需要的大部分数据资料。这些所需数据资料的范围可归纳成如下几个方面。

（一）市场营销环境

市场不是孤立存在而是由诸如一般经济状况、人口统计趋势、法律规范以及各种社会因素所限定的。这些外部因素可能是全面分析一个市场所必需的一部分内容。文案调查是市场营销环境分析的唯一实际可用的来源。经济、人口统计和关键社会变量都完整地包含在政府统计服务以及它提供的出版物之内。

（二）市场结构与规模

大多数企业和工业品市场的结构可以通过文案调查来充分分析。调查来源包括一般的和商贸的出版物、名录、公司财务数据资料和发布的报告、商贸协会公布的资料以及政府统计资料。国外的信息来源如“UK Markets”这样的政府统计资料，它按年度提供所有行业的详细的生产、进口、出口情况。这一来源或其他一些来源不可能提供所有你所需要的信息。但是，可以用它来进行一种合理的近似估计。这种近似估计可以是自上而下的（从包含感兴趣的这一市场的一个较宽广的类中做出估计），也可以是自下而上的（综合子类），并且把来自不同出处的数据资料综合在一起。例如，“UK Markets”加上其他已出版的报告以及公司报表的分析，对分析市场规模很有用。另一类来源是各种摘要，国外如“Market Assessment of Top Markets”和“Market Size Digest”都是比较好的信息来源。

（三）供货商及其商标

供货商与商标的数据资料可用来做市场结构分析，包括主要供货商及商标的形象描述、营销方法及广告战术、取得成功的因素、出版物（包括贸易杂志）、名录、公司报表和公布的报告，都是潜在的有用资源。广告和贸易文献（特别在技术市场上）也很有用，并且这类材料通常可免费收集。通常属于文案调查范围之外的一个重要信息领域，是顾客对供货商的态度和满意度。尽管在某些行业公布的报告中可有相关数据资料，一般来说，这方面的资料只能通过实地调查才可得到。

（四）分销商与零售商

对多数企业而言，分销商正扮演着更重要的角色，因为他们可以减少企业只面对直接用户所花的销售成本。分销渠道环节很多，其涵盖的范围可从进口商到主要分销商直到地方经销商、零售商等。能提供这些渠道的信息源与上面关于供货商的信息源基本一样。对零售业的报道可以从很多出版物中得到。

（五）产品

文案调查可以提供详细的产品信息。从对不同供货商的产品介绍的出版物中都可以获得；邮购订货目录是产品详情的另一种来源；产品说明书对分析产品特性是一种有价值的信息源，参观展览会和贸易博览会收集这样的说明书是个"就近"文案调查的例证。上述来源也可能有可用的定价信息，但是标价和实际成交价的差异降低了这类信息的价值。通常不认为文案调查在新产品评价方面有什么作用，必须通过实地调查来确定顾客对一种新产品的反应；但其他新投放市场的产品的结局可以提供很有用的信息，并且可从贸易出版物及其他来源获取。

（六）国际市场营销

在国际市场营销中文案调查的费用明显很低。一些图书馆和在线数据库已经可以进入并拥有大量关于海外市场的信息。不同类型的可用信息源和论题范围与"UK Markets"的基本相同。但要注意数据资料的一致性和可比性问题。

第三节 文案调查的程序

一个熟练的市场营销调研人员的标志之一，是他知道从哪里开始他的文案调查工作，以及怎样制订他的调查计划和组织他的工作。尽管每个调研课题都有它特殊的一面，而且需要有它自己的解决办法。但是，有一些基本的程序是调研人员必须共同遵循的。

一、评价现成资料

现成资料，是指其他人或其他单位所取得的、已经积累起来的第二手资料。在信息爆炸的时代，案头放着的资料可能很多，但关键的问题是，调查人员应根据它的特殊需要对眼前的现成资料作出评价。评价现成资料的标准大致如下：

1. 内容：资料是否可靠、全面和精确地包括课题的要求。
2. 水平：资料的专门程度够不够格。
3. 重点：资料是否针对与课题最有关的各个方面。
4. 时间：资料所涉及的时期是否适当，有没有时过境迁。
5. 准确：资料是否可信，与第一手资料的接近程度如何。
6. 方便：资料的获得能否既迅速又花钱不多。

二、寻找收集情报的途径

从一般线索到特殊线索，这是每个调查人员收集情报的必由之路。当着手一个正式调查项目时，调查人员寻找的第一类资料是向他提供总体市场概括的那类资料，包括基本特征、一般结构、发展趋势和交易情况等。他可能会从报纸或杂志的调查文章开始工作，随着调研的深入，资料的选择性和详细程度会越来越细。

这个原则也适用于寻找具体事实的调研活动。例如，一个调研人员需要调查某一地区的广告情况。他从一般资料来源开始，到图书馆请教一名工作人员，该工作人员帮助他从行业名录中找到该地区报刊手册的名称，然后他借到这本手册，查出这个地区的报刊出版社的名称和地址，再写信给他们询问广告情况。

三、资料筛选

资料收集后，调查人员应根据课题需要，剔除与课题无关的资料及不完整的情报。例如，当调查人员在分析进入哪些市场的报告中，他可以分析下列因素以去掉一些对公司而言市场潜量很小的市场：产品的可接受性、分配渠道、价格、权利障碍、竞争情况等。

四、文案调查报告的撰写

调查报告是所有调查工作的过程和调查的成果赖以表达的工具。撰写这类报告应注意以下几点：

1. 简单明了。将资料编成统计图表，方便阅读者了解分析结果和看出与研究假设的关系。

2. 吸引力强。用新闻标题的方式书写惹人注意的题目，以提高阅读人的注意和兴趣。

3. 结论明确。如果没有明确的结论和建议事项，该调查报告就失去了意义和价值。

第四节　文案调查的方式与方法

一、文案调查的方式

文案调查主要有有偿收集和无偿收集两种方式。

（一）有偿收集方式

有偿收集方式，是指通过经济手段获得文献资料。通过一定的正式渠道实行有偿征集和转让。这种方式实际上是实现信息、情报商品化，能比较有效而及时地获得高质量的情报信息。既然是有偿，花钱买情报信息，就要考虑获得情报信息的费用与带来的经济效益，所以，有偿收集更讲究情报信息的针对性、可靠性、及时性和准确性。

有偿收集的具体形式有采购（订购）、交换、复制三种。采购形式包括现购、邮购、委托代购等。国内公开发行的书刊文献是向邮局或新华书店采购，内部发行物一般是直接订购。采购形式可以保证企业情报信息的来源。交换主要是通过业务上和隶属关系的联系和相互协商的办法，不同企业和部门各自为了从对方获得所需要的情报，通过交换的形式来实现。一般在收集限制发行或内部使用、内部整理的资料时采用交换的形式。这种形式的特点是专业性强、传递迅速。无法通过采购和交换形式获得的情报资料，如发行量极少的资料、历史性的绝版资料、难得的原版资料、过期报刊等，只能采用复制形式。复制资料一般成本较高，要量力而行。

（二）无偿收集方式

无偿收集方式，是指不需要支付费用即可获得文献资料，这种方式较为经济。人们往往往会遇到有些企业为了推销新产品或进行技术推广时，免费赠送产品目录、产品样本、说明书等资料。企业可以根据自己需要的内容通过书信索取、询问、现场收集、接受赠阅等获得这些资料。目前，随着国内外市场、产品、技术竞争的激烈化，以无偿收集方式获得有效情报比较难；获得的资料，常常是粗略而简单的介绍，参考价值有限，可能只给企业带来一定的启发或提供某些线索。一般交流会、洽谈会、展销会、参观访问等场合是无偿索取资料的有利时机，企业要善于利用。

二、文案调查的方法

一般来说，文案调查的方法可以归纳为两种：公开的和秘密的。在我国，收集历史和现实统计资料的主要方法是公开的（当然也有秘密的、千方百计窃取商业情报的）。在这里我们主要介绍公开收集文献资料的各种方法。

(一) 文献资料筛选法

文献资料筛选法，是指从各类文献资料中分析和筛选出与企业生产经营有关的信息和情报的一种方法。在我国主要是从印刷型文献资料中筛选。印刷型文献资料按对文献内容编辑出版的形式不同，主要分为图书、科研报告、会议文献、论文、专刊文献、档案文献、政府政策条例文献、内部资料以及地方志等。采用文献资料筛选法收集情报资料，常常是根据市场调查课题的目的和要求，有针对性地去查找有关文献资料。

举一个国外的事例，日本公司要进入美国市场，就查阅了美国的有关法律和美国进出口贸易法律条款。阅后得知，美国为了限制进口、保护本国工业，在进出口贸易法律条款中规定美国政府收到外国公司商品报价单，一律无条件地提高 50%。而美国法律中，本国商品的定义是"一件商品，美国制造的零件所含的价值，必须在这一商品总价值的 50% 以上"。日本公司针对这些规定，思谋出一条对策：生产一种具有 20 种零件的商品，在本国生产 19 种零件，在美国市场上购买一种零件，这一零件价值最高，其价值比率在 50% 以上，在日本组装后再送到美国销售，就成了美国国内的商品，就可以直接和美国公司竞争。

文献资料筛选法的特点是所得情报资料记录方便、传播广泛、积累系统，便于长期保存和直接利用。它是企业获取技术、经济情报的最基本、最主要的来源。

(二) 报刊剪辑分析法

报刊剪辑分析法，是指调查人员平时从各种报刊上所刊登的文章、报道中，分析和收集情报信息的一种方法。信息社会最突出的特点是信息量大和信息流快。市场情况的瞬息万变在日常新闻报道中都有所体现，只要我们用心去观察、收集、分析便可从各种报刊上获得与企业生产经营有关的情报信息，以扩大视野，灵通耳目。例如，上海有家制药厂，从报纸上刊登的"多毛姑娘"来信反映的苦闷中获得信息，集中力量研制出一种脱毛霜剂，产品投放市场后，果然供不应求。在信息社会里企业间的竞争，实质上是信息竞争，只要企业善于利用公开发行的报纸和杂志，就可以获得对企业有用的信息，收到意想不到的经济效果。在市场竞争的实践中，报刊上一条信息救活一个企业的实例不胜枚举。为此，企业要积极订阅各种报纸、杂志，收集情报信息，以便及时发现市场机会，夺取和占领市场。同时，还应充分利用广播、电视等现代传媒渠道。

(三) 情报联络网法

情报联络网法，是指企业在全国范围内或国外有限地区内设立情报联络网，使情报资料收集工作的触角伸到四面八方的一种方法。情报联络网的建立是企业进行文案调查的有效方法。一个企业情报网的建立，自然要受到企业资金和人力上的制约，可以采取重点地区设立固定情报资料收集点，由企业派专门人员或由驻地人员兼职。一般地区可以与同行业、同部门以及有关的情报中心挂钩，定期互通情报，以获得各自所需要的资料。这样，在联络网内各地区的有关市场供求趋势、消费者购买行为、价格情况、经济活动研究成果、科技最新发明创造乃至政治形势等情报，都可以及时地通过情报联络网传输给企业。在一般情况下，中小企业和乡镇企业以及个体企业无力建立自己独立的情报网，可以借助于其他部门的情报网。例如，我国各级工商银行在全国范围内有较为健全的情报信息网络，并配有现代化信息收集和传输设备。它们根据货币流通和信贷工作的需要，对所有工、商、贸、农等企业的产、供、销和经济管理状况，掌握有系统的重要经济情报信息。又如，各地有信息开发公司、咨询服务中心等，它们大都有自己的信息渠道和情报网，拥有大量信息，企业可以利用它们获取所需信息。

情报联络网法的特点是：涉及的范围广，获得的情报信息量大，综合性强，各种不同企业均可采用。

（四）国际互联网法

国际互联网法，是指调查人员通过国际互联网收集所需情报信息的一种方法。

对市场调研人员来说，国际互联网有两个重要信息源：①公司、组织机构、个人创设的推销或宣传他们的产品、服务或观点的网址。②由对某特殊主题感兴趣的人们组成的用户群组。

曼彻斯特城市大学的国际互联网首席专家恩德拉·刘易斯宣称，借助网络几乎可以找到任何东西。他的断言尽管大胆，却是根据如下事实：互联网提供接近数百万博学多才的人的机会，通过用户群组提出的问题或早或迟能得到解答。当然，可能不必接入这个无底的知识源泉，因为信息可能已经显现在那里，粘贴在一个网址上了。

运用许多搜索引擎通过网址搜索关于某一主题的信息或某个公司很容易，简单到只需要一个适当字符串即可找到全部要查询的东西。流行的搜索引擎如阿尔塔·威斯塔（Aha Vista）、雅虎（Yahoo）或者各种搜索器的组合，如网上爬行器（Web Crawler），都是按适合搜索请求的递降顺序列出要查询的内容。

搜索一个适当的字符串的策略可能正好击中目标中心并精确地找对要找的信息地址。更常见的搜索是从相关地址间的联系开始追踪。横向思维肯定是用国际互联网做桌面调研的首要原则，搜索者必须学习从一个地址到另一个地址的冲浪，编辑那些有用的资料以便下载或复制进入工作文件夹。

国际互联网上有上万个用户组（又称新闻组或讨论组），几乎覆盖了每个主题。它们大体上按题目来组织，其范围从业余爱好与娱乐（按娱乐添加标题）直到计算机（Comp）、科学（Sct）、文化、宗教，还有"选择元"主题（Alt）。一个调研者在一个适当的用户组内提出的问题可能很容易地从数百万互联网用户之一那里找到答案。进入用户组的一个方便路径是通过像德加新闻（Deja News）这样的搜索器。

第五节 文案调查的原则与评价

一、文案调查的基本原则

文案调查的对象是各种历史和现实的统计资料。市场调查人员在进行文案调查过程中，要根据调查的目的和要求，从繁杂的文献档案中识别、归纳出有价值的信息资料，减少资料收集的盲目性，必须遵循以下基本原则：

(一) 相关性原则

这是文案调查的首要原则，也是调查人员选定文献资料的最主要标准。调查人员必须根据调查的目标要求，确定资料选择的范围和内容，把与调查主题切实相关的资料选择出来。

(二) 时效性原则

文献资料大多数是历史性资料，要求调查人员在资料的收集过程中，必须考虑资料的时间背景，摒弃过时的、与目前市场情况不相符的资料内容，确保收集的资料能够准确反映调查对象的发展规律性。

(三) 系统性原则

文献资料调查的主要任务是从众多的间接信息资源中选择出符合调查需要的内容，而一般情况下，调查人员收集的资料并不能直接、全面地说明所要调查的主题，需要调查人员在已有资料的基础上，进行必要的加工处理。如用一个平均数代替某个遗漏的、难以查找的特定年份的销售额，以提高间接资料的准确性，确保间接资料的系统性、全面性。

(四) 经济效益原则

文案调查的最大优点是省时省钱，如果费用支出过高、调查周期过长就失去了它的优势。

二、文案调查的优点

(一) 文案调查的优点

1. 文案调查可以超越时空条件的限制，收集古今中外有关文献资料，了解到广泛的情报信息。

2. 文案调查收集到的情报资料可靠性和准确性较强。因为文献资料多半是文字记载下来的，既不会对调查者的主观好恶做出任何反映，也不会出现实地调查中经常发生的因被调查者心理因素产生的种种反应性误差。

3. 与实地调查比较而言，文案调查实施起来更为方便、自由，只要找到文献资料，就可查阅，受外界因素的干扰较少。

4. 文案调查费用低，效率高，是获得市场经济活动知识、情报、信息的捷径。

(二) 文案调查的缺点

1. 文献资料大多是历史资料，与客观现实之间总会存在一定的差距，尤其是随着时间的推进，市场在不断地运动、发展变化，新事物、新问题、新现象不断涌现，这一切会使文献资料存在着局限性。因此，文案调查获得的资料，使用时需要分析其时代、社会条件，取其精华，结合现实创造性地利用。

2. 文案调查由于受各种客观条件的限制，很难掌握所需要的全部文献资料，会有文献资料不足的缺憾。

3. 文案调查要求更多的专业知识、实践经验和技巧，具有一定文化水平的人才能胜任，否则寸步难行。

总之，文案调查是市场调查过程中先期获得初步市场情报信息的一种重要调查方法。

本章精要：

1. 文案调查是指通过收集各种历史和现实的动态统计资料，从中摘取与市场调查课题有关的情报，在办公室内进行统计分析的调查方法，也称之为间接调查法、资料分析法或室内研究法。

2. 文案调查的任务主要有：为实地调查提供背景材料；在某些情况下，文案调查可以代替实地调查；文案调查可以提供足够的资料，来确定最有希望的细分市场；文案调查可用于市场趋势分析和对总体参数的估算；文案调查可以为企业内部改革提供依据。

3. 文献资料包括企业内部资料和企业外部资料。企业内部资料主要是企业内部的市场营销信息系统所经常收集的资料，主要包括：市场调查部门汇编的资料；信息系统提供的统计资料。企业外部资料是指公共机构提供的已出版的和未出版的资料。企业外部资料的来源主要有：①国家统计机关公布的统计资料。②行业协会发布的行业资料。③图书馆里保存的大量商情资料。④出版社提供的书籍、文献、期刊。⑤银行的经济调查、商业评论期刊。⑥专业组织的调查报告。⑦研究机构的调查报告。⑧国际互联网上的信息资料。⑨在线数据库上的文章与报告等。还可以利用各种检索工具来获得外部资料。

4. 文案调查要求调查面要广；收集的资料要有针对性；收集的资料要保证及时。

5. 通过文案调查的资料来源可获取市场调查项目所需要的大部分数据资料。这些数据资料的范围可归纳为如下六个方面：①市场营销环境。②市场结构与规模。③供应商及其商标。④分销商与零售商。⑤产品。⑥国际市场营销。

6. 文案调查的程序为：①评价现成资料。②寻找收集资料的途径。③筛选资料。④撰写文案调查报告。

7. 文案调查主要有有偿收集和无偿收集两种方式。有偿收集方式是指通过经济手段获得文献资料。有偿收集的具体形式有采购（订购）、交换和复制三种。无偿收集方式是指不需要支付费用即可获得文献资料。一般地讲，交流会、洽谈会、展销会、参观访问等场合是无偿索取资料的有利时机。

8. 文案调查的方法主要有四种：文献资料筛选法、报刊剪辑分析法、情报联络网法和国际互联网法。

9. 文案调查须遵循相关性原则、时效性原则、系统性原则和经济效益原则。

10. 文案调查具有超越时空条件的限制、可靠性和准确性较强，更容易实施，费用低、效率高等优点。但也存在着不足：局限性、客观条件的限制及对市场调查人员素质的严格要求等。

关键术语：

文案调查　文献资料　企业内部资料　企业外部资料　有偿收集方式　无偿收集方式
文献资料筛选法　报刊剪辑分析法　情报联络网法　国际互联网法

思考题：

1. 什么是文案调查？实施文案调查的必要性如何？

2. 通过文案调查可以获取哪些类型的信息？

3. 文案调查的优点和缺点分别是什么？

4. 举例说明二手资料的来源都有哪些？如何评估二手资料的准确性？

5. 为什么互联网对查询二手资料有重要意义？

互联网练习题：

访问《中国人民大学复印报刊资料》以及中国国家统计局网站的主页，考察一下上述
两个机构分别都能提供什么类型的二手资料信息。

实战练习题：

任选一品牌的产品，例如康佳高清系列彩电、娃哈哈纯净水、潘婷丝质柔顺洗发露或
玉兰油美白系列等，用文案调查的方法收集相关资料，提交一份有关该产品的市场摘要，
包括市场占有率、竞争对手、目标消费群或其他你认为对了解该产品有用的信息。要求：
开列你所用到的文案调查途径；核实所找信息的真实性和准确性；资料尽量接近当今的市
场状况。

第五章　实地调查

学习目标

- 了解访问调查法的特点
- 掌握访问调查法的五种形式
- 了解个人访问、邮寄调查、电话调查、留置调查和互联网调查的利弊
- 深入了解如何运作持续性实地调查
- 对观察调研法有一个初步的认识
- 学习观察调研的方法
- 熟悉观察法的类型
- 了解观察法的优点与缺点
- 掌握实验法的四种具体方法
- 掌握产品试验与销售试验的调查方法
- 了解什么是购买动机调查和具体调查方法
- 了解实地调查的方式

开篇案例

在美国有一个统计数字，每位成年人一年当中大概要接受 15 分钟以上的调查。事实上，在生活中人们可能遇到很多类型的调查访问，其中最常见的就是在街道、广场、购物中心等公共场所进行的拦截式访谈，内容则大多是与人们的日常生活行为相关的话题。在进行短暂的交谈和记录后，被访者可以继续自己的购物或其他活动。人们在家里也有可能接触到调查，比如目前正流行的电话调查和邮寄调查，包括各种互联网调查，都可以让人们在足不出户的情况下便捷地接受调查。美国著名的调查公司盖洛普（Gallup）的一项经典调查就是电影调查。它所采用的调查形式非常特别，通常是为电影观众提供一个免费电话，要求他们在看完电影后的两个小时内拨打这个免费电话参与调查。在电话中这些刚刚看完电影的观众会被问到许多问题，包括对电影的看法、是否会购买相关产品等，这些答案对电影制作公司而言都非常有用。有些调查则是在办公室里进行的，如一些与商业人士的深度访谈，或者一组特定消费者的专题讨论会等。当调查公司希望了解一些比较复杂的行为或是行为背后深层原因的时候，这类方法会更加合适一些。例如，儿童服装制造商会邀请一组或几组家中有 3 岁以下儿童的母亲来到现场，在专门主持人的引导下发表自己在日常生活中遇到的儿童服装方面的问题和看法，比如方便穿脱、耐反复清洗、色彩鲜艳、样式可爱等，母亲之间可以展开讨论和交流，而这些信息都会被详细地记录下来，留作将

来改进儿童服装设计与宣传时的参考。

上述案例中的调查方式都是现代社会获取信息常用的方法，与其他类型的资料收集方法相比，访谈式的实地调查直接明了，在市场调查中使用率很高。

但是，研究消费者不一定非要面对面地交谈，有些研究是在消费者完全不知情的情况下进行的。比如研究十字路口的人车流数量，可以很方便地了解该地区广告牌潜在的广告效果如何；将新的带有促销包装的产品悄悄地置入某一试点超市，看人们对新包装的反映如何，可以清楚地了解包装改变以及促销手段是否真的能够有效刺激销售。如此种种获取信息的方法，也非常普遍，它们不同于直接访谈，但是一样能够获取对企业有价值的信息。

由此可见，实地调查过程中具体的方法形式多样。那么，什么是实地调查？它有哪些类型？各自具有什么特点？在设计调查方案时，如何权衡各种方法的利弊，最后选择最适合的获取信息的方式？这些都是本章即将详细讨论的问题。

第一节　实地调查方法之一：访问法

一、访问法的概念与特点

访问法，是指将所拟调查的事项，以当面、电话或书面方式向被调查者提出询问，以获得所需资料的调查方法。它是一种最常用的市场调查方法。

访问法的特点在于整个访谈过程是调查者与被调查者相互影响、相互作用的过程，也是人际沟通的过程。

1. 体现在直接性，即访谈双方直接沟通感情；直接收集信息资料。如在询问中双方直接交谈，对所提出的调查事项如不明确或不理解，可以当面说明；或对被调查者未能表示清楚的内容可以当即补充、更正；有时被调查者会有顾虑，不愿坦率交谈，则可适当开导，沟通思想，活跃谈话气氛；同时，当面交谈，现场记录，对一些不符合实际的材料可以当场核实；可按调查内容逐项提问，不致遗漏；而且对方所回答的问题都是本人见解，其代表性真实可靠；对有些人只愿口谈而不愿笔写的，便可直接收到答案。

2. 调查结果受访谈双方的态度和素质的影响。如被调查者是否认真负责地提供资料，即他肯不肯回答问题，回答多少，真实程度如何，都会影响调查结果；在面对面询问中，被调查者往往根据调查人员的诚意、谈吐及行为来决定自己是否予以支持与合作，也就是说调查人员的性别、年龄、服饰、仪表、气质、风度、口音、表达能力等都会对被调查者产生影响，从而影响调查结果。

二、访问法的主要类型

访问调查有多种具体的形式，可以从不同角度对其进行划分，如按照访问方式不同，可分为直接访问和间接访问。直接访问，是指调查者和被调查者进行面对面的交谈。间接访问，是指访问者通过电话或书面问卷工具对被调查者进行的访问。又如按照访问内容不同，可分为标准化访问和非标准化访问。标准化访问，是指由调查者按照事先拟好的调查表的具体项目，有顺序地依次发问，让被调查者作答。非标准化访问，是指调查者按照一个粗提纲与被调查者自由交谈，了解情况。我们通常采用的划分方法是根据调查人员与被调查者接触方式的不同，具体分为个人访问、邮寄调查、电话调查、留置调查、互联网调查等几种形式，下面具体介绍。

（一）个人访问

个人访问，又称面谈调查，是指访问者通过面对面地询问和观察被访问者而获取市场信息的方法。它是市场调研中最通用和最灵活的一种调查方法。访问中要事先设计好问卷或调查提纲，调查者可以依问题顺序提问，也可以围绕调查问题自由交谈。在谈话中要注意做好记录，以便事后整理分析。个人访问的交谈方式，可以采用个人面谈、小组面谈和集体面谈等多种形式。

1. 个人访问的优点。个人访问的优点是：

（1）富于伸缩性。个人访问法具有高度伸缩性，可采取任何一种问卷询问，如果被调查者同意的话，还可以利用录音机进行访问，一旦发现被调查者不符合样本条件，可立即终止访问。

（2）具有激励效果。个人访问还具有高度的激励效果，可以给被调查者充分发表意见的机会，以达到个人情绪上的满足，或是与他人议论问题获得知识上的满足。有些被调查者如果知道是有关某类产品的调查，他们极有可能愿意与调查者面对面地讨论该类产品，以便自己有发表意见的机会，这样，被调查者的合作可能性自然也就提高了，回答率也就相应提高。

（3）可获得较多资料。个人访问调查方式时间较长，可作深入询问，有些问题，被调查者可能并不了解，需要调查者的解释才能明白，这样可减少不完整答案或欠缺答案；只有个人访问方式，才能做到这一点，使答复误差减少到最小程度。

（4）能控制问题的次序。问题的次序往往会影响被调查者的答案。个人访问能控制问题的次序，使被调查者的答案不会发生偏差。当被调查者因某种原因不愿意回答或回答困难时，可以解释、启发、激励被调查者合作，完成调查任务。

（5）有观察机会。在个人访问时可观察被调查者所回答的问题是否正确，如年龄、社会阶层、种族等问题可通过观察来核对。

2. 个人访问的缺点。个人访问的缺点是：

（1）费用高，时间长，调查的人力、经费消耗较多，对于大规模、复杂的市场调查更是如此。所以，这种方法比较适用于在小范围内使用。

（2）询问偏见。面对面的交谈，调查员的态度、语气等有时不免对被调查者发生影响，以致产生询问偏见现象。因此，个人访问对调查人员素质要求较高，调查质量易受访问者工作态度、提问技巧和心理情绪等因素的影响。

（3）对调查人员的管理比较困难。有的调查人员出于便利或急于完成调查任务的目的，随意破坏对样本的随机性要求和其他质量要求；有的调查人员在取得一些资料后即擅自终止调查做出结论，甚至还有人根本不进行调查，自己编造调查结果。这些问题都是十分错误的，但并非这种调查方法所特有，只是采用这种方法对调查人员较难控制罢了。

（4）面谈法通常要求调查人员亲自到被调查单位或家庭中调查，对于规章制度较严的单位和对来访者有戒心的家庭，采用此法有时会遇到不少困难。

3. 访问方式的选择。欲取得良好的访问效果，访问方式的选择是非常重要的。一般讲，个人访问有三种方式：

（1）自由问答，是指调查者与被调查者之间自由交谈，获取所需的市场资料。一般在调查开始时采用此种方式。自由问答方式，可以不受时间、地点、场合的限制，被调查者能不受限制地回答问题，调查者则可以根据调查内容和时机、调查进程灵活地采取讨论、质疑等形式进行调查，对于不清楚的问题可采取讨论方式解决。如调查者可以问："您认为××商品的质量如何？""您想购买哪种牌子的××商品？""您觉得××商品的市场前景如何？"等等。实践证明，这种询问方式有利于消除隔阂，创造良好的交谈气氛。但调查者要注意把握引导谈话中心和主题，避免走题和延误调查时间。

（2）发问式调查，又称倾向性调查，是指调查人员事先拟定好调查提纲，面谈时按提纲进行询问。如调查洗衣粉市场，可以这样排列调查问题：您选用什么牌号的？为什么？这种牌号的优点有哪些？通过询问，可以判断消费者对商品的偏爱程度以及偏爱理由，判断市场占有率，弄清企业开拓市场和改进商品的努力方向。这种方式谈话简明，节省时间，便于统计归总数据。可以采用一问一答形式进行，但要注意调节气氛，使被调查者不至于有被"审问"的感觉，注意消除被调查者的误会和隔阂，避免产生调查误差。这种方式对于较熟悉的调查对象效果较好。

（3）限定选择，又称强制性选择，是指个人访问调查时同时列出说明商品特征的句子，被调查者从中选择接近或赞同的句子进行回答的询问方式。例如，询问购买××牌号洗衣粉时，有这样几个句子供被调查者选择：

A．××洗衣粉是名牌产品；

B．××洗衣粉质优价廉；

C．××洗衣粉有独特效果。

被调查者可以从问句中按自己对××洗衣粉的认识、喜好、偏爱程度进行选择，调查者则可从中进行汇总分析。在大量数据汇总中，如果选择 A 的比重大，则初步说明更多的人看中的是这种洗衣粉的名牌形象，其购买受品牌影响较大；如选择 B 的比重大，则说明较多的人看重商品的质价比；而选择 C 的人多，则表明人们着眼于这种商品的实用性。这样，企业就可以依据这些信息，改进产品，开拓有吸引力的市场，制定有效的促销策略。

（二）邮寄调查

邮寄调查是指调查人员将设计印制好的调查问卷或调查表格，通过邮政系统寄给已选定的被调查者，由被调查者按要求填写后再寄回来，调查者根据对调查问卷或调查表格的整理分析，得到市场信息。此法在国内外市场调查中广泛采用。

1. 邮寄调查的优点：

（1）调查区域较广。可以扩大调查区域，增加更多的调查样本数目，只要通邮的地方，都可以进行邮寄调查。此外，提问内容可增加，信息含量大。

（2）调查费用较低。调查成本较低，只需花费少量邮资和印刷费用。

（3）被调查者有较充分的时间填写问卷，如果需要，还可以查阅有关资料，以便准确回答问题。且被调查者无时间上的压力，回答质量较高。

（4）无调查者的偏见。邮寄调查可以避免被调查者受调查者态度、情绪等因素的影响，资料更客观。

（5）通过让被调查者采取匿名方式，可对某些敏感和隐私情况进行调查。

（6）无须对调查人员进行专门的培训和管理。

2. 邮寄调查的缺点：

（1）回收率低。征询回收率一般偏低，原因多种，或是被调查者对问题不感兴趣，或是问卷过长或复杂，使被调查者没有时间或没有能力接受调查。

（2）时间花费较多，信息反馈时间长，影响资料的时效性。

（3）容易产生差错。无法判定被调查者的性格特征，也无法评价其回答的可靠程度，如被调查者可能误解问题意思、填写问卷可能不是被调查者本人等，从而破坏了样本的代表性。

（4）对被调查者的要求较高。要求被调查者要有一定的文字理解能力和表达能力，对文化程度较低者不适用。

由于邮寄调查存在一定的缺陷，因此为了使调查顺利进行，提高回收率和准确性，就需依靠一定的方法和技巧，主要是体现在调查问卷或调查表格的设计上。较适宜的方法有：①跟踪提醒。采用跟踪信来提醒应答者回答问卷，是增加回收率的有效办法之一。显然这种方法要有雄厚的资金支持并能坚持不懈。②物质上的激励。随问卷附上有某种价值的东西，如优惠购物券、小礼物等有益增加回收率，但这种方法，一方面要衡量成本的支出效用；另一方面虽能增加回收率，却不一定能保证答案的正确性。③提前通知。利用电话或信件方式提前通知被调查者，是有效地增加问卷回收率和加快回收速度的有效办法。④附空白信封并贴上邮票。附上回寄信封并贴上足够的邮票，在信封上手写地址而非简单地贴上地址签等，会使被调查者感到亲切、真诚。调查课题由一个人们广泛知道且受人尊重的机构主办可增加问卷回收率。⑤设计问题时，对提出的问题要便于回答，便于汇总；问题要少，篇幅要短，以免答卷者因被占用时间过多而失去兴趣；要求回答的问题，最好采用画圈、打钩等选择形式，避免书写过多。

（三）电话调查

电话调查是指通过电话向被调查者询问有关调查内容和征询市场反映的一种调查方法。这是为解决带有普遍性的急需问题而采用的一种调查方法。其优点主要有：

1. 经济。三种调查方式中以电话调查费用最低。

2. 快速与节省时间。对于一些急于收集到的资料而言，采用电话调查法为最快。例如，调查观众有无收看某一电视节目，以打电话方式来调查最为快速。

3. 适宜访问不易接触到的被调查者。有些被调查者不容易接触到，例如工作繁忙，或个人访问方式不易得到接纳，则短暂的电话访问可能接受。

4. 统一性。用电话调查，多按已拟定好的标准问卷询问，因此，资料的统一性程度较高。

5. 坦白。对有些问题，例如有关私人方面的问题，在面对面的情况下，被访者多感到有些不自然，尤其是女性，而在电话访问中，则能获得较坦白的回答。例如，教育水平、节育以及分期付款等问题。

6. 易控制。电话访问员的声调、语气及用字等是否正确，可由研究员予以纠正。

电话调查也有其不足：

1. 总体欠完整。电话调查法乃根据电话用户名单作为抽样基础，但并非所有的消费者或家庭皆有电话。因此，总体欠完整。还有的消费者在电话簿上仍用公司名称，如果做消费者调查，则显然总体名单中会漏了这些人。

2. 问题不能深入。电话调查法询问时间不能太长，故通常问卷较短。因此，有些问题不如个人访问法那样深入，较复杂的态度测量表不能用，要求被调查者对某种问题发表意见时，只能作简短说明。

电话调查主要是在企业之间，如信息中心、调研咨询公司等借助电话向企业了解商品供求以及价格信息等。现在，也可通过电话向消费者家庭进行咨询调查。采用电话调查时，提高电话访问效率的最有效的方法是提前寄一封信或一个卡片来提醒应答者将要进行的电话访问及访问的目的，在询问时，多采用两项选择法进行询问，即从两项要求中选择其一，以便于资料的汇总。

（四）留置调查

留置调查是指将调查问卷当面交给被调查者，说明填写的要求并留下问卷，请被调查者自行填写，由调查人员定期收回的一种调查方法。这是介于个人访问法和邮寄调查法之间的一种调查方法，可以消除面谈法和邮寄法的一些不足。

留置调查的优点：①调查问卷回收率高。由于当面送交问卷，说明填写要求和方法，澄清疑问，因此，可以减少误差，而且能控制回收时间，提高回收率。②答案正确率高，被调查者有充分的时间来考虑问题，并不受调查人员的影响，能做出比较准确的回答。

留置调查的缺点是调查区域范围有限，调查费用较高，也不利于对调查人员的管理监督。

（五）互联网调查[①]

1. 互联网调查的优点。互联网调查在现代尤其热门。这种现象主要有如下原因：①由于省略了印刷、邮寄和数据录入过程，问卷的制作、发放及数据的回收速度均得到提高。市场调研者可以在几小时内完成问卷并统计结果及报表。②印刷、邮寄、录入及调研员的费用都被节省下来，而调研费用的增加项却很有限。因此，进行大规模的调查较其他如邮寄或电话调查方法更可以节省费用。③随着网上固定样本调查的出现，调研员能够通过跟踪受访者的态度、行为和时间比例进行纵向调查。复杂的跟踪软件能够做到根据上一次的回答情况进行本次问卷的筛选，而且还能填补落选项目。④很显然，打一个电话只提两三个问题是不值得的。但在网上，调查内容可以很容易包含在市场、商贸或其他一般站点上。例如，如果一个人上了银行主页，激活"信用卡"链接，在进入正式网页之前，他可以被询问几个有关被认为是最重要的信用卡特性问题。⑤网上调查可以接触很多人。很难想象还有什么媒体可以提供那么大的调查群体，同时，经济上又是可行的。互联网是全球性的，许多沟通中的屏障都不存在了。⑥互联网调查还有一个独一无二的优点，即它在视觉效果上能够吸引人。互联网的图文及超文本特征可以用来展示产品或介绍服务内容。对于那些有较新版本 Netscape 及 IE（两个最为流行的网上浏览器）的用户，声音及播放功能还可以加入到问卷中。这是其他调查方法所无法比拟的。

2. 互联网调查的缺点。尽管互联网调查具有以上众多优点，但这种方式也存在一些问题。最大的问题恐怕就是上网的人不能代表所有人口。据相关统计，只有 10% 左右的家庭经常上网（虽然不少人都已入网，但不常用）。使用者多为男性，教育水平高、有相关技术、较年轻和有较高收入。不过，这种情况正在发生变化，越来越多的人开始接触互联

① ［美］小卡尔·麦克丹尼尔（Carl Mc Daniel, Jr.）、罗杰·盖兹（Roger Gates）著，范秀成等译：《当代市场调研》，机械工业出版社，2000 年版。

网。互联网会成为一种大众化的市场工具。虽然这还需要若干年，但在新技术快速变化、传播及采用的时代，它必定会成为现实。

有些人，像计算机产品购买者或是互联网使用者，是使用互联网调查的理想对象。利用互联网的企事业单位使用者也是不错的可发展的调查对象。许多企事业单位都已上网，并且会有越来越多的企事业单位陆续上网，比例可以高达80%以上。

另外一个问题是互联网的安全性。现在的使用者很为私人信息担忧，加上媒体的报道及针对使用者的各种欺骗性文章，使这一问题更加沸沸扬扬。提高安全性是互联网有待解决的重要问题。

第三个是互联网无限制样本问题。这是指网上的任何人都能填写问卷。它完全是自我决定的，很有可能除了"网虫"外并不代表任何人。如果同一个人重复填写问卷的话，问题就变得复杂了。例如，Info World是一家电脑使用者杂志，决定第一次在网上进行其1997年读者意向调查。由于重复投票，调查结果极其离谱，以致整个调查无法进行，编辑部不得不向读者们请求不要再这样做。一个简单的防止重复回答的方法便是在他们回答后锁住其所处站点。

3. 互联网调查的方法。进行互联网调查主要有以下三种方法：

（1）E-mail问卷。调查问卷就是一份简单的E-mail，并按照已知的E-mail地址发出。被访问者回答完毕将问卷回复给调查机构，有专门的程序进行问卷准备、列制E-mail地址和收集数据。

E-mail问卷制作方便，分发迅速。由于出现在被访问者的私人信箱中，因此能够引起注意。但是，它只限于传输文本，图形虽然也能在E-mail中进行链接但与问卷文本是分开的。

（2）交互式CATI系统。利用一种软件语言程序在CATI上设计问卷结构并在网上进行传输。互联网服务站可以设在调查机构中，也可以租用有CATI装置的单位。互联网服务器直接与数据链接，收集到的被访者答案直接进行储存。

交互式CATI系统能够对于CATI进行良好抽样及对CATI程序进行管理，它们还能建立良好的跳问模式和修改被访者答案。它们能够当场对数据进行认证，对不合理数据要求重新输入。交互式CATI系统为网上CATI调研的使用者提供了一个方便的工具，而且，支持程序问卷的再使用。

作为不利的一面，网上CATI系统产品是为电话—屏幕访谈设计的。被访者的屏幕格式受到限制，而且，CATI语言技术不能显示互联网调查在图片、播放等方面的优势。

（3）网络调查系统。有专门为网络调查设计的问卷链接及传输软件。这种软件设计为无须使用程序的方式，包括整体问卷设计、网络服务器、数据库和数据传输程序。一种典型的用法是：问卷由简易的可视问卷编辑器产生，自动传送到互联网服务器上，通过网站，使用者可以随时在屏幕上对回答数据进行整体统计或图表统计。

平均每次访问，网络调查系统均比交互式CATI系统费用低，但对于小规模的样本调查（少于500名）的费用都比E-mail调查高。低费用是由于使用了网络专业工具软件，而且，网络费用和硬件费用由中心服务系统提供。

三、调查方法的选择及访谈程序

(一) 调查方法的选择

上述几种调查方法是市场调查中常用的，每种方法各有所长，具体调查过程中，究竟采用哪一种方法，应根据调查的要求和调查对象的特点进行选择。

具体选择调查方法时，一般应考虑下列因素：

1. 调查项目的伸缩性。调查的内容只要求一般回答即可，宜采用邮寄询问法；需要灵活改变题目，深入探求的内容则以面谈访问或留置调查为好。

2. 需要调查资料的范围。调查资料范围广泛的，可采用邮寄询问调查；调查项目简单的，可运用电话询问调查。

3. 调查表及问卷的复杂程度。较复杂和要求较高的，宜采用留置调查法；一般的和较简单的则可采用邮寄询问法。

4. 掌握资料的时效性。需要调查的项目急需收集到一定的信息以利迅速决策的，宜采用电话询问法或面谈访问法；时效性不很紧迫的可采用其他几种方法。

5. 调查成本的大小。这主要取决于调查方案的需要和调查者拥有的人力、物力、财力，应在保证调查质量的前提下，根据自身条件，尽量节约，精打细算，以求事半功倍。

在实际调查中，可选择一种方法为主，辅以其他方法，或是几种方法并用的形式，会取得更好的效果。

(二) 访谈程序

访谈过程大体分为三个阶段，即准备阶段、进行阶段和结束阶段，每一阶段都有相应的工作。而前一阶段的工作又为下一阶段奠定了基础。因此，具体调查过程中，要做好每一环节的工作，才能保证良好的调查效果。

1. 访问调查的准备阶段。这一阶段根据访谈的目的、访问对象的特点，做好充分的准备。应做好访谈计划，准备好访谈用品，必要的话，应进行模拟访谈，根据询问调查的目的要求拟定好调查问卷和询问提纲，事先对被调查者的基本情况与特征要有所了解；预先约定时间，让对方在思想上有所准备；同时，调查人员对如何开始询问及调查中可能会遇到的问题和困难也应做到心中有数；准备好能证明自己身份的证件和必需的物品，如记录本、录音机、宣传资料等。

2. 访谈调查进行阶段。这一阶段是访谈的主要阶段，调查者应设身处地地为被调查者着想，提高对被调查者回答的注意力和反应力，以便顺利完成任务。访谈过程中，应按访谈提纲进行，防止偏离提纲；对需要引导和追问的问题，应做必要的引导；调查过程中始终采取公平、中立的立场，涉及被调查者的隐私，应强调为其保密；同时，调查人员要做到举止文雅，礼貌待人，认真诚恳，谈吐大方，注意遵守对方风俗习惯，避免触犯对方禁忌；要善于引导启发，造就和保持一种友好和谐的谈话气氛和环境，一定不要损害被调查者。

3. 访问调查结束阶段。这是访问过程的最后阶段，应注意避免遗漏主要项目，同时，应再征求一下被调查者的意见，以便多掌握一些信息；询问调查之后立即核对记录，如果不是当场记录的，则要尽快回忆追记，发现遗漏或失真的材料需要重新调查，资料收集齐全，及时整理分析，得出结论。

四、访问法的综合应用：持续性实地调查

市场情况总在不断变化着，而由多数市场调查技巧了解、收集到的情报信息资料是静止的。在一个流通迅速、千变万化的日用消费品市场，实地调查会因调查时间长而过时，消费者的看法和爱好在变化，竞争者的策略和影响也在变化。

为解决这个问题，需要提供一个连续不断的与正在变化着的市场情况同步的信息流——持续性的实地调查。持续性实地调查主要有以下几种：

（一）固定样本持续调查

当市场调查需要经常地在相同总体范围内进行相同项目调查时，可以每次重新抽样，也可以固定样本长期持续观察、调查。

1. 固定样本持续调查的意义。

固定样本持续调查是指把抽选出的样本（调查单位或消费者个人）固定下来，对其进行长期持续的调查。实践中，我国城市居民家庭生活调查就属于这种调查。这种样本并不是经年累月固定不变的，通常做法是每年陆续更换原有样本的30%。

固定样本持续调查是市场调查中最基本的调查。进行这种调查，一般是把印好的调查表发给调查对象，调查表由被调查者按要求如实填写，然后由调查人员定期收回，或由被调查者定时寄回。实践证明，通过固定样本持续调查所取得的原始资料，是取得市场规模发展趋势、市场商品结构变化动向、消费者季节需求变化及市场占有率变化等一系列情报资料的重要来源。它可提供的市场运营资料相当广泛，主要包括：

（1）产品渗透情况。固定样本持续调查是长期连续不断地进行的，因此，可随时间的推移来调查新产品到达消费者手里的时间及其渗透过程。

（2）广告投资量与购买的关系。所投下的广告费，到底对市场有多少影响，是企业经营者所急于获得的重要资料，事实上这种资料却不易获得。但是借固定样本持续调查所实施的继续不断的资料分析，可获得相当客观的结果。

（3）品牌忠诚度。"品牌忠诚度"一词，其所含意义，包括购买者的诚意和意志。此种资料唯有从连续不断的固定样本持续调查中得到。品牌忠诚度之高低，受被调查者家庭特性（包括主妇的出身、兴趣、娱乐、年龄等）影响很大，须将忠诚度与家庭特性配合研究分析。

当然，利用固定样本持续调查所得的品牌忠诚度，也有它测量方面的先天缺陷。根据固定样本持续调查，所获得的资料是"购买类型"（Purchase Pattern），而不是直接对品牌忠诚度加以测量的结果，因此，只能根据购买类型推测品牌忠诚度。不幸，购买类型除了受品牌忠诚度的影响外，还受许多别的因素影响，因此，根据固定样本持续调查所得的品牌忠诚度，时常不无问题。譬如说，固定样本持续调查可能发现一个家庭主妇连续10次购买B牌的洗衣粉，这种BBBBBBBBBB的购买类型，很可能只由于B牌洗衣粉价格便宜，也可能由于她常去购买的那家店铺里只卖B牌洗衣粉。

（4）购买路线、购买方法的推定。消费者的购买路线、购买方法等购买习惯虽然相当固定，但有时也会变化，尤其最近的百货店、超级市场之间的竞争，皆为企业界不可忽视的市场问题之一。从固定样本持续调查中，可获得购买路线及购买方法的资料。

（5）购买周期，累积购买率。大部分的资料调查，只是代表家庭个别的购买率、使用率。换言之，就是将继续移动的情况，割下一段就某一瞬间观察而已。因此，对于量的想

法，以及因时间而变化的情况就无法把握。只有固定样本持续调查才能获知每隔几天购买一次，单位量可使用几天，以及累积情形等问题。

（6）每户购买率分析。根据统计数学绘制统计图表，分析每户对各商品购买率之高低，以比较各商品的销售情形（见图5-1）。

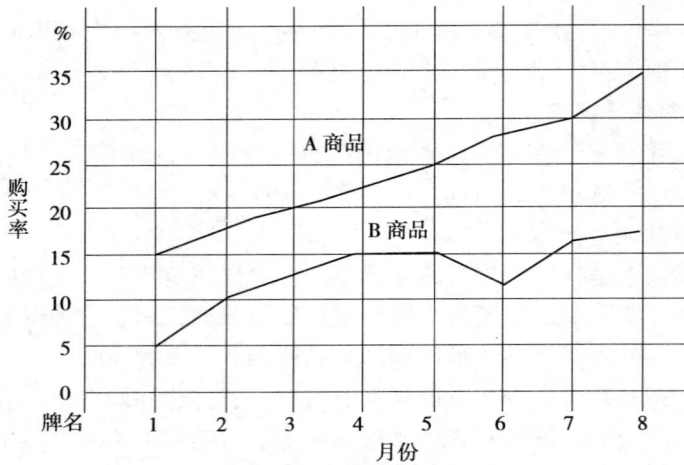

图 5-1　商品的购买情形

（7）每户购买金额分析。由每户购买金额的合计数字，可以了解该户花在该项商品的费用，更可根据统计总数计算同一种商品不同品牌的市场占有率。如某商品的总购买金额为6万元，而A商品的购入金额在其中占2万元，则可计算出该商品在市场的占有率为33%；B商品的购入金额为6000元，则B商品的市场占有率为10%，依此可绘成统计图（见图5-2）。

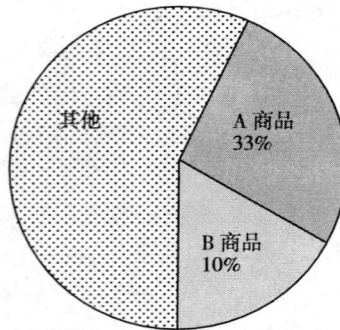

图 5-2　A 商品及 B 商品的市场占有率

（8）知名度分析。知名度高的商品，表示广告效果佳或商品品质好，反之则差。

（9）购买理由分析。分析消费者购买某一品牌的商品是受到哪一因素的影响，从而决定广告政策。

通过固定样本持续调查所获得的上述各方面的资料，可以视同底片一般地加以保存，然后视其需要，或选择一部分放大，或将各部分加以组合，或是连续反映以观察其动态。这既是消费者固定样本持续调查的目的，也是搞好固定样本持续调查的重要意义所在。

2. 固定样本持续调查的方法。

日记法是消费者固定样本持续调查中最常用的方法。调查的商品多为消费者经常使用的日用品，对收看电视、收听广播节目、订阅报纸、杂志等有关媒介收视听方面的调查也多采用这种方法。

调查员把印有各种项目的日记簿（见表5-1）送给调查对象（日用品调查通常选择家庭主妇为访问对象），请她把每日购买的日用品（媒介接收情况）逐日据实记录，其项目是日用品的种类、品牌、包装单位、价格、数量、购买场所、购买者等情况（媒介方面收看或听的时段、频道等情况）。调查员每周或每月访问被调查家庭一次，收回记录过的日

表5-1　　　　　　　　　　　　消费者固定样本调查问卷格式

年　月

日期	产品（ABCDE）	品牌	购买地点	购买方法	购买理由	数量	金额		包装	容量	形状	指定品牌			购买者	使用者
							单价	合计				是	否	不一定		
1																
2																
3																
4																
5																
6																
7																
8																
9																
10																
11																
12																
13																
14																
15																
16																
17																
18																
19																
20																
21																
22																
23																
24																
25																
26																
27																
28																
29																
30																
31																

记簿（或由受访对象寄回）。收回的日记簿，用打卡机打进卡片，经过统计，做成报告，转售给企业。

3. 固定样本持续调查的优缺点。

具体说来，这种调查方法的主要优点是，调查单位稳定，取得的资料比较可靠，也比较系统，可比性强，费用也较低，调查时间也比较节省。调查人员同被调查人员在长期的接触中，建立了密切的联系，因此，它还具有回收率高的特点。

鉴于以上优点，不少国家都先后逐步开展了固定样本持续调查。例如，美国市场调查公司（MRCA）随机选 10000 户样本数，实行固定样本持续调查。该调查公司印有购物记录（调查表），由被调查人员按规定填写并于每周星期一上午寄回。调查公司每月按商品类别、购买量、品牌占有率、购买地点等分别详细统计并写成报告书。报告书材料出售给有关委托单位和个人。报告书的售价，根据它的内容、项目复杂程度而定。自从开展这项调查活动以来，使许多企业可以及时地了解市场商品销售动态，收到改进经营的效果。

国内目前也有市场调查公司尝试固定样本持续调查的作业。IMI 市场信息研究所于 1995 年开始在北京地区针对日常用品进行固定样本持续调查，并将调查的结果汇总于《IMI 消费行为与生活形态年鉴》中。

固定样本持续调查也有缺点，调查单位和人员常会因持续时间长，产生疲沓厌烦情绪；也可能产生某种心理负担而影响正常生活，以致影响调查的真实性。例如，进行家庭生活调查时要调查某些不合理的收支账，就可能使这些家庭注意平时某些不合理的收入和支出，对此变得小心谨慎，或填写时弄虚作假，改变收支构成，使这些家庭样本的代表性受到影响。对于这些缺点，往往可以采取在固定样本的基础上，每隔一定时间，部分地轮换调查单位。

（二）零售商店销售量调查

零售商店销售量调查是指以零售商店为调查对象，从中抽选样本固定下来，长期持续地调查它的销售量。一般来说，零售商店的销售量也就是消费者的商品购买量。所以，对零售商店销售量进行持续的调查和对消费者固定样本持续调查，是从不同方面说明同一问题。不过，通过零售店销售量调查，有助于取得购买频率低的商品的销售量。

一般来说，这种调查提供有关货物进出零售渠道的信息，从收集的资料中，可以了解到有关产品在某市场的总销售量和市场份额，本企业和竞争者的促销计划所起的作用。具体做法是：从经营某种产品的全部零售商店内抽选一组商店作为调查对象，这些商店同意调研机构的调查员到商店清点、盘存所调查的商品，登记发票、提货单和库存清单，计算商店的销售量。于一周、两周或一个月等时间定期做出报告。用于零售商店销售量调查的原则也可以用于批发企业销售量调查。

在西方一些国家，开展零售商店销售量调查往往不容易得到调查对象的通力合作。因为实行这种调查，是由调查人员亲自到商店清点、盘存所调查的商品，登记发票、提货单和商品库存清单，计算统计零售商店的销售量。在竞争十分激烈的社会里，企业这方面的商业秘密是不愿意暴露在外人面前的。

（三）消费者调查组

消费者调查组是指以消费者为调查对象，从中抽选样本，固定下来，对他们进行长期持续的实地调查。例如，我们前面提到的家计调查。

这种专业性的调查技巧如同零售商店调查一样。专业调研技巧是要建立起一组有代表性的调查对象，用它代表广大的消费者，调查对象的样本用配额抽样法抽选，一般是从中抽选 2000~5000 名消费者，然后按年龄、性别、职业、地理区域等把他们分成若干个小组。要求调查对象的每个成员根据自己全部购物情况定期完成报告，如购买什么品牌的商品，商品的价格、规格、数量，在哪一类商店购物？是否接受价格优惠？等等。调查人员对这些信息进行计算分析、定期写成调查报告，上交调研机构。

尽管进行持续性的实地调查花费巨大，但是这三种调查方式是探求市场发展变化趋势、提供消费者看法、行为和对消费者偏好作快速评估的有效工具。

第二节　实地调查方法之二：观察法

一、观察法的概念与特点

观察法是指调查者在现场对被调查者的情况直接观察、记录，以取得市场信息资料的方法。它不像访问调查法那样，调查者与被调查者直接见面或谈话，向被调查者直接提出问题要求回答，而是凭调查人员的直观感觉或是借助于某些摄录设备和仪器，跟踪、记录和考察被调查者的活动和现场事实，来获取某些重要的市场信息。

观察法往往使被调查者并不感到正在被调查，因而这种方法体现出的特点是：

1. 自然。对被观察者的活动或可能影响被观察者的因素，皆不加干预，被观察者的动作极为自然，毫无掩饰、虚伪等现象，所获资料准确性高。

2. 客观、直接。观察法是对现场发生的现象的观察和记录，或是通过摄像、录音等如实反映，来了解事物的本来面目，体现出客观性；同时，观察者亲临其境对市场现象直接观察、直接测度、直接记录现场的特殊环境和事实，直接性非常强。

3. 全面。观察调查所获得的是市场客观事物发生、发展和变化的原始资料，是根据调查目的要求对在一定时间、空间内所发生的事件和新发生的现象没有遗漏地全部记录、全面反映，可以了解事物运动过程的全貌。

二、观察法的类型及优缺点

（一）观察法的类型

观察法的类型有很多种，应根据调查的目标要求选择一种合适的观察方式。观察法的类型可从不同的角度来划分：

1. 按照观察者置身于观察活动中的深浅程度划分，分为完全参与观察、不完全参与观察和非参与观察。

（1）完全参与观察，即观察者隐瞒自己的真实身份，较长时间置身于被观察者的群体之中，成为他们的一员，与他们生活在同一环境，亲临其境，开展调查；亲自体验被观察者的处境与感受，倾听他们的言谈，更快、更直接地掌握事态发生与发展情况，取得更深入、更全面的资料与信息。在这种调查中，观察者要注意避免两种情况：①避免让被观察者发觉而产生戒备心理，导致行为失真。②要避免自己长时间与被观察群体在同一种环境的共同生活中受到同化而失去客观的立场。

（2）不完全参与观察，即调查者参与被观察者的群体活动，但不隐瞒自己的真实身份，并取得被观察者的容纳与信任，置身于观察事项之中去获取资料。在这种调查中，观察者虽也亲临其境，参与被观察群体的一些活动，但被观察者往往会出于种种考虑而掩饰对自己不利的表现和掩盖更深层的隐秘材料，使调查结果不全面或失去真实性。

（3）非参与观察，即调查者不置身于被观察群体之中，以局外人身份观察，不参与被观察对象的任何行动，也不干预事件发生过程，主要依靠耳闻目睹，完全处于客观立场，只是记录事件发生、发展的真相。在这种调查中，观察者虽然能保持客观、冷静，但往往只能看到表面现象，无法深入了解在被观察者行为背后的真实原因，取得全面、细致的调查资料。

2. 按照观察结果的标准化程度划分，分为系统观察和随机观察。

（1）系统观察，是指在观察调查中根据调查目的，按照标准化规程做总体规划，即预先确定观察范围，拟订观察提纲，确定观察具体对象和项目，以标准化的手段、观察程序和观察技术，有计划地系统观察，使观察结果达到标准化的要求。系统观察适用于调查目的性明确，资料要求精确度较高的调查活动。

（2）随机观察，是指对观察项目、程序和步骤事先不作严密的规定，也不用标准化方法进行观察和记录，可以见机行事，比较灵活。随机观察适用于探索性的调查或更深入的专题调查。

3. 按照取得资料的时间特征划分，分为时间纵向序列观察和时间横向断面观察。

（1）时间纵向序列观察，是指通过对某一事项的连续调查，取得前后顺序的不同时间的连续资料。对取得的资料进行分析，能了解调查对象发展变化的过程和规律。例如，观察某一新商品上市消费者对其的反应便可用此法，先确定一个有说服力和代表性的观察时间范围，然后观察消费者的表情、动作，并进行记录，取得一系列资料。

（2）时间横向断面观察，是指在某一特定时间内对若干个调查对象所发生的事态同时加以记录，取得相关资料。对横向观察资料进行分析研究，能够扩大调查的范围。

（二）观察法的优缺点

1. 观察法的优点：

（1）直观，可靠。观察调查是在被观察者没有觉察到自己的行动正在被观察的情况下进行的，被观察者能够保持正常的活动规律，从而可以客观地搜集、记录观察现场实况，搜集第一手资料，调查资料真实可靠、准确性高，调查结果更接近实际。

（2）简单、易行。观察灵活性较强，只要选择好合适的时间和地点，可随时进行调查。

（3）干扰少。观察调查法基本是调查者的单方面活动，特别是非参与观察。它一般不依赖语言交流，不与被调查者进行人际交往。因此，有利于排除语言交流或人际交往中可能发生的种种误会和干扰。

2. 观察法的缺点：

（1）观察深度不够。观察法只能观察被观察对象的外部动作和表面现象。对其内在因素和动机观察不到，有些时候需要投入大量的人员，进行长时间的观察方可发现某些规律性。

（2）限制性比较大。观察法在实施时，常受到时间、空间和经费的限制，一般需要大量人员到现场长时间观察，调查费用支出较大，比较适用于小范围的微观市场调查。而且，一旦特定的时空条件发生变化，便无法控制。例如，在调查中遇到突发事件，使原来的调查计划无法进行等。

（3）受调查人员自身条件的制约较大。观察法对调查人员技术要求较高，如敏锐的观察力，良好的记忆力、必要的心理学知识等，如果调查人员调查时的心理、生理状态不好，或是经验、应变能力不行，都会影响调查效果，容易出现主观臆断，观察不够深入、全面等问题。

三、观察法调查的主要内容

调查实践中，观察法应用得比较广泛，经常用来进行以下内容的调查：

1. 商品资源和商品库存观察。市场调研人员通过观察了解工农业生产状况，判断商品资源数量，提出市场商品供应数量的报告。例如，通过观察农作物的田间生长情况，判断收成情况，提出农副产品资源报告。通过对库存场所的观察、库存商品的盘点计数，了解判断商品的分类结构，观察商品的储存条件，从而计算库存货源及销售数量，计算储存成本，检查、分析热销商品的情况等，为企业购销决策提供依据。

2. 顾客行为观察。顾客情况是市场调查的重要内容。通过观察顾客活动的情况及进出营业场所的客流情况，如顾客购物的偏好，对商品价格的反映，对商品性能的评价，对商标的选择等，一方面可以观察顾客在营业场所的活动情况，对比了解顾客的构成、顾客的行为特征，企业的服务方式及成交率等重要市场信息资料；另一方面可以观察不同时间顾客进出商店的客流情况，进行汇总统计、分析，研究客流规律，使企业能不断改进服务方式，改进商品的经营结构，合理调整劳动组织结构，加强经营管理，提高服务质量和劳动效率。

3. 营业状况观察。这主要是通过观察营业现场商品陈列、货位分布安排、橱窗布置、顾客付款是否方便、商品价格的变动和顾客流动状况等，综合分析判断企业的经营管理水平、商品供求情况等，从中找到问题的症结，并提出相应的改进建议。

4. 痕迹观察。有时观察被调查者活动的痕迹比观察活动本身更能取得准确的所需资料。如通过意见簿、回执单和优惠卡等，可以了解市场的反映，收集一些难以直接获取的可靠资料。

5. 顾客流量观察。观察、记录某一地段、街道在一定时间内过往的行人或车辆的数量、类型及方向，借以评定、分析该地域的商业价值或交通情况。例如，新开商店的选址就需要观察一定地段的顾客流量。

除上述内容以外，还可以运用观察法了解顾客的爱好、口味，了解城市的人流量，来判断市场的发展趋势，等等。为了提高观察调查法的效果，观察人员要在观察前做好计划，观察中注意运用技巧，以取得深入、有价值的资料，做出准确的调查结论。

第三节 实地调查方法之三：实验法

一、实验法的概念与特点

实验法是指从影响调查问题的许多因素中选出一个或两个因素，将它们置于一定条件下进行小规模的实验，然后对实验结果作出分析，研究是否值得大规模推广。实验法是一种特殊的市场调查方法。它是根据一定的调查研究目的确定某一调查对象，创造某些条件，采取某种措施，然后观察其后果的一种调查方法。其应用范围非常广，常常是某种商品在改变品种、包装、设计、价格、广告、陈列方法等因素时，应用这种方法。

实验法的最大特点，是把调查对象置于非自然状态下开展市场调查。它是在实验者事先设计的条件下进行调查，容易受一些可变动的因素的干扰，对实验假设条件以外的其他条件的影响无法控制，对实验人员自身行为所引起的影响难以避免。因此，在设计实验条件时，应尽量充分考虑各种内在和外在的因素；同时，在实验调查过程中，实验人员应该尽量使自己保持中立、客观的立场。

二、实验法的优缺点

（一）实验法的优点

1. 实验法的结果具有一定的客观性和实用性。它通过实地实验来进行调查，将实验与正常的市场活动结合起来，因此，取得的数据比较客观，具有一定的可信度。

2. 实验法具有一定的可控性和主动性。调查中，调查者可以主动地引起市场因素的变化，并通过控制其变化来分析、观察某些市场现象之间的因果关系以及相互影响程度，是研究事物因果关系的最好方法。

3. 实验法可提高调查的精确度。在实验调查中，可以针对调查项目的需要，进行合适的实验设计，有效地控制实验环境，并反复进行研究，以提高调查的精确度。

（二）实验法的缺点

1. 市场中的可变因素难以掌握，实验结果不易相互比较。由于市场现象与自然现象相比，随机因素、不可控因素更多，政治、经济、社会、自然等各种因素都会对市场发生作用，因此，必然会对实验结果产生影响，完全相同的条件是不存在的。

2. 有一定的限制性。实验法仅限于对现实市场经济变量之间关系的分析，而无法研究过去和未来的情况。

3. 时间长。实验法要求制定出很精确的实验计划和方案，实验时间较长，而在市场调查实际工作中，往往要求在尽可能短的时间内得出调查结论。

4. 风险大，费用高。实验调查法要冒一定的风险，在操作时要由专业人员来运用。难度较大，费用也相对较高。

三、几种实验调查法的常用方法

实践中，由于实验法可以有控制地分析、观察某些市场现象间的因果关系及相互影响程度，取得比较客观的实验根据，因此，实验法的应用范围是比较广泛的。实验调查法的形式有多种，下面介绍几种主要的实验调查方法。

（一）实验前后无控制对比实验

实验前后无控制对比实验，即指事前对正常情况进行测量记录，然后再测量记录实验后的情况，进行事前事后对比，通过对比观察了解实验变化的效果。这种实验调查法是最简单的一种，它的观察对象只有一个，就是所选定的实验单位。

这种方法简单、易行，可用于企业改变花色、规格、款式、包装、调价等措施是否有利于扩大销售、增加利润的实验。例如，某影碟机厂为了扩大销售，准备改进影碟机的外形设计，但对新设计的外形效果没有十分把握。因此，决定运用实验前后对比实验的方法进行调查。步骤如下：

1. 选定实验单位 A、B、C。

2. 对实验单位在实验前（即在未改变影碟机外观设计前）一段时期内（如一个月，一个季度等）影碟机的销售量作事先统计。

3. 在实验单位改售新的改变了外观设计的影碟机。

4. 统计相同时期内的新型影碟机的销售量。见表 5-2。

表 5-2

单位：台

实验单位	实验前销售额 Y_1	实验后销售额 Y_2	变动
A	2000	2400	+400
B	1300	2200	+900
C	2600	3400	+800
合计	5900	8000	+2100

5. 测定前后不同时期销售量的增减量及其变动幅度。

6. 实验变数。影碟机外形设计，实验变数效果 = $Y_2 - Y_1$。

通过表 5-2 可以看出，设计的新型影碟机比原影碟机的销售总量增加了 2100 台。A 实验单位增加了 400 台，B 实验单位增加了 900 台，C 实验单位增加了 800 台。如果经分析无其他因素的影响，可以判断新的外形设计对影碟机的销售影响很大，可以作出该厂影碟机采用新型外观设计的决定。

（二）实验前后有控制对比实验

在同一时间周期内，随机抽取两组条件相似的单位，一组作实验组，一组作控制组（即非实验组，是与实验组作对照比较的），在实验前后分别对两个组进行测定比较。这种实验方法的变数多，有利于消除实验期间外来因素的影响，可大大提高实验变数的准确性。

这种方法要求对实验组和控制组分别进行实验前测量和实验后测量，然后进行事前事后对比。在这里，实验前测定两组销售量，实验组为 X_1，控制组为 Y_1；实验后实验组的销量为 X_2，控制组为 Y_2；实验效果，即两组事前事后对比的实验效果为：$(X_2 - X_1) - (Y_2 - Y_1)$。

例如：某公司欲测量该公司巧克力的新包装效果，选定 A、B、C 三家超市作为实验组，D、E、F 三家超市为控制组，在 A、B、C 以新包装销售，在 D、E、F 以旧包装推销，实验期为一个月，见表 5-3。

表 5-3

单位：盒

组 别	实验前 1 个月内销量	实验后 1 个月内销量	变动量
实验组（A、B、C）	$X_1=1000$	$X_2=1600$	600
控制组（D、E、F）	$Y_1=1000$	$Y_2=1200$	200

从表 5-3 中可以看出：

1. 实验组和控制组在实验前的商品销售量均为 1000 盒；实验组在实验后的商品销售

量为1600盒，控制组在实验后的商品销售量为1200盒。

2. 实验组实验前同实验后对比，其变动结果是商品销售量增加了600盒；控制组实验前同实验后对比，其变动结果是商品销售量增加了200盒。

实验组事前事后同控制组事前事后对比的实验效果，即实验变数效果为400盒。即：

$$实验效果 = (X_2 - X_1) - (Y_2 - Y_1)$$
$$= (1600 - 1000) - (1200 - 1000)$$
$$= 600 - 200 = 400 （盒）$$

可以判断，巧克力采用新包装后，可以扩大销售。

（三）控制组实验对比实验

控制组实验对比实验，即同一时间内以控制组与实验组进行对比的一种实验调查法。具体来说就是在同一实验期内，实验组按一定实验条件进行试验，控制组按一般情况组织经济活动，实验组与控制组进行对比，以测定实验的结果。在这里应注意，控制组与实验组之间有可比性，客观环境和主观经营能力应大体相同或相似。

采取控制组与实验组对比实验调查，都要进行事后测量其实验结果，用 X 代表实验组事后测量值；用 Y 代表控制组事后测量值，则实验效果 = X – Y。例如，某洗发水公司欲加强本地消费者对该产品品牌的认识，选定1000个家庭作为实验组，免费赠送样品，另选1000个家庭为控制组，不赠送样品，该公司同时对两组家庭给予价格折扣券，向指定的超市购买该品牌的洗发水可享受九折优惠。实验结果是，实验组的家庭所用的折扣券为500张，而控制组为400张。

免费样品的实验效果 = X – Y = 500 – 400 = 100 （张）

实验结果为免费样品可增加消费者的购买量。

（四）随机对比实验

随机对比实验，是指按随机抽样法选定实验单位进行的实验调查。前述的几种实验法中，都是按照判断分析的方法选择实验单位，简便易行，也能够获得较好的调查效果。但当实验单位很多，市场情况十分复杂且不太熟悉时，按主观的判断分析选定实验单位就比较困难。这时，可以采用随机对比实验，即采用随机抽样法选定实验单位，使众多的实验单位被选中的概率相同，从而保证实验结果的准确性。主要有两种：

1. 完全随机设计，随机地选取试验对象。例如，某厂家生产一种新产品拟投放市场，但要确定投放价格。公司决定试验3种价格：5.50元，6.00元，6.50元，并且记录每种价格下的销售量。研究人员将这3种价格随机地配给要进行试验的9个商店，每3个商店用一种价格，见表5–4。

表5–4

季　节	5.50 （元）	6.00 （元）	6.50 （元）
1	200	100	160
2	170	140	210
3	230	210	100
4	250	190	130
总　和	850	640	600

通过分析每种价格下的平均销售量，可以发现，由于不同价格造成的销售量是有差别

的，可初步确定选用的价格。但由于没有考虑如气候、商店大小、竞争价格等外部因素的影响，因此，这种方法在现场实验中应用得并不广泛。

2. 分组随机设计。研究者除了考察基本自变量因素的影响外，还可将某个主要的外部因素孤立起来研究。如上例，只测量了 9 个商店在 3 种不同价格下的销售量，没有考虑商店大小的影响，而商店规模很显然是影响实际销售量的潜在因素。因此，我们可以使用分组随机设计使一个外部因素的影响与总的实验误差分开，得到实验处理的实际效果的真实情况。

仍如上例，我们把这些商店按每周总销售额进行分组：第一组大于 10 万元，第二组 6 万~10 万元，第三组小于 6 万元。由于使用了额外的变量（商店大小），有必要增加实验的商店数。为保证每种价格下每组都有 3 个商店，就要使用 27 个商店。然后把价格随机地配给每个组的 9 个商店，其结果见表 5-5。

表 5-5 　　　　　　　　　　　　　　不同价格分组随机设计

商店规模	不同价格下的销售量（个）		
	5.50（元）	6.00（元）	6.50（元）
大于 10 万元	1360	930	900
6 万~10 万元	690	620	510
小于 6 万元	430	260	210
总和	2480	1810	1620

结果的方差分析表明，低价格（5.50 元）的销售量显著地大于高价格的销售量，这种差异排除商店规模大小的影响。

随机对比实验调查方法的优点是，能够测算实验误差，从而有助于提高实验结果的准确性。同时，可以节省分析过程和时间，并与其他实验方法互相结合、互相补充，解决实验单位不易选定或选定不准的困难。但随机对比实验也有缺点，主要是应用中花费时间长，费用开支大，使其实际应用受到限制。

四、实验法的实际应用：产品试验与销售试验

（一）产品试验

产品试验主要是指对产品的质量、性能、规格式样、色彩等方面的市场反映进行调查，通过这些方面的调查，企业可了解消费者对产品的反映，以便及时改进，进一步增强产品的竞争力，扩大产品的市场份额。

大多数产品能以许多不同式样，如以多种规格、款式、花色、品种、重量、颜色、味道之中的一种形式，在市场推出。这多种形式中到底哪一种在市场上受消费者青睐？这就要通过产品试验，产品试验的目的是在各种各样的产品形式中决定哪一种形式会在市场上受欢迎。

产品试验的基本方法有两种：一种是公开的试验，即通过各种形式的产品试用（试穿、试戴、试尝、试饮等）如展览会（通常是在城镇中心的公共场所或展览大厅里进行）或某一产品的入户派送（通常是日用品的试用包装等），了解消费者对该产品的感受。消费者会被邀请到会上试验或观看试验产品的各种样式，或按照要求在家中试用该产品，然后填写调查表。这种试验要持续一段时间，然后对调查表进行分析并写出总结报告。另一

种是隐蔽的试验，即把某种全新的或者局部改良过的产品，和老产品混在一起让消费者选择或者评价，可以在商店、家庭中或者一些适合的场合进行对比测试，通过消费者的选择和喜好了解新产品的效果如何。

通过上述方法，企业可了解潜在消费者与现实消费者对产品的总体感觉，具体说来，企业可了解消费者对产品的接纳程度；产品包装是否便于保护商品，便于携带和使用；产品品名、质量、商标、装潢是否符合消费者的胃口；消费者对产品某些方面的不满，等等。通过这些信息的反馈，企业可更好地把握消费者的需求倾向，改进产品，更好地按需生产，为长期占领市场奠定了基础。

（二）销售试验

产品在大量上市之前，可以以有限的规模在有代表性的市场上试销，然后得出销售结果。这样，便于在进行全区或全国大规模销售之前，收集市场信息情报和探测消费者对其产品的反映。从范围上划分，试销的主要形式有商店试销、市镇试销和地区试销；从方式上划分，试销的主要形式有供应会议、补货会议、专业商品签约会议和物资交流会议等方式。

我们这里主要介绍以下几种：

1. 商店试销。商店试销是最简单和价值最小的试销方式。一般用来决定两种可供挑选的特征哪一种较好。例如，从两个价格水平、两种包装中选出好的一种。如果存在许多两种以上要试验的挑选特征，那么必须进行两次单独的试销。这种方法一般挑选两个分别由 20~24 个商店组成的比较组，给每组商店一种或另一种不同形式的产品试销，确定一个试销日期，定期比较销售结果。

2. 市镇试销。市镇试销的基本方法类似商店试销的基本方法，但要挑选两个匹配市镇进行试销。通常在测试可行的广告计划或价格水平时，用这种方法是最有价值的。这一方法的困难是在全国范围内找出对整个国家有典型意义的市镇。地方习惯和看法的差异，经济发展水平和消费水平的差异，自然环境和文化环境的差异，常常使之成为不可能。其他一些地方因素，如坏天气或某个企业的不景气也会影响调查结果。

3. 地区试销。在地区试销中，用选好的地区（通常成对选出），比较全面地投放某种新产品试销。试销时，产品最新式样应在市场上展现，然后审查统计结果，下一步就可以进行消费者的态度调查。

试销地区必须是：合理的、整个国家的典型；有用于开发新产品的广告媒介服务，例如，试销区通常与电视台的覆盖区一致；范围大致能产生销售数字，可以成比例地扩大来预测全国的销售量。地区销售是一种很有用的工具，尽管很费钱以及结果有可能出错。一种可能出现的会引起偏误的情况是竞争对手的故意"捣乱"，他们可能大幅度提高或减少他们的平时广告和推销水平，造成试销结果的混乱。

以上介绍的每一种形式都有其合适的用场，但是，都被选拔一个真正有代表性的试销商店、市镇、地区的问题所困扰。实际上，真正有代表性的试销很少，市场调查人员必须注意克服的是，因按比例扩大典型的试销市场数据来预测全区或全国销售量所带来的偏误。

第四节　实地调查方法之四：动机调查

动机是行为的内在因素。它是由个人的需要所引发，是达成满足需要的行为动力。例如，某家庭主妇购买了 A 企业的洗衣机。本来这笔钱可以购买漂亮衣服或储存起来，而她偏购买了洗衣机，这样做必有其中的原因，而这个原因便是动机。像这样引导人们购买某一商品和选择某一品牌的动力，即为购买动机。

一、动机调查

不同的消费者在购买同一商品时所表现出来的动机是不一样的。例如，牙膏，有的人主要考虑的是清洁；有的人考虑的是清洁及保护作用；还有的人考虑的是治牙病，等等。可见，人们的购买动机是千差万别的，主要是由于人们的兴趣爱好、性格、气质、态度等因素的不同而导致。消费者的购买动机对形成市场需求作用极大，由此产生了市场差别。

动机调查是指把行为科学通常使用的方法用于解决市场营销问题。它涉及消费者需求和购买动机研究。购买动机调查主要是分析研究影响消费者购买心理变化的各种因素，从而把握消费者购买动机的变化方向，用消费者购买心理因素细分市场。

动机调查研究的中心问题是消费者行为中"为什么"的问题。例如，消费者为什么需要某种商品或劳务？为什么在众多的商品中选购了某种品牌的商品？为什么消费者对广告宣传会有截然不同的态度？为什么消费者经常惠顾某些零售商店？是什么因素促使消费者在限定条件下采取特别态度或行为？等等。这方面的情报信息能提供以最恰当的办法说服消费者购买生产者的产品的关键线索。

动机调查对生产企业来说创造的价值非常可观，因为这种调查提供潜在顾客的行为模式和看法的各种情况。但这种调查结果往往很主观，解释的方法不止一个，开支也大。另外，动机调查寻求有关被采访者本身的信息，而不仅仅是关于某一产品的信息，因此，对调查人员的素质要求较高，只有在临床心理学方面得到严格培训的人才能担任此工作。如果所调查问题与对方的地位、声望或社会影响密切相关，那么要捕捉被采访者的真实动机就显得特别困难，这就需要非常高超的技巧。

二、动机调查方法

常用的动机调查方法有以下几种：

（一）投影法

投影法，又称投射法，是指根据无意识的动机作用探询个性深蕴的方法，是超过表面的防御，而探询个性深蕴。这种方法用来探究深层心理活动。

在投射测验中，往往要求被测试者帮助别人在某种特定的情况下做出决策。人们常常不愿承认自己的某些愿望，可是却很愿意分析别人的心理活动。在推断他人的动机和态度时，人们会不自觉地表明自己的动机和态度。投射，形象地表明了这种做法。

大多数的投射测试都很容易操作，它的问题像其他无规定答案的问题一样被列成表格，通常与非投射的无规定答案的问题和非投射的有规定答案的问题连用。投射测试收集的资料比一般提问方法所收集的资料更丰富，而且可能更有揭示性。投射法经常与印象调查问卷、观念测试法混用，偶尔也与广告效果预先测试法混用。在深度访谈中也经常运用多种投射技术。

市场调查中最常用的投射测试是词语联想测试法、句子和故事完型测试法、漫画测试法、照片归类法、消费者绘图法、第三人称法和角色扮演法。其他方法比如心理戏剧测试法和主题统觉测试法（Thematic Apperception Test）常用于治疗心理失调者，对市场调查的帮助不大。

1. 词语联想测试法。这种方法对市场调研者来说是非常实用和有效的投射方法。市场调研者读一个词给被测试者，然后要求被测试者说出脑海中出现的第一种事物。通常消费者反应的是一个同义词或反义词。一般是快速地念出一连串词语，不让心理防御机制有时间发挥作用。如果被测试者不能在三秒钟内做出回答，那么可以断定他已经受到了情感因素的干扰。通过对反应词以及反应时间的分析，了解被测试者对某种商品的印象、态度和需求。例如，给被测试者一张第一列为产品品牌和第二列为形容词的调查表。然后请他以任一品牌配对看上去最适合的形容词（见表5-6）。

表5-6 词语联想法举例

品　牌	形容词
美洲虎	实　惠
福　特	快　速
奔　驰	舒　适
丰　田	安　全
	便　宜

词语联想法常用于选择品牌名称、广告主题和标语。例如，一家化妆品生产商为了给一种新香水命名，可能会测试消费者对以下候选名称的反应：

其中的一个词语或消费者建议的一个同义词可能会被选做新的品牌名称。

词语联想法包括：

（1）自由联想法，即让被测试者自然、任意地说出联想到的词。例如，看到"苹果"一词，被测试者首先想到"鸭梨"一词，就让他说出或写出"鸭梨"一词。

（2）控制联想法，即让被测试者说出某种要求联想到的词。例如，看到"冰箱"一词，让被测试者说出联想到的商标名称，如"雪花牌"、"万宝牌"。

（3）连续联想法，即让被测试者说出第一个联想词之后，连续说出第二个、第三个联想词。例如，说出"电视机"一词后，被测试者又联想到"录像机"(说出)，接着又想到"空调机"（说出）等。

2. 句子和故事完型测试法。这种方法可以与词语联想测试法连用。被测试者拿到一段不完整的故事或一组残缺句子，然后将其补完整，借以分析被测试者的隐秘动机。如下例所示：

（1）赛特商场是……

（2）在赛特商场购物的人是……

（3）赛特商场应该是……

（4）我不明白为什么赛特商场不……

（5）李先生刚从石家庄搬到北京，他在石家庄是娃哈哈集团下属分公司的销售员。现在他是北京地区的销售经理。他的邻居张先生第一次到李先生家来拜访他。随即他们谈到该到哪儿购物，李先生说："我曾听人说过赛特商场……"张先生会如何回答呢？

故事完型测试给被测试者一个较有限制和较详细的情节。目的是让被测试者将自己投射到情节中假设的人物上。句子和故事完型测试法被一些市场调研者认为是所有投射技术中最有用和最可靠的一种。

3. 漫画测试法。这种方法通过使用与连环漫画册相似的漫画图像和连环画，创造出高度的投射机制。典型的漫画测试包含两个人物——一个人的话框中写有对话，而另一个人的话框则是空白的。要求被测试者完成空白的话框，如图5-3所示。注意图像是模糊的而且没有任何解释。这么做是为了使被测试者不会得到任何暗示某种规定答案的"线索"。模棱两可是为了使被测试者更随意地表现自己。

嗨！小王，我刚收到 500 元的奖金，因为我的建议被用在公司的生产线上了。我想把钱存在信用卡上……

图 5-3 漫画测试法

漫画测试法适用于多种用途。可以用来了解对两种类型商业机构的态度，了解这些商业机构与特定产品之间是否协调。它也可以用来测试消费者对某种产品和品牌的态度的强度，还可以确定特定态度的作用。

美国学者史密斯曾用此方法调查香烟销售情况。图5-4 中是一个男士下班回家后对妻子说："我决定吸烟了！"就此调查女士们对男士们吸烟的看法和态度。

我决定吸烟了！

图 5-4 漫画测试法

4. 照片归类法。① 环球 BBDO 公司（BBDO Worldwide）是美国最大的广告代理商，它开发出一种已注册成商标的技术——照片归类法（Photosort）。消费者通过一组特殊安排

---

① ［美］小卡尔·迈克丹尼尔（Carl Mc Daniel, Jr.）、罗杰·盖兹（Roger Gates）著，范秀成等译：《当代市场调研》，机械工业出版社，2000 年 6 月版。

的照片来表达他们对品牌的感受，这组照片展示的是不同类型人群，从高级白领到大学生。受试者将照片与他所认为的这个人应该使用的品牌连在一起。对通用电气公司的照片归类调查发现，消费者认为受这个品牌吸引的是保守而年长的商界人士。为了改变这一形象，通用电气公司进行了一次"为生活增添光彩"的宣传促销活动。另一次为维萨信用卡（Visa）所作的照片归类调查发现，在消费者心目中，维萨卡的形象是健康、女性、中庸。于是公司开展了名为"随心所欲"的针对高收入男性市场的宣传促销活动。

BBDO 公司与啤酒市场上的 100 名目标消费者进行了面谈，这些人是男性，年龄 21~49 岁，每周至少喝 6 瓶啤酒。使用照片归类法，调研者向每一位受访者出示了 98 张照片，要求他们将每张照片与照片上的人可能会选择的啤酒品牌对应起来。结果，受访者认为喝巴德（Bud）啤酒的人看起来是粗鲁暴躁的蓝领工人。相比之下，喝米勒（Miller）啤酒的人是有教养的而且和善的高级蓝领工人。库尔（Coor）啤酒给人一种更女性化的印象，对于该产品 80%的消费者都是男性来说，这可不是一个积极因素。

另一种照片归类法——理想图形化技术（Pictured Aspirations Technique）是由格雷广告公司（Crey Advertising）开发的，该公司也是纽约州的一家大型广告代理商。这种技术旨在发现一种产品符合消费者期望的程度。消费者根据照片所描述出的自己的期望的程度，将一组照片进行分类。在为一种女士内衣所做的调研中，运用这种技术发现产品与潜在消费者的期望不相符。受访者选择一系列看起来精神饱满、苗条和充满青春活力的图片来表述"她们也想和我一样"。但公司用来表述对产品的印象的图片却显得有些守旧、粗壮，看起来也不太有朝气和活力。随之公司开展了名为"每一个女孩的好消息"的宣传活动，以简·拉赛尔（Jane Russell）为品牌代言人，宣传更为迷人和时髦的品牌概念——"18小时立现完美曲线"。

5. 消费者绘图法。有时调研者要求消费者画出他们的感受，或者是他们对一个事物的感知。有时消费者画的图形可以揭示消费动机，表达消费者的理解。例如，麦卡恩—埃利克森广告代理公司（McCann-Erickson）想弄清为什么在某些市场上"突击"牌蟑螂喷雾剂比"格斗"牌灭虫碟要好销。在访谈中，大多数使用者都同意"格斗"牌灭虫碟比较好，因为它对人体无害。于是，调研者让大量使用蟑螂喷雾剂的人——低收入的南方妇女，画出她们逮蟑螂的过程（见图 5-5）。目的是探究她们内心深处对这种肮脏家务的感受。

所有参加面谈的这 100 名妇女都将蟑螂描绘成男性的形象。麦卡恩—埃利克森的执行副总裁波拉·德门（Paula Drillman）说："她们对蟑螂的许多感受同她们对自己生活中的男性的感受非常相似。"这些妇女有很多没有正式结婚。她们说蟑螂就像她们生活中的男人一样，"只有他想吃的时候才回来"。对这些沮丧而又无助的人来说，喷射蟑螂然后看着它们死去也算是一种安慰。"这些妇女渴望控制权，"德门说，"她们使用喷雾剂是因为它使她们能参与杀戮。"

6. 第三人称法。除了词语联想以外的最容易的投射方法也许要算是第三人称法了。这种方法不是直接问一个人的感受，而是用"你的邻居"、"大多数人"或其他的第三人称来表述问题。不是直接问一个人为什么她做的早餐的营养总不均衡，而是问"为什么许多人给家人准备的早餐营养总不均衡？"第三人称法是为了避免由于直接回答可能使受试者感到尴尬甚至会激怒受试者。

7. 角色扮演法。角色扮演法，即不让被调查者直接说出自己对某种商品的动机和态度，通过他对别人对这种商品的动机和态度的描述，间接暴露自己的真实动机和态度的一

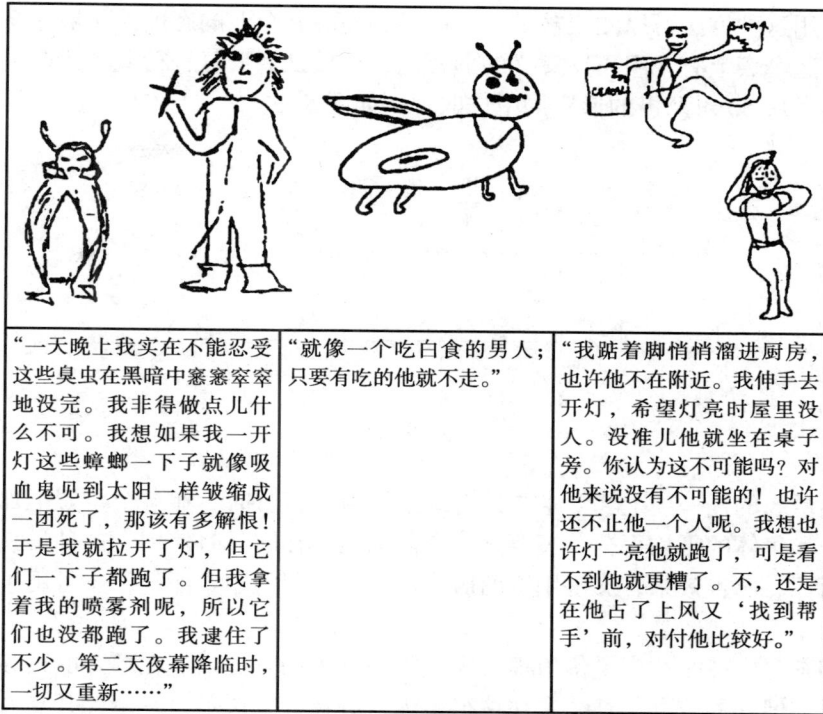

图5-5 消费者绘图法

注：麦卡恩—埃利克森广告代理公司让蟑螂喷雾剂的使用者画出她们捕杀蟑螂的过程。从图中看出，蟑螂喷雾剂比灭虫碟卖得好，是因为使用者需要满足自己的控制欲，而喷雾剂使她们能够扮演更主动的角色。

资料来源：Courtesy of McCann–Erickson New York。

种测试方法。在美国运用这种方法的一个典型事例是 20 世纪 50 年代有关速溶咖啡的调查。速溶咖啡省时省力，味道也不错，但这一新产品当时销量平平，徘徊不前。起初用问卷法调查，结论是：消费者不喜欢速溶咖啡的味道。但没有说出速溶咖啡和新鲜咖啡味道有什么不同。为了找出消费者持否定态度的真实动机，公司变换了问卷设计技巧，向被调查者展示两张购货单，让其说出购买速溶咖啡和新鲜咖啡的两个家庭主妇的特点。调查结果是：被调查者普遍认为速溶咖啡购买者是懒惰、不会计划开支、不称职的家庭主妇。这个结果帮助公司了解了消费者不愿购买速溶咖啡的真实原因。被调查者在形容购买速溶咖啡的家庭主妇的特点时，不知不觉将自己的看法表达了出来。

（二）推测试验法

推测试验法，是指使被试者对具备特定条件人的人品、职业、年龄、行动的是非等加以想象和说明，从中了解被试者对特定商品的印象。例如，甲消费者买了一台 37 厘米"牡丹"牌彩电，调查甲消费者的朋友乙对彩电的看法，就可让乙对甲的购买行为进行评论，乙可能会说，甲为人沉稳持重，在机关工作收入不高，"牡丹"牌彩电质量还可以，但对于年近 50 岁的甲来说，规格小了点，不如再存点钱买一台 51 厘米的"牡丹"牌彩电，又实用又好看。从乙的这些评论中，可以了解到乙对彩电的印象和需求意向：①"牡丹"牌彩电可以接受。②51 厘米的彩电摆着气派，看着舒服。③不能因一时手头紧而凑合。

（三）语义区别法

语义区别法，又称语义分析法，是指运用奥斯古德分析语言的语感差异的方法来测试；设计方用这种方法可以测定被试者对商标、商品和企业的态度。一般用 7 点等距离的序数量表，这个表上有几组正反意义的形容词，让被试者反复进行概念判断。这些量表的每一项，通常从 50 对两极的形容词中选取。例如图 5-6。

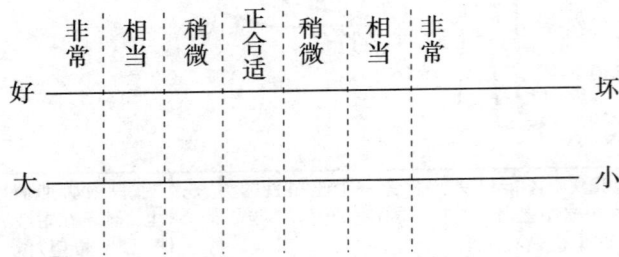

	非常	相当	稍微	正合适	稍微	相当	非常	
好								坏
大								小

图 5-6

在上述量表的任一项上，要求被试者画上记号。打分时，在各个位置上加上权数，算出个人得分和集体的平均得分，还要画一个侧面图，在解释时使用。这种量表既可用于评定商品、商标、广告效果，又可用于商店、厂家、公司的印象评定，还可用于评定对概念的态度。

动机调查对生产企业来说价值很可观，因为这种调查提供潜在顾客的行为模式和看法的各种情况。但这种调查，其结果往往很主观，解释的方法不仅一个，开支大，并且只有在临床心理学方面得到严格培训的人能胜任。也许是因为有这些方面的问题，动机调查在我国还没有普遍地开展起来。

第五节　实地调查的组织方式

实地调查的组织方式是指根据市场调查的目的、要求和调查对象的特点，确定实地调查单位的组织调查形式。例如， 访问法中调查对象的选择，实验法中实验单位的选择。

市场实地调查的组织方式主要有四种：市场普查、典型调查、重点调查、抽样调查。

一、市场普查

市场普查，又称全面调查，是指专门组织的对市场总体现象在某一时点上的一种一次性全面检查。对调查对象的全部单位无一例外地进行逐一调查。例如，人口普查、商品库存调查、大型企业普查等。用这种方法取得的资料比较全面、系统、准确、可靠。

1. 市场普查的作用。普查是为了完成某种调查目的和任务而组织的全面调查。市场普查的作用在于：

（1）通过市场普查可以取得有关现象的全面原始资料和可靠的数字资料而不致被某些个别现象所掩饰，从而为制定有效的经营战略提供真实的依据。

（2）通过市场普查可以全面反映客观事物并通过对各个不同时期的市场基本状况作对比分析，可以观察该现象的变化规律及其发展趋势，借以及时检查、修正企业所制定的各项政策，掌握时机，占领市场。

2. 市场普查的方式。市场普查是范围广、规模大的全面调查，可以在全国、全省、全市（县）范围内或在某个部门、某个行业以及一种专门组织范围内进行，通常可以采用两种方式：

（1）组织专门的机构和人员，对调查对象逐个进行直接调查。一般可向调查总体的所有调查单位分发调查表，由调查单位根据本身的情况按规定时间填报。这种调查方式工作量大，牵涉面广，也比较复杂，需要投入很多的人力、物力和财力，还必须选择一个最合适的统一的标准时间（即调查时点）统一行动。因此，市场调查中较少采取这种方式。

（2）利用有关部门内部现成的统计资料进行归纳汇总。例如，我国人口普查的人口及构成资料、国家有关部门或地区组织的企业普查资料、产品普查资料等都有市场调查所需的资料，这种调查方式比较简便，投放的劳动量也较少。

3. 市场普查的特点。市场普查比起其他调查形式具有以下特点：

（1）调查范围广，调查对象多。市场普查的范围往往遍及全省、全市（县）的市场，被调查的对象也往往涉及每一种商品或每一个消费者。

（2）工作量大，开支费用多。由于普查的范围广、对象多，使得组织工作比较复杂，头绪多，工作量也大；同时，调查中需投入的人力、物力、财力也多。

（3）时间性强，工作要求高。市场普查是不连续的一次性调查，而且是在一定时点上对市场某种现象或表现的调查。所以，对调查资料和数据要求准确、可靠，调查时间要求高度统一。

（4）调查项目集中，内容也较简单。由于普查涉及面广、对象多，调查的项目不宜也不可能过多；调查的内容不宜也不可能过于复杂。普查的时间短，如果调查的项目过多、内容过于复杂，必然会使调查工作更烦琐，难度就会更大，所获得资料的准确度就更难以保证。

市场普查一般都是为制定重大决策或长远工作规划而进行的。其调查规模大，工作量大，费时、费工、费钱，调查内容一般也较简单，资料收集不易深入，只能反映市场的基本情况，因此，其应用范围较窄。

为使市场普查达到预期效果，应先进行小范围试点，及时总结经验，纠正偏差，然后再大范围铺开。普查工作进行当中，应遵循统一领导、统一要求、统一时点和统一行动四项原则，从而才可保证整个市场普查工作井然有序，资料真实可靠。

二、典型调查

典型调查，是指通过调查典型户而推算市场一般的一种调查方法，即有目的地选择一些有代表性的消费者进行调查，用以推算全体消费者的需求趋势。这种方法的优点是调查对象少，调查对象比较配合，调查了解比较深入，能搜集到真实可靠的第一手资料，而费用比普查法节省得多。但是，在选择典型户时，要特别注意其典型性，切忌主观臆断。

1. 典型调查的作用。典型调查是有意识地对市场中具有代表性的典型单位及消费者进行深入的专门调查。它的作用是：

（1）通过市场典型调查，可以详细考察市场运行规律性，具体了解各种现象发生的原因及各方面的制约关系，可以发现市场发展新动向，研究市场发生的新问题，寻求开拓市场、扩大生产和营销的新途径。

（2）弥补市场普查的不足，在一定条件下，来验证市场普查数字的真实性。

2. 典型的类型。典型调查结果如何，关键在于选择好典型。在这里，典型是指调查单位所具有的代表性，选择典型，应根据调查的目的和调查对象的特点进行。典型按其性质来划分有如下 4 种：

（1）一般典型。当调查对象总体中各单位的状况比较均衡时，选取能反映调查对象总体一般情况的一个或几个有足够代表性的典型单位进行调查，便可以知道总体情况。

（2）特殊典型。当调查对象总体状况差异性较大时，需按实际水准把调查对象划分为上、中、下等层次。再从每一层次中选取具有代表性的单位，深入了解各层次的具体情况，然后对总体作出全面估计或评价。

（3）综合典型。当调查对象总体情况比较复杂，需要调查的内容比较多时，选取在多种标志上具有代表性的单位，进行综合分析，对比研究，全面评估。

（4）定向典型。当调查对象总体发展过程波动性较大，不稳定的因素较多，需要从较长时间连续深入观察时，选取一个或几个固定基点进行连续调查，全面、系统地积累资料，才能有效地认识其发展真相，掌握其变动趋势。

3. 典型调查的特点。典型调查是一种非全面调查，它是有意识地选择若干个具有典型意义或代表性单位进行调查研究，其特点为：

（1）资料来源真实可靠，参考价值高。典型调查可通过深入细致的调查，直接搜集第一手资料，资料比较真实、广泛，便于把调查与研究结合起来，揭示了事物的本质及其发展变化规律。

（2）调查成本费用较少。典型调查是对个别或几个单位进行的，需要的调查人员少，花费的财力、物力也较少，具有经济性。

（3）调查内容比较深入。调查内容可以多一些，有利于深入实际，发现新的问题，查明客观经济现象产生的原因。

（4）调查结果一般是近似值。典型单位的选取，易受调查者主观因素的干扰；调查对象只是个别或少数几个单位，用其调查结果推算总体的科学根据不足，无法控制调查误差范围。因此，调查结果只能大体反映同类事物的本质和变化发展规律，是近似值，很难严格推及整体。

由于典型调查投入人力、物力、财力较少，取得资料较快，因此在总体庞大、内容复杂、人手不足、时间仓促的条件下，适宜用这种形式。在调查中应遵循明确要求、选准典型、实事求是的原则，即确定调查性质，明确调查目的，规定调查内容，实事求是地按照标准选择典型，以保证良好的调查效果。

三、重点调查

与典型调查相似，也是非全面调查的一种形式，是在研究对象的全部单位中，选择对全局具有举足轻重的一个或几个重点单位进行调查。重点单位，是指所要研究的现象占比重较大、能够反映研究对象基本情况的单位。例如，要了解某地区某种商品的销售情况，只要选择该商品销售量最大的几家商店作为重点单位进行调查，就可以搜集到这种商品的大致变动情况方面的资料。重点调查通常是一种定量调查，调查项目常常是一些比较具体的指标量，常常用于商品需求和商品资源、流通渠道、竞争状况等问题的调查。通过重点调查可以大体了解对某种商品需求和市场运行的基本情况，利于企业及时制定有效的经营决策。

重点调查适用于调查任务只要求掌握调查总体的基本情况，调查标志比较单一，调查标志集中于少数单位，而这些少数单位的标志数量在总体中又占优势的情况。重点调查的特点在于：

1. 调查项目和指标相应多些，可以深入接触调查对象，进行细致、全面的调查研究；同时，可以较快地获得调查资料。

2. 调查中需要投入的人力、物力和费用支出也相应节省些，可以控制在较短的时间内较快地完成调查任务。

3. 一般难以采用程序化、标准化等先进的调查技术，所获资料的精确度难免要受影响。

4. 只能了解一部分重点单位的情况，所获资料难以准确推断总体数量状况。

重点调查与市场普查、典型调查相比较，没有普查所特有的全面性，其重点也不具有普遍的代表性，但它可以通过对重点调查单位基本情况的调查估计，来对全部调查单位的情况作出判断与分析。

四、抽样调查

抽样调查，是指从调查单位总体中抽选一部分单位作为样本，并以对样本进行调查的结果来推断总体的调查方法。它属于非全面调查方法的范畴。抽样调查的目的，是通过规模有限、能够代表总体的样本的调查、观察结果，对总体在数量上作出正确推断，而不是为了了解样本本身的情况。（具体内容见第六章）

本章精要：

1. 访问法是指将所拟调查的事项，以当面、电话或书面方式向被调查者提出询问，以获得所需资料的调查方法。

2. 访问法的特点在于整个访谈过程是调查者与被调查者相互影响、相互作用的过程，也是人际沟通的过程。主要表现在：①访谈双方直接沟通感情，直接搜集信息资料。②调查结果受访谈双方态度和素质的影响。

3. 根据调查人员与被调查者接触方式的不同，访问调查法具体分为个人访问、邮寄调查、电话调查、留置调查和互联网调查五种形式。

4. 个人访问，又称面谈调查，是指访问者通过面对面地询问和观察被访问者而获取市场信息的方法。这种方法的优点主要有：①富于伸缩性。②具有激励效果。③可获得较多资料。④能控制问题的次序。⑤有观察机会。这种方法的缺点主要有：①费用高，时间长，人力、经费消耗较多。②存在询问偏见。③对调查人员的管理比较困难。④入户调查困难较多。

5. 一般来讲，个人访问有三种方式，即自由问答、倾向性访谈和强制性选择。

6. 邮寄调查是指调查人员将设计印制好的调查问卷或调查表格，通过邮政系统寄给已选定的被调查者，由被调查者按要求填写后再寄回来，调查者根据对调查问卷或调查表格的整理分析，得到市场信息。这种方法的主要优点有：①调查区域较广。②调查费用较低。③被调查者有较充分的时间填写问卷。④不存在调查者的主观偏见。⑤被调查者可以匿名。⑥便于培训和管理。这种方法也存在以下缺点：①调查问卷回收率低。②信息反馈时间较长。③容易产生差错。④对被调查者的要求较高。针对这些不足，较适宜的弥补措施有：①跟踪提醒。②物质刺激。③提前通知。④附空白信封并贴上邮票。⑤设计问卷或调查表时一定要方便回答。

7. 电话调查是指通过电话向被调查者询问有关调查内容和征询市场反映的一种调查方法。这种方法的优点主要有：经济、快速、适用、统一性强、坦诚、易控制。电话调查也有其不足：总体欠完整、问题不易深入。

8. 留置调查是指将调查问卷当面交给被调查者，说明填写的要求并留下问卷，请被调查者自行填写，由调查人员定期收回的一种调查方法。这种方法的优点主要有：①调查问卷回收率高。②答案准确率高。其缺点是：调查区域范围有限，调查费用较高，不利于对调查人员的管理。

9. 互联网调查在现代尤其热门。因为这种方法有如下优点：①提高了问卷的制作、发放及数据的回收速度。②节省费用。③便于进行纵向调查，还能填补落选项目。④调查内容广泛。⑤网上调查可以接触更多的人。⑥在视觉效果上能够吸引人。但互联网调查也存在着一些缺点：上网的人不够普遍，互联网的安全性问题及无限制样本问题。

10. 进行互联网调查主要有 E-mail 问卷法、交互式 CATI 系统和网络调查系统三种方法。

11. 市场调查者在使用访问法进行调查时，上述五种具体方法各有所长，究竟采用哪一种方法，一般应考虑以下因素：①调查项目的伸缩性。②需要调查资料的范围。③调查表或问卷的复杂程度。④掌握资料的时效性。⑤调查成本的大小。

12. 固定样本持续调查是指把抽选出的样本（调查单位或消费者个人）固定下来，对其进行长期持续的调查。它可提供的市场运营资料相当广泛，主要包括：产品渗透情况、广告投放量与购买的关系、品牌忠诚度、购买路线与购买方法的推定、累积购买率、每户购买率分析、每户购买金额分析、知名度分析和购买理由分析。最常用的固定样本持续调查的方法是日记法。

13. 观察法是指调查者在现场对被调查者的情况直接观察、记录，以取得市场信息资料的方法。观察法的特点是：自然、客观、直接、全面。

14. 观察法的类型可以从不同的角度来划分。①按照观察者置身于观察活动中的深浅程度划分，可分为完全参与观察、不完全参与观察和非参与观察三种类型。②按照观察结果的标准化程度划分，可分为系统观察和随机观察两种类型。③按照取得资料的时间特征划分，可以分为时间纵向序列观察和时间横向断面观察两种类型。

15. 观察法具有直观、可靠，简单、易行，干扰少三大优点；但也存在观察深度不够，限制性比较大且受调查人员自身条件的制约等缺点。

16. 调查实践中，观察法应用得比较广泛，经常用来进行商品资源和商品库存观察、顾客行为观察、营业状况观察、痕迹观察和顾客流量观察。

17. 实验法是指从影响调查问题的许多因素中选出一个或两个因素，将它们置于一定条件下进行小规模的实验，然后对实验结果作出分析，研究是否值得大规模推广的一种特殊的市场调查方法。它具有客观性、实用性、可控性、主动性的优点，并可提高调查的精确度。它的不足主要是实验结果不易相互比较、有一定的限制性、时间长、风险大、费用高。

18. 常用的实验法主要有实验前后无控制对比实验、实验前后有控制对比实验、控制组实验对比实验、随机对比实验四种方法。

19. 动机调查是指把行为科学通常使用的方法用于解决市场营销问题。它涉及消费者需求和购买动机研究。购买动机调查主要是分析研究影响消费者购买心理变化的各种因素，从而把握消费者购买动机的变化方向，用消费者购买心理因素细分市场。

20. 常用的购买动机调查方法主要有投射法、推测试验法和语义区别法。

21. 投射法是指通过使被测试者将情感"投射"到无限制的情景中，来了解其内心深处的情感的方法。市场调查中最常用的投射测试是词语联想法、句子和故事完型法、漫画测试法、照片归类法、消费者图画法、第三人称法和角色扮演法等。

22. 实地调查的方式是指根据市场调查的目的、要求和调查对象的特点，确定实地调查单位的组织调查形式。实地调查方式主要有市场普查、重点调查、典型调查和抽样调查四种方式。

关键术语：

访问法　个人访问　邮寄调查　电话调查　留置调查　互联网调查　固定样本持续调查　日记法　观察法　实验法　动机调查　推测试验法　语义区别法　投射法　词语联想法　句子　故事完型法　漫画测试法　照片归类法　消费者图画法　第三人称法　角色扮演法

思考题：

1. 什么是访问法？为什么访问法是市场调查中最常用到的调查方式？
2. 访问法大概可以分为哪些类型？各自具有哪些独特优势？
3. 举例说明互联网访问的优点和缺点。
4. 列举观察法的优缺点，说明它的适用性如何？
5. 实验法在实施时需注意哪些事项？
6. 什么是动机调查？常用的动机调查方法有哪些？

互联网练习题：

1. 设计一次在校园范围内的电子邮件调查，了解学生对信用卡的态度怎样？你认为本次调查结果数据对银行发行信用卡的参考价值有多大？

2. 挑选一家国内或国外著名的专业市场调查公司，登陆该公司的网站主页，搜索该公司最近实施的一次调查。针对本次调查，看该公司都使用了哪些调查方法，解释它们为什么会选择这些调查方法。如果是你来设计本次调查，你会建议他们采用哪些调查方法？为什么？

实战练习题：

1. 选取一本或几本时尚类畅销杂志，如《瑞丽服饰美容》、《时尚》等，从中选取有关女性的 30 则广告，对这些广告做内容分析，了解广告中的女性角色通常表现为什么？

2. 如果蒙牛乳业希望你帮助他们设计一项专门针对新产品口味的调查，该调查特别强调对调查现场的控制，即一定要让被访者看到新产品的包装展示效果，并且要求被访者现场参与新产品的品尝活动，但公司针对本次调查活动的预算非常有限。在这种情况下，你认为本章中介绍的众多调查方法中，哪一种会比较适合？解释你的理由。

3. 采用语义区别法为麦当劳设计一份调查表格，主要用来比较在消费者心目中麦当劳与肯德基的形象到底有何差异。

第六章　抽样调查

学习目标

- 掌握抽样调查的概念
- 掌握抽样调查常用的重要术语的概念
- 明确随机抽样与非随机抽样的区别
- 明确抽样误差的概念及公式
- 掌握随机抽样法类型
- 掌握非随机抽样方法

开篇案例

　　麦当劳是一家非常受人欢迎的快餐连锁店。为了争取更多顾客，麦当劳非常注意菜谱的不断更新。对于新近推出的一款鳕鱼汉堡快餐，麦当劳不是特别肯定消费者对它的接受程度如何。为了了解消费者对鳕鱼汉堡的接受程度以及具体的意见指向，麦当劳决定在新产品上市一周后开展一项专门针对新产品口味的调查。由于时间及经费等限制，麦当劳计划在每个城市调查 100 人左右。具体到 S 市，麦当劳共有 135 家门店，分布在 5 个城区。显而易见，麦当劳调查人员没有时间逐一访问每一家门店。因此，它需要对如何选取调查样本做一个周到的计划。

　　"对多数总体而言，要进行一个完整的普查几乎是不可能的。一个经过适当设计的样本运用起来能更加有效，产生偏差的可能性更小，而且可以提供满足大多数目标所需要的信息水平。"Burke 公司客户服务副总裁 Linda Klump 的一番话，恰当地说明了抽样的作用。

　　事实上，在日常生活中人们经常在不自觉地使用抽样的方法帮助自己在有限时间内做出相对准确的判断：例如在超市里经常有一些从未吃过的包装食品让人迷惑到底该买还是不该买，聪明的厂家知道，如果打开几袋样品供顾客品尝，会吸引较多的人尝试购买。人们不需要吃光整袋食品就可以了解到该食品的口味情况，这种做决策的方式其实就是抽样。再比如，在一间教室里，如果希望以某种公平的方式选出两个参加周末街头活动的学生，常用的方式就是抽签。抽签的方法能保证选取过程的客观性，这种做决策的方法其实也是抽样。专业市场调查项目中的抽样，要比上述日常生活中的抽样复杂许多，但抽样基本原理都是相通的。

　　本案例中，麦当劳鳕鱼汉堡调查的负责人决定按以下步骤开始抽样计划：首先确定每一家门店的访问人数是 10 人。因此，可以得出一共需要访问 10 家门店。确定门店的过程也就是如何从 135 家连锁店中选择 10 个门店。为了公平起见，可以抽签，也可以按照门店所在城区的数量比例来分配名额。

　　麦当劳的做法能保证最后得到的样本有足够的代表性吗？它在抽样设计中还需要注意哪些问题，才能得到最佳样本？如果抽样的人数再多十倍，麦当劳的抽样方法还能够有效吗？到底有哪些基本的抽样方法？各自特点如何？抽样必须遵循哪些基本原理？这些都是本章将要解决的问题。

第一节　抽样调查的概念与作用

一、抽样调查的概念

　　抽样调查是指从调查总体中抽取一部分单位作为样本进行调查，以从这一部分单位调查的结果来推断总体情况的调查方法，是一种非全面调查。在现代市场调查中，抽样调查是一种基本组织形式。它能够在节省人力、物力、财力消耗的同时，比较快地取得同市场普查大致相同的效果。抽样调查所依据的原理是概率论和大数定律，以及建立在认识论基础上的误差理论等，它们为抽样调查提供了科学的依据。

　　在市场调查实践中既可以采用随机抽样，也可以采用非随机抽样，这取决于不同的抽样调查要求。随机抽样调查是按照随机原则抽取样本。随机原则，是指从总体中抽取样本时，完全排除人的主观臆想，使总体中的每一个单位都有同等的、可能被抽到的机会，所以，又被称为同等可能性原则。遵循随机原则，一方面可以使抽选出来的样本单位的分布情况有较大的可能性接近总体的分布状况，以使得根据样本所做出的结论对总体具有较大的代表性；另一方面，可以使调查人员准确地计算抽样误差，并有效地事先加以控制，以提高抽样调查的准确性。非随机抽样，是指根据调查员的主观意识去选取样本，其抽样误差无法计算和控制，也无法用样本的定量资料来推断总体，但非随机抽样简单易行，适用于做探测性研究。

二、抽样调查的作用

　　抽样调查有着广泛的用途，其作用主要表现在以下几个方面：

　　1. 对有些社会现象，不可能进行全面调查，而又要了解其全面情况，必须采用抽样调查。

　　例如，对有些商品做质量检验时，需对其进行破坏性检验，如测定汽车轮胎的行驶里程、灯泡的寿命等。不能为了鉴定质量而毁去所有的商品。故不能采用全面调查，而只能采用抽样调查方法。

　　2. 对有些社会现象，不必要采用全面调查，可以用抽样调查取得资料。

　　例如，对城乡居民家庭收支情况的调查，若进行全面调查，需要花费大量的人力、物力和财力，花费的时间也比较长。因此，虽然从理论上说可以逐户进行调查，但没有必要。采用抽样调查，从所研究的总体中抽取部分居民家庭进行调查，便可以取得所需要的资料。又如，对一些无限总体的调查等，也可采用抽样调查方法。这样，可以节时省力，取得事半功倍的效果。

3. 利用抽样调查，可以检验全面调查资料的准确性，并可以修正全面调查的资料。

全面调查涉及面广，工作量大，花费时间长，所需经费多，组织起来也比较困难，而其调查质量还需检查验证。这时，可以从进行过全面调查的单位中随机抽取一定比例的单位进行复查，将复查的结果与原来全面调查的结果进行对比，并计算全面调查与抽样调查之间的差错率，用此差错率去修正全面调查的资料。

4. 利用抽样调查，可以对某种总体的假设进行检验，来判断这种假设的真伪，以决定行动的取舍。

例如，新医疗方法的使用是否收到明显效果，需要对未知的或不完全知道的总体做出一些假设，然后利用抽样的方法，根据实验材料对所做的假设进行检验，做出判断。

第二节　抽样调查常用的几个概念

一、全及总体与抽样总体

全及总体简称总体，是指所要研究对象的整体，即包括所要调查的所有单位。总体的单位数通常都是很大的，甚至是无限的，这样才有必要组织抽样调查。一般用英文字母大写 N 来表示总体的单位数。在组织抽样调查之前，总体的数量特征虽然不清楚，但所要研究的总体对象的性质、范围、单位的含义，以及可实施的条件等应该是明确的。这样，才能为抽样调查的结论提供明确的界限。

抽样总体简称样本，是指从全及总体中抽取的、作为直接观察对象的全部单位。样本的数目总是有限的，相对于全及总体单位数 N 来说它的数目比较小，一般用英文小写字母 n 来表示样本的单位数。在抽样调查中，样本单位数要有一定的数量才能保证抽样资料的准确性。一般说来，样本单位数达到或超过 30 个称为大样本，而在 30 个以下称为小样本。社会经济现象的抽样调查多取大样本，而自然实验观察则多取小样本。

作为推断对象的总体是确定的，而且是唯一的，但作为观察对象的样本则不是这样。从一个总体中可以抽取很多个样本，每次可能抽到哪个样本不是确定的，也不是唯一的，而是可变的。

二、全及指标与抽样指标

全及指标是指根据全及总体而计算的综合指标。在抽样调查中，全及指标是个未知数，即要推算的数。抽样指标是指根据所抽取的样本计算出的综合指标。常用的全及指标与抽样指标有：

（一）平均数

平均数，即平均指标，分为总体平均数与样本平均数。

总体平均数是指全及总体所研究标志的平均值。根据所掌握资料的情况，可有简单式和加权式两种计算方法。若用 X 代表变量，N 代表总体单位数，F 为各组权数，$\bar{X}$ 代表总体平均数，则有：

简单式：$\overline{X} = \dfrac{\sum X}{N}$

加权式：$\overline{X} = \dfrac{\sum XF}{\sum F}$

样本平均数的计算方法与此相同：

简单式：$\overline{x} = \dfrac{\sum x}{n}$

加权式：$\overline{x} = \dfrac{\sum xf}{\sum f}$

(二) 成数

成数，即成数指标，分为全及成数和样本成数。

全及成数是指在全及总体中，具有某一特征的单位数占全及总体单位数的比重。若用 N 代表全及总体单位数，N_1 表示具有某种特征的单位数，P 代表全及总体的成数，则：

$$P = \dfrac{N_1}{N}$$

若用 N_0 代表具有某种相反特征的单位数，Q 代表具有另一特征的单位数占全及总体单位数的比重，则：

$$Q = \dfrac{N_0}{N}$$

由于 $N_1 + N_0 = N$

所以，$P + Q = \dfrac{N_1 + N_0}{N} = 1$

因此，$Q = 1 - P$ 或 $P = 1 - Q$

样本成数的计算方法与此相同。若用 n 代表样本单位数，n_1 代表具有某种特征的样本单位数，n_0 代表具有另一特征的样本单位数，而 $n_1 + n_0 = n$，则样本成数计算公式为：

$$p = \dfrac{n_1}{n}$$

$$q = \dfrac{n_0}{n}$$

所以，$p + q = \dfrac{n_1 + n_0}{n} = 1$

则：$p = 1 - q$ 或 $q = 1 - p$

(三) 方差和标准差

总体平均数的标准差用 σ 表示，方差用 σ^2 表示，其计算公式为：

简单式：

$$\sigma = \sqrt{\dfrac{\sum (X - \overline{X})^2}{N}}$$

$$\sigma^2 = \dfrac{\sum (X - \overline{X})^2}{N}$$

加权式：

$$\sigma = \sqrt{\dfrac{\sum (X - \overline{X})^2 F}{\sum F}}$$

$$\sigma^2 = \frac{\sum (X - \bar{X})^2 F}{\sum F}$$

总体成数的方差为：$\sigma^2 = P(1 - P)$

总体成数的标准差为：$\sigma = \sqrt{P(1 - P)}$

样本平均数的方差、标准差以及样本成数的方差、标准差计算方法与上述全及总体的有关指标计算方法相同，故不再重复。

为了便于记忆，现将各指标名称和符号列表 6-1 如下：

表 6-1

	全及总体	抽样总体
单位数	N	n
平均数	$\bar{X}$	$\bar{x}$
成　数	$P = \dfrac{N_1}{N}$	$p = \dfrac{n_1}{n}$
	$Q = \dfrac{N_0}{N} = 1 - P$	$q = \dfrac{n_0}{n} = 1 - p$
方　差	σ^2	s^2
标准差	σ	s

三、重复抽样与不重复抽样

在总体中抽取样本单位的方法有两种，即重复抽样和不重复抽样。

重复抽样，又称回置抽样，是指从全及总体中随机抽出一个样本单位进行调查登记之后，把这个样本仍放回总体中去，再从所研究的总体中抽取样本单位。在抽样过程中总体单位数不变，被抽中的样本仍有同等的机会再被抽中。

不重复抽样，又称不回置抽样，是指从全及总体中随机抽出一个样本单位进行调查登记之后，不再把这个样本放回到总体中去，即任何单位一经抽出，就不会再有第二次被抽取的可能性。在抽样过程中总体单位数是逐渐减少的。

由于重复抽样和不重复抽样在抽样方法上不同，所以，计算抽样误差的公式不同，抽样误差的大小也不同。

第三节　抽样误差的概念与计算方法

一、抽样误差的概念

抽样调查的任务，是以样本平均数来推断全及平均数，或以样本成数 p 来推断全及成数 P。用样本指标来估计全及指标是否可行，关键问题在于抽样误差。抽样误差是指样本指标与全及指标之间的平均离差，即样本平均数与全及平均数之间的平均离差；样本成数与全及成数之间的平均离差。抽样误差大小表明抽样的效果好坏，如果误差超过了允许的限度，抽样调查也就失去了价值。

抽样误差的特点：

（一）抽样误差指的是随机误差

在抽样调查过程中，主要会产生两种误差：一种是登记性误差；另一种是代表性误差。登记性误差，又称工作性误差，是指在市场调查过程中，由于观察、测量、登记、计算上的差错所引起的误差。这种差错有可能存在于任何一种调查方式之中。抽样误差不是由于这种调查失误所引起的。代表性误差，是指在对市场进行非全面调查中，由于选取的部分单位对总体的代表性不足而产生的调查误差。代表性误差，产生的情况不同：一种是由于调查者违背了抽样的随机原则，人为地选取偏高或偏低的单位进行调查，这种系统性原因造成的样本代表性不足所引起的误差称为系统偏差，它可以防止或避免，它不是抽样误差。另一种则是在不违背随机原则的情况下，必然出现的误差。它是抽样调查固有的代表性误差，是不可避免、难于消灭的，而只能加以控制。这种误差叫做随机误差，即抽样误差。

（二）抽样误差指的是平均误差

个体误差，是指一个样本指标与总体指标之间的离差。抽样误差不是指的这种个体误差，而是这许多个体误差的平均数，即抽样平均误差。

二、抽样误差的计算方法

由于抽取样本的方法有重复抽样和不重复抽样之分，而且抽取样本的指标又有样本平均数和样本成数之分，所以，抽样误差的计算方法也不同。

（一）抽样平均数的抽样误差公式

1. 重复抽样时：

$$\mu_x = \frac{\sigma}{\sqrt{n}}$$

式中：μ_x 代表平均数的抽样误差

σ 代表全及总体标准

n 代表抽样单位数

2. 不重复抽样时：

$$\mu_x = \sqrt{\frac{\sigma^2}{n}\left(\frac{N-n}{N-1}\right)}$$

式中：σ^2 代表全及总体方差

N 代表全及总体单位数

当全及总体单位数 N 很大时，$N-1$ 接近于 N，即可用 N 代替，则上列公式可简化为：

$$\mu_x = \sqrt{\frac{\sigma^2}{n}\left(1-\frac{n}{N}\right)}$$

（二）抽样成数的抽样误差公式

1. 重复抽样时：

$$\mu_p = \sqrt{\frac{P(1-P)}{n}}$$

式中：μ_p 代表成数的抽样误差

P 代表成数

n 代表抽样单位数

2. 不重复抽样时：

$$\mu_p = \sqrt{\frac{P(1-P)}{n}\left(\frac{N-n}{N-1}\right)}$$

当 N 很大时：

$$\mu_p = \sqrt{\frac{P(1-P)}{n}\left(1-\frac{n}{N}\right)}$$

在计算和应用抽样误差时，应注意以下几个问题：

1. 重复抽样与不重复抽样的误差公式不同。二者的差别只在于不重复抽样的抽样误差公式的根号下，乘一个修正系数 $\left(1-\frac{n}{N}\right)$。由于这个修正系数小于1，因此，不重复抽样所得的抽样误差总是要小于重复抽样所求得的抽样误差。如果抽样单位数很小，而总体单位数很大时，则 $1-\frac{n}{N}$ 接近于1，对于抽样误差的影响不大。因此，实际工作中按不重复抽样方法抽取样本，也往往采用重复抽样的公式计算抽样误差。

2. 计算抽样误差要有总体方差资料，这是事先不知道的。因此，可用样本方差来代替，或用过去所进行的类似调查的方差来代替。其中，成数方差的最大值是总体内部两种情况各占50%时，即 $P(1-P)=0.5\times(1-0.5)=0.5\times0.5=0.25$，当成数或成数方差不知道的情况下，也可取 0.25 来代替 $P(1-P)$。

3. 上述抽样误差计算公式是在纯随机抽样方式下推导得到的，对于其他几种抽样组织方式的抽样误差计算公式均可在此基础上变换得到。

三、影响抽样误差的因素

影响抽样误差大小的因素主要有：

1. 被研究总体各单位标志值的差异程度。抽样误差的大小与所研究现象的标准差成正比。若在抽样数目既定的条件下，全及总体的标志变动度越大，则抽样误差也就越大；反之，全及总体的标志变动度越小则抽样误差也越小。如果总体单位标志值之间没有差异，标准差为零，抽样指标和全及指标相等，就不存在抽样误差。

2. 抽样的单位数。抽样误差的大小，与抽样单位数的平方根成反比。在其他条件相同的情况下，抽样单位数越多，抽样误差就越小；反之，抽样误差就越大。当抽样数目 n 扩大到全及总体单位数 N 时，也就相当于全面调查，抽样误差也就不存在了。

3. 抽样方法。抽样方法不同，抽样误差也不同。一般地说，重复抽样的误差比不重复抽样的误差要大。

4. 抽样调查的组织形式。不同的抽样组织形式就有不同的抽样误差。而且同一种组织形式的合理程度也影响抽样误差。

四、极限抽样误差

极限抽样误差是从另一角度考虑抽样误差问题。抽样误差是说明样本指标与全及总体指标之间的离差的平均数。它所说明的是一个可能范围。根据概率原理，用一定的概率可以保证抽样误差不超过某一给定范围 Δ，这个给定的范围就是极限抽样误差。极限抽样误差的计算方法是用概率度 t 与抽样误差之积求得，其计算公式为：

$$\Delta = t\mu$$

式中：Δ 代表极限抽样误差

t 代表概率度

μ 代表抽样误差

这一公式是计算极限抽样误差的一般公式。但由于抽样调查所采用的抽样方法不同，计算样本的指标不同，极限抽样误差的计算公式可以具体化为：

（一）平均数的极限抽样误差

1. 重复抽样时：

$$\Delta_x = t\mu_x = t\sqrt{\frac{\sigma^2}{n}}$$

2. 不重复抽样时：

$$\Delta_x = t\mu_x = t\sqrt{\frac{\sigma^2}{n}\left(1 - \frac{n}{N}\right)}$$

（二）成数的极限抽样误差

1. 重复抽样时：

$$\Delta_p = t\mu_p = t\sqrt{\frac{P(1-P)}{n}}$$

2. 不重复抽样时：

$$\Delta_p = t\mu_p = t\sqrt{\frac{P(1-P)}{n}\left(1 - \frac{n}{N}\right)}$$

由此可见，极限误差是 t 倍的抽样误差，随着 t 值的变化，极限误差可能大于或小于抽样误差，也可能等于抽样误差。当概率度 t 值小时，允许误差范围缩小，调查的精度提高，但把握程度降低；当概率度 t 值大时，允许误差范围扩大，调查的精度降低，但把握程度提高。在市场调查中要根据所研究问题的性质来确定把握程度的高低。

根据中心极限定理，概率度 t 与概率 P 成函数关系，即 P = F（t），t 每取一个值，都有一个唯一确定的 P 值与之对应。为了便于查找，现将 n 个常用的概率度和概率之间的关系汇集列表如表 6-2 所示，以备调查时使用。

表 6-2

概率度 t	概率 F(t)
1	0.6827
1.5	0.8664
1.96	0.9500
2	0.9545
2.5	0.9876
3	0.9973
4	0.99994
5	0.999999

计算极限抽样误差的目的，是根据样本指标和样本指标可允许变动的上限或下限来估计推算全及总体指标的可能范围，即进行区间估计。

全及平均数的区间估计方法：

$$\overline{X} = \overline{x} \pm \Delta_x$$

或

$$\bar{x} - \Delta_x \leqslant \bar{X} \leqslant \bar{x} + \Delta_x$$

全及成数的区间估计方法：

$$P = p \pm \Delta_p$$

或

$$p - \Delta_p \leqslant P \leqslant p + \Delta_p$$

第四节 抽样调查的组织形式

抽样调查包括随机抽样和非随机抽样两部分内容。两者的内容既有区别又有密切联系。它们各有其利弊，分别适用于不同的市场调查对象。

一、随机抽样

随机抽样是抽样调查的基本组成部分。它是指按照随机原则从总体中抽选样本的抽样方式。其主要特点是：由于机会均等，抽选出来的样本可以大致代表全及总体；可以依据样本资料推算被研究总体的情况，从而可以较为迅速地取得同全面调查大体一致的结果。根据调查对象的性质和研究的目的不同，随机抽样方式又有简单随机抽样、等距抽样、类型抽样、整群抽样等。

（一）简单随机抽样

简单随机抽样，又称纯随机抽样，是指按随机原则直接从总体 N 个单位中抽取 n 个单位作为样本。不论是重复抽样或不重复抽样，都要保证每个单位在抽选中有相等的中选机会。它适用于均匀总体，即具有某种特征的单位均匀地分布于总体的各部分，使总体的各部分都是同分布的。具体操作是：

1. 抽签法，是指给全及总体的各单位编上序号，并做成号签，将签搅拌均匀，从中抽选，被抽到的号码所代表的单位就作为样本的一员，直至抽足预先规定的样本数为止。

2. 随机数表法，是指先将总体中的全部个体分别标上 1 至 n 个号码，然后利用随机数表随机抽出所需的样本。随机数表又称乱数表，是把 0 至 9 的十个数字，按随机原则和每组数字位数要求（如二位一组，三位一组，四位、五位甚至更多位一组等）编制成的一张表，使表内任何号码的出现都有相等的概率。其格式如表 6-3 所示。

随机数表法抽样过程是，首先把总体所有单位加以编号，然后从任意列、任意行的某数字开始，向任何方向去顺序抽选。凡遇总体单位编号范围外的随机数字或重复的随机数字将其去掉，在编号范围内的数字号则留下，直到抽够规定的样本数量为止。

例如，我们要从 100 个客户中抽选 11 个客户作为样本，拟用简单随机数表法抽选样本。首先给 100 个客户按 1~100 编号；然后，确定使用五位数字中的两位数（以 00 为 100）。从五位数字中可任意取得两位数字，取前两位、中间两位或后两位。现在假定使用后两位数字，并随机选第（2）栏第 4 行开始，从上至下顺序抽选，抽中的数字为 92、40、58、38、64、07、47、51、37、34、34。其中出现了两个 34，由于重复，把后面一个去掉，再往下补充一个数 73，这样 11 个样本单位数的号码就出来了。对应上述 11 个数字

表 6-3　　　　　　　　　　　　　　　　随机数字表

	(1)	(2)	(3)	(4)	(5)	(6)
1	32044	69037	29655	92114	81034	40582
2	23821	96070	82592	81642	08971	07411
3	82383	94987	66441	28677	95961	78346
4	68310	21792	71635	86089	38157	95620
5	94856	76940	22165	01414	01413	37231
6	95000	61958	83430	98250	70060	05436
7	20764	64638	11359	32556	89822	02713
8	71401	17964	50940	95753	34905	93566
9	88464	75707	16750	61371	01523	69205
10	59442	59247	74955	82835	98378	83513
11	11818	40951	99279	32222	75433	27397
12	65785	06837	96483	00230	58220	09756
13	05933	69834	57402	35168	81438	44850
14	31722	97334	77178	70361	15819	35037
15	95118	88373	26934	42991	00142	90852

编号的客户便是抽中的样本单位。

用同样的方法，可以使用四位数、五位数，若数字不足，可将随机数字表相邻两栏合并使用。

简单随机抽样的优点是：方法简单，当全及总体名单完整时，可直接从中随机抽取样本。由于抽取概率相同，计算抽样误差及对全及指标加以推断较为方便。其局限性在于：当总体很大时对每个单位编号、抽签等都会遇到难以克服的困难。另外，当全及总体的标志变异程度较大时，简单随机抽样的代表性就不如经过分组后再抽样的代表性高。但这种抽样方式在理论上说最符合随机原则，它的抽样误差容易得到数学上的论证，所以，可以作为设计其他更复杂的抽样组织形式的基础；同时，也是衡量其他抽样组织形式抽样效果的比较标准。

(二) 等距抽样

等距抽样，又称机械抽样或系统抽样，是指先将全及总体各单位按一定标志有序排列，然后依一定顺序和一定间隔来抽取样本单位的一种抽样组织形式。

将全及总体各单位按某一标志排队时有两种方法。一种是按与所调查的项目无关的标志排队。例如，抽样调查的目的，是研究职工的家庭生活情况，而将职工按姓氏笔画多少的标志排队。另一种是按与所调查的项目有关的标志排队。例如，研究职工的家庭生活情况，将职工按收入多少顺序排队。

在排队的基础上，计算抽选距离，是由总体单位数除以样本单位数求得，即：

$$抽选距离 = \frac{N}{n}$$

确定抽选距离后，采用简单随机抽样方式，从第一段距离中抽取第一个单位，然后按照相等的间隔抽选下去，直到抽够预先规定的样本单位数为止。

等距抽样由于是在各单位大小顺序排队基础上，再按某种规则依一定间隔取样，这样可以保证所取的样本单位比较均匀地分布在总体各部分，有较高的代表性。它是市场调查中应用广泛的一种抽样方式。其局限性在于：运用等距抽样的前提是要有全及总体每个单位的有关资料，特别是按有关标志排队时，就需要有更为详细的资料。另外，无关标志排队还是有关标志排队，都应注意避免抽样间隔与现象本身的周期性相重合而引起的系统误差的影响。如对商业网点每周的销售量抽样调查，抽取的第一个样本是周末，抽样间隔为 7 天，则其样本单位都是销售量较大的周末，就会影响调查的精度，从而影响样本的代表性。

（三）类型抽样

类型抽样，又称分层抽样，是指将所要调查的总体按某一重要标志分为若干类（或层），使同类（层）中的单位特性相同，类与类（层与层）之间特性相异，然后在每一类（层）中采用简单随机抽样或等距抽样方式抽取样本单位的一种抽样形式。例如，调查城市居民消费水平，可以选用居民家庭收入水平作为分类标志，分为收入水平高的组、收入水平中等的组、收入水平较低的组，然后再在三个类型中分别采用简单随机抽样或机械抽样的方法抽取样本。

由于分类是按有关的主要标志划分的，各类型的单位数一般不同。各组的抽样数目的分配可采用两种方法：一种是等比例抽样；另一种是非等比例抽样。等比例抽样，是各类样本单位中的分配比例与总体单位在各类的分配比例一致，即 $\frac{n_1}{n} = \frac{N_1}{N}$。等比例抽样简便易行，分配比较合理。非等比例抽样，是按各类型的标志变动度来分配抽样数目。标志变动度大的组，抽样数目就多一些；标志变动度小的组，抽样数目就少一些。各组抽样数目不按比例分配。

类型抽样适用于总体单位数量较多并且各单位之间差异较大的调查对象。它把科学的分组方法与抽样原理有机地结合起来，既能划分出性质相近的各类型组，以减少标志值之间的差异程度，又能按照随机原则，保证大数法则的正确运用。在样本数量相同时，它比简单随机抽样和等距抽样的抽样误差小。在抽样误差要求一定时，用它抽样比简单随机抽样和等距抽样所需样本量要少，代表性较强，在社会购买力调查、居民家庭收支调查、商品销售量调查中应用广泛。其局限性在于：必须对总体简单的情况有较多的了解，否则，难以做出科学的分类；特别是非等比例抽样，要求在调查前准确了解各类型组的标志变异程度大小是比较困难的。

（四）整群抽样

整群抽样，又称集团抽样，是指将总体各单位划分成许多群，然后从其中随机抽取部分群，对中选群的所有单位逐个进行调查的抽样组织形式。例如，要调查家庭副业发展情况，不是直接抽取居民户，而是以村为单位，从中抽取若干村，然后对中选村的全体居民户进行调查。

在市场调查中常常按照客观存在的社会条件、自然条件划分总体单位。例如，按地域、社区、企业、学校、村庄等社会组织层次将调查总体划分为若干群体，使整群随机抽样较方便地实施。

整群抽样的主要优点是：调查单位比较集中，组织工作比较方便，在某些情况下，由于不适宜采用个体抽取调查单位的方法，只得采用整群抽样。它的局限性在于：由于抽样单位比较集中，限制了样本在总体分配上的均匀性，所以，代表性较低，抽样误差较大。在市场调查实践中，采用整群抽样时，一般都要增加一些样本单位，以减少抽样误差，提高估计准确性。

由于整群抽样是对中选群进行全面调查，所以，只存在群间抽样误差，不存在群内抽样误差。当各群间差异越小时，整群抽样的调查结果就越准确。在市场调查中，当群内各单位间的差异较大、各群之间差异较小时，则适于采取整群抽样方式。

二、非随机抽样

非随机抽样，是指抽样时不遵循随机原则，而是由调查者根据调查目的和要求，主观设立某个标准从总体中抽选样本的抽样方式。非随机抽样方式主要有三种，即任意抽样、判断抽样和配额抽样。

（一）任意抽样

任意抽样，又称便利抽样，是指根据调查者的方便，在总体单位中任意抽取样本的一种抽样方式。例如，在街头向过路行人做访问调查；在柜台访问顾客，征询对某类商品或市场供求方面的意见等。

任意抽样简便易行，获得市场信息快，节省费用和时间。但是只有在调查总体单位差异小的情况下，才有代表性；否则，抽样偏差大，其结果可信程度低，一般用于非正式的试验性调查，正式的市场调查采用较少，以免失误。

（二）判断抽样

判断抽样，又称目的抽样，是指根据调查者的经验判断而从总体中选择有典型代表性的样本的一种非随机抽样方式。在实践中，有很多典型性调查。例如，企业销售的商品结构变化、居民家庭收支情况等，都可以采取判断抽样法来选取样本。

判断抽样法在样本规模小及样本不易分门别类挑选时有较大的优越性，并且同随机选定的样本相比，回收率也比较高，简便易行，有一定的实践意义。但同时也易于发生由于主观判断偏差而引起抽样偏差的情况，抽样误差也无法计算。判断抽样的代表性如何，完全取决于调查者本身的知识、经验和判断能力。这就要求调查者熟悉调查总体的特征，尽量选择多数型或平均型，以减少调查结果的误差。

（三）配额抽样

配额抽样，是指将总体中的所有单位按一定的标志分为若干类（组），确定各类（组）样本分配数额，然后在每个类（组）中用任意抽样或判断抽样方法选取样本单位的一种抽样方法。配额抽样类似于随机抽样中的类型抽样，区别在于，类型比例抽样各类内是按随机原则抽选样本，而配额抽样则是由调查者在各类内主观判断抽选样本分配数额的调查单位。

按调查者判断抽选样本时，考虑一个或多个标准配额要求的不同，配额抽样又可分为独立控制配额抽样和相互控制配额抽样两种。

1. 独立控制配额抽样，是指根据调查总体的不同特征，对具有某个特征的调查样本分别规定单独的分配数额，而不规定必须同时具有更多特征的样本数额。这种方法的优点是，使调查者在判断抽选调查单位时有比较大的机会去选择总体中的样本。缺点是，调查人员可能因一时方便，选择样本过于偏向某一组别，从而影响样本的代表性。

例如，某市进行化妆品消费需求调查，确定样本量 400 名，选择消费者年龄、性别、收入三个标准分类。独立控制配额抽样，其各个标准样本配额比例及配额数列表如 6-4 所示。

表 6-4   独立控制配额抽样分配表

年龄（岁）	人数	性别	人数	月收入（元）	人数
30 以下	80	男	200	500 以下	40
30~40	120			500~1000	100
40~50	140	女	200	1000~1500	140
50 以上	60			1500 以上	120
合计	400	合计	400	合计	400

从表 6-4 中可以看出，对年龄、性别、收入三个分类标准，分别规定了样本数额，而没有规定三者之间的关系。因此，在调查者具体抽样时，抽选不同年龄段的消费者，无须顾及性别和月收入标准。同样，在抽选不同性别或月收入的消费者时，也不必顾及其他两个分类标准。

2. 相互控制配额抽样，是指对调查对象的各个特征的样本数额交叉分配。如仍按上例，表 6-5 是三种分类标准交叉关系的样本分配数额表，即对年龄、性别、月收入这三项特征同时规定样本分配数。

表 6-5   相互控制配额抽样交叉配额分配表

		月收入								合计
		500 元以下		500~1000 元		1000~1500 元		1500 元以上		
	性别	男	女	男	女	男	女	男	女	
年龄	30 岁以下	4	4	10	10	14	14	12	12	80
	30~40 岁	6	6	15	15	21	21	18	18	120
	40~50 岁	7	7	17	18	24	25	21	21	140
	50 岁以上	3	3	8	7	11	10	9	9	60
	小计	20	20	50	50	70	70	60	60	400
	合计	40		100		140		120		400

从表 6-5 可以看出，相互控制配额抽样其样本配额比例是以各类单位在总体中所占比例为基础调整而定的，且调查面广，所以调查人员只要按样本配额数抽取调查单位，样本对总体的代表性就较强。

第五节 抽样数目的确定

一、必要抽样数目的确定方法

在进行抽样调查之前，抽样数目 n 的多少，直接影响着抽样误差的大小。抽样数目过少，会使调查结果出现较大的误差，与预期目标相去甚远；而抽样数目过多，又会造成人力、物力、财力及时间的浪费。因此，正确地确定必要抽样数目，可以使抽样误差控制在预先规定的范围之内，使抽样调查达到预期效果。

抽样数目 n 的确定，可以由极限抽样误差公式演变而来，其计算公式为：

简单随机抽样方式平均数的必要抽样数目：

重复抽样时：

由于 $\Delta_x = t\sqrt{\dfrac{\sigma^2}{n}}$

所以，$n = \dfrac{t^2\sigma^2}{\Delta_x^2}$

不重复抽样时：

$$n = \dfrac{t^2\sigma^2 N}{N\Delta_x^2 + t^2\sigma^2}$$

简单随机抽样方式成数的必要抽样数目：

重复抽样时：

$$n = \dfrac{t^2 P(1-P)}{\Delta_p^2}$$

不重复抽样时：

$$n = \dfrac{t^2 P(1-P)N}{N\Delta_p^2 + t^2 P(1-P)}$$

二、影响抽样数目的因素

抽样调查的必要抽样数目取决于以下几个因素：

1. 标志变动度大小的影响，即必要抽样数目的多少，与方差 σ^2 或 $P(1-P)$ 的大小成正比。如果标志变动度大，即方差的值大，则抽样数目就多；反之，抽样数目就少。

2. 推断的可靠程度的影响，即必要抽样数目的多少，与概率度 t 的平方成正比。如果 t 值越大，则抽样数目就越多；反之，则抽样数目就越少。

3. 极限抽样误差大小的影响，即抽样数目的多少，与极限抽样误差的平方成反比。如果极限抽样误差大，则抽样数目就少；反之，抽样数目就多。

4. 抽样的方法。在同等条件下，重复抽样要比不重复抽样抽取的样本多一些。

5. 抽样的组织形式。采用类型抽样和等距抽样比简单随机抽样需要的样本单位数目要少。

6. 市场调查中调查表的回收率。确定样本数目应考虑：在调查表回收率可能低的情况下，要适当加大样本数目。

第六节　全及总体资料的推算

抽样调查要用抽样指标来推算全及指标。它不仅可以用样本平均数推算总体平均数，用样本成数推算总体成数，而且可以利用样本指标来推算全及总体的总量指标。根据抽样调查任务的不同，来推算全及总体总量的方法主要有两种：一种是直接推算法，另一种是修正系数法。

一、直接推算法

直接推算法，是指利用样本平均数，乘以全及总体单位数，可得全及总体总量指标。具体的有点估计、区间估计两种方法。

（一）点估计

点估计，是指用样本指标 $\bar{x}$ 或 p，直接代替全及总体指标 $\bar{X}$ 或 P 的推算方法。例如，从 10000 名消费者中随机抽取 200 名，对其月消费额进行调查，计算得到这 200 名消费者月平均生活费支出 300 元。采用点估计，可以认为这 10000 名消费者月平均生活费支出就是 300 元，则总生活费支出为 300 万元。

点估计方法简便，但由于未考虑抽样误差和可靠程度等因素，因而无法说明推算的准确程度和把握程度。

（二）区间估计

区间估计，是指根据样本指标和极限抽样误差，来推算全及总体总量指标的可能范围。

区间估计的方法可分两步进行：

第一步，利用极限抽样误差，推算全及总体平均数或成数的可能范围。

平均数：

$$\bar{x} - \Delta_x \leqslant \bar{X} \leqslant \bar{x} + \Delta_x$$

成数：

$$p - \Delta_p \leqslant P \leqslant p + \Delta_p$$

第二步，利用全及平均数、全及成数的可能范围，推算全及总体总量指标 Q。

其公式为：

$$(\bar{x} - \Delta_x)N \leqslant Q \leqslant (\bar{x} + \Delta_x)N$$

二、修正系数法

修正系数法，是指利用抽样调查的资料与全面调查的资料进行对比确定差错比率，用以修正全面调查资料的方法。它是一种特殊的推算，用于普查之后。修正系数法的推算步骤如下：

1. 取得抽样总体原全面调查指标的"重复登记数"、"遗漏登记数"两项资料。

2. 计算差错比率，作为修正系数。

$$差错比率 = \frac{差错数}{全面调查登记数}$$

$$= \frac{遗漏登记数 - 重复登记数}{全面调查登记数}$$

$$= 遗漏比率 - 重复比率$$

由于遗漏比率可能大于或小于重复比率，故差错比率计算结果可能为正数，也可能为负数。

3. 用抽样总体差错率计算出全及总体差错数，再依次修正全及总体的原全面调查资料。其计算公式为：

全及总体差错数 = 全面调查总数 × 差错率

全及总体修正后总数 = 全面调查总数 + 全及总体差错数

本章精要:

1. 抽样调查是指从调查总体中抽取一部分单位作为样本进行调查,以从这一部分单位调查的结果来推断总体情况的调查方法,是一种非全面调查。

2. 抽样调查有着广泛的用途,其作用主要表现在:①对有些社会现象,不可能进行全面调查,而又要了解其全面情况,必须采用抽样调查。②对有些社会现象,不必要采用全面调查,可以采用抽样调查取得资料。③利用抽样调查可以检验全面调查资料的准确性,并可以修正全面调查的资料。④利用抽样调查可以对某种总体的假设进行检验,来判断这种假设的真伪,以决定行动的取舍。

3. 全及总体简称总体,是指所要研究对象的整体,即包括所要调查的所有单位。

4. 抽样总体简称样本,是指从全及总体中抽取的、作为直接观察对象的全部单位。

5. 全及指标是根据全及总体而计算的综合指标。在抽样调查中,全及指标是个未知数,即要推算的数。抽样指标是指根据所抽取的样本计算出的综合指标。常用的全及指标与抽样指标有:平均数、成数、方差和标准差。

6. 在总体中抽取样本的方法有两种,即重复抽样和不重复抽样。重复抽样是指从全及总体中随机抽出一个样本单位进行调查登记之后,把这个样本仍放回总体中去,再从所研究的总体中抽取样本单位。在抽样过程中总体单位数不变,被抽中的样本仍有同等的机会再被抽中。不重复抽样是指从全及总体中随机抽出一个样本单位进行调查登记之后,不再把这个样本放回到总体中去,即任何单位一经抽出,就不会再有第二次被抽取的可能性。在抽样过程中总体单位数是逐渐减少的。

7. 抽样误差是指样本指标与全及指标之间的平均离差,即样本平均数与全及平均数之间的平均离差;样本成数与全及成数之间的平均离差。它是随机误差,是平均误差。在计算和应用抽样误差时,应注意:①重复抽样与不重复抽样的误差公式不同。②计算抽样误差要有总体方差资料(可用样本方差代替)。③公式的变换问题。

8. 影响抽样误差大小的因素主要有:被研究总体各单位标志值的差异程度;抽样的单位数;抽样方法和抽样调查的组织形式。

9. 抽样调查包括随机抽样和非随机抽样两大类型。随机抽样是指按照随机原则从总体中抽选样本的抽样方式,它又可分为简单随机抽样、等距抽样、类型抽样和整群抽样四种方式。非随机抽样是指抽样时不遵循随机原则,而是由调查者根据调查目的和要求,主观设立某个标准从总体中抽选样本的抽样方式。非随机抽样方式主要有三种:任意抽样,判断抽样,配额抽样。

10. 根据抽样调查任务的不同来推算全及总体总量的方法主要有两种:一种是直接推算法;另一种是修正系数法。

关键术语:

抽样调查　普查　总体　样本　全及指标　抽样指标　抽样误差　随机抽样　非随机抽样　简单随机抽样　等距抽样　类型抽样　整群抽样　任意抽样　判断抽样　配额抽样

思考题:

1. 什么是总体、样本以及抽样调查?

2. 抽样调查和普查之间的主要区别是什么？什么条件下抽样调查会比普查方法更适用？为什么？

3. 什么是随机抽样？都包括哪些类型？

4. 什么是非随机抽样？都有哪些类型？

5. 如何区分随机抽样和非随机抽样？

6. 什么时候使用非随机抽样会比较有效果？

7. 分层抽样的好处是什么？

8. 什么是抽样误差？产生抽样误差的原因都有哪些？如何避免抽样误差？

互联网练习题：

使用 Google 来搜索"游乐园"，看你能否帮助一项全国性的游乐园调查找到一个有用的抽样框架。

实战练习题：

写出完成以下抽样的具体过程，要求精确到每一个步骤：

1. 随机抽取所在大学的 80 名学生进行调查。

2. 招商银行的信用卡用户达 100 万名，它想从中抽取 10000 名获奖用户，每名奖励礼品一份。

3. 可口可乐公司在商场拦截式访问中希望调查 100 名顾客，其中一半是喜欢可口可乐的，一半是喜欢竞争对手品牌的。

4. 浩沙健身中心希望从它的会员数据库中抽取 300 名顾客，参加年底会员回馈健身知识讲座。目前会员男女以及性别比例并不均衡，浩沙希望样本越接近总体的实际构成情况越好。

第七章 问卷调查

学习目标

- 认识问卷设计的目的
- 了解问卷在收集数据中的重要作用
- 熟悉评价优秀问卷的标准
- 学习问卷设计的步骤
- 掌握问卷设计的技巧

开篇案例

X 银行是一家主要面对农村信用业务的银行。金融业的竞争加剧导致 X 银行的改革也迫在眉睫。X 银行最近希望重新设计自己的 CI 标志，目的在于改变在广大储户中的品牌形象。与此同时，它也非常希望能够更好地了解储户的意见以及基本态度，因为关于这方面的资料以前一直比较缺乏。另外，竞争对手也是 X 银行关注的内容之一。为了帮助 X 银行更好地了解自己的基本情况，获取有关储户意见及态度的第一手资料，为 X 银行今后的广告宣传、市场运作和外观设计提供可靠的参考依据，X 银行决定在本市范围内实施一次全面的市场调查，并找到了一家专业的市场调查公司为自己设计调查方案。X 银行向这家调查公司表达了自己对调查的迫切需要，并表示愿意将调查结果用于日后提高企业知名度、树立良好的企业形象、建立稳定的客户网络等方面的工作改进中去。调查公司接受委托后，经过一周的详细准备，该调查公司拿出了设计好的调查问卷。问卷具体内容及形式如下：

问卷编号_____

您好！我们是 X 银行的调查员，希望了解一下您对银行的评价，以便更好地改进我们的工作与服务。占用时间不长，感谢您的配合！

1. 您对 X 银行的总体印象如何？（　　　）

　　A. 非常好　　B. 不错　　C. 一般　　D. 很差　　E. 非常糟糕

2. 如果用几个词来形容 X 银行，你会使用哪些？_____

3. 您是通过什么途径了解到 X 银行的？（　　　）〈可多选〉

　　A. 电台广告　　B. 报纸广告　　C. 朋友介绍　　D. 宣传折页

　　E. 电视广告　　F. 活动现场　　G. 网络　　　　H. 其他（请注明）_____

4. 您使用 X 银行的业务已有多久？（　　　）

A. 一年以内   B. 一年至三年   C. 三年至五年   D. 五年以上

5. 您选择到 X 银行办理（或咨询）业务的主要原因是什么？（　　）〈可多选〉

　　A. 离家近，方便   B. 知名度高   C. 信用好

　　D. 所需业务只可在此办理   E. 设施齐全   F. 服务态度好

　　G. 其他（请注明）＿＿＿＿＿＿＿

6. 您曾到 X 银行办理过哪些业务？（　　）〈可多选〉

　　A. 存取款   B. 转账   C. 单位代发工资   D. 个人理财

　　E. 公司业务   F. 缴费   G. 其他（请注明）＿＿＿＿＿＿＿

7. 您曾使用过 X 银行的哪些服务系统来办理业务？（　　）〈可多选〉

　　A. 现场办理   B. 电话服务   C. 网络操作   D. 自助服务系统

　　E. 其他（请注明）＿＿＿＿＿＿＿

8. 您是否关注 X 银行的宣传单册？（　　）

　　A. 非常关注   B. 比较关注   C. 一般   D. 不太关注

　　E. 从来不关注

9. 您对 X 银行以下方面是否满意

内容	满意程度				
周边环境	A 非常满意	B 满意	C 一般	D 不太满意	E 非常不满意
店面设计	A 非常满意	B 满意	C 一般	D 不太满意	E 非常不满意
内部设施	A 非常满意	B 满意	C 一般	D 不太满意	E 非常不满意
服务质量	A 非常满意	B 满意	C 一般	D 不太满意	E 非常不满意
企业标识	A 非常满意	B 满意	C 一般	D 不太满意	E 非常不满意

10. 您认为 X 银行还有哪些方面需要改进？

＿＿＿＿＿＿＿＿＿＿＿＿＿＿＿＿＿＿＿＿＿＿＿＿＿＿＿＿＿＿＿＿＿＿

11. 您认为理想中的银行应该是什么样子的？

＿＿＿＿＿＿＿＿＿＿＿＿＿＿＿＿＿＿＿＿＿＿＿＿＿＿＿＿＿＿＿＿＿＿

12. 您还到哪家银行办理过业务？

＿＿＿＿＿＿＿＿＿＿＿＿＿＿＿＿＿＿＿＿＿＿＿＿＿＿＿＿＿＿＿＿＿＿

13. 请您大概说说对以下三家银行的基本印象

	满意的地方	不满意的地方
X 银行		
Y 银行		
Z 银行		

请填写您的个人资料，以便分析数据使用：

1. 您的性别：A. 男   B. 女

2. 您的年龄：A. 20~30 岁   B. 31~40 岁   C. 41~50 岁   D. 51~60 岁   E. 61 岁以上

3. 您的受教育程度：A. 初中及初中以下   B. 高中、职高   C. 大专   D. 本科以上

4. 您的职业：（请注明）＿＿＿＿＿＿＿＿＿＿＿＿＿＿＿＿＿＿＿＿＿

5. 您的个人月收入：

    A. 1000 元以下   B. 1001~3000 元   C. 3001~5000 元   D. 5001~7000 元

    E. 7001~9000 元   F. 9001~10000 元   G. 10001 元以上

谢谢合作

仔细察看开篇案例中设计好的问卷，你认为它是否完美地体现了 X 银行的要求？这份问卷还需要经过怎样的程序才能够最终交付使用？一份问卷到底应该怎样才算优秀？问卷在一个市场调查项目中究竟起到什么样的作用？设计问卷时应该注意哪些问题？这些都是本章将要展开讨论的内容。

第一节　问卷的定义与作用

一、问卷的定义

询问调查的每一种形式都离不开问卷的使用。使用问卷几乎是所有数据收集方法的一般思路。问卷是为了完成调研项目、收集必要数据而设计好的一系列问题，它是收集来自于被访者信息的正式一览表。它提供了标准化和统一化的数据收集程序，它使问题的用语和提问的程序标准化。每一个应答者看到或听到相同的文字和问题，每一个市场调研员问完全相同的问题。如果没有问卷，每个市场调研员随感而问，不同的市场调研员以不同的方式提问，调研人员将陷入这样的困惑：应答者的回答是否受到了调查员用词、试探或解释的影响？对不同应答者进行比较的有效基础就不存在了，一堆杂乱的数据从统计分析的角度来看也难以处理。从这个意义上讲，问卷是一种控制工具（有时被称为访问表格或询问工具）。采用问卷调查是国际上通行的调查方式，也是我国近几年来推行最快、应用最广的调查方式。按照我们的理解和表述方式，我们给出如下定义：问卷，又称调查表，是指预先将调查内容设计成一系列程序化和标准化的问题，以书面的形式要求被调查人填写，以了解调查对象的反应和看法，据此获得资料和信息的一种调查方式。

二、问卷的作用

（一）问卷在调查过程中处于中心地位

图 7-1 说明了问卷的中心地位，它被定位于调查目标（来自管理者提出的问题）和调查信息之间。处于这种地位，它必须将目标转化为一系列具体的问题以从应答者处获取信息。市场调查人员必须将调查目的转化为所有应答者都能理解的语言，这个过程说明了问卷的核心作用：它能够将调查目的转化为应答者能理解的形式，从应答者那里获得必要的信息。同时，它还便于将所得的信息重新整理成易于列表的形式，并将其转化成满足管理者信息要求的调查结果和建议。

（二）问卷是通俗易行的调查方式

调查可以采用查寻资料、实地采访、电话询问及问卷的方式进行。在很多情况下，查寻资料不可能满足调查目标所要求的全部资料和信息，而实地采访和电话询问要求调查人

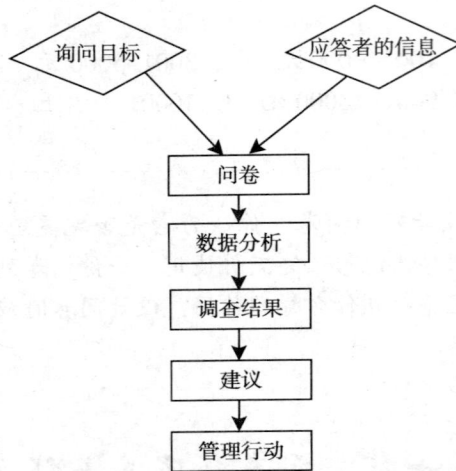

图7-1 问卷在调查过程中的地位

员具备相当高的询问技巧，同时，调查人员还要进行记录，这就难免会出现有些问题回答不完全或模棱两可的情况；而问卷这种形式可以将所要问的问题全部以提问的方式写在卷面上，再提供多种现成答案，由被调查者选择，所以容易被人们接受，调查人员也不一定具备很熟练的交流技巧，只要能说清意图，并能回答被调查者的问题就可以担当此项工作了。因此，问卷适用面广，而且能直接获取被调查者所反映出来的意图，收到在短时间内得到尽可能多的被调查者情况的效果。

（三）全面、准确地反映问题

在一般情况下，问卷的设计都力求通俗易懂，通过选择答题的方式将消费者或用户的态度和看法明确地表示出来，所以，它可以以任何层次、任何类型和任何知识水平的顾客作为调查对象，让他们根据自己的看法进行回答，这样就可以较全面地反映多数消费者对某一商品或服务的看法和偏好。

（四）有利于资料的统计

问卷设计将调查目标分解成细目，并将其规范地排列在问卷中，除了极少数题目需要被调查者用文字表达以外，其他绝大多数题目都是将答案写出，由被调查者做记号以示自己的观点和看法，因此，利用人工或计算机将每一细目的答案进行整理和统计比实地采访或其他方式要方便得多，它可以很准确地将每一细目的答案汇总、归类，然后进一步分析。

（五）节省调查时间

问卷形式无须由调查人员就调查目标向被调查者作详细的解释，也可以避免在与被调查者的交谈中，谈话游离于主题之外的现象。如果问卷内容的说明清楚、明了，调查人员对调查对象只需稍作解释，说清意图，调查对象就可以答卷。在答卷中，除非有特殊情况，一般不需要被调查者再对各种问题做文字方面的解答，只需对所选择的答案做上记号即可。这样就节省了调查时间，节省了在调查中用于详细解释意图的时间，从而可以提高调查工作的效率。

第二节　问卷的格式和设计

一、问卷的格式

问卷的格式一般都是这样安排的：

（一）问卷说明（开场白）

问卷说明意在向被调查者说明调查的意图、填表须知和时间等。有些问卷还交代交表地点及其他事项等；有些问卷开头的说明一般还加上一些宣传内容，更具说服力。问卷说明一般都在问卷开头的地方，以便尽快让填表人了解调查的目标和内容。下面举两个实例说明。

第一例用比较简洁、开门见山的方式，进行问卷的说明：

女士们、先生们：

您好！

我是市场调查员，我们正为×××产品做市场调查，请协助我们回答几个问题，只用您 15 分钟的时间，谢谢您的协助与支持。

下一例则在问卷说明中进行了一定的宣传，以引起调查对象对问卷的重视。

女士们、先生们：

您好！

欢迎光临我们的展览会。此次展览会意在宣传保健品方面的各种知识及展示我国保健产品的发展情况。保健品与现代人的生活息息相关，其质量优劣直接关系消费者的身体健康；为宣传优质保健品，树立其在消费者心目中的良好形象，促进市场销售，同时抵制假、冒、伪、劣保健品，保护消费者的利益，请您在参观此次展览会之余填写此份调查问卷，行使您作为上帝的权利。

请您根据自己的使用经验、他人的推荐介绍及今天参观的感受，对表中所列各品牌的保健品，就价格、外观、喜好和知名度等方面，选择您认为最满意的几种保健品。填完问卷后，请交到收表处，领取纪念品一份，谢谢您的合作。

对于邮寄调查，一般可以先给调查对象寄一封说明信，然后再把问卷寄到调查对象的手中。说明信的写法要求更规范一些。例如：

亲爱的学生家长：

有一个问题正在困扰×××大学——如何降低大学生的旷课率？这个由学校校委会发起的问卷调查的目的就是希望寻求解决这个问题的答案。

您被选中的原因是：您的孩子在本大学念书，上个月，一份问卷已经发给了您的孩子，而且他的回答正在整理中。我们希望了解社会、家长和学生本人的想法，并比较两代人对学校教学同社会联系的看法与建议。

由于资金所限，我们只选了一个比较小的样本家庭群来回答这份问卷。因此，您的回答对该研究的成功极为重要。信里并附有回寄信封（已贴好邮票）。谢谢您的支持和帮助！

×××大学校委会
2002 年 9 月

（二）填写说明

在自填式问卷中要有详细的填写说明，使被调查者明白如何填写问卷，如何将填写好的问卷返回到调查者手中。例如：

填写要求：①请您在所选择答案的题号上画"√"。②对只许选择一个答案的问题只能画一个"√"；对可选多个答案的问题，请您在认为合适的答案上画"√"。③需填写数字的题目在留出的横线上填写。④对注明要求您自己填写的内容，请在规定的地方填上您的意见。

（三）被调查者的基本情况

有些问卷在卷头说明之后，或在问卷内容之后设立题目，了解被调查者的情况，主要包括：性别、民族、职业、收入、年龄、文化程度、婚姻状况和家庭人口等，少数问卷要求被调查者写出姓名、地址和联系电话等，如果被调查者是企事业单位，则还要求填写厂名、店名、地址、负责人、主管部门、职工人数和固定资产原值等情况。这些项目对分析不同消费者的消费投向和偏好有很好的参考价值。

（四）调查内容

这是调查问卷中最主要的部分，也是问卷的核心部分。它主要是以提问的形式呈现给被调查者。如就某产品的品牌、性能、质量、维修、包装、品味、服务等，或就消费者偏好以及与其他产品的对比等，要求被调查者选出能表达自己看法或态度的答案。

（五）问卷编号

主要用于识别问卷、调查者以及被调查者姓名和地址等，以便于校对、检查、更正错误。

（六）调查者的情况

在调查表的最后，附上调查人员的姓名、访问日期、时间等，以明确调查人员完成任务的情况。

二、问卷设计

（一）问卷设计的重要性

问卷在数据收集过程中起着重要的作用。如果问卷设计得不好，那么所有精心制作的抽样计划、训练有素的访问人员、合理的数据分析技术和良好的编辑和编码都徒然无用。不恰当的问卷设计将导致不完全的信息、不准确的数据，而且导致必然的高成本。问卷和访问员是市场调查的生产线。正是在此生产线上，产品不论好坏，都被生产出来。问卷是工人（访问员）的工具，他们用此工具来生产出基础产品（应答者的信息）。

问卷的设计必须依据调查目的来开列所需了解的项目，并用一定的格式将其有序地排列出来，以便清楚地展示给被调查者。由于问卷的内容体现的是所要调查的主要目标，因此问卷设计的准确性和科学性直接关系到调查能否达到预期的目的。

（二）问卷设计步骤

问卷是为了解决某一特殊问题而进行设计的。因此，它要体现科学和有序的原则。问卷设计的主要步骤是：

1. 确定主题。在接受一个调查项目以后，委托人通常只给调查单位一个大致的范围，如销售问题、读者对某报刊的关心程度或对某种产品的需求情况等。在这种情况下，调查部门需清楚委托人的调查目的和调查结果的用途，以便确定对各种资料信息的取舍、调查问卷中应侧重的方面及调查对象。

2. 设计问卷（将调查目标分解成问题，并确定问题的回答形式）。在调查主题确定以后，如采用问卷的形式获取所需的资料，就要把调查目标分解成更详细的题目，同时还要针对调查对象的特征进行设计，如调查对象是企业还是单个消费者，是一般消费者还是使用过此类产品的消费者等。

3. 试验阶段。问卷设计出来以后，为了使问卷所列项目更切合调查目标，而且能使被调查者接受，还要将问卷进行小范围的检验。首先应将设计问卷交由委托单位过目，听取他们的意见，补充或修改一些内容，以求完整地表达委托人的意图；然后将问卷交给一些普通用户试答，看看所设计的问卷是否好答，用户是否愿意答，回答所需的时间是否适宜；最后还要分析一下问卷的项目是否易于整理、分类和统计。

4. 制表、打印、印刷阶段。在上述工作完成以后，就可以开始制表了。制表时，要考虑每一问题的间隔、排列是否适当，文字是否清楚，然后进行打印。将打印稿进一步修改后，就可以交付印刷了。

（三）一份优秀问卷的标准

要设计一份好的问卷，必须考虑这样几个问题：它是否能提供必要的管理决策信息？是否考虑到应答者的情况？是否满足编辑、编码和数据处理的要求？

1. 问卷能否提供必要的决策信息。任何问卷的主要作用就是提供管理决策所需的信息，任何不能提供管理或决策重要信息的问卷都应被放弃或加以修改，这就意味着将要利用数据的经理们首先要认可问卷。经理们对问卷表示满意就意味着问卷设计成功；如果经理们对问卷不满意，那么，市场研究人员就应继续修改问卷。

2. 考虑到应答者。由于许多公司已认识到市场调查的重要性，许多年度调查已迅速增多。问卷设计欠佳、令人迷惑、漫长的询问都会失去数以万计的潜在应答者。据统计，超过40%的被联系者拒绝参与调查。

为了充分访问，一份问卷应该简洁、有趣，具有逻辑性并且方式明确。尽管一份问卷可能是在办公室或会议室里制作出来的，但它要在各种情景和环境条件下实施。因忙于家务或其他事先有所安排的受访者会终结毫无兴趣的访谈；有些访谈是在受访者渴望回到电视机前时进行的；另外一些访谈是对一些忙于购物的购买者进行的；还有一些访谈是在受访者的孩子缠着他们的时候进行的，仅访谈时间的漫长就会使其变得枯燥乏味。一家纽约公司进行了一项社会心理调研，每次访谈要花 3~4.5 个小时来完成。

设计问卷的研究者不仅要考虑主体和受访者的类型，还要考虑访问的环境和问卷的长度。近期的一项研究发现，当受访者对调查题目不感兴趣或不重视时，问卷长度相对就不重要了。换句话说，无论问卷是长是短，人们都不会参与调查。同时，研究发现，当消费者对题目感兴趣或当他们感到问题回答不太困难时，他们会回答一些较长的问卷。

有时经理们会陷入"只要你提问，就能轻松知道答案"的错误逻辑中。"能轻松知道答案"的问题是那些看来有趣但却不能传达任何对管理有用信息的问题。当附加与最初调查目标无关的问题时，将出现两个问题：首先，访问变得无关联性。被访者正被问到肥皂的购买习惯，突然访问员又问到了酒类消费问题，这样就破坏了问卷的前后连续性。其次，附加问题的长度。一般来说，访问时间越长，越难找到乐于合作的调查参与者，终止率也越高。通常那种只完成部分（一段）的访谈对研究者来说毫无意义。同时它又费时，费用又高，并使访问员感到沮丧。

问卷设计的另一个要求是使问卷适合于应答者。一份问卷应该针对应答者设计。对儿童进行品尝测试的问卷应当用儿童的语言表述；对成人购买者的问卷应当使用成人的语言。

问卷设计最重要的任务之一是使问题适合潜在的应答者。问卷设计者必须避免使用营销专业术语和可能被应答者误解的术语。实际上，只要没有侮辱或贬低之意，最好是运用简单的日常用语。

3. 编辑和数据处理的需要。一旦信息收集完毕，就要进行编辑。编辑是指检查问卷以确保按跳问形式进行，看看需要填写的问题是否已经被填好。"跳问"是提问题的顺序，表7-1显示了当受访者对问题4a的回答是"不"时，对其进行的一个从4a直接到5a的跳问。

表7-1　　　　　　　　　　　　　问卷跳问形式

4a. 您常用洗发乳液或洗发剂给小孩洗头吗？
（1）不（跳至5a）　（2）是（问问题4b）
4b. 您用的洗发乳液是倾注式还是喷雾式？
（1）（　）倾注式洗发乳液
（2）（　）喷雾式洗发乳液
4c. 大约多久用洗发乳液或洗发剂给孩子洗一次头发？是一周少于一次、一次，还是多于一次？
（1）（　）少于1次
（2）（　）1次
（3）（　）多于1次
5a. 想想您孩子的发质是……（读备选答案）
（1）（　）好　（2）（　）不好　（3）（　）正常
5b. 您孩子的头发有多长？（读备选答案）
（1）（　）长　（2）（　）中　（3）（　）短

所有"开放式问题"要由访问员逐字记录。开放式问题是指不包含备选答案的问题。开放式问题有时通过从完成的问卷中随机选出一些回答，根据这些问卷中的答案来编码。如果可能，开放式问题应预先编码。那些出现频率较高的回答要列在像表7-2那样的编码

表7-2　　　　　　　　　　　　问题的编码单 "你的职业是什么？"

类　别	编　码
专业技术人员	1
行政管理人员	2
销售人员	3
技术工人	4
修理工人	5
非技术劳动者	6
农场经营者或牧场经营者	7
无业者或学生	8
退休人员	9

单上。编辑者使用编码单为开放式问题的答案编码。如今，尖端的中枢网络系统软件正在降低开放式问题进行人工编码的必要性。

简而言之，一份优秀的问卷必须具有以下功能：①它必须完成所有的调研目标，以满足管理者的信息需要。②它必须以可以理解的语言和适当的智力水平与应答者沟通，并获得应答者的合作。③对访问员来讲，它必须易于管理，方便地记录下应答者的回答，同时，它还必须是有利于方便快捷地编辑和检查完成的问卷，并容易进行编码和数据输入。④问卷必须可转换为能回答经理起初问题的形式。

第三节　问卷设计技巧

问卷设计所应达到的要求是：问题清楚明了，通俗易懂，易于回答，同时能体现调查目标，而且便于答案的汇总、统计和分析。

一、问卷设计技巧

设计问卷时，根据具体情况可采用不同的设计形式和技巧。在问卷设计中，问题如何提出及列举什么样的答案供被调查者选择，是问卷设计的关键环节。

在问卷调查中，提问方式基本上有两种类型：开放式提问和封闭式提问。

（一）开放式提问

开放式提问是一种应答者可以自由地用自己的语言来回答和解释有关想法的问题类型。也就是说，调查人员没有对被调查者的选择做任何限制。调查人员只是提出问题，并不准备答案，由被调查者自由回答。例如，"您对××牌空调器满意吗？" "您认为产品应在哪些方面加以改进？" "您为什么选择××牌空调器？"

开放式提问方式经常需要"追问"。追问是访问员为了获得更详细的材料或使访问继续下去而对被调查者的一种鼓励形式。访问人员也许会问："您还有其他要说的吗？"或"在这一点上您能否讲得更详细些？"通过追问，澄清被调查者的回答。

开放式提问的具体方法主要有：自由回答法、词语联想法、故事完成法、图画法和角色扮演法。

开放式提问对调研人员来讲有许多优点：

1. 开放式提问可以使应答者给出他们对问题的一般性反应：

（1）您认为利用邮寄目录从公司订购比本地零售有什么优势？（追问：还有什么？）

（2）为什么您宁愿请专业清洁公司来清洗您的地毯而不愿自己或家人在家清洗？

（3）产品色彩中哪些颜色是您最喜欢的？（追问：您最喜欢什么颜色？）

（4）您为什么认为××品牌（您最常用的）更好？

以上问题都是从不同的全国性询问调查中抽选出来的，涉及四种产品和服务。注意在（2）和（4）的开放式问题是跳问的一部分。如在问题（2）中，应答者已经表示他们选择专业地毯清洁服务而不靠家庭成员来清洗。

2. 开放式提问能为研究者提供大量、丰富的信息。应答者是以他自己的想法来回答问题的，他们可能用生活中的语言而不是实验室或营销专业术语来讨论有关问题。这样有助于帮助设计广告主题和促销活动，使文案创作更接近于消费者的语言。即使在计算机辅助访谈中也能得到大量的丰富信息。

3. 对开放式问题回答的分析也可以作为解释封闭式问题的工具。在封闭式提问后进行这种分析，经常可在动机或态度上有出乎意料的发现。比如，在五种产品特性的重要性中，知道颜色排在第二位是一个方面，但知道为什么颜色排在第二位也许更有价值。

4. 开放式问题也许会为封闭式问题提出额外的选项。例如，以前没有认识到的邮购订购目录的优点，可能从问题（1）中揭示出来。这个优点可能会在用封闭式提问调查时被忽略掉。

有一个生产企业总是以以下问题来结束一份有关产品订购的问卷："对于过去三周中您试用的产品，您还有其他意见向我们反映吗？"这样的问题可能为研究人员获得最后的珍贵信息提供了更多的启迪。

开放式提问也存在着缺点。第一个缺点是在编辑和编码方面费时费力。对开放式问题回答的编码需要把许多回答归纳为一些适当的类别并分配给号码，如果使用了太多的类别，各种类别的频次可能很少，从而使解释变得很困难；如果类别太少，回答都集中在几个类别上，信息又变得太一般，重要的意思就会丢失。即使使用了适当的类别，编辑人员仍不得不解释访问人员已经给出的记录数据应归为哪一类。

第二个缺点是访问员误差。尽管在培训中反复强调逐字记录开放式问题的重要性，但在实际调查时经常做不到。记得慢的访问人员也许会无意中错过重要的信息，从而带来资料收集误差。好的追问，如"您能再谈谈吗？"或"还有其他意见吗？"一般能比糟糕的追问获得较高质量的回答。

这些难题可以通过预先为开放式问题编码加以部分解决。例如，将有关问题的可能答案先列在问卷上，在最后栏内留一定的空间给答案以外的其他类。在电话访谈中，因为应答者看不到编码种类，而访问员又不得泄露，问题仍将以开放式进行回答。当然，预先编码要求对以前类似性质的研究足够熟悉，以能对应答者的回答做出正确预期；否则，则需要相当大样本的预先测试。

第三个缺点是开放式提问可能会向外向性格的、善于表达自己意思的应答者发生偏斜。一个能够详细阐述自己的观点并且有能力表达自己意思的应答者也许会比一个害羞、不善言辞或畏缩的应答者有更多的信息输出。然而，他们可能同样是潜在购买者。

如果编辑发现下面的回答："我通常多加甜面酱"，"我少加辣酱"，或"我是个素食者，我从不加肉"，你将如何编码呢？

因此，开放式提问的关键在于解释处理的范围。为此，必须进行二阶段判断：①研究者必须确定一套合适的分类。②评价每一个答案各归属于哪一种类。

开放式提问的最后一个缺点是它不适合使用在一些自我管理性问卷上。如果没有访问人员的追问，一个浅显的、不完整的或不清楚的回答就可能记录在问卷上。

（二）封闭式提问

封闭式提问是指调查人员事先准备好所提问题的可能答案，被调查者从一系列应答项中选择答案。封闭式提问的优点主要是避免了开放式提问的缺点。

首先，封闭式提问可以减少访问人员误差，因为访问人员只需在选项上打"√"或画圈，记录下编码或按一下键。

其次，访问者读出选项（或出示印有选项的卡片）也许提醒了被访问者的记忆，从而提供一个更实际的应答；同时，因为被访问者无须对有关主题进行解释，从而避免了向那些善于表达自己意思的人偏斜的倾向。

最后，编码与数据录入过程被大大地简化了，也就大大减少了这方面可能发生的误差。

需要指出的是，预先编码的开放式问题与多项选择题之间存在着差异。一个预先编码的开放式问题允许应答者随心所欲地回答，访问人员不过根据他们的回答在记录单上勾一下或画一下圈。追问这种提问方式被使用，但列出的答案从来不读也不给应答者看，如果应答者给出的一种回答没有预先编过码，它就被放在其他栏内逐字记下。相对应地，封闭式提问要向应答者读出选项或给他们看。

封闭式提问的具体方法主要有：

1. 二项选择法。这种提问形式给调查对象提供两个相反的答题进行选择，比如，是、不是，有、没有，买过、没买过，喜欢、不喜欢等。填表人选择其中一项，要么否定，要么肯定，答题性质相反。

例如：您吃过×××牌饼干吗？（在同意的方块中画"√"）

吃过□   没吃过□

这种提问便于填表人回答，而且易于统计，从是与否的选择中，就可以得知吃过、未吃过的比例，结果很明显。但二项选择题的两个答题性质不同，只能知道被调查者的一种态度或一种状况，不能弄清形成这种态度或状况的原因，因而这种提问需要有其他形式的询问作为补充，以使提问更深入一步。

2. 多项选择法。这种询问方法设多个答案供被调查者选择，在这种问题中，被调查者可以选择一个答案，也可以选择多个答案。（在选择的方块中画"√"，以下各题相同）

例如：您选择××牌电冰箱的原因是什么？

（1）制冷快□

（2）容积大□

（3）价格便宜□

（4）维修方便□

（5）外观漂亮□

（6）别人推荐□

（7）质量好□

（8）噪音小□

（9）其他□

又例如：您听广播的最主要原因是什么？

（1）喜欢听广播□

（2）不听广播总感到有点不满足□

（3）养成了一坐汽车就听广播的习惯□

（4）因为工作单位里有广播□

（5）因为上班的路上能听到广播□

（6）因为眼睛不疲劳□

（7）因为广播内容广泛□

（8）因为可以点播节目□

（9）因为没电视看，所以才听广播□

（10）其他□

由于所设答题不一定能表达出填表人的所有看法，所以，在问题最后一般都设有"其他"这个项目，以便使被调查者表达自己的看法。

多项选择法由于答案是多个，所以，较全面地反映被调查者对某种产品或服务的要求，不致使被调查者顾此失彼，但设计时要注意问题的含义不能出现重复。有些多项选择题，为便于统计，要求填表人最多只可选几项，有些问卷则没有限制，如果问题在含义上出现重复，就会增加无效劳动量，调查结果也会有误差。此外，供选择的题目也不宜过多，以免填表人厌烦或不知答哪个好，一般这种多项选择题应控制在 10 个以内。

3. 等距量表法。这种方法是一种观念计量方法。它反映被调查者对某事物的感受程度。具体做法是将问题的答案对称排列或顺序排列，让被调查者选择答案。一般来说，为便于整理资料，分等数目应为奇数。答案排列可采用以下几种形式：

（1）图案标示法。将答案用图示符号对称排列，两边意义相反。如您对本商店的服务感到有多满意？（请您在同意的程度上画"√"）

（2）语义差异法。这种方法也叫特征对应评分法，它可以用两种方法表示：

文字形式：请问您想买一台空调机吗？（请您在同意的程度上画"√"）

很想买□

想买□

不一定□

不想买□

很不想买□

表格形式：将每一答题用相应的分数代表、做汇总时，将同样分数的项目统计出来，就可知道其代表的特征的反映程度。

例如：您认为 × 种啤酒与您认为最好的啤酒相比怎么样？（在您同意的程度上画"√"）

	理想	较理想	一般	不太理想	不理想
口味	5	4	3	2	1
泡沫	5	4	3	2	1
清纯	5	4	3	2	1
包装	5	4	3	2	1
价格	5	4	3	2	1
购买方便	5	4	3	2	1

很多产品给被调查者的印象并不能用简单的喜欢与不喜欢表达出来，比如对食品或酒类味道的回答，不同的消费者有不同的回答，即使说味道好的顾客，对好的反映程度也是不同的，所以用特征对应法可以更精确地体现被调查者的心理感受程度。

例如：口味测验的特征对应评分见下表所示。

类似口味或感受这样的问题，如果让人们用是否这样的方式来回答，虽然汇总时只需

3	2	1	0	1	2	3	

	3	2	1	0	1	2	3	
黏的								不黏
清淡								浓烈
粗								细
新鲜								走味
酥脆								坚硬
稀								稠
干硬								松软

计算一下两种回答所占的百分比，但这会得出过于粗略的结果，从而掩盖了被调查者更深的感受和这种感受内涵的差异性，而上表所示则是用定量的方法将被调查者的感受程度统计出来。汇总时将每一对应特征的评分值相加然后计算出它们的平均值或画出图形，就可以得到感受差异性的结果。

4. 顺位法。调查人员为一个问题准备若干答案，让被调查者根据自己的偏好程度定出先后顺序。

例如：请您按照您喜欢的程度对以下牌号的洗发精进行编号，最喜欢者为1号，依次类推。

华姿□　飘柔□　力士□　　沙宣□
蜂花□　飘逸□　奥丽斯□　诗芬□

进行统计时，将每一商品所得进行平均，就得出该商品在消费者心中的一个总的印象。

用这种方法也可以采取让被调查者打分的形式，如每种商品应得的最高分为100分，被调查者认为该商品应得多少分，则填上自己打的分数，如果是70分以上，说明较受欢迎，30~40分说明一般，20分以下说明不受欢迎。

5. 比较法。调查人员为一个问题准备若干组项目，请被调查者逐对比较回答。

例如：您认为选择空调机最重要的标准是：

品牌□　　　　价格□
使用方便□　　节电□
价格□　　　　质量□
售后服务□　　品牌□
节电□　　　　安全□
……

每一种封闭式提问都有独特的缺点。对于二项选择问题，研究者发现很多时候回答不能与应答者的感觉强度相联系。有些情况下，强度的因素无法体现。例如："您会购买比现行市价高2元，但能保证使用寿命延长一倍的日光灯管吗？"回答很有可能在如下范围："不，绝对不"；"哈，我想我会买"；"可能会试试"或"当然！"。这说明应答者对问题有较强的感觉，但二项选择法却不能体现这种感觉强度。

多项选择法有两个缺点：①调研人员必须花许多时间想出一系列可能的答案，这阶段也许需要专家座谈的录音分析、头脑风暴、二手资料调研。在任何情况下，都要比开放式提问与二项选择花更多的时间与精力。②可能的选择范围。如果列出的选项太长，应答者可能会被搞糊涂或失去兴趣。一种克服的方法是向他们出示卡片或与他们一起往下读。

与以上问题相关的是次序误差。应答者一般对排在前面和最后的答案有优先选择的倾向，而对其他选项的选择则相同。次序问题可以通过在选项上打"×"来解决，第一张问卷"×"打在第一个选项，第二张问卷打在第二个选项，依次下去，并指导访问人员从打"×"的选项开始读。

下面附上两个实例，说明问卷的格式和内容。

问卷式：

××牌饼干市场调查问卷

先生、女士：

您好！

我是市场调查员，我们正在为××牌饼干做市场研究，请协助回答几个问题，只用您15分钟时间，谢谢您的协助与支持。

1. 吃饼干时，您会首先选择：①××牌□　②益利□　③乐之□　④康莱□
　　⑤其他□

2. 您对××牌饼干的了解程度如何：

(1) ①听说过□　　　　　　②没听说过□

(2) ①吃过□　　　　　　　②没吃过□

(3) ①想吃□　　　　　　　②不想吃□

3. 您最喜欢吃××牌哪种口味的饼干：①草莓□　②巧克力□　③奶油□
　　④椰子□　⑤其他□

4. 您对××牌饼干的满意程度如何？①不满意□　②不太满意□　③满意□
　　④较满意□　⑤很满意□

5. 您认为理想的饼干的包装颜色是：①橙色□　②黄色□　③白色□
　　④棕色□　⑤绿色□　⑥粉色□　⑦藕荷色□　⑧天蓝色□　⑨其他□

6. 您为何吃××牌饼干（可选择多种答案）：①新产品出来尝一尝□　②偶然见到就买一包□　③为解饿□　④作为零食□　⑤别人推荐□　⑥请客□　⑦喜欢这种味道□　⑧价格适宜□　⑨牌子好，吃后有自豪感、满足感□　⑩看到广告□　⑪包装好□　⑫习惯性购买□　⑬其他□

7. 您认为××牌饼干与您理想中的饼干相比（在您同意的程度上画"√"）

	理想	较理想	一般	不太理想	不理想
甜度	5	4	3	2	1
酥脆	5	4	3	2	1
味美	5	4	3	2	1
口感	5	4	3	2	1
包装	5	4	3	2	1
价格	5	4	3	2	1
高级感	5	4	3	2	1
吃着方便	5	4	3	2	1

8. 您喜欢在____场所买××牌饼干：①零售店　②超级市场　③俱乐部
　　④小摊　⑤酒店　⑥其他

9. 您认为饼干是____的食品：①儿童　②青年人　③儿童、青年人、中年人　④儿

童、青年人、中年人、老年人

10. 美味饼干在我日常生活中：①不可缺少□　②非常重要□　③可有可无□　④不必要□　⑤其他□

11. 您买饼干时影响您购买行为的下列因素的重要程度（请您在同意的程度上画"√"）

	重要	较重要	一般	不太重要	不重要
口感	5	4	3	2	1
营养	5	4	3	2	1
包装	5	4	3	2	1
价格	5	4	3	2	1
新颖性	5	4	3	2	1
高级感	5	4	3	2	1
名称	5	4	3	2	1
喜好	5	4	3	2	1

	同意	较同意	一般	不太同意	不同意
12.我认为××牌饼干在同行业中是一流的	5	4	3	2	1
13.××牌令人产生亲切、和蔼的感觉	5	4	3	2	1
14.××牌合乎时代潮流，具有国际风格	5	4	3	2	1
15.××牌具有完善的销售网	5	4	3	2	1
16.××牌的产品做得很成功	5	4	3	2	1
17.××牌的销售策略很成功	5	4	3	2	1
18.××牌有发展前景	5	4	3	2	1

请告诉我您的情况：

性别：①男□　②女□

年龄：

职业：①工厂职工□　②学生□　③"三资"企业人员□　④科技人员□　⑤饭店职工□　⑥商业职工□　⑦党政干部□　⑧个体□　⑨军人□　⑩其他□

文化程度：①大学□　②中专、高中□　③初中□　④小学□

月收入：①300元以内□　②300~600元□　③600~800元□　④800~1000元□　⑤1000元以上□

以下由访问员填写：

访问日期_____ 访问时间_____ 第____次访问

访问员签字：

表格式：

护发焗油膏使用调查

女士们：

你们好!

首先感谢各位小姐的协助，本调查的目的在于了解焗油膏的使用情况，以下各点请你们填写：

问　　题	回　　答
1. 请问您是否知道"焗油膏"的用途？	1. 知道 2. 不知道
2. 您若知道，请问您最先是怎么知道的？	1. 电视、报纸、杂志、广播 2. 美容院 3. 百货公司 4. 亲戚朋友 5. 忘记是怎么知道的了 6. 其他
3. 请问您到目前为止，使用过焗油膏没有？	1. 使用过 2. 没使用过
4. 请问您使用何种焗油膏品牌？	1. 固定品牌 2. 进口品牌 3. 不清楚
5. 如果您用过，请问您使用后感到有何需要改进之处？	改进之处
6. 假如您以前使用过焗油膏，而现在不使用了，请您写出原因	原因
7. 请您写出目前您所用的焗油膏的品牌	
8. 请您写出您的年龄	

调查员签名：　　　　　　　　　　　　　　　　　　　　　日期：

二、设计问卷时应注意的问题

1. 问卷中问句的表达要简洁易懂，意思明确，不要模棱两可，避免用一般或经常等意思的词语，如问"您通常读什么样的杂志？"这个"通常"很容易使人摸不清怎样去理解。"通常"是指场合，还是时间？又如问："您为什么愿意购买××牌自行车？"这一问句实际上是将购买自行车和为什么选择这个品牌加在一起提问，主题不明确，让人不易回答准确。

2. 调查问句要保持客观性，避免有引导的含义，应让被调查者自己去选择答案。

例如：某啤酒制作精细、泡沫丰富、口味清纯，你是否喜欢？

3. 调查问句要有亲切感，并要考虑到答卷人的自尊。

例如：您没有买音响的原因是：①买不起□；②式样不好□；③住房拥挤□；④不会使用□。

这种提问方式生硬，易引起反感，不如这样问：您没有买音响的原因是：①用处不大□；②价格不满意□；③准备买□；④式样不合意□；⑤住房不允许□。

这样问亲切，提问容易使被调查者接受。

4. 调查问卷要简短，以免引起填卷人的厌烦。调查问卷的答题时间不应超过15分钟。要使被调查者保持对问卷答题的兴趣，就不能设过多的问题；否则，会使被调查人因时间过长而敷衍答卷，影响问卷调查的效果。

5. 问卷中问题之间的间隔要适当，以便答卷人看卷时有舒适感，问卷的印刷要精细、清楚，避免出现错误或模糊不清。问卷的页数多于一页时，要装订好，以免造成缺页。

6. 问卷中问题的安排应先易后难，使被调查者能在前面答题的基础上，更好地理解难一些的题意，从而节省时间，保证调查质量。

7. 调查问句要有时间性。时间过久的问题，不易回忆且不准确。例如："您今年以来看过几次我们的广告？"这一问题不易回忆，不是难倒被调查者就是促使对方胡乱回答。又如："您去年都看了哪几部电影？""请您说出最近一周看的电影有哪几部？"显然，后一个问题容易回答，问题内容回忆起来容易，而且准确。

以下是两个调查案例。

例1：北京皮鞋厂的调查与分析

北京皮鞋厂成立二十多年来，在北京市场上的销路一直不错，在顾客心中的信誉也很好。长期以来该厂确定了"物美价廉"的经营方针，取得了较好的效果。自改革开放以来，这个厂面向市场，生产了许多适合消费者需要的鞋类产品，因而在销量和效益上一直处于北京同类厂的前列。但进入20世纪90年代中期以后，面对来自其他所有制形式和其他地区鞋厂的竞争，市场销量开始下降，尽管该厂在产品的改进和质量的提高方面做了很多努力，效果并不明显。在这种市场形势下，该厂委托一个调查机构为其进行市场调查，以期找出问题的症结所在和今后该厂的发展方向。

调查小组在接受了委托之后，首先与该厂负责人进行了几次商谈，明确了该厂的调查目的是搞清销售下降的原因及应采取的相应对策。于是他们先针对企业内部的情况进行了调查，调查中发现该企业在鞋的原材料及制作方面都很注意质量要求，在内部管理方面，也是围绕着生产出"物美价廉"的鞋类产品这个指导方针制定了一系列的规章制度，总的来看，情况不错。接下来需要了解的情况则是消费者对该厂的鞋有什么样的看法。考虑到引起商品销售不好的原因有多种，如产品质量、样式、价格、舒适、销售渠道等，经过小范围的调查以后，调查人员确定了以样式、舒适、价格为主要调查因素的方案，并据此设计了调查问卷。

调查问卷的内容如下：

1. 您是否买过××牌鞋？
   ①买过□　　②没买过□
2. 如果您买过，您为什么要选择这种牌子的鞋？
   ①质量好□　　②样式好□　　③价格适中□　　④舒适□
3. 在您购买鞋时，您首先考虑的因素是下列的哪一个？
   ①样式□　　②价格□　　③舒适□
4. 在您购买鞋时，请将您所考虑的因素按重要程度依次排列：
   ①样式□　　②价格□　　③舒适□
5. 您购买鞋时，是因为：
   ①该买鞋了□　　②看见合适的就买□
6. 您认为××牌产品在哪些方面需要改进？
   ①样式□　　②舒适□　　③价格□

答卷人_____　姓名_____　性别_____　年龄_____　职业_____

问卷打印出来后，将其分为几个区域以居委会为单位分发了2000份，居委会承担了分发和回收的任务。问卷回收上来后，调查人员将答案进行统计和分类后发现，认为××牌鞋价格适中的人占大多数，在购买时也主要是考虑了这个因素。由此可见，在顾客选择此种产品时，价格是这个产品的优势。然而价格究竟对现在的购买者起什么样和多大的影响呢？因而调查人员将分析重点放在了第 3 个、第 4 个问题上，分析结果发现不同年龄组的顾客在购买鞋时所考虑的首要因素为：

15~20 岁：舒适　占 80%
20~45 岁：样式　占 80% 以上
45~65 岁：舒适　占 75% 以上

以上年龄组对三要素样式、舒适、价格的排列顺序为：

15~20 岁：舒适　样式　价格 75%
20~45 岁：样式　舒适　价格 80%
45~65 岁：舒适　样式　价格 70%

从以上结果来看，不同年龄组消费者对鞋的购买所考虑的因素有其各自的特点，但有一点是相同的，即价格并不是考虑购买的首选因素，而且其影响作用不如样式和舒适这两个因素。在对问卷第 5 题的统计中看出，消费者购买鞋时见到合适的就买的占了 70%。由上述统计结果看出，随着人们收入水平的提高，鞋的价格低已不足以吸引大量消费者去购买，物美实际上是目前多数消费者所考虑的主要因素。鉴于以上统计分析的结果，调查小组向企业提出了建议，即改变过去"物美价廉"的经营方针，在保证产品质量的前提下，应在产品的款式和舒适感方面下大工夫，突出鞋的美观，吸引顾客去购买。在价格上不能再一味追求以低价吸引消费者，而应善于改变自己的产品形象，以生产新和美的鞋类产品树立该厂在消费者心中的形象。这不仅是调查结果显示出来的，也是时代和市场对企业的要求。

这家企业接受了调查小组的建议，对产品的生产重点做了调整，并针对产品的样式专门组织技术人员攻关，结果在 1998 年实行了新的经营方针以后，市场销售呈明显上升的势头，并在 1998 年的上半年完成了全年销售量的 70%。

例 2：北京火锅市场的调查与分析[①]

1995 年冬季，我组织管理工程专业本科生对北京市火锅市场进行了调查。这次调查共分四个部分：问卷调查；对商场火锅柜台销售人员的调查；直销中调查；用户使用后的跟踪调查。调查结果及分析如下：

1. 市场容量的测算。在有关火锅市场容量的调查中，北京市已有火锅的家庭占 63.7%。已有火锅的家庭想再添置一个火锅的占 26.3%，没有火锅的家庭想购买一个火锅的占 66.3%。北京市现在有 1110 万人，按每家 4 人计算，北京大约有 275 万户家庭。因此推算北京市火锅家庭的市场潜力，再加上一些餐馆、饭店的购买量以及外地进京人流的购买量，容量超过 100 万个，这是一个不小的数字。

2. 市场竞争状况。北京是全国政治、经济、文化中心，是商家必争之地。在北京的火锅市场中，品种繁多，有玻璃火锅、不锈钢的、搪瓷的、分体式、多功能的，竞争非常激烈。各种火锅品牌、价格大致如表 7-3 所示。

在上述火锅中，销路最好的是广东豪特火锅和南京三星火锅。豪特火锅由于其外形

① 原载《企业销售》1996 年第 11 期。

表 7-3 各类火锅情况表

种类品名	产地	功率（W）	价格（元）
红心不锈钢火锅	上海	1200	288
分体电火锅	浙江	1000	130
三星不锈钢火锅	南京	1250	160
鸳鸯火锅	深圳	900	215
搪瓷火锅	丹东	1000	120
电火锅	河北	1200	215
三星搪瓷火锅	南京	1250	165
豪特玻璃电火锅	广东	1200	276
多功能火锅	广东	1100	238
铜火锅	—	—	150~250
桑普电热膜玻璃火锅	深圳	1000	180

结构新颖、美观高雅、功能齐全，在市场上明显占有优势。南京三星火锅由于进入市场较早，为用户熟悉，且其价格低，为广大用户喜爱。桑普电火锅销售形势看好。

3. 用户对各种火锅的喜欢程度。在对消费者进行"您喜欢的火锅"这一调查中，我们得到了以下信息：

北京市火锅市场的销售量这几年增长较大，但从调查表中对消费者"您所喜欢的火锅"这一栏所反映的情况来看，电热膜玻璃火锅市场较好，占30%。铜火锅是传统的火锅，古香古色，能带来一种家庭热闹的气氛，很受中老年人的喜爱，因而销路较好，占30%。随着人们观念的变化，由于该火锅烧炭，还有烟，给家庭环境带来一定影响，因此其销量会逐渐下降。电热膜玻璃火锅由于其干净、美观、开锅快等优势，也较受用户喜爱，特别是受年轻人的喜爱，其销路是逐年增加，但今年火锅市场上煤气火锅是异军突起，特别是在餐馆中销量很大，是一个竞争力较强的潜在对手。电阻丝火锅（占14.2%）、搪瓷火锅（占12.7%）生命周期已到成熟期后期，销量是逐渐下降。

4. 消费者的购买心理。消费者在购买火锅时，会考虑多种因素。如是否安全、开锅快、干净、耐用、方便，是否有调温装置，价格是否适宜，等等。这些往往是消费者选择哪一种火锅的差别条件。对于消费者的购买心理，我们的调查问卷反映情况如表7-4所示。

表 7-4 用户购买火锅考虑因素表

种类	比率	种类	比率
干净	14.2%	耐用	12.2%
安全	28.8%	方便	10.2%
开锅快	19.3%	有调温装置	6.3%
价格便宜	9.3%		

5. 用户对桑普火锅采用电热膜技术及透明锅体的喜欢程度：

喜欢	16.9%
较喜欢	40.0%
一般	36.2%
不喜欢	6.9%

用户对锅体透明喜欢程度为：

很喜欢，很新颖，明显优于其他类型的火锅　29.9%

较喜欢，有一定的优势　　　37.9%

无所谓，只要能涮肉就行　　29.0%

不太好　　　　　　　　　　3.2%

6. 结论。随着人们生活水平的提高，吃火锅已成为人们，特别是在冬季的饮食偏好，而家庭购置火锅已很普遍。在北京市，已有63.7%的家庭购置了火锅。在没有火锅的家庭（占36.3%）中，想购买火锅的占66.3%。而没有火锅也不想购置火锅的只占12.2%。

消费者在购置火锅时，第一考虑的是安全问题；第二是开锅快，以便聚餐时，形成良好的氛围；第三是干净，这也说明许多居民的居住条件改善了，装修后要保持清洁；第四是耐用；第五是方便；第六是价格。这也说明火锅的价格弹性不大，真正性能好、质量好的火锅，价格高一些，消费者也是能接受的。

消费者有追求新技术、新式样的较强烈的愿望，喜欢和较喜欢电热膜技术的占被调查总数的56.9%，很喜欢、较喜欢透明锅体的占被调查总数的67.8%。这说明我国消费者追求的品位再次提高。生产企业只有搞好产品的更新换代，提供给消费者品质优良、式样新颖的产品，才会赢得用户、拥有市场。

本章精要：

1. 问卷，又称调查表，是指预先将调查内容设计成一系列程序化和标准化的问题，以书面的形式要求被调查人回答问题，以了解其反应和看法，据此获得资料和信息的一种调查方式。

2. 问卷在调研过程中有非常重要的作用，主要表现在：①它在市场调研过程中处于中心地位。②它是通俗易行的调查方式。③它能全面、准确地反映问题。④它有利于资料的统计。⑤它可以节省调查时间。

3. 问卷的格式一般都是这样安排的：①问卷说明。②填写说明。③被调查者的基本情况。④调查内容（问卷的核心部分）。⑤问卷编号。⑥调查者的情况。

4. 问卷设计的准确性和科学性直接关系到调查目标能否实现。如果问卷设计得不好，那么所有精心制作的抽样计划、训练有素的访问人员、合理的数据分析技术和良好的编辑和编码都徒然无用。设计一份问卷包括一系列逻辑步骤：①确定主题。②将调查目标分解成一系列问题，并确定问题的回答形式。③试验阶段。④制表、打印、印刷阶段。

5. 一份好的问卷必须达到以下标准：①它必须完成所有的调研目标，以满足管理者的信息需要。②它必须以可以理解的语言和适当的智力水平与应答者沟通，并获得应答者的合作。③对访问员来讲，它必须易于管理，能方便地记录下应答者的回答，同时它还必须是有利于方便快捷地编辑和检查完成的问卷，并容易进行编码和数据输入。④问卷必须可转换为能回答经理起初问题的形式。

6. 在问卷调查中，提问方式基本上有两种类型：开放式提问和封闭式提问。开放式提问是一种应答者可以自由地用自己的语言来回答和解释有关想法的问题类型。这种提问方式对调研人员来讲有许多优点：①可以使应答者给出他们对问题的一般性反应。②能为研究者提供大量、丰富的信息。③对开放式问题回答的分析也可以作为解释封闭式问题的工具。④开放式问题也许会为封闭式问题提出额外的选项。开放式提问也存在缺点：①在编辑和编码方面费时费力。②访问员误差。③开放式提问可能会向外向性格的、善于表达自己意思的应答者发生偏斜。④开放式提问不适合使用在一些自我管理性问卷上。

7. 封闭式提问是指调查人员事先准备好所提问题的可能答案，被调查者从一系列应答项中选择答案。封闭式提问的优点主要是避免了开放式提问的缺点。首先，封闭式提问可以减少访问人员误差；其次，提供更实际的应答；最后，编码与数据录入过程被大大地简化了，也就大大减少了这方面可能发生的误差。

8. 封闭式提问的具体方法主要有：二项选择法、多项选择法、等距量表法、顺位法和比较法。每一种封闭式提问都有自己的缺点：对于二项选择问题，研究者发现很多时候回答不能与应答者的感觉强度相联系。多项选择法也存在缺点：①调研人员必须花许多时间想出一系列可能的答案，比开放式提问与二项选择要花更多的时间与精力。②可能的选择范围问题。如果列出的选项太长，应答者可能会被搞糊涂或失去兴趣。③次序误差。

9. 设计问卷应注意的问题主要有：①问卷中问句的表达要简洁易懂，意思明确，不要模棱两可，避免用一般或经常等意思的词语。②问句要保持客观性，避免有引导的含义，应让被调查者自己去选择答案。③问句要有亲切感，并要考虑到应答者的自尊。④调查问卷要简短，以免引起应答者的厌烦。⑤问卷中问题之间的间隔要适当，印刷要精细、清楚，多于一页时要装订好。⑥问卷中问题的安排应先易后难。⑦问句要有时间性，时间过久的问题，不易回忆且不准确。

关键术语：

问卷　开放式提问　封闭式提问　二项选择法　多项选择法　等距量表法　顺位法
比较法

思考题：

1. 什么是问卷？在一个市场调查项目中，问卷所担任的角色以及所起的作用是什么？

2. 设计问卷时，在问卷格式上应注意哪些问题？

3. 什么是封闭式问题？设计封闭式问题时应注意哪些事项？

4. 什么是开放式问题？通常在什么情况下需要设计开放式问题？

5. 设计问卷时需注意哪些方面的问题？

6. 问卷的长短以及问题安排的顺序需要依据哪些原则做出决定？

7. 问卷设计完成后为什么还需要做试调查？试调查对整个调查项目而言有何益处？

8. 如何评价一个问卷设计的好与坏？都有哪些参考标准？

9. 设计一组问题，帮助某品牌洗发水企业了解电视观众在刚刚看完该品牌新广告之后的反应如何。

10. 假设你所居住的社区医院想实施一次问卷调查，以帮助自己改善医疗服务，吸引更多的社区居民来医院就医。了解到你恰好是这方面的专业学生，聘请你来设计问卷。你会怎么做？

11. 设计一份完整但简短的问卷，帮助一家快餐厅了解就餐顾客对该餐厅的满意程度。

互联网练习题：

任意选择一个搜索引擎，如 www.baidu.com 或 www.google.com.cn，用关键词"问卷设计"进行搜索。从搜索结果中找出几个进行浏览，选择其中你认为最有趣的一个网站，向同学报告你的发现。

实战练习题：

1. 受学校教务处委托，请同学们利用专业知识为评估教师的课堂教学效果设计一份调查问卷，要求能够从学生的视角全面、客观地评价每位任课教师的课堂表现以及课堂效果。如果是你来设计这份问卷，你会怎样做？

2. 评估以下职场人士工作理由的调查问卷，你认为该问卷设计如何？存在哪些问题，具体表现在哪些地方？应该如何改善？

您为"什么"而工作调查问卷

您好，欢迎您接受由中国人力资源开发网（www.Chinahrd.net）发起的本次调查。本次调查的目的是期望让每个职场人士能更深刻地了解自己为"什么"而工作，从而正确地选择自己的职业。请按题目要求填写，选出合适自己状况的答案选项。

完全能接受	基本能接受	无所谓	基本不能接受	完全不能接受
1	2	3	4	5

1. 在工作上没有成就感。
2. 不能获得升迁。
3. 单位的福利待遇（包括休假、保险等）不是很好。
4. 所在单位无法引起您的自豪感。
5. 所做的工作对社会贡献不大。
6. 不能准时上下班。
7. 单位的同事不是很好相处。
8. 在单位，没有被尊重的感觉。
9. 工作完成后，不能得到及时反馈。
10. 不能自由、独立地开展工作。
11. 您在单位毫无影响力。
12. 您对与工作相关的事情没有发言权。
13. 所从事的工作并不是自己感兴趣的。
14. 工作不是很稳定，没有安全感。
15. 在单位的地位不高。
16. 工作比较枯燥，没有什么意思。
17. 工作对自己的个人成长没有什么帮助。
18. 与他人打交道的机会不是很多。
19. 薪水不高。
20. 工作做得很好，却不能得到相应的认可。
21. 工作上可承担的责任比较少。
22. 上级不是很公正，对您也不够体贴。
23. 在工作中，不能充分发挥自己的才能。

24. 工作环境（采光、通风、空间等）不是很好。

您个人的基本信息：

1. 性　别：　　　　　男　　　女

2. 出生年份：　　　19　　　年

3. 出生地：

4. 教育程度：

5. 所在单位类型：

6. 所在单位规模：

7. 目前所在地区：

8. 所在行业：

9. 职　业：

10. 您参加工作的年限：　　　　年

11. 职位层次：

第三篇　市场预测技术

第八章 资料的整理、分析与处理

学习目标

- 理解资料的整理、分析与处理的重要性
- 掌握资料的整理过程及其方法
- 学习资料分析的方法及原则
- 掌握资料处理的基本技巧

开篇案例

《全球经理人文摘》是一个专门针对全球职业经理人发行的免费赠阅的杂志。杂志分纸质版和网络版两个部分。其中纸质版每月发行一期，网络版的内容与纸质版相同，但增加了一些资料的链接和讨论界面。两个版本的杂志都是会员制的，即必须经过注册才能享受内容。最近，《全球经理人文摘》杂志为了新一年的杂志改版能更好地满足会员经理人的需求，实施了一项随刊问卷调查。虽然杂志发行量不错，但是显然，这些业务繁忙的经理人并没有太多时间来填写问卷并如期寄回。调查人员最后统计回收的问卷共有5238份，其中有一小部分问卷填答得不是很完整。那么，这些不合格问卷应该怎样处理呢？调查人员面临的问题还不止这些：

首先，5000多份问卷，每份都接近15个问题，这么庞大的资料应该如何对它进行处理呢？

其次，每个问题都有接近5000个答案，如何知道一个总体的情况呢？

再者，调查人员除了希望了解问题的直接答案之外，还非常希望能够发现一些规律性的东西，比如哪些区域的经理人偏爱哪些类型的内容；不同性别的经理人在杂志阅读方面有没有特殊的喜好；还有其他一些特征比如年龄、收入、所处行业等，都是本次调查比较关心的内容。那么如何得到这些问题的答案呢？

本章将对这些内容进行系统的回答。在学习完本章之后，再重新考虑上述问题，就能够比较容易地寻找到答案了。本章将对数据收集完成后应该采取的做法——分类、审核、编辑、分析等内容，展开详细的论述。

第一节　资料的整理

一、资料的收集

市场预测离不开必要的数据资料，没有准确可靠的资料就没有准确可靠的市场预测。预测的数据资料依据就是市场调查中所获得的直接情报资料和间接情报资料。符合实际情况的市场情报资料，是市场预测的基础。不仅如此，及时地收集市场情报资料，还是指导企业生产经营、适应消费者需求的不可缺少的条件。

资料的收集一定要注意广泛性、适用性和可靠性。为了及时、全面、系统地收集准确、适用、可靠的数据资料，以保证市场预测工作的顺利开展和提高预测质量，有必要对市场预测资料进行分类。

（一）市场预测资料的种类

1. 按表达方式不同分类。市场预测资料按表达方式不同，可以分为文字资料和数据资料两种。

（1）文字资料是用文字来反映与企业生产经营有关的信息和情报的，多属于定性方面的内容。例如，国家政府部门和经济管理部门制定了什么新的经济政策、经济法规；与国外签订了什么新的贸易协定；本企业采用了什么新技术、新设备，等等。

（2）数据资料是用统计数字来反映情况提供信息的，多属于定量预测的内容。定量预测离不开数据资料，各种数学模型是建立在预测对象及其相关现象的历史统计数据基础之上的。

2. 按表现形式不同分类。市场预测资料按表现形式不同可分为纵断面资料和横断面资料两种。

（1）纵断面资料，是指经济现象的历史统计数据。如历年的生产、销售、消费、库存等各种资料，是时间序列，是将某种统计指标数值按时间先后顺序排列所形成的数列，它是分析经济现象的发展过程、发展趋势和季节变动所必需的资料，在市场预测中采用最多。

（2）横断面资料，是指某一特定时间内对同一预测对象有所影响的各种因素的统计资料和情况。如价格变动和广告宣传对市场需求的影响，等等。它可以反映事物内部结构和事物之间的相互关系。利用这些横断面资料，可以从它们与预测对象之间的依存关系中，建立因果关系预测模型。

3. 按来源不同分类。市场预测资料按来源不同，可以分为直接情报资料、间接情报资料、内部资料和外部资料四种。

（1）直接情报资料又称活资料，即靠市场调查人员深入实际进行市场调查取得的第一手资料，诸如市场专题商品调查、典型调查、出国考察等。通过实地调查来收集市场商品供应量、需求量、不同地区的消费需求特点、不同消费者对商品需求的变化、企业在有关商品市场中地位的变化等方面的资料是十分必要的，也是最可靠的，但要花费很多时间、人力和资金，而且有些资料，市场调查人员无法直接调查而必须利用间接的情报资料。

（2）间接情报资料又称死材料，即来自报纸、杂志、简报、经济领导部门定期发布的经济公报等方面的资料以及历史统计资料。间接资料都是通过一定记录方式记录在一定物质载体上的知识，也称文献资料。现代社会的间接资料按不同的载体形式和记录技术，分为手工型、印刷型、缩微型、机读型、视听资料和卫星资料六类。目前，在我国最普遍、最基本的是印刷型间接资料。收集这类资料，利用别人调查所得的现成资料，可以节省时间、人力和财力，是开拓企业预测情报资源的重要组成部分。

（3）内部资料，主要是指来自部门和企业内部的资料，如企业各科室的各种原始记录，收集和编制的各种统计资料（如台账、报表、计划、定额、资金使用、技术改造、设备引进、产品开发等资料）。这些资料记载了本企业生产经营活动的实际情况和计划，反映了企业在劳动力、资金、设备、物资等方面的利用和消费情况，反映了企业生产经营的过程和经营成果，是市场预测资料的主要来源。例如，订货单和企业销售表可以反映企业与顾客的关系及销售情况，可以提供企业在各地区、各客户方面的产品销售状况和销售计划，是企业销售预测的基础资料。

（4）外部资料，主要指来自企业外部的情报资料，这些资料有的已经公布，有的没有公布。市场预测人员必须了解从哪些方面可以收集到这些资料。这些资料的主要来源有：①企业主管部门（公司）积累的材料，如统计、会计资料，调研资料，简报和有关会议文件及各企业间的交换资料。②各级政府部门，如国内贸易部的市场活动情报资料，计划统计部门的计划和统计资料等；国家统计局和地方统计局每年发布的社会经济统计公报，编印出版的统计年鉴和统计资料情报；统计部门提供的咨询服务以满足企业特殊需要的综合统计资料。这些资料对企业了解政治经济形势和市场营销环境很有价值。③城市经济调查队和农村经济调查队的抽样调查资料及预测机构的预测资料。例如，城市居民家庭经济调查，对调查户某一时期的收入和支出结构，各种消费品的消费数量和购买价格，储蓄和手头现金增减变化及就业情况进行调查。这些资料对于研究居民购买力，预测居民日用生活必需品和耐用消费品的需求，预测市场需求变化趋势及居民购买力投向等问题有重要价值。④科研单位和学术团体的研究成果、图书、报刊、广播电视发布的各种经济资料、经济新闻和市场信息。这类资料的及时性、敏感性很强，对市场预测也有重要参考价值。⑤国外出版的资料。例如，联合国和其他国家出版的统计年鉴，世界银行出版的统计资料等。此外，国外一些行业组织和私人服务公司提供的大量资料，也可以作为企业了解国际市场行情的参考。

4. 按内容不同分类。市场预测资料按内容不同，可以分为生产性资料（来自工农业生产方面的情报信息）、消费性资料（来自消费者的消费信息）、商品供给资料、商品需求资料、财政金融资料、市场管理资料（经济政策、法令文件）、市场价格资料等。还包括特定资料，是指以专门进行某项市场调查为目的而收集的有关市场容量、消费需求、社会购买力、消费结构、某产品的市场占有率等方面的资料。一般来说，以上资料又可以分为经济情报资料和技术情报资料两大类。经济情报资料的内容，主要是调查分析产品的使用效能。它不同于在生产过程中对产品的性能所进行的物理、化学的分析，而是从消费和使用的角度对产品的使用价值进行的调查分析。例如，调查分析商品的形状、大小、重量、色彩、使用的方便程度等。通过调查分析，经常收集这方面的资料，是提高市场预测质量，增加适销对路商品的重要条件。

（二）市场预测资料收集的方法与方式

市场预测资料收集的方法和方式主要依靠市场调查。如何进行市场调查，采用何种市场调查方法与技术，才能最有效地收集到可靠的市场情报资料，为市场预测打下良好的基础，关于这方面的内容，参见本书第二篇。

二、资料的整理

市场情报资料的整理一般包括资料的审核、组织分类、制表等过程。资料整理过程是一个认识深化的过程，是对大量汇总资料的综合归纳，找出事物的矛盾及内在联系，进行分析判断，整理出有观点、有内容的初步分析看法。例如，按时间顺序整理资料。区分事物变化的规律为直线变化还是季节变化，或含有随机变化；对于发生价格变动的资料，利用价格指数加以调整，以便运用资料时，消除价格变动和偶然因素的影响。整理是对资料进行研究的开始，是预测分析、综合研究分析的必要准备工作。

（一）资料的审核

1. 资料审核的必要性。审核，是指对已经收集到的资料进行总体的检查，检查其是否齐全，是否有重复或遗漏之处，是否有可比性，是否有差错，数据和情况是否有相互矛盾之处，一经发现，及时复查核实，予以订正、删改和补充。

市场调查收集的各种资料在应用于预测之前进行一次认真的审核是十分必要的。因为预测结果的价值和精度直接依赖于预测资料的完整性和准确性。但是，及时收集到完整而准确的、能直接用于预测的资料，在市场预测的实践中是很难做到的。主要原因在于：

（1）市场预测所用的数据，大部分来自上级统计部门和企业统计。但企业统计过去只是填写上级布置的统计报表，对企业生产经营所需要的许多重要资料则残缺不全。上级统计部门的统计资料，也是缺口很多，很难满足市场预测的要求。

（2）市场预测常用到其他部门或其他单位的资料。在社会主义市场经济条件下，市场竞争日趋激烈，企业之间通常互相保密，许多有用的情报资料很难获得。

（3）市场预测人员亲自调查，也会受企业人力、物力、财力限制，难以获取足够的情报资料。而且在调查时，也同样会有许多原因造成不准确：①抽样方法。虽然统计学研究了最佳抽样方法，但预测人员不一定能完全掌握和自觉地采用这样的抽样方法。②测量误差。由于调查者的疏忽、测量工具不良、计算方法欠妥等原因，以致在数据、计量等方面造成差错。③调查表设计不当，调查项目的含义（包括范围、计算方法）解释不清楚，使被调查者产生不同的理解。④汇总误差。将调查资料汇总时，计算上的差错。⑤定义和分组不当。⑥被调查单位和个人有意掩蔽真相，或虚报浮夸，或隐瞒事实，提供假情报。⑦调查人员的主观性和偏向性。

以上种种原因，使预测人员经常遇到资料不完整、不准确，不能满足市场预测要求的情况，这就需要对收集到的资料进行认真审核。

2. 资料审核的主要内容。一般地讲，对预测资料的审核是多方面的，但主要有以下两个方面：

（1）审核资料的完整性、齐备性，即看资料所包括的信息量能否满足预测的需要。例如，预定进行调查的单位是否都调查了，预定进行调查的项目是否有疏漏，每个数据包括的时间间隔是否符合要求。按不同时间间隔可得到不同的信息量。例如，预定收集日销售量数据，一年的信息量为 365 个数据；收集月销售量，则信息量一年为 12 个数据。但如果只收集到按季记录的 4 个数据，就不合要求。

资料的详细程度是否达到要求。例如，对某商品销售额进行预测，预定收集该商品各品种、规格、花色、型号在各个地区的销售额资料，而如果只收集了一个总销售额数字，就太笼统、太不详细了。

资料的分组是否符合要求。例如，某公司要预测所属企业扭亏为盈的前景，预定收集按盈亏率或盈亏变化情况分组的详细资料。如果仅把企业分为赢利企业和亏损企业两组就不符合预定要求。

（2）审核资料的准确性，即看资料的准确度能否满足预测要求。不同用途的预测，对资料的准确度要求不同。例如，一项作为辅助性参考的预测和一项用做决策基础的预测，对资料精确度的要求就不同。前者要求不太高，而后者则应有更高的要求。

要检验资料的准确度是很困难的，特别是对间接资料的准确度更难检验。例如，工业品产量资料就有工业部门的、统计局工业处的、工业经济调查队的几套不完全相同的数据。究竟哪套数据是最准确的，预测人员无法检验。

预测人员审核资料的准确性主要从两方面进行。①要剔除不必要的资料，把重要的资料筛选出来，并统一成一致的形式，甚至予以换算以便能进一步分析。例如，有些资料可能是用不同的计量单位或价格单位计算的，对此需要折合成同样单位才能比较。另外，时间的标准也要统一。有些销售额是固定年度的，有些是日历年度的，必须调整后才能比较。②要排除不可靠的资料，以消除其中的错误部分和含糊不清的地方。主要是检查资料包括的范围、计算途径、计算单位、计算方法、填写方法等与规定是否相符，逻辑上是否有矛盾，技术上是否有差错。越早排除资料中的差错，对企业预测工作越有利。

3. 资料审核的方法。

（1）加总法。对资料中的可以相加的指标和有关项目进行加总，看是否等于合计数。

（2）对比法。把有相互联系的数字进行对比，看是否合理。例如，将一个企业的规模与销售量对比，统计数字与会计数字对比。

（3）平衡法。把有平衡关系的指标数字联系起来进行平衡计算，看是否平衡。例如，把商品购进、销售、运输、库存、加工等指标数字进行平衡审核。

（4）观察法。把统计数据和人们的经验、业务活动的实际情况进行比较观察，看数字是否符合实际情况。

（二）资料的组织和分类

在预测分析工作开始之前，已经汇总、审核的大量资料必须完全予以组织和分类，方可进入使用状态。

应当把资料按涉及内容归入不同的题目中，而题目要和打算提出的调查报告的主要标题相符合。某些诸如文章之类的资料往往包括一个以上题目的材料，应夹在适当的文件夹里，在调查人员需要的时候取出利用。

问卷常常包括在某一个题目的资料中，但一般不把此问卷归入这一题目。原因是这一资料在能够进一步分析之前，常需要制成表，这时候常把问卷放在一起，待制成表后，分别归于不同的题目中。

对统计数字式的资料，该合并的合并，该归纳的归纳，以便为分析做好准备。例如，制表工作记录单。格式如表 8-1 所示。

使用这种工作记录单一方面易减少错误，同时还节约时间。

当调查人员按题目排列资料时，还必须对大量的已经到手的统计资料进行更为详尽的分类。如果不把成百上千个单项资料用某种有意义的方法分类，就不可能发现任何模式或

表 8-1 统计工作记录单

品/代号_____ 年份_____

资料_____

价格单位_____ 数量单位_____

来源_____

产地	数量	份额（%）	价值	份额（%）	平均单价

得出任何结论。

把资料按照规模或数量分类，如人数、年销售额、利润额等；按照自然条件分类，如地区、年份、性别、职业等。

一旦分类题目已经选定，资料就可以归入每个题目的类目中。例如，一位调查人员正在调查巧克力糖果的市场情况，并已获得了几十个牌子的销售资料。调查人员发现有些牌子的销售量正在上升，而另一些品牌的销售量正在下降，而且升降率各有不同。他认为，糖果的类型和销售实绩之间可能有关系，所以他把每个品牌分为若干类目，诸如巧克力硬糖、软质夹心巧克力、有包装的巧克力糖、无包装的巧克力糖或者市场上有的任何其他类型的巧克力糖。现在他就可以考察每个类型产品的销售实绩，并比较它们的不同了。

从上例中我们可以看到，分类可以减少调查人员必须进行比较的项目数字；分类可能使定性资料发展为定量资料。当资料用数据表示时，就更容易进行比较并看出趋势。因此，分类可以帮助调查人员进行分析。

为了便于采用现代化的分析技术（如电子计算机）对各种分类资料进行处理，往往要对分类资料进行编码，如表 8-2 所示。

表 8-2 对分类资料进行编码举例

编码	商品名称	编码	商品名称
01	巧克力硬糖	06	有包装巧克力
02	芝麻巧克力	07	夹心巧克力
03	奶油巧克力	08	膨化巧克力
04	无包装巧克力	09	酒心巧克力
05	口香巧克力	10	朱古力豆

资料的编码就是使用一个规定的数字或字符代表一个种类来回答。对资料进行编码是为了便于进行统计分析，可进一步方便计算机存储和分析。例如，我们正在进行一项消费者对某种商品评价的调查，要求被调查者回答以下问题：①消费者的性别。②消费者的职业。③消费者的年龄。④消费者对此商品综合评价分数（1~10）。

在资料的编码过程中我们可作如下处理：①用数字 1 代表男性；2 代表女性。②根据分析的需要，将消费者的职业分为工人、农民、军人、机关干部、学生、公司职员、教师和其他八大类，并分别用数字 1~8 代表。③根据分析的需要，将消费者的年龄分为 18 岁以下、19~30 岁、31~45 岁、46 岁以上四组，并分别用数字 1~4 代表。

通过上述简单的举例，可以看到编码工作的基础是对资料中涉及的各个问题的回答概括归纳，形成恰当合理的分类。

编码有预先编码和事后编码两种。如不便于预先编码可事后编码。在资料编码分类时，编码人员应着重把握以下原则。

1. 正确掌握分类的尺度。对资料中的某个问题分类过细，会增加分析的复杂程度；分类过粗，会造成资料信息的流失，也会影响分析的深入程度。所以，根据实际分析的需要，设置合理的分类尺度是资料编码的首要问题。一般对于较细分类的资料，可进一步转化为分类较粗的资料，而对分类较粗的资料除非保留了原始资料，否则，不能转化为分类较细的资料。

2. 为保证每一类回答都有类可归，又避免分类过细，可设置一个"其他"的分类。

3. 每一个问题中的分类应含义明确，避免与其他分类产生交叉。

4. 对错误或疏漏的回答可作为特殊的分类，并指定一个特殊的数字或字符代表，如用 0 或 -1 等，而不应将其归入其他类中。确立以上编码原则后，就可对全部资料逐份编码进行处理，并可获得一定格式的编码资料（见表 8-3）。

表 8-3

性别	职业	年龄	评价
第 1 列	第 3 列	第 5 列	第 7~8 列
1	2	3	10
2	6	2	8
…	…	…	…

为进一步清楚地了解资料的分类内容及编码的含义，可制作一份编码说明书，其格式如表 8-4 所示。

表 8-4　　　　消费者对某种商品评价的调查编码说明

问题序号及内容	数据所在列	编码及说明	
1. 性别	第 1 列	1.男	2.女
2. 职业	第 3 列	1. 工人	2.农民
		3. 军人	4.机关干部
		5. 学生	6. 公司职员
		7. 教师	8. 其他
3. 年龄	第 5 列	1. 18 岁以下	
		2. 19~30 岁	
		3. 31~45 岁	
		4. 46 岁以上	
4. 评价	第 7~8 列	如 10	

第二节 资料的分析

一、资料的转换

将经过编码的资料输入并存储在计算机中的过程称为资料的转换。使用计算机进行资料的处理分析可极大地提高资料分析的质量和效率。特别是微机的普及，为资料的计算机分析奠定了良好的硬件基础，而多种使用方便的统计分析软件的问世，使调查人员不必掌握复杂的计算机知识就可进行资料的分析工作。

将资料输入计算机一般可使用计算机卡片、光电扫描仪等设备，但最常见的还是使用计算机键盘直接输入。在大量资料的输入过程中，输入人员不可避免地会产生一些输入错误。如果错误率较低，改正错误较容易，但查出错误比较麻烦；如果错误率较高，查出错误比较容易，但改正错误比较麻烦。所以，为方便地改正输入错误，保证资料的转换质量，可采用编制程序自动检查的方法，或者采用重复输入两份数据，由计算机自动比较数据有无差异的查错方法。

存储在计算机中的一份可供统计分析软件直接处理的资料称为一个文件，每一个文件都有一个文件名，它是存取资料的依据。

二、资料的分析

（一）资料分析的方法

在整理资料的基础上，市场预测人员还要运用某些统计方法对资料进行分析。方法包括多维分析法、因素分析法、回归分析法、相关分析法、判断分析法、群体法和因差法等。

1. 多维分析法。它是指把一种产品或一种市场现象，放到一个两维或两维以上的坐标空间来进行分析。例如，在选择产品组合时，就可以用一个三维坐标的复杂市场组合模型。其中 x 轴代表市场占有率、y 轴代表市场需要成长率、z 轴代表利润率。如果我们要研究某一产品在市场上的销售情况，就可以用多维分析方法来分析。

2. 因素分析法。一种产品是由许多因素组成的，使用因素分析法，就是分析顾客对这种产品中的哪些因素最感兴趣。一般来说，用因素分析法做市场调查研究费用较高。

3. 单元回归和多元回归分析法。它是指运用最小二乘法的思想，把变量间杂乱无章的关系转化为回归直线并加以研究的统计方法，本书第十一章中将具体阐述。

4. 相关分析法。它是指通过对变量之间相关数的计算、分析来研究统计资料中各变量之间关系的有无，及相关程度大小的一种统计方法。例如，供应量的增加往往会导致价格的下降，当我们了解到各种变量的相互关系后，就可以根据以往的资料推算出未来的变化。

按照相关的方向，可把相关分为正相关、负相关和不相关三种。凡变量相对应的数值同时增加或同时减少，其变动的方向相一致，则称为正相关。如随着人口的增加，粮食消耗量也增加。凡变量相对应的数值此增彼减或此减彼增，其变动按相反的方向进行，则称负相关。如产品的价格提高，销售量会减少等。凡一种变量的数值变化而其他各种变量的数值并不随之发生变化，则称为不相关。

5. 判断分析法。在市场研究过程中，往往会碰到一些判别的问题。例如，某人是潜在顾客还是现实顾客，某人对本产品是经常购买还是不经常购买，消费者对某种产品是喜欢还是不喜欢，谁是新产品的早期购买者或晚期购买者，市场销售情况是好还是坏，等等。这些问题都要用判断分析来处理。例如，某汽车公司想知道参观他们产品陈列馆的潜在顾客中有多少能成为实际购买者，就可以利用判断分析法。首先选定影响消费者购买汽车的一些决定性因素，如家庭收入、职业、性别、年龄等，同现在还没有买的作一对比，就可以判断还有多少人可能买，有多少人不可能买。

6. 群体法和因差法。群体分析，是指把调查的对象按不同的因素（特性）分成各个群（类）。例如，平均每人年收入不超过 1000 美元的国家分成一大类，1000~1500 美元的又分为一类，等等，这就是群体分析法。因差法，是指把不同特性的人放在一起来辨别。

总之，无论采用什么样的分析方法，一定要遵守下述原则：①分析必须逐步地、有次序地进行。②反复认真核对全部计算结果。③尽可能不做猜测和假设。④因为调研资料从来不会是完整的，所以，以分析为依据的结论从来不会是完全可靠的。

（二）资料的简单分析

1. 单变量统计分析。单变量统计分析可计算某一列数据的基本统计量，这些统计量反映了此列数据的总的特征。这些统计量主要包括此列数据的平均数、标准差等。

平均数又称平均值或均值（mean），其计算公式为：

$$\bar{X} = \sum_{x_i}/N$$

平均数是一个表示某变量所有变量值集中趋势或平均水平的统计量，其中 N 为某列变量值的个数，x_i 是各个变量值。如消费者对此商品的评价平均分为 8 分，则说明消费者对此商品的评价大多集中在 8 分左右。反映变量平均水平的统计量还有如众数、中位数等。

标准差的计算公式为：

$$S = \sqrt{\frac{\sum(x_i - \bar{x})^2}{(N-1)}}$$

标准差是一个表示某变量所有变量值离散趋势的统计量，其中 N 为个案数，x_i 是各个变量值。如表 8-5 所示甲乙两商场四个季度的销售额数据（万元），这两家商场的平均销售额均为 80 万元。但显然乙商场的各变量值之间离散趋势比甲商场要大得多，乙商场标准差为 39.01 万元，甲商场标准差为 3.16 万元。显然标准差越大，说明变量值之间的差异也越大，即各个变量值距离平均数这个中心的离散趋势也越大。反映变量离散趋势的统计量还有离差、方差、全距等。

表 8-5

甲商场	乙商场
79	99
81	61
82	100
78	60

如对消费者的评价进行单变量统计量的分析，得到如表 8-6 所示数据。从平均分观察，说明消费者对此商品的评价比较满意，而从标准差观察，由于标准差较大，说明所调查的消费者对此商品评价差距较大，高低不均。

表 8-6

平均分	8.01 分
标准差	5.76 分

2. 单变量频数分析。它是指计算某个变量下各个变量值出现的次数分析。在对某个变量进行处理时，我们可能会遇到需要计算某个变量值出现的次数（频数）。如上述对消费者的调查中有多少男性消费者和多少女性消费者；各个职业的消费者分别有多少；等等。通过某个变量各变量值的频数分布，可以帮助我们掌握这些变量的总体分布特征，所以，变量的频数统计是资料分析中最基础和最重要的分析之一。

如使用 SPSS 统计分析软件对消费者性别的频数分析，得到表 8-7 所示数据。

表 8-7 中，频数是相应变量值出现的次数；累积频数是当前以上行频数的合计；频率是相应频数所占总数的百分比；累积频率是当前以上行频率的合计。

表 8-7　　　　　　　　　　变量：消费者性别（xb）频数分析

变量值	频数	累积频数	频率（%）	累积频率（%）
男	900	900	60	60
女	600	1500	40	100
合计	1500		100	

又如使用 SPSS 统计分析软件对消费者年龄的频数分析，得到表 8-8 所示数据。

表 8-8　　　　　　　　　　变量：消费者年龄（nl）频数分析

变量值	频数	累积频数	频率（%）	累积频率（%）
18 岁以下	400	400	26.7	26.7
19~30 岁	400	800	26.7	53.4
31~45 岁	400	1200	26.6	80.0
46 岁以上	300	1500	20.0	100.0
合计	1500		100.0	

从表 8-8 中可以看到，31~45 岁的被调查者有 400 人，占全部被调查者的 26.6%；31~45 岁以下的被调查者有 1200 人，占全部被调查者的 80%。

第三节　资料的处理

资料经过整理、分析后，可能发现存在一些问题。例如，数据残缺不全，分组不合要求，准确性值得怀疑，或者不能反映预测对象发展规律，等等。对资料存在的问题，必须进行适当处理，然后才能用于预测。

对资料进行处理的方法，一般是进行补充调查，抽样复查，代为订正。补充调查或复查有困难时，可用以下统计方法进行处理。

一、对残缺不全的资料的处理方法

当收集到的资料数据残缺不全时，可用以下方法来补全所缺数据。

（一）平均数插补法

1. 当原数列没有明显升降趋势和季节波动时，可用整个数列的平均数插补缺项。例如表 8-9，该表缺 11 月产量数。用平均数法插补如下：

表 8-9 　　　　　　　　某厂 1999 年各月产品产量

月份	1	2	3	4	5	6	7	8	9	10	11	12	合计
产量（万件）	102	105	105	109	107	108	104	105	110	105		107	1166

平均每月产量 = 1166/11 = 106（万件），即可用 106 来当做 11 月份残缺数据，插补到数列中。

2. 原数列各期增（或减）量大体相同时，可用其前期数据加平均增（或减）量来插补缺项。例如表 8-10，该表内缺少 1997 年的数据，且各年增长量相差不大。

表 8-10 　　　　　　　　某厂 1990~1998 年产品销售量

单位：吨

年份	1990	1991	1992	1993	1994	1995	1996	1997	1998
销售量	48.1	51.4	54.8	57.9	61.1	64.2	67.5		73.8
逐期增长量		3.3	3.4	3.1	3.2	3.4	3.0		

平均每年增长量 =（73.8 - 48.1）/8 ≈ 3.2（吨）。1997 年所缺销售量数据可用 1996 年销售量加平均每年增长量插补之，即：

1997 年销售量 = 67.5 + 3.2 = 70.7（吨）

当原数列大体上按等比速度增长，即各期增长速度大致相同时，可以采用其前期数据和平均发展速度的乘积来插补缺项。例如，表 8-11 内缺少 1996 年数据，且各年增长速度相差不很大。

表 8-11 　　　　　　　　某地区历年工业净产值

年份	1991	1992	1993	1994	1995	1996	1997
净产值（万元）	435	457	480	503	529		583
逐期增长率（%）		5.06	5.03	4.79	5.17		

平均发展速度 = $\sqrt[6]{\dfrac{583}{435}}$ = 105%

1996 年所缺净产值数据可用 1995 年净产值乘以平均发展速度指标推算，即：

1996 年净产值 = 529 × 105% = 555（万元）

（二）比例推算法

比例推算法，是指根据事物之间的比例关系去推算所缺数据的方法。如表 8-12 所示。资料中缺丙场全年产仔猪数。从甲乙两场看，共有母猪 61 头，共产仔猪 1954 头，仔猪与母猪的比例数为 32：1，即平均每头母猪一年产仔猪 32 头。于是推算丙场全年产仔猪

表 8-12　　　　　　　　　　　某地区几个养猪场年产仔猪数

养猪场	甲场	乙场	丙场
年初母猪头数	25	36	48
全年产仔猪头数	750	1204	

数为：

$$32 \times 48 = 1536 \text{（头）}$$

（三）线性插补法

如果已知数列呈直线趋势，则可对原数列配合一条直线，并假定所缺的数据正在直线上。如表 8-13 中缺第 5 期和第 6 期数据。首先用两点法来估计直线方程的参数值 a 和 b。

表 8-13　　　　　　　　　　　某厂各期总产值

时期序号 t	1	2	3	4	5	6	7	8	9
总产值 y（万元）	181	163	184	186			210	207	210

计算最初三期的平均数 $\bar{y}_1$：

$$\bar{y}_1 = \frac{181 + 163 + 184}{3} = 176 \text{ 放在第 2 期（t = 2）}$$

再计算最后三期的平均数 $\bar{y}_2$：

$$\bar{y}_2 = \frac{210 + 207 + 210}{3} = 209 \text{ 放在第 8 期（t = 8）}$$

连接（t_1，$\bar{y}_1$）和（t_2，$\bar{y}_2$）两点成一直线，估计参数 a 和 b：

$$\hat{b} = \frac{\bar{y}_2 - \bar{y}_1}{t_2 - t_1} = \frac{209 - 176}{8 - 2} = 5.5$$

$$\hat{a} = \bar{y}_1 - bt_1 = 176 - 5.5 \times 2 = 165$$

则直线方程为：

$$\hat{y}_t = 165 + 5.5t$$

求第 5 期（t = 5）插补数：

$$\hat{y}_5 = 165 + 5.5 \times 5 = 192.5 \approx 193$$

求第 6 期（t = 6）插补数：

$$\hat{y}_6 = 165 + 5.5 \times 6 = 198$$

应该说明：用上述方法推求出来的插补值，都只能是近似值。

二、对有疑虑的资料的处理方法

资料的准确度有多大，预测人员难以检验。但如果预测人员对资料的准确性有怀疑，这份资料还能不能用于预测呢？这就需要考虑取舍了。其一般方法有：

（一）背景调查法

调查资料产生的时代背景来鉴别它们的真实程度，以便进行修正或舍弃。例如，某厂为预测用户对 A 产品的需求量，收集了历年 A 产品销售量资料如表 8-14 所示。

从表中所列数据看，该厂 A 产品销售量一直稳定上升，到 1980 年突然下降。1980 年

表 8-14				某厂 A 产品历年销售量				
年　份	1973	1974	1975	1976	1977	1978	1979	1980
销售量（万件）	690	800	850	850	870	850	1100	350

的销售量数字值得怀疑。经调查，原来 A 产品在此以前是商业部门统购包销，该厂生产量即为销售量，但商业部门收购后并未卖出。1980 年改变商业体制，商业部门为了先销商业库存，调整了收购数量。所以，某厂 A 产品销售量下降，并不反映需求量的变化。工厂要预测用户需求发展情况，就应舍弃工厂销售统计数据，采用商业部门销售统计数据。

（二）滤波法

利用正态分布去确定数据的允许变化范围，舍弃那些超出允许范围的数据。例如：

某商店连续 30 个月的销售额（y）如下：

2354　2347　2340　2350　2362　2377　2384　2363　2412　2430

2385　2356　2386　2375　2393　2421　2415　2434　2463　2494

2956　2620　2460　2458　2439　2473　2444　2482　2455　2582

利用这些数据，可计算出：

平均数 $\bar{y} = 2440$

标准差 $s = 115.6$

数据允许范围 y 的上限为：

$$y_{上} = \bar{y} + ks$$

y 的下限为：

$$y_{下} = \bar{y} - ks$$

式中：k 值可查 k 值表得到（见表 8-15）。

表 8-15		k 值表（摘要）			
k 值　　$\dfrac{P_1}{P_2}$		0.95		0.99	
样本容量 n		0.99	0.999	0.99	0.999
	10	4.43	5.56	5.59	7.13
	15	3.88	4.95	4.60	5.88
	20	3.61	4.61	4.16	5.31
	25	3.46	4.41	3.19	4.99
	30	3.35	4.28	3.73	4.77
	35	3.27	4.18	3.61	4.61
	40	3.21	4.10	3.52	4.49
	45	3.16	4.04	3.44	4.40

表中 $P_2 = 0.99$（或 $P_2 = 0.999$）就是要求有 99%（或 99.9%）的数据落在数据允许的范围之内。P_1 是置信度，一般取 0.95 或 0.99。上例，如果取 $P_2 = 0.99$，$P_1 = 0.95$，$n = 30$，则 $k = 3.35$。于是，可以计算出数据的上限和下限为：

$$y_{上} = 2440 + 3.35 \times 115.6 = 2827$$

$$y_{下} = 2440 - 3.35 \times 115.6 = 2053$$

逐项检查原数据，发现数据中有一项为 2956，落后允许范围之外，应该舍去。

第四节　调查报告的撰写与沟通

一个调查项目经过前期周密的调查计划、中期具体的调查实施、后期细致的数据处理之后，一旦得到了当初设置问题所需要的数据和答案，很多调查人员都认为本次调查项目大功告成，工作可以到此为止了。在此需要着重说明的是，一个成功实施的完整的调查项目到这个阶段还不能算真正意义上的结束。正如前面章节讨论过的，调查项目的实施者往往并不是该项目的发起人或者是调查结果的最终使用者，因此，"完整的实施"除了按照科学方法严谨地获取数据外，还包含将这些数据发现以一种简明的、合乎逻辑的方式汇报给调查项目的委托方。如果忽视这一点，很可能导致整个调查项目的前期努力付之东流。

因此，在结束了数据整理工作后，需要该调查项目的负责人或是聘请的其他专业人士负责，将所有的数据发现结合调查项目最初的问题设置，整合成一份完整的调查报告，并将关键的研究发现汇报给调查项目的委托方。这一阶段的成效如何，将直接影响到整个调查项目对决策的参考价值，因此不仅是对调查人员发现问题的洞察力的考验，也比较依赖调查团队表达能力和沟通能力的强弱。所以，很有必要系统学习有关调查报告的一般格式以及汇报时的注意事项。

一、撰写调查报告

调查报告是为交流调研结果、战略性建议，或者其他相关结论而进行的书面陈述或口头表达。通常，大型调研项目对书面报告和口头交流的要求都要比小型项目高。无论撰写哪一类型调查报告，一般都包含如下内容：

（1）封面；

（2）目录；

（3）调查概要；

（4）调查结果汇总；

（5）综合分析与建议；

（6）附录。

这是撰写调查报告的一般格式。其中，调查概要部分实质上是整个调查设计思路的汇报，内容主要包括本次调查的调查目的、调查设计（包含所选用的调查类型、样本数量、抽样方法、实施区域以及调查主要内容等）、调查实施（包含本次调查实施的时间区段）、调查分析方法以及样本概况。通过阅读调查概要，阅读者可以了解本次调查的基本概况和设计思路，有助于对后边的调研发现有深入准确的理解。这部分也是整个调查报告最基本和最重要的部分之一。

调查结果汇总，主要是把调查实施过程中结果性的数据如实呈现给阅读者。这部分的数据在表现形式上可以是表格、图表，数据可能会比较松散，但是保证数据的真实性是最重要的原则之一。调查结果汇总在整个调查报告中，提供了整个调查项目的基本数据资料，是调查报告的基本组成部分。

综合分析与建议是整个调查报告的精华所在。它的基本观点主要来自调查的数据结果以及调查执行过程中的一些发现。报告的阅读者很可能略过调查结果汇总而直接阅读这一部分，因此这一部分的主要内容都是一些发现性的、结论性的、建议性的东西。在撰写这一部分时，调查人员需要有较好的文字表达能力和概括性，当然这些技巧都是建立在对营销以及调查等专业知识熟悉的基础之上。

附录部分需要把调查开展过程中所有用到的文件性资料罗列其中，比如抽样框、调查问卷设计，有时候还包括调查对象名录等，这些资料可以帮助调查报告的阅读者们在想了解相关信息时有据可查。

需要说明的是，这仅仅是调查报告的一个一般格式。正如前面所说过的，正像人的个体之间的差异一样，调查项目各不相同，虽然大致相似但具体到个案却面目迥异。因此，鉴于每一个调查项目都有自己的特点，调查报告的撰写也非千篇一律。上述一般格式只不过是一个基本格式。例如，某调查项目以动机调查方法为主，这意味着整个调查结果中数据性的资料不多，而更多的是一些以语言、文字或者图画形式呈现的资料。因此，整个调查报告的分析基础就不可能是以图表数据的形式开展，对定性数据的分析才是关键，上述的一般格式对这份调查报告而言，就可能存在不适之处。而且，具体某个调查报告的表现风格也因人而异：有人喜欢用一些诸如流程图之类的表达方式简明扼要地表述观点，有人则喜欢用数字说话；有人喜好通篇用文字性叙述表达观点，有人则喜欢挑选一些插图漫画来活跃气氛。因此，对于调查报告的撰写格式，也需因项目特性以及撰写人的个性而灵活掌握。

二、调查报告的沟通

如前所述，调查报告不仅包含书面陈述的部分，口头陈述环节也很重要。大多数调查报告在提供书面的调查结论和建议的同时也需要准备一份口头版本，用于向客户以及一线经营人员汇报、交流和就相关问题进行讨论。这一环节有助于将调查报告的研究发现进一步深化和落实，事关调查结果在决策中如何应用，因此是非常关键但通常很容易被忽略的一个步骤。

口头沟通的形式多样，可以简单到只是一个十来分钟的电话，一个召集相关人员开的小型会议，也可以是一个很正式的针对集团高层的专项汇报。现在还出现了通过互联网进行的汇报演示。为了让口头汇报的效果更好，现在一般借助计算机多媒体技术来辅助汇报，让汇报的过程更加生动、精彩和有说服力。在这种汇报中，制作幻灯片文件成为关键。如何制作一份观点清晰、图文并茂、展示齐全的幻灯片文件，决定了整个汇报的效果。现在的计算机技术发展已经充分考虑到了各种汇报场合，不仅提供现成的模板，还配套有多样化的图片、视频链接工具。如果能够及时了解这些汇报用工具的发展状况，就能让调查报告的沟通更加便捷有效。

然而，不管计算机辅助技术有多么发达，人员汇报依然是整个调查报告成功沟通的核心因素。毕竟，调查报告的演示效果再好，也只是一个锦上添花的东西，真正起作用的还是这些展示背后的洞察与发现。而这些，则需要报告人的专业敏感和素质。

本章精要：

1. 市场预测离不开必要的数据资料，预测的数据资料依据就是市场调查中所获得的直接情报资料和间接情报资料，市场调查是市场预测的基础。

2. 资料的收集一定要注意广泛性、适用性和可靠性。为了及时、全面、系统地收集准确、适用、可靠的资料，有必要对市场预测所需的资料进行分类。①按表达方式不同分类，可以分为文字资料和数据资料两种类型。②按表现形式不同分类，可以分为纵断面资料和横断面资料两种类型。③按来源不同分类，可以分为直接情报资料、间接情报资料、内部资料和外部资料四种类型。④按内容不同分类，可以分为生产性资料、消费性资料、商品供给资料、商品需求资料、财政金融资料、市场管理资料和市场价格资料等。还包括一些有关市场容量、社会购买力、消费结构、某产品的市场占有率等特定资料。

3. 资料的整理一般包括资料的审核、组织分类、制表等过程。对资料的审核是多方面的，但主要是审核资料的完整性与齐备性和资料的准确性两个方面。对资料的组织归类是指把资料按涉及内容归入不同的题目中，而题目要和打算提出的调查报告的主要标题相符合。某些诸如文章之类的资料往往包括一个以上题目的材料，应夹在适当的文件夹里。对统计数字式的资料，该合并的合并，该归纳的归纳。当调查人员按题目排列资料时，还必须对大量的已经到手的统计资料进行更为详尽的分类。为了便于采用现代化分析技术对各种分类资料进行处理，往往要对分类资料进行编码。将经过编码的资料输入并存储在计算机中的过程称为资料的转换。

4. 在整理资料的基础上，市场预测人员还要运用某些统计方法对资料进行分析。主要方法有多维分析法、因素分析法、回归分析法、相关分析法、判断分析法、群体法和因差法等。无论采取何种分析方法，都必须遵守如下原则：①分析必须逐步地、有次序地进行。②反复认真核对全部计算结果。③尽可能不作猜测和假设。④由于调研资料从来不会是完整的，所以，以分析为依据的结论从来不会是完全可靠的。

5. 资料经过整理、分析后，可能发现存在一些问题。对资料存在的问题，必须进行适当处理后方可用于预测。对资料进行处理的方法，一般是进行补充调查、抽样复查、代为订正。补充调查或复查有困难时，可以用以下统计方法进行处理：①当收集到的资料数据残缺不全时，可以用平均数插补法、比例推算法和线性插补法来补全所缺数据。②对有疑虑的资料的处理方法一般用背景调查法和滤波法。

关键术语：

文字资料 数据资料 纵断面资料 横断面资料 直接情报资料 间接情报资料 资料审核 多维分析法 因素分析法 回归分析法 相关分析法 判断分析法 群体法 因差法 单变量统计分析 单变量频数分析

思考题：

1. 如何对资料进行分类？

2. 什么是对资料的审核？为什么要对所搜集的资料进行进一步的审核？

3. 在对资料进行编码时应注意哪些问题？

4. 有哪些基本的资料分析方法？

5. 什么是单变量分析？通过单变量分析大概能得到相关数据的哪些信息？

6. 对于残缺和有疑虑的资料应该如何处理？

7. 什么是背景调查法和滤波法？其主要作用是什么？

8. 调查报告的撰写一般都包含什么内容？

互联网练习题：

在电脑上安装或者下载 SPSS 统计软件，学习如何建立数据库、输入数据、对数据进行清查、合并以及重新编码等操作，并学会通过 SPSS 软件进行数据的频数分析、交互分析并生成相应表格和图表等操作。

实战练习题：

以下是一份《瑞丽服饰美容》杂志的调查问卷，请根据编码的原则，为该问卷中的每一个问题进行编码。

欢迎参加《瑞丽服饰美容》杂志阅读情况读者调查，所有在 12 月 31 日前回复了调查问卷的读者，将有机会参加抽奖，中奖机会多多，赶快行动吧！

1. 请问您阅读过下列哪些女性时尚类杂志？

《秀》《炫色》《今日风采》《瑞丽伊人风尚》

2. 请问您认为《瑞丽服饰美容》的实用性如何？

具有很强的实用性　有一定的实用性　不是很实用

3. 请问您阅读过今年 1~8 月份的哪几期《瑞丽服饰美容》？

1 月号　2 月号　3 月号　4 月号　5 月号　6 月号　7 月号　8 月号

4. 今年的各期《瑞丽服饰美容》中，您最喜欢哪一期的封面图片？

1 月号　2 月号　3 月号　4 月号　5 月号　6 月号　7 月号　8 月号

5. 请问您对目前《瑞丽服饰美容》的服装版是否满意？

非常满意　比较满意　一般　不是很满意　非常不满意

6. 请问您最喜欢服装版中哪个部分？

流行发布　搭配技巧　导购产品介绍

7. 您认为目前《瑞丽服饰美容》服装版中，国内自拍片与日本片之间的区别明显吗？

有很明显的区别，我一眼就可以看出来

有一定区别，但不是很明显，需要仔细对比才能发现

我看不出有什么差别

8. 请问您对目前《瑞丽服饰美容》的美容版是否满意？

非常满意　比较满意　一般　不是很满意　非常不满意

9. 请问您最喜欢美容版中哪个部分？

彩妆技巧　护肤技巧　导购产品介绍

10. 您认为目前服装版对您来说是_____？

非常重要，我每期都会全部阅读，对我来说是不可或缺的部分

虽然我每期只是挑我喜欢的内容阅读，但我觉得也还是挺重要的

可有可无，我只是在无聊的时候才会翻翻服装版以打发时间

完全没有存在的必要，还不如利用那些版面多介绍些服装美容的话题呢

11. 如果在杂志上出现国际流行资讯的介绍，你是否会喜欢？　　是　否

12. 您是否愿意在杂志上看到一线品牌的介绍？　　　　　　　是　否

13. 请问您对目前的《瑞丽服饰美容》是否满意?

    非常满意　比较满意　一般　不是很满意　非常不满意

背景资料:

请留下您真实准确的资料,以便于我们进行抽奖核对工作,谢谢!

姓名:＿＿＿＿＿＿＿

性别:男　　　　女

出生年月日:(请依次填入年月日,如 19750106) ＿＿＿＿＿＿＿

婚姻状况:未婚　　　已婚

学历:初中及以下　技校/中专/职高/高中　大专　本科　硕士及以上

个人月收入:＿＿＿＿＿＿＿

第九章 定性预测方法

学习目标

- 了解什么是推算预测法
- 掌握推算预测法的具体方法
- 了解什么是集合意见法
- 学会集合意见法的具体方法
- 了解什么是专家调查预测法
- 把握专家调查预测法的具体运用
- 了解什么是预警分析法
- 学会运用预警分析法

开篇案例 *

　　小天鹅是一家国产品牌的家电制造商，其生产的与企业同名的小天鹅牌品牌洗衣机一直销路不错。但是随着竞争越来越激烈，原有的根据市场变化调节竞争策略的办法已经远远不够了。生产厂家必须尽早对小天鹅洗衣机未来一年的市场需求情况做出判断，才有可能在来年的市场竞争中拔得头筹。

　　为了让市场预测尽量准确，小天鹅采用了如下方法：

　　第一，确定征询对象。小天鹅设立了专门的预测小组，由该小组的成员精心挑选了在家电行业工作、熟悉各类洗衣机销售，同时具有较强分析和预测能力的人员共18位。这些人员分别是来自省市各级家电协会洗衣机行业的负责人、小天鹅洗衣机厂的各级营销经理和销售主管，以及影响力较大的家电销售代理商和洗衣机销售额较高的大商场负责人。为了保证意见的代表性，这三类人各占1/3，即来自行业协会的、本厂销售人员及经销商各6人，构成了预测专家团以接受调查。

　　第二，给专家发送意见征询函。预测小组给每一位选定的专家专门发送了一封调查信件，信中详细解释了本次意见征询的目的和要求——在10天之内对本年度下半年以及下一年度全年的小天鹅牌洗衣机的销售量做出预测，同时给出详细的数据、意见和建议；信中还附上了一些可供专家预测时进行参考的内部资料，比如本厂洗衣机在当地前5年的销售量、该地区各品牌洗衣机的销售总量、当年度上半年的销售量、不同家庭对不同类型洗衣机选择的情况分析等。

---

*本章案例改写自魏炳麒主编：《市场调查与预测》(第二版)，东北财经大学出版社，2002年1月版，第180页。

第三，汇总征询意见。预测小组将18份预测结果收集汇总，然后对专家的意见进行整理。通常是将专家预测的结果数字进行加权平均，得到一个平均数的销售预测。通过专家预测，可以看出最高销售量以及最低销售量，同时得到许多对洗衣机市场的分析以及如何促进洗衣机销售的意见。

第四，反馈汇总意见。预测小组将征询意见整理后，会得出一些具体的更具代表性的意见。通常会把这些意见拟成一些条理清楚的观点，罗列在调查表中再次反馈回各位专家手中，对这些看法进行第二轮征询。这时候可以继续补送一些新的资料，比如未来一年企业打算采取的新产品设计、员工激励措施等，请专家们再次进行预测。然后通过函件对预测结果进行再次回收汇总。把这次得到的预测结果，作为对接下来的半年以及下一年度生产量设计的参考依据。

在本案例中，小天鹅公司对未来半年到一年的洗衣机市场做出了自己的预测。它所采用的预测方法是一种定性预测的方法——德尔菲法。到底什么是定性预测法？德尔菲法是如何开展的？这种预测方法准确度如何？有什么优势与劣势？除了德尔菲法之外，小天鹅还可以采用哪些行之有效的定性预测方法？这些都是本章将要展开讨论的问题。

第一节　推算预测法

推算预测法是指那些不用或很少用数学模型，而主要依靠人们的经验和判断能力做出预测的方法。

市场预测人员根据调查搜集到的资料，用自己的智慧和经验来判断、推算企业生产经营的前景时，有多种推算预测的方法。本节介绍市场预测经常使用的平衡关系法、类比法、转导法和联测法。

一、平衡关系法

（一）平衡关系的普遍性

各种事物或现象都是相互联系、相互制约的，每一个事物和现象的存在都是有条件的。一定的事物只有在一定的条件下才能产生，在一定的条件下得到发展，又在一定的条件下趋于消亡。事物或现象之间这种相互联系、相互依存、相互制约的普遍性质，就是彼此互为存在的条件，其实质就是一种平衡关系。互为存在条件的一方不存在了，另一方也就失去了存在的条件。决定事物的主要制约条件或存在条件变了，则事物本身也必然会随之变化。而且，因各自所受的影响因素和影响速度不完全相同，有的发展变化得快一些，有的慢一些，有的强一些，有的弱一些，甚至有的跃居主导地位，有的濒临消亡。就整个国民经济来讲，各部门、各行业以至各种产品的生产，其发展的速度和规模也是互不相同的，有快有慢，有大有小。为了有效地发展国民经济，人们利用现象之间的这种相互联系、相互依存、相互制约的普遍性质，根据发展中的平衡要求和平衡倾向，合理安排各种比例关系，使各部门、各行业以至各企业之间协调地发展，这就是通常所说的综合平衡。

我国的综合平衡包括整个国民经济的、省市等地区范围的，也可以是一个部门、一个行业或一个企业范围的。

在国民经济以外，显然也存在着例如自然界的生态平衡、科学技术领域的物理的和化学方面的平衡，等等。

事物之间相互联系的普遍性和经常保持平衡关系的客观要求，为研究采用科学的预测技术方法提供了重要的条件和依据。

（二）平衡关系法

平衡关系法是指利用事物之间的平衡关系进行预测的方法。如前所述，事物之间的相互联系具有普遍的性质，在发展变化过程中趋于彼此适应，经常保持平衡是一种客观要求，那么，利用事物的这一普遍性质和客观要求（即利用平衡关系）来进行预测就具有完全的必要性和非常重要的现实意义。

在实践中，利用平衡关系进行市场预测有许多具体方法，在这里我们主要介绍平衡表预测法。

1. 平衡表的性质。平衡表是指表明客观事物之间本质联系和平衡倾向的一种工具。各种事物在发展过程中一方面是互相联系、互相制约、互相作用的；另一方面又处于起伏不定的不平衡状态和时刻要求平衡的倾向之中。事物在发展过程中的这种本质联系和平衡倾向，就是通过平衡表来加以说明的。

2. 平衡表的种类。

（1）从反映平衡关系的范围上看，有国民经济平衡表（研究整个国民经济内部比例关系和平衡状况）、部门平衡表（研究一个部门、一个行业范围内各种比例关系和平衡状况）和企业平衡表（研究一个企业内部各种比例关系和平衡状况）。

（2）从反映平衡关系的对象上看，有社会产品的生产、消费、积累平衡表和物资平衡表，有国民收入的分配和再分配平衡表，有财政平衡表以及货币收支平衡表，还有劳动平衡表和劳动时间使用平衡表等。

3. 平衡表预测法。平衡表预测法是指利用平衡表中所反映出来的相互联系和平衡关系进行预测的方法。只要有了足以反映事物之间相互联系和平衡状况的平衡表，就可据此进行预测。如货币收支平衡预测法就是运用货币收支平衡表来预测购买力的一种平衡表预测法。

社会商品购买力主要通过货币支付来实现。社会商品购买力总额的预测，一般以年度为期，在年度内，商品销售有一定的季节性。为了提供安排市场和制订季度销售计划的资料依据，可以按季度预测。

货币收支就全国范围来说，不考虑货币流进和流出的问题，则其收支变化公式为：

社会商品购买力 = 货币收入 – 非商品支出   （9–1）

社会商品购买力 = 货币收入 – 非商品支出 –

（期末储蓄存款和手存现金 –

期初储蓄存款和手存现金）   （9–2）

从式（9–1）看，不考虑储蓄存款和手存现金的变化，全社会的货币收入就等于购买商品支出加上非商品支出。非商品支出一般指文化生活服务支出、非购买商品的生产费用、缴纳税金以及其他非商品支出等项目的货币支出。非购买商品的生产费用有电费、灌溉费、生产资料修理费、配种费等；文化生活服务支出有房租费、水电煤气费、邮电费、交通费、文娱费、学杂费、医疗保健费、理发费、洗澡费等。缴纳税金，指城乡居民向国家缴纳的各项税金。其他非商品支出有罚款、捐献、票证费、缴纳的各种组织费等。

社会货币收入，主要是职工工资收入、城镇集体与个体劳动者货币净收入，农民出售产品收入和劳务收入等。城乡居民收入的货币不会全部都支付出去，还有一部分货币存入银行或保存在手中。因此，出现了式（9-2）计算公式。期末存款减去期初存款，如果是正数，说明银行储蓄存款增加。储蓄增加，则购买力必然相对减少；如果期末储蓄存款比期初减少，说明减少的这部分货币将增加到购买力中去。其货币收支变化计算公式为：

社会购买力 = 货币收入 – 非商品支出 +（期初储蓄存款和手存现金 –
期末储蓄存款和手存现金） (9-3)

从全国范围来讲，国内货币流通量总额是有统计数字的，而且国家通过货币投放与货币回笼有计划地调节货币流通量，以上的测算是有充分的条件和数据可以引用的。例如，1983 年底全国城乡储蓄存款为 893 亿元。

下面举例说明平衡表预测法。

例 1：设某商贸企业 2000 年度的收支情况如表 9-1 所示，根据 5 年来业务发展情况和今后的可能性，该企业的营业收入，今后两年内很可能按每年 5%的增长速度增长，营业外收入变化不大，最多不超过 1%；支出方面，今后两年，工资总额将增加 8%，固定资产基本折旧和大修理折旧都维持现有水平，业务材料、燃料、电力等费用，将略低于业务发展速度而按每年 3.5%增长，设备维修费不增不减，运输费每年增长 2%，综合管理费计划每年压缩 2%。要求预测 2002 年该企业可能实现的利润指标。

表 9-1　　　　　　　　　　2000 年度某商贸企业收支情况

单位：千元

收　入	金　额	支　出	金　额
营业收入	753147.26	工资及工资附加费	238673.24
营业外收入	8003.34	折旧费	122522.37
		业务费	35850.84
		设备维修费	42003.06
		运输费	11317.86
		综合管理费	102304.37
		利润	208478.86
合　计	761150.60	合　计	761150.60

1. 根据以上资料，该企业 2002 年的收入可达：

753147.26 × 1.05 + 8003.34 = 838348.19（千元）

2. 该企业 2002 年各项支出将为：

（1）工资及工资附加费：

238673.24 × 1.08 = 257767.10（千元）

（2）折旧费仍为：

122522.37（千元）

（3）业务材料、燃料、电力费等：

35850.84 × 1.035 = 38404.32（千元）

（4）设备维修费仍为：

42003.06（千元）

（5）运输费：

$11317.86 \times 1.02 = 11775.10$（千元）

（6）综合管理费：

$102304.37 \times (0.98) = 98253.12$（千元）

经过分析，如果认为以上各项收入和支出的数量是有根据的，是可以实现的，那么，2002 年该企业的利润指标就有可能达到：

$838348.19 - 570725.07 = 267623.12$（千元）

这就是所要求的预测值。

例 2：设某地某类产品的产量情况如表 9-2 第（1）栏、第（2）栏，消费使用情况如表 9-2 第（3）栏、第（4）栏，根据该产品历史发展的平均速度，参照当前已经出现的各种可能性，经过预测运算和综合判断，最后确定该类产品三年后的年产量将达到 2800 亿元，假定意外损失的产品数量不变。要求预测三年后居民和其他非生产性消费的产品将能增加多少？积累和后备用产品能扩大多少？出口和输出到外地区的产品能增加多少？

表 9-2　　　　　1999 年某地区某类商品生产、消费、积累平衡表

单位：亿元

（1）收入	（2）金额	（3）支出	（4）金额
结转上年结余	50	生产性消费	1000
年内生产	2400	居民等非生产性消费	1100
进口和外地输入	10	积累和后备	300
		出口和输出外地	10
		意外损失	5
		年末结余	45
合　计	2460	合　计	2460

（1）根据表 9-2 提供的资料，三年后居民和其他非生产性消费的产品将达到：

$2800 \times \dfrac{1100}{2400} = 1283.33$（亿元）

如果意外损失不变，居民等还可以多消费：

$\left(2800 \times \dfrac{5}{2400} - 5\right) \times \dfrac{1100}{2400} = 0.38$（亿元）

说明三年后居民和其他非生产性消费将达到 1283.71 亿元（1283.33+0.38=1283.71 亿元）。

（2）三年后积累和后备用产品将可达到：

$2800 \times \dfrac{300}{2400} = 350$（亿元）

如果意外损失不变，积累和后备还可增加：

$\left(2800 \times \dfrac{5}{2400} - 5\right) \times \dfrac{300}{2400} = 0.1$（亿元）

说明三年后积累和后备用产品将可达到 350.1 亿元（350 + 0.1 = 350.1 亿元）。比 1999 年增加了 50.1 亿元。

（3）三年后的出口和输出外地的产品可达到：

$$2800 \times \frac{10}{2400} = 11.67 （亿元）$$

如果意外损失不变，出口和输出还可增加：

$$(2800 \times \frac{5}{2400} - 5) \times \frac{10}{2400} = 0.003 （亿元）$$

说明三年后出口和输出外地的产品可以达到 11.673 亿元（11.67 + 0.003 = 11.673 亿元），比 1999 年增加 1.673 亿元。

对于以上预测数字，在进行了综合判断以后，可以适当调整。例如，按照实际需要，后备用产品可以缩减 5 亿元；考虑到这类产品在国际市场和国内其他市场上的竞争能力，还可以增加 30%，即增加 3 亿元。这样，最后确定的预测结果为：

居民和非生产性消费：1285.71 亿元

积累和后备：345.1 亿元

出口和输出外地：14.673 亿元

二、类比法

类比法是指应用相似性原理，把预测目标同其他类似事物加以对比分析，推断其未来发展趋向的一种定性预测方法。类比法的种类很多，如由点推算面，由部分类推全部，由国外推算国内，以及同类产品的发展倾向类推等。类比法一般适用于开拓市场、预测潜在购买力和需求量以及预测增长期的商品销售等。它适合于较长期的预测。

（一）由点到面的类比

这是广泛适用于许多一般消费品和耐用消费品的需求量预测。例如，通过典型调查或抽样调查，某市彩电年销率为 4%（即销售数与百户居民数之比，也就是每百户居民中有 4 户购买），以此销售率来推算其他城市。计算公式为：

s = ma

式中：s 代表预测销售量

a 代表销售率

m 代表总户数

例 3：某市 1998~2001 年组合音响的销售率平均为 4.5%，用类比法预测某省 8 个城市 180 万户家庭 2003 年组合音响的销售量将是多少？

计算如下：

$$180 \times 4.5\% = 8.1 （万台）$$

计算结果表明，某省 8 个城市 2003 年将向 180 万户家庭销售组合音响 81000 台。许多消费品的需求量可以采用由点到面或由部分到全部的类比推算预测法求得。

（二）由历史资料推算未来

这种方法是根据历史统计资料，按时间画成曲线，再将曲线外延得到未来时间的数据。例如，1987 年面对着世界能源紧张，国际能源机构曾对未来世界总耗能作了预测。先将全世界消耗的能源量，按 1950~1975 年的实际消耗量列表并画成图，可以看出实际能源消耗量是随时间按直线增长的。只有在 1975 年出现能源危机，才出现波动，如表 9-3 所示。

表 9–3 全世界能源实际消耗

单位：亿吨

年　份	1950	1955	1960	1965	1970	1973	1975
全世界能耗	18	20	24	29	38	44	42
其中石油消耗	6	6	8	13	19	24	21

利用统计资料直接外推法，求出 1980~2000 年的世界总能耗。其中石油因资料有限，不能直线上升，建议采用其他能源迅速开发，以逐步降低石油消耗。国际能源机构在 1978 年做出未来 20 年全世界能源消耗的预测数列，如表 9–4 所示。

表 9–4 未来世界能源消耗预测

单位：亿吨

年　份	1980	1985	1990	1995	2000
全世界能源消耗预测量	54	66	79	92	105
其中石油消耗预测量	26	31	38	40	35

上例是将统计资料整理成随时间变化的图表，采用直线外推法进行预测。

（三）以国外同类产品销售趋势来预测

这种推算方法是把所要预测的产品同国外同类产品的发展过程或变动趋向相比较，找出某些共同的相类似的变化规律性，用来推测目标的未来变化趋向。例如，可以参照国外某些产品更新换代过程的时间及条件来分析预测我国同类产品更新换代时间。

例如，日本单缸洗衣机生命周期由 1949~1973 年，历时 24 年。双缸洗衣机从 1960 年开始，5 年后成为主流。日本洗衣机的换代规律是双缸洗衣机在单缸洗衣机问世 16 年以后上升为主流。根据类比法，我国单缸洗衣机的生命周期大约为 1978~2002 年。大约从 1994 年起，城市不再使用单缸洗衣机。单缸洗衣机将由城市转入农村。我国双缸洗衣机从 1980 年开始，1985 年后逐步占领城市市场，成为主流。事实上，从 1987 年开始出现单缸洗衣机滞销局面，考虑到信息社会新产品试制期缩短，人民生活水平提高，我国洗衣机换代将会提前。

（四）由国内不同地区同一产品的销售情况或经济现象的类似情况来推测

这类推测是把某地区的同类产品或同类经济指标的发展过程或变动趋势相比较，找出某些共同的类似的变化规律性，来预测目标，做出某种判断、推测。这种对比类推的过程与分析方法，与上述国外类似情况的对比类推大体相同。

国内各地区的经济发展情况虽然存在着很大差别，但同国外相比，相同之处毕竟较多，因而对同一产品的销售状况，同一经济指标，在国内运用类比推算法进行预测比较切合实际。

例如，已知某种服装款式在沿海开放城市的流行状况就可以类比推算内地某些城市也可能流行开来，这样就可以从沿海城市的销售情况来类比推测内地某些城市的销售情况。又如，经济收入水平较高的地区，家用电器的家庭普及率情况，可以作为目前经济收入较低地区预测未来家用电器的家庭普及率的参考数据。

（五）以国内相近产品类推新产品

这种对比类推往往用于新产品开发预测，以相近产品的发展变化情况，来类比预测某种新产品的发展方向和变化趋势。可以举几个例子加以说明：如有的日用化工厂为了发展新产品，根据市场调查了解到牙膏生产与销售和糖果有类似之处，它们都需要放入口内，因此，都有一个如何选择色香味的问题。例如，过去人们喜欢吃水果糖，日用化工厂生产了香型牙膏，如留香型、橘子香型牙膏等；在国外，前几年男女老幼都喜欢吃各式巧克力糖，因此，牙膏也制成巧克力香型，取名叫"爱的可乐"，结果销路很好，尤其是青年人喜欢使用。

以上实例表明，用相近相似产品类推新产品往往可以收到意想不到的效果。其应用范围也日益广泛。例如，人参酒是由酒发展到营养酒和药酒的新品种，卷烟的生产也得到启发而发展营养烟和药烟，如人参烟、田七烟等。近年来，糖果生产本身也发展了药糖，如梨膏糖、宝塔糖、人参润喉糖等。许多牙膏也发展了药物牙膏以防治牙病。由此可见，把类比法用于新产品的市场预测，是一种常用的且有效的预测方法。

三、转导法

转导法也叫经济指标法。它是根据政府公布的或调查所得的经济预测指标，转导推算出预测结果的市场预测方法。这种方法是以某种经济指标为基础进行预测，不需要复杂的数学计算，因而是一种常用的简便易行的方法。

例 4：某地区 2002 年商品零售总额为 850000 万元，预计下一年度将递增 8%，根据以往的统计资料，服装业销售额占该地区零售总额的 10%，该地区某商店经营的服装在地区服装市场中的市场占有率为 3%，该商店经营的儿童服装占该商店服装销售额的 20%，预测该店 2003 年儿童服装的销售额将达到多少？

用转导法计算如下：

$$[850000 \times (1 + 8\%)] \times 0.10 \times 0.03 \times 0.20$$
$$= 918000 \times 0.0006$$
$$= 550.8 \ (万元)$$

四、联测法

联测法是指以某一个企业的普查资料或某一个地区的抽样调查资料为基础，进行分析、判断、联测，确定某一行业以至整个市场的预测量。

在市场预测中，普查固然可以获得全面、系统的资料，但由于主客观条件的限制，不可能进行全面普查，只有局部普查或抽样调查。因此，在许多情况下，运用局部普查资料或抽样调查资料，经过分析、判断，对整个行业或整个市场进行联测，就成为客观需要。运用联测法的关键在于局部普查资料应具有典型意义，抽样调查的样本应能反映母体的全貌，不然，会出现难以估计的误差。

例 5：某家电用品公司打算开拓五个城市的电冰箱市场，为此进行了市场调查，获得去年的电冰箱市场销售量如表 9-5 所示，预测今年的市场需求量。

表 9-5   **去年电冰箱市场销售量**

市　场	x_1	x_2	x_3	x_4	x_5
实际销售量（台）	19000	3600	2800	7800	4000
家庭户数（万户）	200	180	130	490	210

经过对市场的 200 万家庭住户的抽样调查，今年对电冰箱的购买量为每百户 4 名，即需求率为 0.04，得出市场的预测值为 8 万台，非常简单。问题是要求预测五个市场的需求量，却只有一个市场的抽样调查资料。在这种情况下，就可以采用联测法，以某一个市场的资料为基础，联测其他四个市场的需求量，最后加以综合，得到五个市场的需求预测值。

采用联测来确定各市场今年的需求量，要从多方面分析。因为市场需求量是受多种因素影响的，就电冰箱的需求来讲，它不仅直接受职工家庭收入水平的影响，而且受职工的购买动机、购买习惯、兴趣爱好、品牌偏好以及供求情况和价格水平的影响，还受彩电、组合音响、录像机、洗衣机、空调器等其他耐用消费品的供求情况和价格的影响，因此，以某一个市场的资料预测其他市场的需求量，显然会产生误差。然而，在实践中，各地市场电冰箱的销售又基本上是稳定的，没有大的起伏波动现象，因而实际销售量的差异又可以近似地综合反映各地市场需求状况的多种差异。所以，为简化运算，可以不再另外引入消除其影响的变数。

同时，由表 9-5 所列资料可见，各地市场实际销售量的差异是很大的，除需求水平差异外，显然家庭户数也有很大影响。为消除家庭户数对需求量的影响，可以引入销售率：

$$销售率 = \frac{实际销售量}{家庭户数} \times 100\%$$

销售率反映着各地市场的消费水平。各地市场销售率的差异，可以近似地反映各市场之间需求水平的差异。这样，就可以根据各市场销售率的差异，以市场为基准，预测其他各市场的需求量。

设：y 代表实际销售量

α 代表销售率

m 代表需求率

a 代表家庭户数

x_i 代表各地市场（i = 1, 2, …, 5）

其预测步骤为：

（1）计算各市场的销售率。如 x_1 市场的销售率 $\alpha x_1 = \frac{y}{a} = \frac{19000}{2000} = 9.5$ 台/千户，即 0.0095 台/户；x_2 市场的销售率为 $\frac{3600}{1800} = 2$ 台/千户，即 0.002 台/户；等等。

（2）以 x_1 市场的销售率为基准，计算各市场的销售率比。销售率比，实际上是各市场以 x_1 市场的销售率为基准的销售率指数，如 x_2 市场的销售率比 $= \frac{\alpha x_2}{\alpha x_1} = \frac{0.002}{0.0095} = 0.211$，即 x_1 市场的销售率指数为 100（1×100）时，x_2 市场的销售率指数为 21.1（0.211×100）。它表明，当 x_1 市场的销售量为 100 时，x_2 市场的销售量为 21.1。

（3）计算需求率。x_i 市场的销售率比为 $\frac{\alpha x_i}{\alpha x_1}$，需求率比为 $\frac{m x_i}{m x_1}$，销售率比约等于需求率比，所以 x_i 市场的需求率（$m x_i$）$\approx m x_1 \cdot \frac{\alpha x_i}{\alpha x_1}$。$x_1$ 市场的需求率为 0.04，它表明 x_1 市场的需求率为 1 时，是每百户需要电冰箱 4 台，当其他各市场的需求率高于或低于 x_1 市场（即高于或低于 1 时），每百户需要量应是若干台。如 x_2 市场的需求率（$m x_i$）$= m x_1 \cdot \frac{\alpha x_i}{\alpha x_1} = 0.04 \times 0.211 = 0.00844$，即每 100 户需要电冰箱 0.844 台。其他市场的需求率，依此类推。

（4）根据各市场的需求率和家庭户数，计算需求量。如 x_2 市场的需求量 = 180 × 0.00844 = 15192（台），其他市场依此类推。

（5）将各市场的需求量相加，即得到整个市场的预测需求量。

根据表9-5提供的数据，计算结果如表9-6所示。

表9-6的计算结果表明，今年五个城市电冰箱的市场需求量预测为156476台。当然，对这一预测值还需要进一步作出综合分析判断，通过调整确定出最后的预测值。同时，还要考虑需求的具体品牌、型号、价格水平等问题，力求具体、精确，使预测能切实地为企业决策提供科学依据。

表9-6　　　　　　　　　　　今年各市场电冰箱需求量预测

城市＼项目	去年实际销售量（台）y	家庭户数（万户）a	销售率	销售率比	需求率	今年的需求量（台）
x_1	19000	200	0.00950	1.000	0.04000	80000
x_2	3600	180	0.00200	0.211	0.00844	15192
x_3	2800	130	0.00215	0.226	0.00904	11752
x_4	7800	490	0.00159	0.167	0.00668	32732
x_5	4000	210	0.00190	0.200	0.00800	16800
合计	37200	1210				156476

第二节　集合意见法

集合意见法是指集合企业内部经营管理人员、业务人员等人员的意见，凭他们的经验和判断共同讨论市场趋势而进行市场预测的方法。由于经营管理人员、业务人员等比较熟悉市场需求及其变化动向，他们的判断往往能反映市场的真实趋向，因此它是进行短、近期市场预测常用的方法。

一、集合意见法预测步骤

第一步，预测组织者根据企业经营管理的要求，向研究问题的有关人员提出预测项目和预测期限的要求，并尽可能提供有关资料。

第二步，有关人员根据预测要求，凭个人经验和分析判断能力，提出各自的预测方案。在此过程中，有关人员应将质的分析与量的分析相结合，力求既有充分的定性分析，又有较准确的定量化描述。一般来说，定性分析包括：

1. 历史生产和销售趋势，目前市场的状态，消费心理的新变化，顾客流动情况等。

2. 各生产厂的产品适销对路情况，商品资源、流通渠道及供应情况的变化，新产品投入市场的可能性；流动资金来源和运用情况，商品库存结构以及上级主管部门对任务的要求（如果有上级的话）。

3. 劳动组织状况，改善企业经营管理的措施及其可能取得的效果，等等。

在定性分析基础上，将自己的判断结果作出定量化的描述，形成各自的预测方案。具体包括：

1. 确定未来市场的可能状态（两种或两种以上）。

2. 确定各种可能状态出现的概率（主观概率）。

3. 确定每种状态下市场销售可能达到的水平（称状态值）。

第三步，预测组织者计算有关人员的预测方案的方案期望值，即方案期望值等于各种可能状态主观概率与状态值乘积之和。

第四步，将参与预测的有关人员分类，如厂长（经理）、管理职能科室、业务人员等类，计算各类综合期望值。综合方法一般是采用平均数、加权平均数统计法或中位数统计法。

第五步，确定最终的预测值。当预测组织者采用统计法得到综合预测值后，应当参照当时市场上正在出现的苗头，考虑对综合预测值是否需要调整，或进一步向有关人员反馈信息，再经酝酿讨论使预测结果更趋合理。

使用这种方法时，激进与保守的看法对预测值常有较大的影响，且容易受市场形势的影响。例如，市场畅销，容易盲目冒进；市场疲软，容易保守。在出现最大值、中间值、最小值三种情况僵持不下时，可采取合理准则，最大值和最小值的合计概率与中间值概率相等，即最大值概率为 0.25，最小值概率为 0.25，中间值概率为 0.5。计算公式为：

$$y = \frac{0.25A + 0.5B + 0.25C}{3}$$

式中：y 代表推断平均值，即预测值

A 代表最大值

B 代表中间值

C 代表最小值

例 6：某企业采用集合意见法进行下年度某类商品销售额预测。邀请有关人员中，业务、计划、财务三职能科室在定性分析后，各自提出的方案及综合情况见表 9-7。

表 9-7 　　　　　　　　　　　　　　　销售预测方案综合情况表

单位：万元

有关人员	权数	未来市场状态						方案期望值	综合期望值
		销路好		销路一般		销路差			
		概率	销售额	概率	销售额	概率	销售额		
计划科	1.5	0.2	60	0.7	58	0.1	54	58	
业务科	1.0	0.1	58	0.7	54	0.2	50	53.6	56.1
财会科	1.0	0.1	62	0.8	56	0.1	48	55.8	

注：（1）销售额方案期望值计算：

计划科：$60 \times 0.2 + 58 \times 0.7 + 54 \times 0.1 = 58$

业务科：$58 \times 0.1 + 54 \times 0.7 + 50 \times 0.2 = 53.6$

财会科：$62 \times 0.1 + 56 \times 0.8 + 48 \times 0.1 = 55.8$

（2）销售额综合期望值（加权平均数法）：

综合值 $= \dfrac{\text{权数与方案期望值乘积之和}}{\text{权数之和}}$

$= \dfrac{58 \times 1.5 + 53.6 \times 1 + 55.8 \times 1}{1.5 + 1 + 1} = 56.1$

表 9-7 列出了集合意见法预测步骤中的第一步至第四步的结果。本例考虑到参与预测的三方人员各自的知识、经验、信息来源条件的不同，各自的权威性也不相同，对未来市

场销售额的分析意见会有差别，必然存在准确程度的不同。因此，预测组织者给予三者提出的预测方案以不同的权数，采用加权平均数计算综合预测值为56.1万元。然后由预测小组根据情况判断，在综合预测值基础上稍作调整，取最终预测值为56.6万元。

二、集合意见法的组织形式

集合意见法有多种组织形式，大体上可归纳为三种，即集合经营与管理人员的判断意见、集合企业内外的业务人员的判断意见和集合企业内业务人员的判断意见。

（一）集合经营与管理人员意见法

集合经营与管理人员意见法，即集合经理、管理人员和业务人员三方面的预测方案，加以归纳、分析、判断，从而确定企业的预测方案。其过程如下：

1. 由经理根据经营管理的需要，向下属管理单位和业务人员提出预测项目和预测期限的要求。

2. 下属单位和业务人员根据经理指示提出各自的预测方案。

3. 将经理的、管理人员的和业务人员的预测方案进行综合分析、判断，定出企业的市场预测值。

这种预测方法，既调动了管理人员和业务人员预测的积极性，又可以上下结合制定出反映客观实际的预测方案。它实际上是领导与群众相结合，质的分析与量的分析相结合的方法，比较适合我国工商企业的经营管理状况。

（二）集合业务人员意见法

集合业务人员意见法，即集合所属经营机构的业务人员、分支机构的业务主管人员、有业务关系的批零企业的业务主管人员以及联合企业的业务主管人员的预测意见而制定市场预测方案。例如，专业公司或批发企业集中直属经营机构（采购供应站或批发部）的业务人员，下属分支机构的业务负责人，有供销关系的企业负责人等的预测意见，制定销售预测方案，就属于集合业务人员意见法。

这种方法的预测过程与集合经营管理人员意见法基本相同。其不同点是，集合业务人员意见法不仅包括了公司、企业内部业务人员的预测意见，而且还包括了公司、企业外部有关业务人员的预测意见。这些业务人员都具有一定的专业知识和业务经验，对市场情况比较熟悉，他们的预测意见，在企业短、近期预测中较为接近市场需求的客观实际。同时，这些业务人员都直接从事业务活动，本身都承担实现预测方案的责任，因此，使预测方案的实施有着广泛的群众基础。但是，也正是由于提供预测意见者是处于业务第一线，直接从事业务活动，并是负有实现预测方案责任的业务人员，因而他们提出的预测值往往偏低。另外，他们一般不是从事市场研究的专职人员，容易忽视宏观经济因素对市场的影响。因此，在运用集合业务人员意见这种组织形式时，不应当仅对预测数值进行简单综合，必须在可能的范围内对影响市场需求的各种因素进行分析、判断，对综合的预测方案进行反复调整，以确定符合市场实际的预测值。

（三）业务人员意见综合法

业务人员意见综合法，即提供预测方案的人员仅限于企业内部的业务人员，如批发企业的采购员和供应员，零售企业的进货员和售货员等。这种方法，与集合经营管理人员意见法和集合业务人员意见法基本相同（就方法而言），也具有上述两种方法的某些特点。但由于这种方法仅反映了企业内部业务人员的预测意见，因而有一定的局限性。这种组织形式可以用于市场短期预测，但不宜用于近期和中期预测。

第三节　专家调查预测法

专家调查预测法，是指根据市场预测的目的和要求，向有关专家提供一定的背景资料，请他们就市场未来的发展变化作出判断，提出量的估计。

专家调查预测法，一般应用于以下几种情况：没有历史资料；或历史资料不完备，难以进行量的分析；或需要进行质的分析的预测。

专家调查预测法在具体运用中，基本只采用两种形式，即专家会议法和专家小组法。

一、专家会议法的预测步骤及其特点

专家会议法是指邀请有关方面的专家，通过会议的形式，对企业的生产经营或某个产品及其发展前景作出评价，并在专家们分析判断的基础上，综合专家们的意见，对该企业或产品的市场需求及其发展趋势作出量的预测。其具体步骤如下：

1. 召开会议征询意见。邀请出席会议的专家人数不宜太多，也不能太少，一般以 6~10 人为好，要包括各个方面的有关专家，都能独立思考，不受一两个权威所左右。会议气氛应是民主、活跃、有舒适感的，使人无拘无束，畅所欲言。

2. 会议主持人提出题目，要求大家充分发表意见，提出各种各样的方案。主持人不要谈自己有什么设想、看法或方案，以免影响与会专家的思路。对专家所提出的各种各样的方案和意见，不应持否定态度，应表示热情欢迎。

3. 强调会议上不要批评别人的方案，大家畅谈自己的方案，敞开思想，各谈各的，方案多多益善。

4. 会议结束后，主持人再对各种方案进行比较、评价、归类，最后确定预测方案。

为了使这种会议形式取得成效，会前也需要进行一定的调查研究，提供一定的资料，如市场动态资料，不同厂家所生产的同类产品的质量、性能、成本、价格对比资料，以及同类产品的历史销售资料，等等。同时，会前也需要做一些组织准备工作。组织准备工作中有两个主要问题：①如何选择专家，包括确定专家的数目。②如何让专家充分发表意见。

专家选得是否合适，将决定预测结果的可靠性和全面性。所谓专家，一般是指在某些专业方面积累了丰富的经验、知识，并具有解决该专业问题的能力的人。他们能在不确定的条件下对问题进行估计和预测，提出建议和看法。因此，选什么专家就同所估计的问题的性质有关。例如，要预测企业达到的某种目标的重要意义，有经验的高层管理人员就是专家；为了获得科学技术发展方面的重要情报，则企业内技术工程师就是专家；为了预测市场行情，则有经验的老推销员就是专家，如此等等。但是，为了能够使问题研究得更全面、更深入一些，也需要吸收一些"对立面"、"少数派"参加。

选择专家不但要看他的经验、知识和能力，还要看他是否善于表达自己的意见。确定专家的数目也很重要。因为对于复杂的问题，需要有多方面的专家参加。专家多一些，可以使问题讨论得更深入一些，意见也反映得更全面一些。但参加的人数太多，组织工作就比较难做，而且归纳意见也比较费事，因此，专家数目应适当。专家的数目还取决于问题

的复杂性、现有情报的数量以及专家对企业问题的熟悉程度等。

如何让专家把意见充分发表出来，是组织工作的关键。在会议上，应让与会者畅所欲言，各抒己见，自由讨论；召集会议的预测者不发表会影响会议的倾向性观点，只是广泛听取意见。在充分讨论的基础上，综合各专家的意见，整理出有关企业生产经营或有关新产品的质量、性能、特点、价格、竞争能力和市场需求的质的分析材料，再结合市场行情及其发展变化趋势，确定市场未来需求量的预测。

通过专家会议形式进行市场预测的方法，也存在着某些缺点。例如，参加会议的专家人数有限（一般不超过 10 人），会影响代表性；易受个别有权威专家的左右，形成意见"一面倒"；由于某些与会者的个性和心理状态使其限制了自我，如不愿发表与多数人不同的意见，出于自尊心不愿当场修改原来发表过的，即使是根据不充分的意见，由此，会议的最后综合意见，可能并不完全反映与会专家的全部正确意见。但是，在难以进行量的分析的情况下，专家会议形式仍不失为很有实用价值的预测方法。

二、专家小组法

专家小组法，又称德尔菲法，主要是指按规定的程序，采用函询的方式，依靠专家小组背对背地作出判断分析，来代替面对面的会议，使专家的不同意见充分发表，经过客观分析和几次征询及反馈，使各种不同意见趋向一致，从而得出比较符合市场发展规律的预测结果。

专家小组法（德尔菲法）是 20 世纪 40 年代由美国的兰德公司（RAND）首创和使用的，50 年代以后在西方盛行起来。德尔菲，是古希腊的地名。相传希腊神在此降服妖龙，后人用德尔菲比喻神的高超预见能力。后来的不少预言家，都曾先后在此发表演说，提出种种预言。从此，德尔菲就成为专家提出预言的代名词。

（一）专家小组法的预测步骤

1. 拟定意见征询表。根据预测的目的要求，拟定需要调查了解的问题，列成预测意见征询表。征询的问题要简单明确，而且数目不宜过多，以便于专家回答。意见征询表中还需要提供一些已掌握的背景材料，供专家预测时参考。

制定意见征询表应遵循以下原则：

（1）问题要集中，要有针对性；问题要按等级排队，先简单，后复杂；先综合，后局部；这样可以使各个事件构成一个整体，容易引起专家回答问题的兴趣。

（2）调查单位和领导小组的意见不应强加于调查的意见之中，要防止出现诱导现象，使专家的评价向领导小组靠拢，从而得出迎合领导小组观点的预测结果。这样，将会大大降低预测结果的可靠性。

（3）避免组合事件。如果一个事件包括两个方面，一方面是专家同意的，另一方面则是专家不同意的，这样，专家就难以做出回答。

2. 选定征询对象。选择的专家是否适合，是德尔菲法成败的关键。专家的人数不宜过多，一般 10~20 人为宜。专家之间彼此不发生关系，只与预测组织者直接发生关系。在综合介绍各方面专家意见时，采用保密方式——匿名。

选择专家的类型是由预测任务决定的，一般应选择从事的专业工作与预测题目有关，精通业务，熟悉市场行情，具有预见性和分析能力的专家。如果预测任务关系到宏观经济，涉及国民经济的有关部门，则应从有关部门中选聘。

3. 反复征询专家意见。预测主持者通过书信向专家寄送意见征询表，请专家于限期内寄回结果。接到各专家的结果之后，将各种不同意见进行综合整理，汇总成表，再分送给各位专家，请他们对各种意见进行比较，修正或发表自己的意见，以及他人对自己意见的评价。第二轮答案寄回后，再加以综合整理与反馈。经过这样几轮的反复征询，使各位专家的预测意见趋向一致。

4. 作出预测结论。根据几次提供的全部资料和几轮反复修改的各方面意见，最后作出预测结论，即采用统计分析方法对预测结果进行定量评价和表述，确定预测方案。

例7：某市钟表公司采用专家小组法（德尔菲法）对该市 1998 年下半年与 1999 年手表的需求情况进行预测，具体步骤如下：

1. 确定征询对象。他们选了 17 位长期从事钟表业务工作，熟悉钟表行业，有预见性和分析能力的行家，其中有全市最大的钟表店经理，计划科长，专管钟表销售的负责同志，市商业局计划处、市场处等有关单位的负责同志。

2. 给专家发送"意见征询函"。"意见征询函"中，首先简单地说明征询的目的、要求，即预测 1998 年下半年和 1999 年全市手表的社会零售量。希望提出预测依据、意见及建议，并要求在一个星期内回函。其次给行家们提供一些必要的资料，供预测者进行参考。如该市 1950~1997 年的手表社会零售量；1996~1997 年的分月手表社会零售量；1998 年上半年手表社会零售量，分国产、进口及下半年货源；不同阶层的戴表情况分析；等等。

3. 汇总征询意见。意见征询函收回后，立即汇总。预测 1998 年下半年销售量最低的是 50 万只，最高的是 65 万只，平均数为 60.3 万只。预测 1999 年销售量最低是 97 万只，最高是 130 万只，平均数是 107.9 万只。同时，专家们还提出了许多宝贵意见和建议。如要求对今后的经营方向问题作些研究；在市区拥有量接近饱和的情况下，如何加强专业店的促销工作；等等。

4. 反馈。将汇总的征询意见，整理归纳为以下四条：①市区手表销售量接近饱和，郊区市场尚有潜力。②外流量下降四成半，目前比重是 2/3。③手表质量基本过关，当前的关键在于款式翻新。④减销幅度今年最大，明年销售量略低于今年。

将这些看法分别寄给专家们，进行第二次征询。为了使专家们了解 1999 年该市工业生产的设想和进口资料情况，他们又补送两份资料：①该市钟表工业公司对 1999 年的生产打算和生产新品种的设想。②全国和该市进口资源以及明年的估计。请专家们再次进行预测。函件收回后进行汇总，1998 年预计销售手表 125.2 万只，1999 年销售量预测为 120 万只，均高于第一次平均预测水平；同时，对四点看法基本上表示同意，个别也有不同意见。最后，综合专家们的意见修改为三条基本看法。

按照专家们预测，1998 年该市手表销售 125.2 万只，执行结果实销 118.8 万只，误差 5.4%。这说明运用专家小组法（德尔菲法）进行预测是比较准确的，特别是对手表市场销售的几点意见，为今后的手表市场的发展方向和变化趋势作了明确的表述，起到了定性预测的作用。

（二）专家小组法（德尔菲法）的特点

1. 反馈性。采用专家小组法要多次轮番征询专家们的意见。每次征询，都必须把预测主持者的要求和已经参加应答的专家意见反馈给他们。经过多次反馈，可以不断修正预测意见，使预测结果比较准确可靠。

2. 集思广益。在整个预测过程中，每一轮都将上一轮的许多意见与信息进行汇总和反馈，可以使专家们在背靠背的情况下，能充分了解各方面的客观情况和别人的意见以及持不同意见的理由，有助于专家们开拓思路，集思广益。

3. 匿名性。在进行函询调查中，专家们彼此互不通气，不受领导、权威的约束和能言善辩者所左右，可以充分发表各种不同意见。

4. 统计性。这种方法重视对专家意见和预测结果做出定量化的统计归纳。它对各种不同类型的预测问题，采用相应的不同的数理统计方法。专家的意见经过几轮反馈后，有可能趋向集中，统计结果趋于收敛。

专家小组法的主要缺点是：这种方法主要是凭专家们主观判断，缺乏客观标准，预测需要的时间较长。因此，这种方法一般多用于缺乏历史资料和数据的长期预测。

第四节　预警分析法

进行市场预测，不仅要注意企业本身的生产经营状况和产品本身的产销变化，而且要注意整个经济形势的变化对市场的影响。预警分析法，就是根据经济发展中各经济指标的变化来分析、判断市场未来发展变化趋势的预测方法。预警分析法主要有领先落后指标法和扩散指数法。

一、领先落后指标法

领先落后指标法，是指根据经济发展有关指标的变化同市场变化之间在时间上的先后顺序，来分析、判断、预测市场发展前景的方法。

市场是国民经济的综合反映，国民经济发展中许多经济指标的变化，都会先后影响市场趋势的变化，进而影响到企业的生产经营。市场需求旺盛，企业景气；市场疲软，企业就不景气。企业经济运行是否景气，可以用一系列的指标来衡量。在社会主义市场经济条件下，按照经济发展指标同市场变化的先后时间顺序来划分，可以分为三类：

（一）领先指标

领先指标，又称先行指标。在时间上，经济指标的变化先于市场的变化，即经济指标先变动，经过一段时间，市场才发生变化。例如，经济建设计划中基建投资的增加，企业挖潜、革新、改造费用的安排，住宅建筑拨款的增加等，都是经济指标变动在先，市场变化在后。在基建过程中固然会引起对建筑材料和个人消费品等市场需求量的增加，但更重要的是要预见到，经过基建过程，基建项目投产、挖潜、革新、改造实现后，能够为市场提供商品资源，可能引起市场商品供应量的增加。同时，住宅竣工使用后，又会引起家具及其他有关商品需求量的迅速上升。通过市场调查，掌握并分析、判断领先指标的变动及其方向，是对市场景气预测的重要内容。领先指标是企业经济运行景气指标系统中的一项重要指标。

（二）一致指标

一致指标，又称同步指标。在时间上，经济指标的变动与市场的变化几乎同时发生。例如，调高农副产品收购价格，会促使农业生产单位改变对农副产品自给部分与商品部分的分配比例，从而使当年市场的农副产品供应量有较大增加；有些商品的批发价格变动，会立即波及零售价格，以至影响市场需求量的变化。

（三）落后指标

落后指标，又称迟行指标。这类经济指标的变动在时间上落后于市场经济活动。例如，以分期付款方式销售汽车等价值较高的耐用消费品，消费者为支付到期贷款而动用银行存款，使银行储蓄减少。又如，今年农产品收购价格的变化。这些都属于市场经济活动在先，经济指标的变化在后的情况，即经济指标的变化落后于市场经济活动的变化。

分析各项经济指标在时间上同市场变化之间的规律性，并通过市场调查深入了解各项经济指标的发展变化，能够预测企业未来的变化及其发展前景。

二、扩散指数法

扩散指数法是国外流行的预测企业景气情况的一种方法。

它是根据一批领先经济指标的升降变化，计算出上升指标的扩散指数，以扩散指数为依据来判断市场未来的景气情况，进而预测企业的景气情况。这里的"扩散"，是指不局限于运用某些或某几项经济指标，而是扩散到一批经济指标，即运用一批经济指标的变化来预测市场未来的发展变化趋势。

这一方法的要点是：预先选择一批领先经济指标，如工交基建投资、农田水利基本建设投资、挖潜革新改造资金、设备订货、银行贷款、劳动就业人数、临时（合同）工人数、工资总额、住宅建设投资等，假如扩散到 20 项指标，根据其中呈现上升趋势的指标计算扩散指数值。

设 A 为"+"号指标，即表示上升的指标；B 为"－"号指标，即表示下降的指标；C 为指标总数；D 为扩散指数。如果 20 项领先指标出现三种变动情况：一种情况是 12 项指标上升，8 项指标下降；一种情况是 10 项指标上升，10 项指标下降；另一种情况是 8 项指标上升，12 项指标下降。这样，其扩散指数如表 9–8 所示。

表 9–8　　　　　　　　　　　　　　扩散指数表

指标类别	变动情况		
	I	II	III
A（+号指标数）	12	10	8
B（–号指标数）	8	10	12
C（指标总数）	20	20	20
$D = \dfrac{A}{C} \times 100$（扩散指数）	60	50	40

据国外的经验，凡是扩散指数达到 60 以上时，可判断为市场处于上升状态，即市场未来会出现乐观的景象。如果扩散指数为 50 时，便认为市场已到达转折点，即市场未来的发展或由上升而下降，或由下降而上升。当扩散指数仅为 40 或 40 以下时，则预计市场未来会出现下降局面。企业经营决策者就是以此为依据做出自己的经营决策的。

我国的社会主义市场经济当然不会像资本主义市场经济那样完全自发地起伏波动。但是，就预测方法来说，也可以作为借鉴，通过分析各项经济指标的变化来分析、判断、预测市场未来的发展趋势，以预测企业的经济运行景气情况，进而指导企业的生产经营活动，更好地满足市场需要。

本章精要：

1. 推算预测法是指那些不用或很少用数学模型，而主要依靠人们的经验和判断能力做出预测的方法。经常使用的具体方法主要有平衡关系法、类比法、转导法和联测法。

2. 平衡关系法是指利用事物之间的平衡关系进行预测的方法。在实践中，利用平衡关系进行市场预测有许多具体方法，本书主要介绍了平衡表预测法。平衡表是表明客观事物之间本质联系和平衡倾向的一种工具。从反映平衡关系的范围上看，有国民经济平衡表、部门平衡表和企业平衡表；从反映平衡关系的对象上看，有社会产品的生产、消费、积累平衡表和物资平衡表，有国民收入的分配和再分配平衡表，有财政平衡表以及货币收支平衡表，还有劳动平衡表和劳动时间使用平衡表等。平衡表预测法是指利用平衡表中所反映出来的相互联系和平衡关系进行预测的方法。

3. 类比法是指应用相似性原理，把预测目标同其他类似事物加以对比分析，推断其未来发展趋向的一种定性预测方法。类比法的种类很多，如由点到面的类比、由部分到全部的类比、由国外到国内的类比，以及同类产品的发展倾向类推等。类比法一般适用于开拓市场、预测潜在购买力和需求量以及预测增长期的商品销售等。它适用于较长期的预测。

4. 转导法是根据政府公布的或调查所得的经济预测指标，转导推算出预测结果的市场预测方法。这种方法是以某种经济指标为基础进行预测，不需要复杂的数学计算，因而是一种常用的简便易行的方法。

5. 联测法是指以某一个企业的普查资料或某一个地区的抽样调查资料为基础，进行分析、判断、联测，确定某一行业以及整个市场的预测量。

6. 集合意见法是指集合企业内部经营管理人员、业务人员等人员的意见，凭他们的经验和判断共同讨论市场趋势而进行市场预测的方法。其预测步骤为：①预测组织者根据企业经营管理的要求，向研究问题的有关人员提出预测项目和预测期限的要求，并尽可能提供有关资料。②有关人员根据预测要求，凭个人经验和分析判断能力提出各自的预测方案。③预测组织者计算有关人员的预测方案的方案期望值。④将参与预测的有关人员分类，如厂长（经理）、管理职能科室、业务人员等类，计算各类综合期望值。⑤确定最终的预测值。

7. 集合意见法有多种组织形式，大体上可归纳为三种，即集合经营与管理人员的判断意见、集合企业内外的业务人员的判断意见和集合企业内业务人员的判断意见。

8. 专家调查预测法是根据市场预测的目的和要求，向有关专家提供一定的背景资料，请他们就市场未来的发展变化作出判断，提出量的估计。专家调查预测法在具体运用上，基本只采用两种形式，即专家会议法和专家小组法。

9. 专家会议法是指邀请有关方面的专家，通过会议的形式，对企业的生产经营或某个产品及其发展前景作出评价，并在专家们分析判断的基础上，综合专家们的意见，对该企业或产品的市场需求及其发展趋势作出量的预测。其具体步骤为：①召开会议征询意见。②会议主持人给出题目，专家们各提各的方案。③专家们只提自己的方案，不评论别人的方案。④会议结束后，主持人再对各种方案进行比较、评价、归类、分析，最后确定预测方案。

10. 专家小组法，又称德尔菲法，是指按规定的程序，采用函询的方式，依靠专家小组背对背地作出判断分析，来代替面对面的会议，使专家的不同意见充分发表，经过客观分析和几次征询及反馈，使各种不同意见趋向一致，从而得出比较符合市场发展规律的预测结果。其预测步骤为：①拟定意见征询表。②选定征询对象。③反复征询专家意见。④作出预测结论。

11. 预警分析法是根据经济发展中各经济指标的变化来分析、判断市场未来发展变化趋势的预测方法。它主要有领先落后指标法和扩散指标法。

12. 领先落后指标法是指根据经济发展有关指标的变化同市场变化之间在时间上的先后顺序，来分析、判断、预测市场发展前景的方法。在社会主义市场经济条件下，按照经济发展指标同市场变化的先后时间顺序来划分，可以分为领先指标、一致指标和落后指标三种。

13. 扩散指标法是根据一批领先经济指标的升降变化，计算出上升指标的扩散指数，以扩散指数为依据来判断市场未来的景气情况，进而预测企业的景气情况。据国外的经验，扩散指数达到 60 以上时，可判断市场处于上升状态；扩散指数为 50 时，便可判断市场已到达转折点；扩散指数为 40 或 40 以下时，则预计市场未来会出现下降局面。

关键术语：

推算预测法　平衡关系法　类比法　转导法　联测法　集合意见法　专家调查预测法专家会议法　专家小组法　领先落后指标法　扩散指标法

思考题：

1. 什么是定性预测法？它有哪些不足之处？
2. 什么是推算预测法？具体包括哪些方法？
3. 简述利用集合意见法进行预测的基本步骤。
4. 德尔菲法有哪些优点和缺点？

互联网练习题：

留意附近超市内某个你自己比较关心的品牌产品，例如古船牌面粉或潘婷洗发水，上互联网搜索该产品生产企业的背景资料以及消费市场的一般信息，尝试使用本章所讲到的一些预测方法，为该产品做下一年度的销售预测。

实战练习题：

纳贝斯克（Nabisco）是世界最大的饼干制造商之一，目前已在中国市场取得不错的成绩。本年度纳贝斯克在北京的饼干销售量达到 1340 万箱，希望预测下一年度的销售量，以提前做好各种生产推广的计划。请同学们模拟德尔菲法进行一次市场预测，写出具体和详细的预测程序。

第十章 时间序列预测法

学习目标

- 界定时间序列预测法的定义
- 了解什么是时间序列及其影响因素
- 掌握平滑预测法的具体方法
- 学会趋势延伸预测法的具体方法
- 掌握季节指数预测法的定义
- 学会平均季节指数法的具体运用

开篇案例

国家体育总局赛事管理委员会的任务之一就是对年度赛事的票价进行管理。通过对历年比赛票价的统计分析，能够得出第二年大概的票价范围。这不是神话，通过一些基本的计算方法，就能够得到一个来年票价的近似估计值，这种预测结果对管理委员会而言意义重大：他们可以根据预测值估算整个赛季的票房总收入可能有多少，并根据总收入估计值计算一些宣传推广活动可投入的成本。以下是国内足球联赛自从 1998 年以来的平均比赛票价：

年份	平均票价	增/降百分比	3 年移动平均增/降率
1998	104.5	—	—
1999	106.5	+1.9	—
2001	112.0	+5.1	—
2002	123.6	+10.4	+5.8
2003	135.9	+10.0	+8.5
2004	149.1	+9.7	+10.0
2005	166.7	+11.9	+10.5
2006	189.9	+13.9	+11.8
2007			

上面的表格中，第一列是平均票价的统计年份；第二列为平均票价的具体数值；第三列是当年平均票价与前一年相比计算得出的年度变化幅度的比率，正值表示增长，负值表示下降；第四列是将包括当年度变化比率在内连续三年的变化数值加权平均后得出的 3 年的平均移动变化比率。这样，根据最近三年的平均移动变化比率，就能够很容易地得出2007 年国内足球联赛的一场比赛的平均票价了：

2007 年平均票价预测值 = 189.9 + (189.9 × 0.118) = 212.3

当历史数据表现出按年度、月份或者其他时间规律的顺序排列时，通过对这些数据的排列、分析、归纳、总结等，就能够得出一些规律，再利用这些规律进行预测，就能够增强预测的效果。这种方法就是时间序列预测法。那么，这种预测方法准确度如何？计算依据是什么？除了上述案例中提到的方法之外，还有别的行之有效的方法吗？这些都是本章即将展开讨论的内容。

第一节　时间序列预测法概述

一、时间序列预测法的概念

时间序列预测法，是指将过去的历史资料及数据，按时间顺序加以排列构成一个数字系列，根据其动向预测未来趋势。这种方法的根据是过去的统计数字之间存在着一定的关系，这种关系，利用统计方法可以揭示出来，而且过去的状况对未来的销售趋势有决定性影响。因此，可以用这种方法预测未来的趋势，它又称为外推法或历史延伸法。

时间序列在经济和管理中，占有极其重要的位置，在市场预测中处于核心位置，市场预测离不开时间概念，各种预测方法比较起来，时间序列预测法最成熟、简便、实用、有说服力，因而用得最多。市场调查后整理数据时，往往首先是用时间序列方法进行运算和预测。

时间序列，又称动态数列，是指将某个经济变量的观测值，按时间先后顺序排列所形成的数列，时间可以是周、月、季度或年等。运用时间序列法进行预测，要求必须以准确、完整的时间序列数据为前提。为了让时间序列中的各个数值正确地反映研究预测对象的发展规律，各数值间具有可比性，编制时间序列要做到：总体范围一致；代表的时间单位长短一致；统计数值的计算方法和计量单位一致。需要指出的是，时间序列预测法因其时间序列不讲因果，不受外界因素影响，存在着预测误差大的缺陷，当遇到外界发生较大变化，如国企改革方针变化时，根据过去已发生的数据进行预测往往会有较大偏差。

在时间序列中，每个时期数据的大小都受许多不同因素的影响，都是由许多不同的因素同时发生作用的综合结果。从大量社会经济现象的时间序列中，我们能发现不同的影响因素。按照各因素的特点或影响效果来看，主要有四部分：

1. 长期趋势变动。它是时间序列变量在较长的持续时间内的某种发展总动向，它表示时间序列中数据随着时间的推移而逐渐发生的变动。即从长期看时间序列中变量数值连续不断地增加或减少或平稳的趋向。它反映的是预测目标在长时期内的变动趋势，是事物本质在数量上的表现，是分析预测目标时间序列的重点。它可以反映出预测目标所存在的基本趋势，如国民生产总值、收入水平等。

2. 季节变动。它是由于季节更换的固定规律作用而发生的周期性变动。季节变动的周期比较稳定，通常为一年。这种周期效应应是能预见的。在上次出现后，每隔 12 个月又会出现。这种每年重复的周期性变动称季节变动。在这里，季节可以广泛地描述以小时、星期、月或季度为单位的循环往复的变动形式。它与气候、假期或贸易习俗有关，可用作短期预测基准。如冷饮销售最高峰是在每年夏季，商品零售额达到最高峰往往在每年的春节等。

3. 周期波动，又称循环变动，是指时间序列在为期较长的时间内（一年以上至数年），呈现出涨落起伏。它与长期趋势不同，不是朝一个方向持续变动，而是呈涨落相间的波浪式的起伏变动。它与季节变动也不一样，它的波动时间较长，变动周期长短不一致，在一年以上至数年、数十年不等，且变动的规律性较低，上次出现后，下次何时出现较难预料，如经济危机的变动周期为危机、复苏、高涨、萧条等循环往复的周期变动。但一次危机过后，下次何时出现较难预测。

4. 不规则变动。又称随机变动，是指偶发事件导致时间序列中出现数值忽高忽低、时升时降的无规则可循的变动，如自然灾害、罢工、战争、动乱、政策调整等原因影响经济现象的变动，有时，它对经济现象影响较大。对于呈现不规则变动趋势的时间序列，很难用时间序列分析法预测。这种不规则变动，在预测中往往容易形成随机误差。如进出口公司的营业额，常常受交易双方国家之间关系的影响，往往是关系好时，营业额呈现上升趋势；反之，则下降。由于这种成分是无法预计的，应将其从以前的数据中剔除，以便能确定正常的变化。

我们用 Y 表示时间序列观察值，T、S、C、I 分别表示长期趋势变动值、季节变动值、周期波动值和不规则变动值。从以上的叙述可以看出，在各类影响因素的作用下，历史的时间序列数据的变化有的具有规律性，如长期趋势变动和季节性变动；有的就不具有规律性，如不规律变动以及循环变动（从较长时期来观察也有一定的规律性，但短期的变动又是不规律的）。T、S、C、I 四种变动的综合作用构成时间序列 Y，一般综合作用有两种方式：

乘法模型方式，即 $Y = T \cdot S \cdot C \cdot I$

加法模型方式，即 $Y = T + S + C + I$

一般情况下，按乘法模型方式或按加法模型方式求得的预测值只是过去历史发展规律延伸的结果，在这里，不规则变动值（I）往往是一种随机变动，长期来看，多种随机变动因素对经济现象的作用刚好相反，可互相抵消。因此，除非遇到特大天灾人祸，不规则变动不予考虑也可以较准确地预见未来情况；同时，周期波动值（C）也很难精确地进行量的分析。因此，时间序列预测中主要考虑长期变动趋势（T）和季节变动值（S）。由此，实际应用中时间序列分析法定量预测的乘法模型方式和加法模型方式分别采用简化形式：

$\hat{Y} = T \cdot S$

$\hat{Y} = T + S$

在此基础上借助定性分析来判断 C、I 的影响，对定量分析估计值 Y 作必要调整，确定预测结果。

二、时间序列预测法的特点

时间序列预测法，是指以时间推移来研究和预测市场变化的趋势，不受其他外界因素的影响，因此，它具备下列特点：

1. 短期、中期、长期预测的精确度逐渐降低。时间序列预测法是根据市场过去的变化趋势预测未来的发展，它的前提是假定事物的过去会同样延续到未来。根据客观事物发展的这种连续规律性，运用过去的历史数据，通过统计分析，可进一步推测市场未来的发展趋势。但同时，市场的未来发展变化趋势肯定要受多种因素的影响，而各种影响因素又在不断发展变化，因此，市场的未来发展也不可能是过去历史的简单重复，特别是某些事物，由于某些因素的影响，或其发展过程中止，或其发展过程出现质的转折，事物的未来与原先就不再遵循同一发展规律。对于这种事物发展过程规律性出现质的变化的情况，显然用时间序列法进行预测就失去了其效果。随着时间的推移，环境变化是客观存在的，而且时间推移越长，环境变化会越大。因此，时间序列预测法用于短期预测的精确度最高，中期预测其次，长期预测最低。

2. 时间序列预测法的本质是一种统计定量分析方法。运用时间序列预测未来，实际上是将所有因素归结到时间这一因素上，它虽然承认事物受多种因素影响，但在实际具体分析中，着重对长期趋势和季节变动的定量分析，没有分析探讨预测对象和影响因素之间的因果关系，定性分析不够，撇开了市场发展的因果关系来分析市场的过去和未来的联系。因此，为了使预测的精确度和时效提高，就要定量分析与定性分析相结合。

除上述两个特点之外，从时间序列预测的影响因素看，时间序列数据变动还存在规律性与不规律性的特点。市场的时间序列每个观察值的大小，实际上是影响市场变化的各种不同因素在同一时刻发生作用的综合结果。因此，运用时间序列分析法进行市场预测的程序是：①应绘制历史数据曲线图，确定其趋势变动模型。②根据历史资料的趋势变动类型以及预测的目的与期限，选定具体的预测方法，并进行模拟、计算。③将量的分析与质的分析相结合，确定市场未来发展趋势的预测值。

第二节　平滑预测法

平滑预测法是指借助平滑技术消除时间序列中高低突变数值，得出一个趋势数列，据以对未来发展趋势的可能水平做出估计。它可在一定程度上消除不规则变动因素带来误差的影响，对实际观察值进行某种修匀处理，提高数据对长期趋势描述的可靠性。常采用的平滑法有三种：

一、移动平均预测法

移动平均预测法是指观察期内的数据由远而近按一定跨越期进行平均，取其平均值；然后，随着观察期的推移，根据一定跨越期的观察期数据也相应向前移动，每向前移动一步，去掉最早期的一个数据，增添原来观察期之后期的一个新数据，并逐一求得移动平均值；最后将接近预测期的最后一个移动平均值作为确定预测值的依据。常用的有一次移动平均法和二次移动平均法，这里我们主要介绍简单移动平均法和加权平均移动法。

（一）移动算术平均数

我们应先知道移动算术平均数的计算法，设预测目标观察值时间序列为 Y_i（$i = 1, 2, \cdots, n$），跨越期为 N，M_t 为移动平均数构成的新时间序列，原时序（即时间序列，以下相同）与新时序 M_t 之间的时序关系通常有两种形式：

第一种，每次求出移动平均数放在跨越期中间观察期位置上，即：

$$t = i + \frac{N-1}{2} \quad (i = 1, \ 2, \ \cdots, \ n)$$

移动平均数的计算公式为：

$$M_i + \frac{N-1}{2} = \frac{1}{N} \ (Y_i + Y_{i+1} + \cdots + Y_{i-N+1}) \tag{10-1}$$

第二种，每次求出移动平均数放在跨越期的最末一个观察期上，即：

$$t = N, \ N+1, \ \cdots, \ n$$

移动平均数的计算公式为：

$$M_t = \frac{1}{N} \ (Y_t + Y_{t-1} + \cdots + Y_{t-N+1})$$

$$= \frac{1}{N} \sum_{i=t-N+1}^{t} Y_t \tag{10-2}$$

简化为：

$$M_t = M_{t-1} + \frac{Y_t - Y_{t-N}}{N} \tag{10-3}$$

当需要对原时序进行数据修匀消除季节变动周期波动和不规则变动，以便求出相应变动指数时，通常采用第一种形式。当不仅需要对原时序进行数据修匀，而且还要依据新时序反映的长期趋势建立长期趋势预测模型时，大多采用的是第二种形式。

（二）简单移动平均预测法

简单移动平均预测法，又称一次移动平均预测法。它适用于预测对象长期趋势基本呈水平稳定样式，也就是说观察值在相当时期内只在某一水平上有不规则的变动。其公式为：

$$\hat{Y}_{t+1} = M_t = \frac{1}{N} \sum_{i=t-N+1}^{t} Y_i \quad (i = 1, \ 2, \ \cdots, \ n) \tag{10-4}$$

式中：Y_t 代表第 t 期观察值

$\quad\quad\ M_t$ 代表第 t 期移动平均数

$\quad\quad\ N$ 代表求移动平均数的跨越期数

式（10-4）表示，进行预测时，将 M_t 作为 t+1 期的预测值 Y_{t+1}，即以第 t 期的移动平均数作为 t+1 期的预测值。它的含义为，第 t+1 期预测值为最近的跨越期内的预测值的算术平均数，而不是观察值时序中的全部数据的算术平均数。

公式（10-4）可以改写为如下递推公式：

$$\hat{Y}_{t+1} = \hat{Y}_t + \frac{Y_t - Y_{t-N}}{N} \tag{10-5}$$

这个递推式告诉我们，第 t+1 期的预测值是在第 t 期预测值基础上加上一个修正项。修正项恰好是随时间推进新观察值与前一观察值的差。这就是说，移动平均法，是将数据点的顺序逐步推移，逐段平均，将逐段平均后所得的时间序列，分析其长期趋势，预测其未来发展。

例如：某零售企业 1992~1998 年的销售收入见表 10-1。试用一次移动平均法预测该企业 1999 年的销售收入。

分析步骤：

1. 选择预测方法，从表 10-1 可知，该零售企业近七年销售收入基本在 1100 万元水平

表 10-1

年　份	销售收入	N = 3 移动平均数 M_t	N = 5 移动平均数 M_t
1992	776.6		
1993	874.5		
1994	1121.1	924.1	
1995	1103.3	1033.0	
1996	1085.2	1103.2	992.1
1997	1089.5	1092.7	1054.7
1998	1124.0	1099.6	1104.6

上波动，从形势估计未来一年变化不会太大，水平基本稳定，故可用一次移动平均法预测。

2. 选择 N，N 的大小直接关系到原时间序列资料的修匀程度，这里设 N = 3，N = 5，分别计算一次移动平均数的 1999 年预测值。

3. 计算移动平均值：

N = 3

$$\hat{Y}_{1999} = M_{1998} = \frac{1}{3}(Y_{1998} + Y_{1997} + Y_{1996}) = 1099.6 \text{（万元）}$$

N = 5

$$\hat{Y}_{1999} = M_{1998}$$

$$= \frac{1}{5}(Y_{1998} + Y_{1997} + Y_{1996} + Y_{1995} + Y_{1994})$$

$$= 1104.6 \text{（万元）}$$

由上述计算可知，1999 年该企业销售收入当 N = 3 时，为 1099.6 万元；当 N = 5 时，为 1104.6 万元。

（三）加权移动平均法

加权移动平均法，是指观察期给予不同的权数，按不同的权数求得移动平均值，并以最后的移动平均值为基础确定预测值的方法。当预测目标的时间序列，反映出近期变化对预测值有较大影响时，则采用加权移动平均法，用不同权数调节各观察值，其作用是使预测值要接近实际；关于权数的选择，应考虑各期数据的重要性，对近期数据应给予较大的权数，远期数据给予较小的权数，用加权移动平均数的预测方法公式为：

$$\hat{Y}_{t+1} = M_{tw} = \frac{W_1 Y_t + W_2 Y_{t-1} + \cdots + W_N Y_{t-N+1}}{W_1 + W_2 + \cdots + W_N} \tag{10-6}$$

即以第 t 期的加权移动平均数作为 t + 1 期的预测值，式中 W_N（N = 1，2，…，n）表示各期数据的权数。

例如：某城市 1998 年 1~11 月各月的食用油需求量见表 10-2。试运用加权移动平均数法预测 1998 年 12 月食用油需求量。

解：令 N = 3，$W_1 = 0.5$，$W_2 = 0.3$，$W_3 = 0.2$，计算各期加权移动平均预测值，结果见表 10-2。

二、指数平滑预测法

指数平滑法，又称为指数移动平滑法，是指取预测对象全部历史数据的加权平均值作

表 10-2

单位：吨

月份 t	实际需求量 Y_t	加权移动平均值 M_{tw} 的计算方法	预测值 Y_t
1	195		—
2	220		—
3	200		
4	195	$0.5 \times 200 + 0.3 \times 220 + 0.2 \times 195 = 205$	205
5	185	$0.5 \times 195 + 0.3 \times 200 + 0.2 \times 220 = 201.5$	201.5
6	180	$0.5 \times 185 + 0.3 \times 195 + 0.2 \times 200 = 191$	191
7	185	$0.5 \times 180 + 0.3 \times 185 + 0.2 \times 195 = 187$	187
8	180	$0.5 \times 185 + 0.3 \times 180 + 0.2 \times 185 = 177.5$	177.5
9	190	$0.5 \times 180 + 0.3 \times 185 + 0.2 \times 180 = 181.5$	181.5
10	230	$0.5 \times 190 + 0.3 \times 180 + 0.2 \times 185 = 180$	180
11	210	$0.5 \times 230 + 0.3 \times 190 + 0.2 \times 180 = 208$	208
12	—	$0.5 \times 210 + 0.3 \times 230 + 0.2 \times 190 = 212$	212

为预测值的一种预测方法。加权平均是指将近期历史数据加以较大权数，远期历史数据加以较小的权数，且权数由近及远按指数规律渐减。指数平滑法适用于预测呈长期趋势变动和季节变动的事物。它可分为一次指数平滑法和多次指数平滑法。

（一）一次指数平滑法

一次指数平滑法，是指以预测目标的本期实际值和本期预测值为基数，分别给二者以不同的权数，求出指数平滑值，作为确实的预测值。它适用于预测目标时间序列波动无明显增加、减少的长期趋势的场合。其公式为：

$$\hat{Y}_{t+1}^{(1)} = S_t^{(1)} = \alpha Y_t + (1 - \alpha) S_{t-1}^{(1)} \qquad (10-7)$$

即：

$$Y_{t+1}^{(1)} = \alpha Y_t + (1 - \alpha) \hat{Y}_t \qquad (10-8)$$

式中：$\hat{Y}_{t+1}$ 代表所要求的预测值

$S_t^{(1)}$ 代表观察期的一次指数平滑值

α 代表平滑系数（$0 \leqslant \alpha \leqslant 1$）

Y_t 代表本期实际值

$S_{t-1}^{(1)}$ 代表本期预测值

一次平滑法的预测公式来源于简单平均法的计算方式。

上述公式整理后可转化为下面形式：

$$\hat{Y}_{t+1} = \hat{Y}_t + \alpha (Y_t - \hat{Y}_t) \qquad (10-9)$$

此计算式表明一次指数平滑预测法的预测过程是：下期预测值 Y_{t+1} 为本期预测值 Y_t 与本期预测误差修正项 $\alpha (Y_t - \hat{Y}_t)$ 之和，平滑系数正好是预测误差的修正系数。显然，平滑系数 α 的大小直接影响预测效果。平滑系数如何选择呢？可遵循以下原则：

1. 时间序列长期趋势变化平稳，有突然上升或突然下降时，取较小 α 值（0.05~0.2），使各期观察值具有大小接近的权数。

2. 时间序列有缓慢的变化趋向，α 取 0.2~0.4，使各期观察值施与的权数缓慢地变小。

3. 时间序列变化呈阶梯式或按固定速度上升或下降时，取较大 α 值，比如 0.3~0.6，使近期信息对指数平滑起较重要作用。

4. 遇到不容易判断的情况时，可以选用不同的 α 值模拟计算，选取预测误差小的 α 值。

另外，在实际预测中，每次都要以上一次的预测值为基础。因此，计算第一个预测值时必须确定值 $S_0^{(1)}$。一般可这样考虑：时间序列观察期 n 较多（如 >30）时，以第一期观察值作为初始值，即 $S_0^{(1)} = Y_1$；若 n < 20 时，可以取最初几期观察值的平均值做初始值。

（二）二次指数平滑法

一次指数平滑法，是指在处理有线性趋势的时间序列时，也可能产生滞后偏差，特别是对有明显上升或下降趋势的时间序列。为弥补此缺陷，需要在一次平滑的基础上，再做一次指数平滑，然后确定预测值。

二次指数平滑值公式为：

$$S_t^{(2)} = \alpha S_t^{(1)} + (1-\alpha) S_{t-1}^{(2)} \tag{10-10}$$

式中：$S_t^{(1)}$ 代表 t 期一次指数平滑值

$\quad\quad S_t^{(2)}$ 代表 t 期二次指数平滑值

$\quad\quad S_{t-1}^{(2)}$ 代表 t-1 期二次指数平滑值

$\quad\quad \alpha$ 代表平滑系数

二次指数平滑法预测公式为：

$$\hat{Y}_{t+T} = a_t + b_t \cdot T \tag{10-11}$$

$$a_t = 2S_t^{(1)} - S_t^{(2)}$$

$$b_t = \frac{\alpha}{1-\alpha} (S_t^{(1)} - S_t^{(2)}) \tag{10-12}$$

式中：$\hat{Y}_{t+T}$ 代表 t + T 的预测值

$\quad\quad$ T 代表预测期周期长度

$\quad\quad a_t$ 代表直线的截距

$\quad\quad b_t$ 代表直线的斜率

二次指数平滑法，是利用时间序列的一次、二次指数平滑值，计算时间序列直线变动趋势预测模型数的一种，随着不断获取的信息，要重新计算 a_t 和 b_t，以便适应新的变化情况。

第三节　趋势延伸预测法

任何事物的发展都有其连续性，以过去发展规律来推导发展的未来，便是趋势延伸法的思想，它是指根据时间序列发展过程规律性表现出的长期趋势变动轨迹，用数学方法找出拟合趋势变动轨迹的数学模型，据此进行预测的方法。正确选择模型的关键在于正确掌握时间序列长期趋势发展的规律性变化轨迹。趋势延伸法可分为直观法、直线趋势延伸法、多次曲线趋势预测法、指数曲线延伸法和戈珀兹曲线趋势延伸法。

一、直观法

直观法，又称目测法，是指根据预测目标的历史时间数列在坐标图上标出分布点，直观地用绘图工具，画出一条最佳直线或曲线，并加以延伸来确定预测值。

直观法是推算倾向线最简便的方法，不用建数学模型，只是根据经验，在时间序列曲线上作一条倾向线，在画的时候先用笔描一下，看看是否合适。做一下修改，最后确定下来。经验丰富的人，常常可以得到满意的倾向线。用直观法预测的步骤为：

1. 在平面直角坐标图上标出预测目标的历史时间数据资料的各个对应点，其中，纵轴表示预测目标的因变量，横轴表示时间数列的自变量。

2. 在平面直角坐标图上画出数据资料整理成的时间系列曲线。

3. 根据曲线随时间变化情况，判断是逐年上升还是递减，是变化快还是慢，并根据预测时间找出相对应的预测值。

例如：某企业 1989~1998 年的销售如表 10-3 所示，用直观法预测 2000 年的销售额。

表 10-3

年份	1989	1990	1991	1992	1993	1994	1995	1996	1997	1998
销售额（万元）	400	450	510	560	660	740	810	830	900	940

从图 10-1 中可以看出，据资料描绘的直线是以每年递增似乎相等的趋势延伸的。利用此直线预测 2000 年销售额，就是从横轴（X）上找出 2000 年点，与直线的交点 B 即为 2000 年的预测值。

需要指出的是，直观法虽然简便、易掌握，但误差较大。

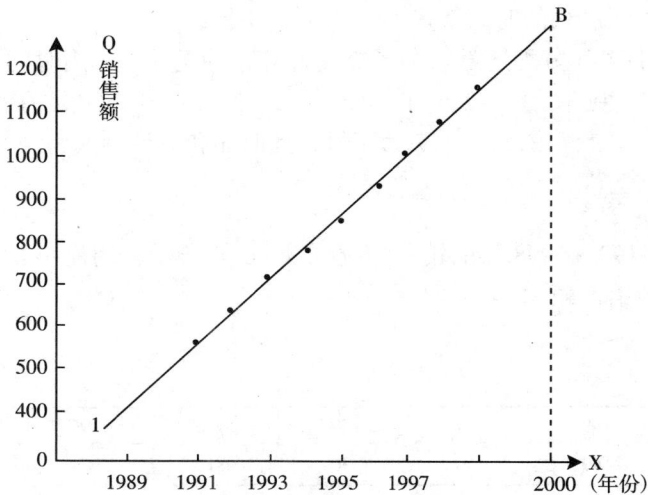

图 10-1　直观法预测图

二、直线趋势延伸法

1. 直线趋势延伸法的预测模型。预测目标的时间序列资料逐期增减量大体相等时，长期趋势呈线性趋势，便可选用直线趋势延伸法进行预测。

直线趋势延伸法的预测模型为：

$$\hat{Y}_t = a + bt \qquad (10-13)$$

式中：t 代表已知时间序列 Y_t 的时间变量

$\hat{Y}_t$ 代表时间序列 Y_t 的线性趋势估计值

a，b 代表待定系数。a 为截距，b 为直线斜率，代表单位时间周期观察值的增（减）量估计值

2. a 和 b 参数的推算。直线趋势延伸法的关键是为已知时间序列找到一条最佳拟合其长期线性发展规律的直线，即正确地推算出直线的 a 和 b 参数。最常用的方法是最小二乘法。最小二乘法又称最小平方法，是运用数学中最小二乘法的原理，根据历史数据拟合出一条发展趋势线，使该线与实际值之间的离差平方和为最小。表达式为：

$$\sum (Y_t - \hat{Y}_t)^2 = 最小$$

将上式代入式（10-13），直线趋势的最佳拟合线的条件为：

$$\sum (Y_t - a - bt)^2 = 最小$$

利用极值定理，最佳拟合条件可以转换为下面联立方程：

$$\begin{cases} \sum Y = na + b\sum t \\ \sum tY = a\sum t + b\sum t^2 \end{cases} \qquad (10-14)$$

也就是说，最佳拟合直线的 a 和 b 参数，可利用已知时间序列预测 Y_t 和时间变量 t 的 n 个资料，经统计计算出 $\sum Y$，$\sum t$，$\sum tY$，$\sum t^2$，代入上面联立方程组后便可求得。即：

$$b = \frac{n\sum tY - \sum t\sum Y}{n\sum t^2 - (\sum t)^2} \qquad (10-15)$$

$$a = \frac{\sum Y}{n} - b\frac{\sum t}{n} \qquad (10-16)$$

式中：t 代表时间序列的时序变量

一般按时间顺序给 t 分配序号。为了简化计算，使 $\sum t = 0$，当时间序列中数据点数目 n 为奇数，如 n = 7，则取 -3，-2，-1，0，1，2，3 为序号；如 n 为偶数，如 n = 8，则取 -7，-5，-3，-1，+1，+3，+5，+7 为序号，此时 a 和 b 计算式为：

$$a = \frac{\sum Y}{n} \qquad b = \frac{\sum tY}{\sum t^2}$$

例如：某公司 1992~1998 年的销售情况如表 10-4 所示。用最小二乘法求直线趋势方程，预测 2000 年的销售额。

表 10-4

单位：万元

年份	1992	1993	1994	1995	1996	1997	1998
销售额	49	60	70	81	90	99	108

步骤如下：

（1）以时间为自变量，销售额为因变量，在直角坐标轴上绘出各点。观察是否能拟合直线状。

（2）求出参数 a，b。

已知 n = 7 给时间变量 t 分配，使 $\sum t = 0$，则：

$\sum Y = 49 + 60 + 70 + 81 + 90 + 99 + 108 = 557$

$\sum tY = 274.4 \qquad \sum t^2 = 28$

$a = \dfrac{\sum Y}{n} = \dfrac{557}{7} = 80$

$b = \dfrac{\sum tY}{\sum t^2} = \dfrac{274.4}{28} = 9.8$

直线方程为：

$\hat{Y} = 80 + 9.8t$

（3）预测 2000 年的销售额：

2000 年预测值相对应 t = 5，则：

2000 年预测值 = 80 + 9.8 × 5 = 129 （万元）

3. 直线趋势预测法的特点：

（1）直线趋势预测法仅适用于预测目标时间序列呈现直线长期趋势变动情况。它对时间序列资料一律同等看待，在拟合中消除了季节、不规则、循环三类变动因素的影响，反映时间序列资料长期趋势的平均变动水平。

（2）直线趋势预测法预测模型参数 a 和 b 用最小二乘法求得，对时间序列内各数据不论其远近都同等看待，拟合直线消除了不规则变动因子的影响，反映了预测目标长期发展过程的平均变化趋势。

（3）应用直线趋势预测法进行预测，只要未来发展趋势大体上不会发生大起大落的变化，继续遵循直线趋势发展变化的假设，呈现比较稳步发展，那么选用此法进行中、长期预测既简便又有一定可靠性。

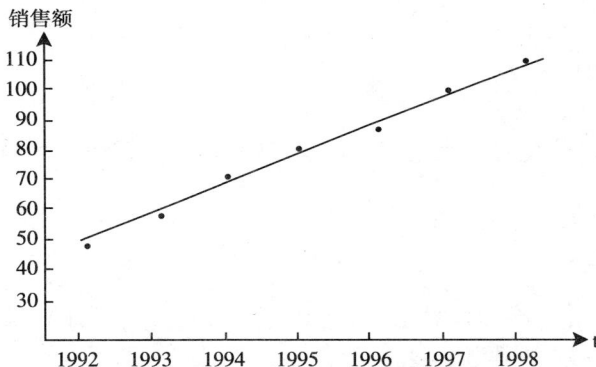

图 10-2 直线趋势预测法图

三、曲线趋势延伸法

很多市场经济活动的发展趋势，用直线趋势延伸法来预测是不够准确的。因为很多市场经济活动是受多种因素影响的。例如，价格、政策、企业决策、市场供求等，会表现出不同形状的曲线变动趋势。因此，这就需要曲线方程式曲线趋势变动线，然后加以延伸，以求得预测值。这里主要介绍二次曲线趋势预测法、指数曲线趋势预测法、修正指数曲线延伸预测法和戈珀兹曲线延伸预测法。

（一）二次曲线趋势预测法

二次曲线趋势预测法，是指依据预测目标的历史时间数列，拟合成抛物线，建立起二次曲线方程进行预测。它适用于时间序列资料的变动属于由高而低再升高，或由低而高再降低的趋势形态的预测。二次曲线趋势预测模型为：

$$\hat{Y}_t = a + bt + ct^2 \tag{10-17}$$

由图 10-3 中可以看出：

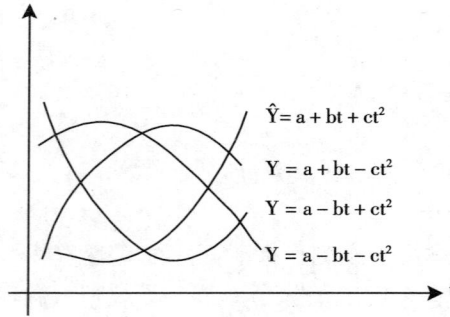

$$\hat{Y} = a + bt + ct^2$$
$$Y = a + bt - ct^2$$
$$Y = a - bt + ct^2$$
$$Y = a - bt - ct^2$$

图 10-3　二次曲线方程图

当 a > 0，b > 0，c > 0 时，二次曲线开口向上，有最低点，曲线呈正增长趋势；

当 a > 0，b < 0，c > 0 时，二次曲线开口向上，有最低点，曲线呈现负增长趋势；

当 a > 0，b > 0，c < 0 时，二次曲线开口向下，有最高点，曲线呈现负增长趋势；

当 a > 0，b < 0，c < 0 时，二次曲线开口向下，有最高点，曲线呈负增长趋势。

二次曲线趋势预测法预测模型中待不定期参数 a，b，c 也是用最小二乘法求最佳拟合线求得。利用最小二乘法可以导出计算 a，b，c 三参数的联立方程为：

$$\begin{cases} \sum Y = na + b\sum t + c\sum t^2 \\ \sum tY = a\sum t + b\sum t^2 + c\sum t^3 \\ \sum t^2Y = a\sum t^2 + b\sum t^3 + c\sum t^4 \end{cases} \tag{10-18}$$

若采用给时间变量分配号满足 $\sum t = 0$，式（10-18）方程组便可简化为：

$$\begin{cases} \sum Y = na + c\sum t^2 \\ \sum tY = b\sum t^2 \\ \sum t^2Y = a\sum t^2 + c\sum t^4 \end{cases} \tag{10-19}$$

利用时间序列数据，统计计算 $\sum t^2$、$\sum t^4$、$\sum Y$、$\sum tY$、$\sum t^2Y$ 和 n 代入式（10-19），求解即可求到 a，b，c 建立预测模型。

例 1：某企业历年销售额如表 10-5 所示，试预测 1996 年和 1997 年的销售额。

解：

1. 绘制 7 年观察值分布图，判断其变动形态，观察值的变动趋势系二次曲线形态，即由高到低再升高，所以，应运用二次曲线进行预测。其方程式为：

$$Y_t = a + bt + ct^2$$

2. 计算求解参数 a，b，c 的有关数据。根据上列方程组（10-19），求解的有关数据是 $\sum t^2$，$\sum t^4$，$\sum Y$，$\sum tY$，$\sum t^2Y$。计算结果见表 10-5。

3. 解联立方程，求得趋势曲线。把表 10-5 中所计算的数据代入方程组（10-19），求

表 10-5

项目 观察期	实际销售值 Y （万元）	t	t^2	t^4	tY	t^2Y	$Y_t = a + b + ct^2$
1989 年	350	−3	9	81	−1050	3150	334.52
1990 年	300	−2	4	16	−600	1200	303.57
1991 年	250	−1	1	1	−250	250	300.00
1992 年	350	0	0	0	0	0	323.81
1993 年	400	1	1	1	400	400	375.00
1994 年	450	2	4	16	900	1800	453.57
1995 年	550	3	9	81	1650	4950	559.52
n = 7	$\sum Y = 2650$		$\sum t^2 = 28$	$\sum t^4 = 196$	$\sum tY = 1050$	$\sum t^2Y = 11750$	

a，b，c 值。即：

$$\begin{cases} 7a + 28c = 2650 \\ 28b = 1050 \\ 28a + 196c = 11750 \end{cases}$$

解联立方程，得：

a = 323.81 b = 37.5 c = 13.69

这样，二次曲线拟合方程为：

$Y_t = 323.81 + 37.5t + 13.69t^2$

例 2：将时间序列各观察期的 t 值和 t^2 值代入二次曲线方程，分别计算 1989~1995 年的 Y_t 值预测值，求得趋势曲线。如：

$Y_{1989} = 323.81 + 37.5 \times (−3) + 13.69 \times 9 = 334.52$

$Y_{1990} = 323.81 + 37.5 \times (−2) + 13.69 \times 4 = 303.57$

……

$Y_{1995} = 323.81 + 37.5 \times 3 + 13.69 \times 9 = 559.52$

其计算结果见表 10-5 中的末栏。

确定预测值，即将 1996 年和 1997 年在时间序列中的时间变量 t 值和 t^2 值代入二次曲线拟合方程，计算可得：

1996 年的 t = 4，$t^2 = 16$，其预测值则为：

$Y_{1996} = 323.81 + 37.5 \times 4 + 13.69 \times 16 = 692.85$（万元）

1997 年的 t = 5，$t^2 = 25$，其预测值则为：

$Y_{1997} = 323.81 + 37.5 \times 5 + 13.69 \times 25 = 853.56$（万元）

（二）指数曲线趋势预测法

指数曲线趋势预测法，是指预测目标的观测值数据的变化、发展趋势符合指数增长规律，建立该指数曲线方程，并以此作为预测的数学模型来推测事件的未来发展趋势状态。其应用条件是：预测目标时间序列逐期增减率大体相同，即按几乎同一比例增长的趋势发展。符合这一条件的时间序列选用指数曲线趋势预测法的预测模型为：

$$\hat{Y}_t = ab^t \tag{10-20}$$

指数曲线趋势预测模型参数 a 为时间序列期水平，b 为时间序列的平均发展速度。a

和 b 参数的确定，通常先将指数曲线方程式（10–20）化为直线形态，然后类似直线趋势预测法用最小二乘法进行拟合和运算得到。其方法是对式（10–20）两边取对数，得：

$$\lg \hat{Y}_t = \lg a + t \cdot \lg b$$

令 $Y'_t = \lg \hat{Y}_t$，$A = \lg a$，$B = \lg b$，故有：

$$Y'_t = A + B \cdot t$$

利用最小二乘法求参数 A 和 B，即解下面联立方程组得到：

$$\begin{cases} \sum Y' = nA + B\sum t \\ \sum tY' = A\sum t + B\sum t^2 \end{cases}$$

然后，对 A 和 B 取对数就可求到 a 和 b。

（三）修正指数曲线延伸预测法

修正指数曲线延伸预测法，是指根据预测目标的历史灵敏数据，拟合成修正指数曲线，建立起方程进行的趋势预测法。它适用于某些商品市场需求的变化呈现为初期增长迅速，随后增加的速度降低，最后趋向于某一个正的极限常数。修正指数曲线的表达式为：

$$Y_t = K + ab^t \qquad (10–21)$$

式中：Y_t 代表预测目标修正指数曲线估计值

　　　　t 代表时间序列时间变量

　　　　K、a、b 代表特定系数，且 $K > 0$，$a < 0$，$0 < b < 1$

　　　　K、a、b 可以用三段和估计法来推算

利用三段和估计法参数对时间序列有以下要求：

1. 时间序列 Y_t 的资料量 n 必须能被 3 整除，以便将时间序列分成观察期数相等的三段。

2. 各观察期的时间间隔必段相等。

3. 时间序列观察期的时序 t 编号从 0 起顺编，即 $t = 0$，1，2，…，$(n-1)$。

显然，整个时间序列分成三段，每段有 r $\left(r = \dfrac{n}{3}\right)$ 个观察值。各段的观察值之和分别记作 $\sum_1 Y_t$、$\sum_2 Y_t$ 和 $\sum_3 Y_t$。根据这 3 个分段和，便要利用以下计算公式计算 b、a 和 K 参数（证明从略）：

$$b = \sqrt[r]{\frac{\sum_3 Y_t - \sum_2 Y_t}{\sum_2 Y_t - \sum_1 Y_t}}$$

$$a = (\sum_2 Y_t - \sum_1 Y_t)\frac{b-1}{(b^r - 1)^2}$$

$$K = \frac{1}{r}\left[\sum_1 Y_t - \left(\frac{b^r - 1}{b-1}\right)a\right]$$

四、戈珀兹曲线延伸预测法

戈珀兹曲线延伸预测法，是指根据预测目标的历史时间数列，拟合成戈珀兹曲线，建立起方程进行预测的趋势延伸法。市场预测中，遇到预测目标销售额历史资料发展趋势变动呈 S 形增长曲线，必须考虑发展过程极限值的影响时，就必须采用反映 S 形曲线的预测模型，它适用于描述耐用消费品的市场需求变化和寻找产品更新换代的恰当时机。

戈珀兹曲线是以英国统计学家和数学家 B.Gompartz 命名的。戈珀兹曲线的表达式为：

$$Y_t = Ka^{b^t} \tag{10-22}$$

式中：Y_t 代表历史发展 T 时期产品销售额（量）

　　　　t 代表观察期的某时间周期

　　　　K、a、b 代表戈珀兹曲线的参数

　　　　K 代表产品发展过程市场的极限值

K、a、b 三参数在掌握产品销售历史资料情况下，通常利用三段和数学方法计算。

1. K、a、b 的计算。对式（10-22）两端取对数可得：

$$lgY_t = lgK + (lga)(b^t)$$

此式告诉我们，时间序列各观察值 Y_t 取对数后，构成的时间序列 lgY_t，其变化规律呈修正指数曲线，因此，对时间序列观察值 Y_t 取对数后，可按上面修正指数曲线参数公式计算求出 lgK、lga 和 b，进而对 lgK 和 lga 求反对数便可得 K 和 a。由此，可得戈珀兹曲线模型的参数计算式为：

$$b = \sqrt[r]{\frac{\sum_3 lgY - \sum_2 lgY}{\sum_2 lgY - \sum_1 lgY}} \tag{10-23}$$

$$lga = (\sum_2 lgY - \sum_1 lgY)\frac{b-1}{(b^r-1)^2} \tag{10-24}$$

$$lgK = \frac{1}{r}\left[\sum_1 lgY - \frac{b^r-1}{b-1}lga\right] \tag{10-25}$$

2. 产品生命周期曲线。产品生命周期是指产品从进入市场到最后被淘汰的全过程。主要经历投入期、成长期、成熟期和衰退期四个阶段。如果以时间为横坐标，销售量为纵坐标，则产品生命周期如图 10-4，表现为一条 S 形曲线。产品生命周期的各个阶段各有其市场特征。如果把产品的销售量记为 $u = f(t)$，$f(t)$ 的图像就是图 10-4 所示的产品生命周期曲线。我们将产品从开始到某一时期 t 的总销售量记为 Y_t，Y_t 的图像就是产品的成长曲线，根据销售量 u 和总销量 Y 之间的关系，数学上表示为：

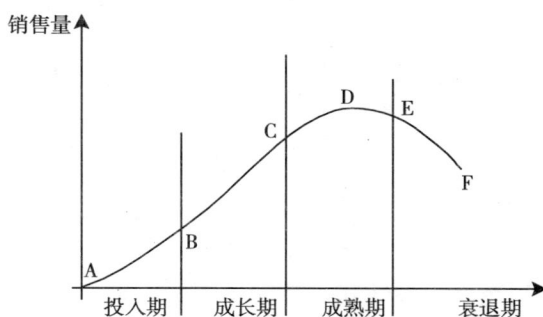

图 10-4　产品生命周期曲线

$$Y = \int_0^t udt$$

即 $u = dY/dt$

如果用戈珀兹曲线作为产品成长曲线模型，则产品的生命周期曲线为：

$$u = \frac{dY}{dt} = Ka^{b^t}lna \cdot lnb \cdot b^t \tag{10-26}$$

也就是说，用戈珀兹曲线 $Y_t = Ka^{b^t}$ 表示产品不同时期销售总量变化，则 Y_t 对 t 的一阶导数和二阶导数就分别表示产品销售量和产品增长率。

3. 戈珀兹曲线与产品生命周期之间的定量关系。应当指出的是，并非所有产品都显现出 S 形的产品生命周期。因此，分析判断预测目标产品的生命周期确实存在 S 形增长趋势时，才能选用戈珀兹曲线法进行预测。

对产品生命周期曲线来讲，各阶段销售量及其增长率的特点是：

成长期（包括投入期）：销售量及其增长率均不断上升。即 $\dfrac{dY_t}{dt} > 0$，$\dfrac{d^2Y_t}{dt^2} > 0$。

成熟期：销售量持续上升，但上升的速度减慢，即销售增长率下降。即 $\dfrac{dY_t}{dt} > 0$，$\dfrac{d^2Y_t}{dt^2} < 0$。

衰退期：销售量增长率持续下降，销售量也绝对下降。即 $\dfrac{dY_t}{dt} < 0$，$\dfrac{d^2Y_t}{dt^2} < 0$。

对于 K > 0，0 < a < 1，0 < b < 1 条件下的戈珀兹曲线，其一阶导数 $\dfrac{dY_t}{dt} > 0$，而二阶导数 $\dfrac{d^2Y_t}{dt}$ 有时大于零，有时小于零，即存在着一个拐点。它表明预测目标发展过程由正加速增长转向加速增长的趋向，对应着产品生命周期正处于由生长期进入成熟期。这种情况下 K 表示了产品市场饱和水平。由此可见，K > 0，0 < a < 1，0 < b < 1 条件下的戈珀兹曲线，它反映的是产品生命周期投入期、生长期、成熟期三个阶段的变化情况，有益于帮助我们了解产品进入成熟期的时间。

上述介绍的是几种常用的趋势延伸预测法。应用趋势延伸法时应注意两个假设前提，首先是，决定过去预测目标发展的因素，在很大程度上仍将决策其未来的发展；其次是，预测目标发展过程一般是渐进变化，而不是跳跃式变化。满足这两个条件后去掌握时间序列长期趋势的变化轨迹。最常见的轨迹有直线、二次曲线、指数曲线等，见图 10–5。

第四节　季节指数预测法

商品的供给与需求，常会受季节性因素的影响，如服装、鞋帽、水果等就有明显的淡季、旺季之分，季节指数预测法就是以市场的循环周期为特征，计算反映在时间序列资料上呈现明显的有规律的季节变动系数，达到预测目的的一种方法。

利用季节指数预测法进行预测时，时间序列的时间单位或是季，或是月，变动循环周期为 4 个月或是 12 个月。运用季节指数进行预测，首先，要利用统计方法计算出预测目标的季节指数，以测定季节变动的规律性；然后，在已知季度的平均值的条件下，预测未来某个月（季）的预测值。测定时间序列季节指数的方法很多，这里主要介绍直接平均季节指数法。

直接平均季节指数法是根据含季节变动时间序列资料，用求算术平均值方法直接计算各月或各季的季节指数，据此达到预测目的的一种方法。直接平均季节指数表示在各月或各季平均销售水平上季节性变动幅度的大小，直接平均数的预测步骤如下：

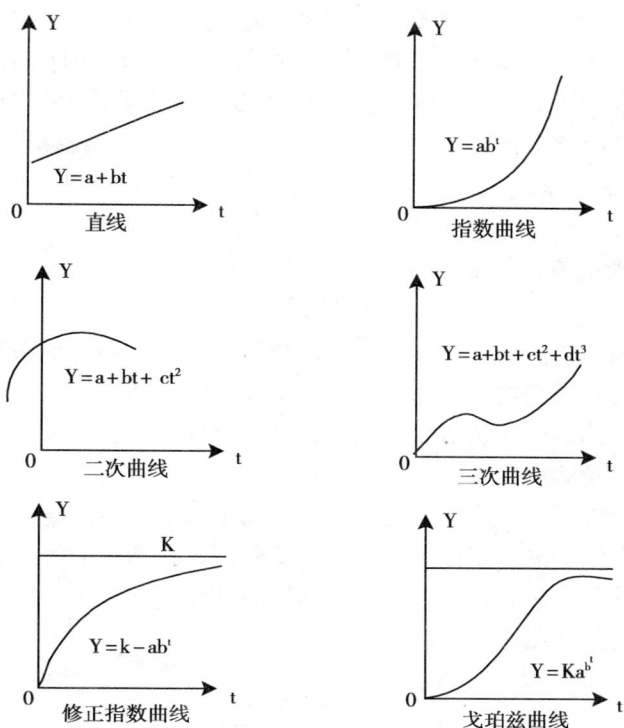

图 10-5 常见的趋势线

1. 收集历年（通常至少有三年）各月或各季的统计资料（观察值）。

2. 求出各年同月或同季观察值的平均数（用 A 表示）。

3. 求出历年间所有月份或季度的平均值（用 B 表示）。

4. 计算各月或各季度的季节指数，即 S＝A/B。

5. 根据未来年度的全年趋势预测值，求出各月或各季度的平均趋势预测值，然后乘以相应季节指数，即得出未来年度内各月和各季度包含季节变动的预测值。

例3：某市 1996~1998 年文化衫社会销售额资料如表 10-6 所列，预计 1999 年的销售量以 1998 年销售量为基数，平均每年递增 8%，试用上述资料预测 1999 年各季销售量。

表 10-6　　　　　　　　　　　　直接平均季节指数及预测

单位：千元

1	2	3	4	5	6	7
季度	1996 年	1997 年	1998 年	各季平均 $A=\dfrac{(2)+(3)+(4)}{3}$	S=A/B（%）	1999 年各季预测值 $\hat{Y}=Y_T \cdot S$
Ⅰ季度	182	231	330	247.7	28.9	298.15
Ⅱ季度	1728	1705	1932	1788.3	208.9	2155.16
Ⅲ季度	1144	1208	1427	1259.7	147.2	1518.62
Ⅳ季度	118	134	132	128	15.0	154.75
合计	3172	3278	3821	3423.7		
		历年季度总平均 B		855.925	$Y_T=1031.67$	

解：从统计资料表明文化衫销售有明显季节变动，每年二、三季度为销售旺季，一、四季度是淡季。根据上述直接平均法计算季节指数（以季度为时间单位），其过程和结果见表中各栏所列。表中第七栏各季度预测值为1999年季度平均值与季度季节指数之乘积，其中季度平均值按题所给条件求出，即：

$$\hat{Y}_T = \frac{1}{4}\left[3821 \times (1 + 0.08)\right] = 1031.67 \ （千元）$$

所以，各季度预测值按 $\hat{Y}_s = \hat{Y}_T \cdot S$ 计算得到，如1999年第一季度 $\hat{Y}$ = 1031.67 × 0.289 = 298.15（千元）。

除直接平均季节指数法外，还有移动平均季节指数法；移动平均季节指数法，是利用移动平均法分解时间序列四类变动因子，计算出既消除长期趋势变动又消除循环变动和不规则变动的，比较精确地反映季节变动情况的季节指数，并据此修正没有考虑季节影响的预测值，更好地进行预测。

采用季节指数法进行预测是很有用的，但应满足以下条件：所建立有趋势线模型能够正确地反映产生长期趋势的一切因素的影响；这些因素在预测期将以同样方式继续发挥作用；预测期的季节性变动仍和过去相同；预测期的其他变动影响不大。上述条件如果不满足，就难以得到精确的预测结果。

本章精要：

1. 时间序列预测法是指将过去的历史资料，按时间顺序加以排列构成一个数字系列，根据其动向预测未来趋势。这种方法的根据是过去的统计数字之间存在着一定的关系，这种关系利用统计方法可以揭示出来，而且过去的状况对未来的销售趋势有决定性影响。

2. 时间序列，又称动态数列，是指将某个经济变量的观测值，按时间先后顺序排列所形成的数列，时间可以是周、月、季度或年等。

3. 在时间序列中，每个时期数据的大小都受到许多不同因素的影响，都是由许多不同的因素同时发生作用的综合结果。按照各因素的特点或影响效果来看，主要有四部分，即长期趋势变动、季节变动、周期波动和不规则变动。

4. 乘法模型公式，即 Y = T·S·C·I

5. 加法模型公式，即 Y = T + S + C + I

6. 时间序列预测法具备如下特点：①短期、中期、长期预测的精度逐渐降低。②其本质是一种统计定量分析方法。

7. 运用时间序列分析法进行市场预测的程序是：①绘制历史数据曲线图，确定其趋势变动模型。②根据历史资料的趋势变动模型以及预测的目的与期限，选定具体的预测方法，并进行模拟、计算。③将量的分析与质的分析相结合，确定市场未来发展趋势的预测值。

8. 平滑预测法是指借助平滑技术消除时间序列中高低突变数值，得出一个趋势数列，据以对未来发展趋势的可能水平做出估计。它可在一定程度上消除不规则变动因素带来误差的影响，对实际观察值进行某种修匀处理，提高数据对长期趋势描述的可靠性。常采用的平滑法有两种，即移动平均预测法和指数平滑预测法。移动平均法是指观察期内的数据由远而近按一定跨越期进行平均，取其平均值；然后，随着观察期的推移，根据一定跨越期的观察期数据也相应向前移动，每向前移动一步，去掉最早期的一个数据，增添原来观察期之后期的一个新数据，并逐一求得移动平均值；最后，将接近预测期的最后一个移动平均值作为确定预测值的依据。常用的有一次移动平均法和二次移动平均法。指数平滑法是指取预测对象全部历史数据的加权平均值作为预测值的一种预测方法。它适用于预测呈长期趋势变动和季节变动的事物。它可分为一次指数平滑法和多次指数平滑法。

9. 趋势延伸预测法是指根据时间序列发展过程规律性表现出的长期趋势变动轨迹，用数学方法找出拟合趋势变动轨迹的数学模型，据此进行预测的方法。它可分为直观法、直线趋势延伸法、多次曲线趋势预测法、指数曲线延伸法和戈珀兹曲线趋势延伸法。

10. 季节指数预测法是以市场的循环周期为特征，计算反映在时间序列资料上呈现明显的有规律的季节变动系数，达到预测目的的一种方法。运用季节指数进行预测，首先要利用统计方法计算出预测目标的季节指数，以测定季节变动的规律性；然后在已知季度的平均值的条件下，预测未来某个月（季）的预测值。测定时间序列季节指数的方法很多，本书主要介绍直接平均季节指数法。它是根据含季节变动时间序列资料，用求算术平均值方法直接计算各月或各季的季节指数，据此达到预测目的的一种方法。其预测步骤如下：①收集历年（至少三年）各月或各季的统计资料（观察值）。②求出各年同月或同季观察值的平均数（用 A 表示）。③求出历年间所有月份或季度的平均值（用 B 表示）。④计算各月或各季度的季节指数，即 S=A/B。⑤根据未来年度的全年趋势预测值，求出各月或各季度的平均趋势预测值，然后乘以相应季节指数，即得出未来年度内各月和各季度包含季节变动的预测值。

关键术语：

时间序列　时间序列预测法　平滑预测法　趋势延伸预测法　季节指数预测法　平均季节指数法

思考题：

1. 什么是时间序列预测法？有什么特点？
2. 平滑预测法的主要缺点是什么？
3. 趋势延伸预测法与平滑预测法有何区别？
4. 季节指数预测法是否可以用于短期趋势预测？
5. 什么是趋势延伸预测法？它有什么特点？

互联网练习题：

通过互联网查询近一年之内北京市房地产的月度平均成交价格，利用收集到的价格数据，从本章介绍的方法中选取适当的方法，对下一年度的房地产价格变动情况做出预测。

实战练习题：

1. 请根据下表提供的近几年我国商务汽车保有量的数据，预测下一年的商务汽车保有量的数目大概是多少？请说明你所选用的具体方法及计算过程。

我国商务汽车保有量历年数据统计表（单位：万辆）								
年度	1998	1999	2000	2001	2002	2003	2004	2005	2006
数量	16.5	18.0	20.0	22.5	26.0	30.0	34.0	40.0	46.0

2. 某家电商场的电风扇销售资料如下表所示，请根据季节指数预测方法对下一年度各季度的销量进行预测。写出详细的计算方法。

年度	第一季度	第二季度	第三季度	第四季度
2003	120	165	282	114
2004	124	182	312	123
2005	138	197	354	140
2006	142	218	370	148

×家电商场电风扇销售资料统计表（单位：台）

第十一章　回归分析预测法

学习目标

- 掌握回归分析的定义
- 描述回归分析的内容和步骤
- 学会一元线性回归分析预测法
- 掌握多元线性回归分析预测法
- 了解非线性回归分析

开篇案例

　　雅芳（Avon）公司是一家专门生产女性日用化妆品的企业，其主要营销模式是人员直销，因此，销售人员是雅芳公司销售过程中非常重要的一个环节。然而，雅芳公司却在销售人员方面遇到了比较严重的问题。

　　如前所述，由于公司的业务发展主要依靠销售代表，现在却出现了销售代表短缺的情况，而且短期内似乎很难找到或发展出足够的新业务代表。找到销售代表流失的真实原因所在，是解决问题的关键。为此，雅芳公司针对销售代表专门设计了一次问卷调查。在调查中设计了一组跟现有工作方式、工作环境等有关的问题，征求销售代表们的书面意见。问卷回收后，如何分析数据成为关键——问题的答案也许就隐藏在这些收集来的数据中间。雅芳公司采用了数理统计中的一种回归方法，很快就发现了症结所在：数据回归模型显示，影响销售代表工作态度的最重要的变量是他们为了获得宣传资料而支付的规定费用。这一点很让雅芳公司的管理人员出乎意料，因为以往这部分的费用都是按照这个标准收取的，也没有听到明显的怨言。但是调查数据非常支持这个结果，根据这一研究发现，雅芳公司降低了这部分费用，并根据回归结论的提示，改善了相应的招聘状况和销售代表的保留率等其他关键因素。有效的措施，在较短时期内改善了销售代表短缺的现状，成功地帮助雅芳公司渡过了一场管理危机。

　　本案例中雅芳公司对数据分析采用的回归方法到底是一种什么样的方法？它的用途如何？应当在什么情境下如何使用回归方法进行分析预测？这些都是本章即将重点讨论的内容。

第一节　回归分析预测法概述

世界上任何事物的变化都有其内在的原因，内因是变化的根据，外因是变化的条件，只要具备了充分的外因条件，事物总是在内因的决定作用下按照一定的客观规律朝特定的方向发展。同时，客观世界中许多事物、现象、因素彼此关联，它们的发展变化由多种因素决定。市场活动中的许多现象也不例外，也都有其产生的原因，都要受一定因素的制约，都是一定原因的必然结果。因此，在市场预测中，找出影响和决定预测对象变化的有关市场因素，把有关的市场因素作为原因，把预测对象与有关的市场因素联系起来进行研究。把预测对象看做是结果，并根据这些有关的市场因素的变化来推测预测对象的变化，这就是所谓的回归分析预测法。

许多商品的销售量可能受某些特定因素的影响，这些影响有时甚至是决定性的。例如，家用空调机的销售量受当地消费者的收入水平的影响，同时，也受该地气候、尤其是夏季高温段平均气温的影响。一地的收入水平的高低是比较稳定的和易于预测的，而气候变化和它对家用空调销售量的影响则相对难以分析。事实上，收入水平对空调机的销售量的影响是持续和稳定的，对这种影响，像普通贵重耐用家电一样，一般可通过对空调销售量进行时间序列分析来对其进行预测。但是，天气对家用空调这种特殊商品销售量的影响往往不能由过去的空调销售量简单用时间序列法来推测，我们必须找到家用空调销售量与气候条件之间的关系，来预测未来空调销售量的变化。由此，我们也可看到与时间序列分析法不同的是，回归分析法是通过发现某些对所预测结果有重要影响的因素进行分析，找到预测量和影响因素之间的因果关系，从而推测预测对象随影响因素的变化。因此，回归分析法，又称作因果分析法。

市场经济活动之间的因果关系，不仅要定性分析，也要定量分析。前者是说明变量间内在依存关系的规律本质，后者是进一步说明各变量间的数量变化关系及程度。回归分析是一种重要的因果关系定量分析方法。回归分析是对具有因果关系的现象，根据大量实践数据，用一种数理统计方法建立数学模型，近似地表达变量间平均变化关系。应用回归分析进行预测，就是分析预测对象发展变化的原因，原因称为自变量，预测对象目标为因变量，表达因变量、自变量之间平均变化关系的数学模型为回归方程。当掌握自变量发展变化之数量状态，利用回归方程便可对因变量的变化进行定量预测。

回归分析的内容和回归分析预测的步骤有：

一、确立预测目标和影响因素

根据决策目的的需要，确立所要进行预测的具体目标，即确定因变量。通过市场调查和查阅资料，寻找预测目标的相关影响因素，即自变量，并从中选出主要的影响因素。

二、进行相关分析

回归分析是对具有因果关系的影响因素（自变量）和预测对象（因变量）所进行的数理统计分析处理。只有当自变量与因变量确实存在某种关系时，拟合出的回归方程才有意义。因此，作为自变量的因素与作为因变量的预测对象是否相关，相关程度如何，以及判断这种相关程度的把握性多大，就成为进行回归分析必须要解决的问题。自变量与因变量的相关程度，影响到预测值有效性的大小。如果自变量与因变量相关程度较强，则自变量的变化对因变量的变化具有重大影响；如果自变量与因变量相关程度较弱，则自变量的变化对因变量的变化影响就小。因此，自变量与因变量之间存在着显著的相关性是进行回归分析的基础。事实上，只有在分析自变量与因变量之间的相关性后，我们才能最终确定因变量的主要影响因素，并进行回归分析。

相关分析又包括定性分析和定量分析。定性分析是观察因变量和自变量之间变化趋势关系是否密切相互关联。定量分析是通过计算变量间的相关系数，来决定变量间的相关程度。一般是在定性分析基础上，进行定量分析，仅凭定性分析是不够的。

三、建立回归预测模型

根据主要影响因素的个数、影响因素与预测目标相关的性质以及历史统计资料，建立回归预测模型。

四、回归预测模型的检验

回归预测模型是建立在收集来的统计数字的基础上的，而统计数字本身可能会存在各种偏差。所以，在使用回归预测模型时，要注意这些偏差的性质。这些偏差有的是属于随机误差，是偶然性的，可以用适当的数理统计方法解决；有的偏差是内在的、必然的，对这些偏差要用适当的数理统计方法判别出来，从而确定能不能用这个回归模型作出预测。对于回归系数，也只有在它与零有明显差别的情况下，用回归模型进行预测才有意义。此外，建立起的回归模型有一个假设，即认为每一个时期的误差是一个独立的偶然性误差，不受时间的影响；否则，预测对象自身相关，回归模型也是不可靠的。

五、进行实际预测

最后一个步骤就是依据经过分析和检验后的回归预测模型，进行实际预测，并对预测的结果进行综合分析。

回归分析研究的因果关系，只涉及一个自变量，叫做一元回归分析；如果涉及两个或两个以上自变量，则叫多元回归分析。回归分析研究的因变量与自变量，其因果关系是线性的，数学模型称为线性回归方程；当因果关系是非线性，数学模型为非线性的，叫非线性回归分析。以下分别介绍一元线性回归分析、多元线性回归分析和一元非线性回归分析。

第二节　一元线性回归分析预测法

在经济活动中，经过定性分析，可发现我们所感兴趣的两个变量存在某种相互关联的现象。一元线性回归分析，是指将一个变量（因变量）依另一（且仅一个）变量（自变量）变化看成线性关系，通过统计数据来定量分析由自变量变化而导致的作为预测值的因变量的变化。若通过对大量统计数据的分析，发现两个变量的数据分布有近似的线性关系，则可以用以下方程式表示它们之间的关系：

y = a + bx + e

式中：x 代表自变量，是所选定预测量的相关量

y 代表因变量，是要预测的量

a 和 b 代表回归系数

e 代表随机误差

一元线性回归分析预测法，就是要通过对 y、x 大量的数据进行统计分析，寻找这种线性分布规律，即确定 a、b、e；并据所获得的以上线性关系式，在已知 x 时，对 y 进行预测。

下面用一个实例来介绍一元线性回归分析预测法的内容与实施步骤。

例 1：某食品批发站，发现随着成年人口数量的增加，啤酒销售数量也在相应增加，以往几年的统计资料如表 11-1 所示。

表 11-1　　　　　　　啤酒销售数量与新增成年人口数的统计数字表

项目 ＼ 年份	1989	1990	1991	1992	1993	1994	1995	1996	1997	1998
啤酒销量（万箱）	28	31	50	53	61	70	60	66	63	65
新增成年人口（万人）	25	28	34	38	47	62	45	56	54	55

根据以上资料，要根据新增成年人口数预测未来几年啤酒的销售趋势和数量。

一、进行线性相关分析

从表 11-1 的统计数据来看，不难发现啤酒的年销售数量随着当年的新增成年人口数的增加而变大，而且呈现近似的线性关系，即啤酒销量与新增成年人口基本成正比关系。如果我们将啤酒的年销量和相应年度的新增成年人口数点在以二量为直角坐标的坐标图上，如图 11-1（a）所示，这样的图叫散点图。通过散点图，我们可更清楚地看到因变量和自变量之间的关系。可以看到，如果我们经过图 11-1（a）的散点群作一条直线，这条线就非常接近我们将要用定量分析建立的回归线。假如因变量 y 和自变量 x 的关系是像图 11-1（b）所示的那样，则说明二者之间没有什么关系，针对它们的回归分析将毫无意义。如果 y 和 x 是像图 11-1（c）所示，可以看出，尽管二者有关系，但不是线性的依存关系，不能用一元线性回归分析法。

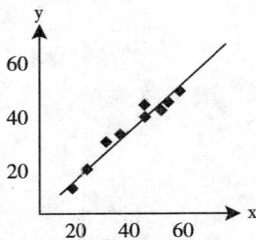

(a) 啤酒销量 y 与成年人口增量 x 之间的关系　　(b) 不相关的 y 与 x　　(c) 相关但线性相关系数为 0

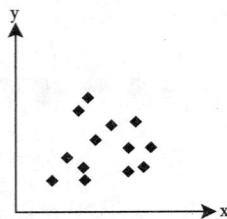

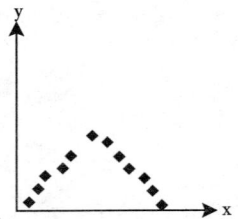

图 11-1　因变量 y 和自变量 x 之间关系的散点图

要说明的是，以上还只是定性分析，而且在数据量大时，或进行多元回归分析时难以直接观察发现数据之间的这些相互关系，因此在建立啤酒销量与新增成年人口数量的回归关系式之前，要对二者之间的相互关联程度进行定量分析，也就是对统计数据进行线性相关分析。

选择要预测的啤酒销量作为因变量 y，给定的新增成年人口数量为自变量 x。二者之间的相关程度和线性关系可用线性相关系数来确定。线性相关系数定义为：

$$r = \frac{\sum (x_i - \bar{x})(y_i - \bar{y})}{\sqrt{\sum (x_i - \bar{x})^2 \sum (y_i - \bar{y})^2}} \tag{11-1}$$

式中：$\bar{x}$，$\bar{y}$ 分别是 x，y 的历年平均值

经过推导，相关系数也可用下式计算：

$$r = \frac{n\sum x_i y_i - (\sum x_i)(\sum y_i)}{\sqrt{[n\sum x_i^2 - (\sum x_i)^2][n\sum y_i^2 - (\sum y_i)^2]}} \tag{11-2}$$

将相关系数计算要用的数据汇总于表 11-2。

表 11-2   **相关系数计算数据表**

序号	年份	y_i	x_i	$x_i y_i$	x_i^2	y_i^2
1	1989	28	25	700	625	784
2	1990	31	28	868	784	961
3	1991	50	34	1700	1156	2500
4	1992	53	38	2014	1444	2809
5	1993	61	47	2867	2209	3721
6	1994	70	62	4340	3844	4900
7	1995	60	45	2700	2025	3600
8	1996	66	56	3696	3136	4356
9	1997	63	54	3402	2916	3969
10	1998	65	55	3575	3025	4225
$\sum$		547	444	25862	21164	31825

注：表中 x_i，y_i 分别代表自变量、因变量数值即新增成年人口（万人）和啤酒销售量（万箱）；i 为数据资料序号；n 为数据量。为了便于计算，也将一些计算值列于表中。

相关系数 r 的性质和意义：

1. 相关系数值范围是：$-1 < r < 1$。

2. 相关系数 r 的符号与 b 相同。当 $r > 0$ 时，称为正线性相关，这时 y 有随 x 增加而线性增加的趋势；当 $r < 0$ 时，称为负线性相关，这时 y 有随 x 增加而线性减少的趋势。

3. 相关系数 r 绝对值越接近 1，两个变量之间的线性相关程度就越高；反之则越低。当 $r = 0$ 时，称为完全不线性相关，像图 11-1（b）所描述的 y 和 x 之间就完全没有相关关系，或者是 x 与 y 之间尽管有关系，但完全不存在线性关系，如图 11-1（c）所示的那样。

将表 11-2 中有关数据代入式（11-2）可得：

$$r = \frac{10 \times 25862 - 444 \times 547}{\sqrt{(10 \times 21164 - 444^2)(10 \times 31825 - 547^2)}} = 0.948$$

说明新增成年人口数与啤酒销量之间正线性相关程度很高。但其可靠性程度如何，必

须进行相关系数检验。相关系数检验步骤为：

1. 选择显著性水平 α，通常经济预测问题，α 选择 5%或 10%。

2. 根据 α 值和（n－2），从一般数理统计书可查得相关系数临界值。对 α＝5%和（n－2）＝8，有临界值记作 r_c＝0.6319。相关系数临界值取决于统计数据的多少，即 n 和 α，一般取 α＝5%时，$r_c \approx 2/(n-2)^{0.5}$，当（n－2）＞10 时。

3. 比较 r 与 r_c，当｜r｜＞r_c，表明自变量与因变量间的线性相关关系具有显著性，有（1－α）的可靠性程度，可适用于预测。当｜r｜＜r_c 时，说明相关程度不足，建立的回归方程就不宜用于预测，需要重新选择变量、收集数据，另找回归预测模型类型。

当出现｜r｜＜r_c，也说明推算出的一元线性回归预测对实际情况的吻合程度较差。出现这种情况的原因很多，其中主要有两点：①定性分析选择的各变量之间，本来并不存在因果关系，原先的定性分析设想不正确。②选择的变量之间的因果关系是非线性关系。

本例所计算的 r 远大于 r_c＝0.6319，说明将要采用的一元线性回归预测模型将具有 95%的置信度，可以应用于预测。

二、建立回归方程

资料中已给出自变量与因变量的一系列历年统计数据。根据这些统计数据，寻求回归系数 a 和 b，由此确定回归方程。可以看到，一元线性回归预测法的回归方程与上一章中时间序列分析法的线性方法类似，只不过自变量不是时间 t 而是所选定的影响因素 x。这也可看出时间序列分析法和回归方法的区别，即时间序列分析法是依据变量自身的历史数据来预测其随时间的变化规律，而回归方法是用来预测其与其他影响因素之间的关系的。

回归系数 a 和 b 仍用最常用的最小二乘法原理计算。回归系数计算公式为：

$$b = \frac{n\sum x_i y_i - \sum y_i \sum x_i}{n\sum x_i^2 - \sum x_i \cdot \sum x_i} \tag{11-3}$$

$$a = \frac{\sum y_i - b\sum x_i}{n} \tag{11-4}$$

由式（11-3）和式（11-4）可计算出：a＝5.86，b＝1.10

将回归系数 a 和 b 代入一元线性回归方程 y＝a＋bx＋e，就得到所需的一元线性回归预测模型：

$$\hat{y} = 5.86 + 1.1x$$

式中：$\hat{y}$ 为因变量预测估计值

三、进行预测

将今后每年新增成年人口数分别代入回归预测模型中，就能得到今后每年啤酒销售量的预测值。例如，预计 1999 年新增成年人口 57 万人，将 57 代入预测模型中得销售量的预测值为：

$$\hat{y} = 5.86 + 1.1 \times 57 = 68.6 \text{（万箱）}$$

四、对预测值置信区间进行估计

利用回归预测模型进行预测，预测值是回归趋势线上的数据点。我们只能说 y 的未来实际值落在回归趋势线上的可能性最大，但也有可能不落在回归趋势线上，与预测值不符。实际值总是落在回归线上下一定范围内。因此，要对 y 的未来实际值的可能取值范围即置信区间以及其置信度，即实际值落在此区间的概率大小进行分析。

置信区间太宽，虽然置信度高，但对决策的参考作用不大；置信区间太窄，置信度较低，风险较大。关键是要在一定的置信度上，寻求一个合理的置信区间。

置信区间可以根据主观判断，也可以用数理统计方法进行计算。其计算方法是：

1. 首先计算预测值的回归标准误差。计算回归标准误差的公式为：

$$S = \sqrt{\frac{\sum (y_i - \hat{y}_i)^2}{n - K}} \tag{11-5}$$

式中：S 代表回归标准误差

　　　 y_i 代表因变量实际值

　　　 $\hat{y}_i$ 代表因变量估计值

　　　 n 代表数据量

　　　 K 代表自变量、因变量的总量

2. 求得标准误差之后，根据三标准误差原则，在正态分布条件下，预测值取值范围在 y ± S 之间的置信度为 68.3%；预测值取值范围在 y ± 2S 之间的置信度为 95%；预测值取值范围在 y ± 3S 之间的置信度为 99%。

依据以上方法对上例进行置信区间估计，先计算出置信区间计算表，如表 11-3 所示。

表 11-3　　　　　　　　　　　　　　　　置信区间计算表

n	y_i	x_i	$\hat{y}_i$	$(y_i - \hat{y}_i)^2$
1	28	25	33.36	28.7296
2	31	28	36.66	32.0356
3	50	34	43.26	45.4276
4	53	38	47.66	25.5156
5	61	47	57.56	11.8336
6	70	62	74.06	16.4836
7	60	45	55.36	21.5296
8	66	56	67.46	2.1316
9	63	54	65.26	5.1076
10	65	55	66.36	1.8496
Σ				190.644

将表中数据代入标准差公式中得：

$$S = \sqrt{\frac{190.644}{10 - 2}} = 4.8816$$

当 x = 57 万人时，y = 68.6 万箱，利用 2S 原则计算置信区间，置信区间为 y ± 2S，即在（58.8~78.3）万箱内，置信度为 95%。

以上预测置信区间是从统计意义上的定量分析推断，不能将统计上的有效性与客观的有用性完全等同。例如，当置信区间太宽，几乎会使它失去作为预测模型的现实意义。因此，在实际预测中，预测人员有必要在定量分析基础上，根据经验和对环境或其他因素的综合分析，得出一个更有把握的预测区间范围，或使某一预测值对决策更具实用性。此外，一次回归分析建立回归预测模型不能一劳永逸，要根据事物随时间发展变化的情况，不断收集新的资料以重新确立新的模型。

第三节　多元线性回归分析预测法

在经济活动中，经常会遇到某一事物的发展和变化取决于几个影响因素的现象，也就是一个因变量和几个自变量有依存关系的情况。而且有时几个影响因素主次难以区分，或者有的因素虽属次要，但也不能略去其作用。例如，销售额的增长不仅受销售人员数量的影响，还受当地居民收入水平等因素的影响，在这种情况下，因变量（y）同时受两个或两个以上的自变量（x_1，x_2，…，x_k）的影响。这种自变量不是一个而是两个或两个以上时所要采用的回归模型预测，我们称为多元回归模型。如果各个自变量与因变量之间呈线性关系，则为多元线性回归模型。假设有 k 个自变量，多元线性回归模型的一般形式为：

$$y = a + b_1x_1 + b_2x_2 + b_3x_3 + \cdots + b_kx_k$$

多元线性回归模型中最简单的是只有两个自变量（k = 2）的二元线性回归模型，其一般形式为：

$$y = a + b_1x_1 + b_2x_2 + e \tag{11-6}$$

式中：x_1、x_2 代表两个自变量

　　　y 代表因变量

　　　a、b_1、b_2 代表回归系数

　　　e 代表随机误差

下面通过实例介绍二元线性回归预测法的内容和方法：

例 2：某制衣厂，其前 5 月的利润与 A 产品的月生产量和月促销费用的统计数据如表 11-4 所示。

表 11-4　　　　　　　　　A 产品利润、产量和销售费用统计表

月　份	1	2	3	4	5
利润 y（万元）	16	15	18	19	22
产量 x_1（万件）	1.9	1.6	1.8	2.0	2.2
销售费用 x_2（千元）	7.4	7.5	8.0	9.2	9.4

要找出利润与产量和销售费用之间的关系和利润的变化趋势，据此对利润、产量和销售费用进行预测或控制。

一、进行线性相关分析

多元线性回归分析中的线性相关系数称为复相关系数，复相关系数 r 的计算比较复杂，其计算公式为：

$$r = \sqrt{\frac{(S_{1y}b_1 + S_{2y}b_2)}{\sum (y_i - \bar{y})^2}} \tag{11-7}$$

式中：y_i 和 $\bar{y}$ 分别代表因变量的取值和平均值；b_1 和 b_2 分别为：

$$b_1 = \frac{S_{1y}S_{22} - S_{12}S_{2y}}{S_{11}S_{22} - S_{12}S_{21}} \tag{11-8}$$

$$b_2 = \frac{S_{2y}S_{11} - S_{21}S_{1y}}{S_{11}S_{22} - S_{12}S_{21}} \tag{11-9}$$

式中：

$$S_{11} = \sum (x_{1i} - \bar{x}_{1i})^2$$

$$S_{22} = \sum (x_{2i} - \bar{x}_{2i})^2$$

$$S_{12} = \sum (x_{1i} - \bar{x}_{1i})(x_{2i} - \bar{x}_{2i}) = S_{21}$$

$$S_{1y} = \sum (y_i - \bar{y}_i)(x_{1i} - \bar{x}_{1i})$$

$$S_{2y} = \sum (y_i - \bar{y}_i)(x_{2i} - \bar{x}_{2i})$$

为了计算复相关系数，列出计算表如表 11-5 所示。

表 11-5   多元线性回归复相关系数计算表

月份	y_i	x_{1i}	x_{2i}	S_{11i}	S_{22i}	S_{12i}	S_{1yi}	S_{2yi}
1	16	1.9	7.4	0	0.81	0	0	1.8
2	15	1.6	7.5	0.09	0.64	0.24	0.9	2.4
3	18	1.8	8.0	0.01	0.09	0.03	0	0
4	19	2.0	9.2	0.01	0.81	0.09	0.1	0.9
5	22	2.2	9.4	0.09	1.21	0.33	1.2	4.4
Σ	90	9.5	41.5	0.20	3.56	0.69	2.2	9.5

注：与一元回归分析法类似，y_i、x_{1i}、x_{2i} 分别是 y、x_1、x_2 的各月份取值；各个量上的一杠表示其平均值。

将表 11-5 中数值代入上列公式中计算，得到复相关系数为 0.954，说明利润与产量和销售费用这两个影响因素之间相关程度很高。

但其可靠性仍要像一元线性回归分析那样，用相关系数检验来作定量说明。仍选取显著性水平 α 为 5%（即可靠度要求 95%），依据 $\alpha = 5\%$、$(n - 2) = 3$ 查得相关系数临界值 $r_c = 0.878$，依据 $r > r_c$，便可判断本例如采用多元线性回归预测模型应具有 95% 的可信度，即该企业年产量和促销费与年利润间的线性相关程度有 95% 把握，预测模型才能应用于预测。

二、建立多元线性回归方程

采用最小二乘法原理估计回归系数 a、b_1 和 b_2，此时回归方程：

$$\hat{y} = a + b_1 x_1 + b_2 x_2 \tag{11-10}$$

式中：$\hat{y}$ 是 y 的预测值

       b_1 和 b_2 由式（11-8）和式（11-9）计算

$a = \bar{y}_i - b_1\bar{x}_{1i} - b_2\bar{x}_{2i}$

由以上各回归系数可得到回归模型方程：

$$\hat{y} = -5.725 + 5.41x_1 + 1.62x_2 \tag{11-11}$$

三、进行 t 检验

在一元线性回归分析中，我们并没有对回归分析得到的回归方程进行检验，仅在第一步对数据进行了线性相关分析，原因是线性相关分析不仅能表明因变量和自变量间的相互关联程度，也说明了二者之间的确存在线性关系。这等于说我们对因变量和自变量之间的相关分析，同时完成了其线性关系的检验。

同样，多元线性回归分析的线性相关分析，也表明因变量和 k 个自变量之间的相互关联程度和它们之间的线性依存关系。但是，此时所有自变量作为一个整体来检验它们与因变量 y 的线性相关程度，并未说明每一个自变量对 y 的影响如何。为了要了解各个自变量中，哪个自变量对 y 的影响大，哪个自变量对 y 的影响小，即哪个是主要影响因素或是次要因素，必须借助 t 检验。t 检验的方法是：

1. 计算回归预测模型的回归标准差 S，计算式为：

$$S = \sqrt{\frac{\sum (y_i - \hat{y}_i)^2}{n - K}}$$

例 2 中的 S = 1.163（万元），这是所有数据点偏离回归（空间）直线的平均距离。

2. 由回归系数计算过程得到的 S_{11}、S_{12}、S_{21}、S_{22}，组成矩阵，并求逆矩阵记作 C，例 2 的 C 矩阵为：

$$C = \begin{bmatrix} S_{11} & S_{12} \\ S_{21} & S_{22} \end{bmatrix}^{-1}$$

$$= \begin{bmatrix} 0.2 & 0.69 \\ 0.69 & 3.56 \end{bmatrix}^{-1}$$

$$= \begin{bmatrix} 15.0911 & 2.9250 \\ 2.9250 & 0.8478 \end{bmatrix}$$

3. 计算各个自变量对应的统计量 t，计算式为：

$$t_i = \frac{|b_i|}{S\sqrt{c_{ii}}} \tag{11-12}$$

式中：i = 1, 2, …

　　　$|b_i|$ 代表回归预测模型中各自变量的回归系数的绝对值

　　　S 代表回归标准差

　　　c_{ii} 代表 C 矩阵的对角元素

例 2 中，$c_{11} = 15.1$，$c_{22} = 0.848$，$b_1 = 5.41$，$b_2 = 1.62$，代入 t_i 计算式得：

$$t_1 = \frac{|b_1|}{S\sqrt{c_{11}}} = 1.1975$$

$$t_2 = \frac{|b_2|}{S\sqrt{c_{22}}} = 1.5128$$

4. 选择显著性水平 α，按自由度 n − K 和 α/2 查数理统计书的 t 分布表，得 t 临界值 $t_{c(α/2, n-K)}$。然后比较 t_i 与 t_c，若 $t_i > t_c$，则认为自变量 x_i 对因变量有较大影响的概率为（1 − α），x_i 的影响是重要的，应保留自变量 x_i。否则，应删掉自变量 x_i，重新建立回归预测模型。

例 2 中，选择 α = 5%，由 α/2 和 n − K = 5 − 3 = 2，在 t 分布表查得 $t_c = 4.30$。由于 t_1

和 t_2 都小于 t_c，说明 x_1 和 x_2 对 y 就 $\alpha = 5\%$ 而言无显著影响。如果选择 $\alpha = 30\%$（即满足可信度 70%），查得 $t_c = 1.39$。此时，$t_1 < t_c$，而 $t_2 > t_c$，说明 x_1 对 y 无显著影响，x_2 对 y 影响较大，达 70% 的可信度。

上述定量分析告诉我们以下信息：①企业 A 产品的月产量和月促销费用对企业月利润的影响必须加以考虑的说法，难以在统计意义上的置信度 95% 上成立；因此，应重新选择影响因素，即自变量，再进行回归分析。②企业 A 产品的促销费用对企业利润有较大影响，又因可以完全不予考虑 A 产品的产量的置信度也仅达 70%，因此，以企业月利润为变量作二元回归分析，A 产品产量不具备应有的说服力，应予以删除，可以仅利用利润与 A 产品促销费用建立新的回归方程。

可以看到，本例之所以没有取得检验模型是成功的明确结论，是因为样本量明显过小的缘故。从数据直观地来看，促销费用和产量对利润的增加都有明显的效果，但在统计意义上要在这么小的样本量上建立统计回归模型，其置信度在数据的确定性不非常强时必然是比较低的，因此，必须通过加大样本量 n，重新推算二元回归方程，分别对 b_1 和 b_2 再作检验，再决定 A 产品产量及其促销费用对月利润的影响力的显著水平。

四、进行预测

当回归预测模型通过上述检验，便可应用于预测。假定一组未来自变量 $\overset{\circ}{x}_1$ 和 $\overset{\circ}{x}_2$ 已知，便可代入回归预测模型计算未来预测估计值 $\overset{\circ}{y}$；与一元线性回归分析类似，可以计算 $\overset{\circ}{y}$ 的置信区间，95% 和 99% 置信度的置信区间估计式分别为：

$$\overset{\circ}{y} \pm 2S \text{ 或 } \overset{\circ}{y} \pm 3S$$

第四节　非线性回归分析预测法

在市场活动中，像销售额等因素受某些因素的影响往往并不呈线性关系变化。例如，产品生产量对产品生产成本的影响就呈现出一条反比例曲线（如图 11-2 所示）。

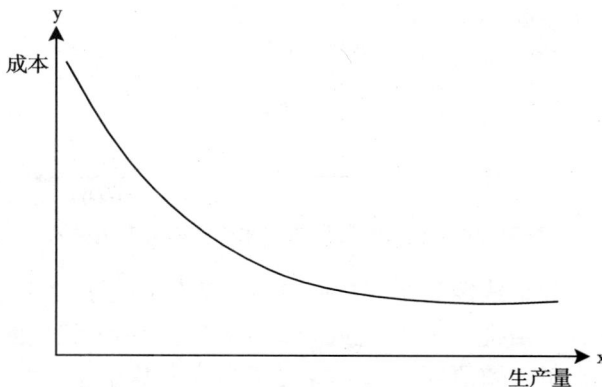

图 11-2　成本—生产量曲线图

在相关因素对预测目标的影响是非线性关系的情况下，如果给自变量和因变量之间配一条回归直线，预测误差就相当大了，这时就要采用非线性回归分析预测法。在经济预测分析中，常见的有指数函数、双曲函数、对数函数、幂函数以及二次曲线等非线性的关系。

对上述常见非线性关系的曲线型，是先将曲线方程式化为线性回归方程，再采用最小二乘法计算回归系数，进行回归分析。下面我们以幂函数曲线模型为例说明非线性回归分析的一般做法。

例3：表11-6列出了某厂10种产品产量与该产品劳动力成本占总成本的比例的资料，研究这两变量间的数量变化关系。

表11-6 　　　　　　　　　　**产品产量和对应劳动力成本比例数据**

产品序号	1	2	3	4	5	6	7	8	9	10
产量（台）	550	910	1550	2660	2160	4450	5750	6930	7120	8150
劳动力成本比例（%）	23	19	14	6	9	5.7	5.5	4.1	3.3	4.2

选定劳动力成本比例为因变量 Y，产品产量为自变量 X。根据表11-6所列数据在算术坐标上画图，如图11-3所示。从图上看出，两变量关系近似可以用幂函数曲线方程描述，即：

$$Y = aX^b \tag{11-13}$$

将非线性方程转化为线性方程，方法是对幂函数表达式两边取对数，方程（11-13）转化为对数形式：

$$\lg Y = \lg a + b \lg X \tag{11-14}$$

令 $Y' = \lg Y$，$X' = \lg X$，式（11-14）变为：

$$Y' = \lg a + bX' \tag{11-15}$$

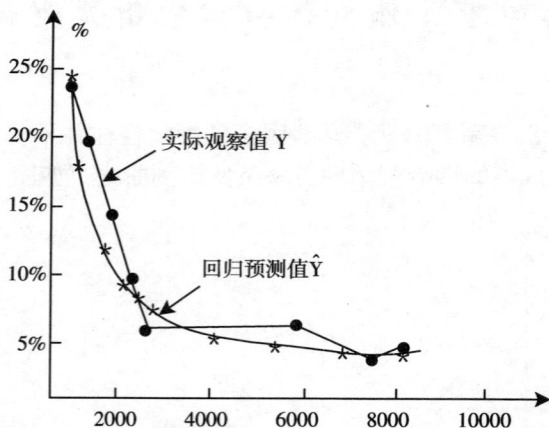

图11-3 10种产品的劳动力成本比例和其产量关系图

上式中的 Y′ 和 X′ 之间呈线性关系，我们可以一元线性回归方程的建立方法得到回归系数 lga 和 b，实际上，这是将一元非线性回归分析转变为一元线性回归分析。

先将数据表中的 Y 和 X 数值取对数，得到 Y′ 和 X′ 的数据值，然后由式（11-3）和式（11-4），可得到 b = -0.71，lga = 3.32。也就是说，幂函数的回归预测方程为：

$$\lg Y = \lg a + b \lg X = 3.32 - 0.71 \lg X \tag{11-16}$$

回归预测方程的 b 值是负的，说明当一个产品的产量越高，劳动力成本所占比例就越低，这就是规模效应，符合我们的一般判断。而回归方程不仅验证了我们的经验，也提供了产量和劳动力成本比例之间的定量关系，即产量每提高 1%，劳动力成本所占比例将下降 7.1%。

在此，仍应对变量 Y′ 和 X′ 的数据进行线性相关分析，以验证它们之间的相互关联程度和线性关系。用一元线性回归分析中的线性相关系数计算方法，计算得到线性相关系数 r = −0.97。线性相关系数的绝对值接近 1，说明产品的产量和劳动力成本比例的对数值呈线性关系，并且关系密切程度较高。相关系数为负值验证了产品的产量和劳动力成本比例之间的负相关性，它们的对数值成反比关系。当显著性水平为 5% 时，由 n − K = 8 可知临界相关系数 $r_c = 0.63$，即 $|r| > r_c$，可以认为回归模型（11−16）有 95% 以上的置信度。

通过检验后，该一元非线性回归模型可用来根据产量预测劳动力成本所占比例。

通过上述回归分析方法的介绍，综合前面所举例子，我们可看到回归分析法应用过程，要讲究经济学理论知识、实践经验的定性分析与定量分析的结合。定量分析建立模型完全以对客观经济关系、经济活动事实的认识为基础，以经济发展的规律为前提，否则是不能正确选择因变量，也无法确定什么是影响因素，即自变量，更无从谈论变量间的因果关系。

作为对经济理论、经验的设想、假设进行严密的量化考核和进行验证手段的定量分析，在预测、决策中发挥重要作用。我们可以用它来精确、严密地分析经济关系，对经济发展趋势进行预测，对经济政策的效果予以评价。但定量分析不是万能的，它只是我们经验的补充，是定性分析基础上的进一步量化。定量分析的成功取决于我们对所分析经济现象的认识深度和把握程度，只有这样才能将定性分析和定量分析圆满地结合起来，使它们的结果能够达到一致。不能迷信方程和数据，一味地用几个统计数据得到的回归方程，试图去解释复杂经济现象的所有性质是不可能行得通的。

回归分析方法涉及经济活动之间的几个因素的相互关系，因此，必须反复分析各因素的作用及其重要性，经定性和定量分析的多层次交叉检验和综合，才能最终得到比较合理的预测结果。

本章精要：

1. 回归分析是一种重要的因果关系定量分析方法。它是对具有因果关系的现象，根据大量实践数据，用数理统计方法建立数学模型，近似地表达变量间平均变化关系。应用回归分析进行市场预测，即分析预测对象发展变化的原因，原因称为自变量，预测对象目标为因变量，表达因变量、自变量之间平均变化关系的数学模型为回归方程。利用回归方程可对因变量的变化进行定量预测。

2. 回归分析的内容和回归分析预测的步骤主要有：①确立预测目标和影响因素。②进行相关分析。③建立回归预测模型。④检验回归预测模型。⑤进行实际预测。

3. 回归分析研究的因果关系，只涉及一个自变量，叫做一元回归分析；如果涉及两个或两个以上自变量，则称之为多元回归分析。回归分析研究的因变量与自变量，其因果关系是线性的，数学模型为线性回归方程；当因果关系是非线性的，数学模型亦为非线性的，叫非线性回归分析。本书主要介绍了一元线性回归分析、多元线性回归分析和一元非线性回归分析。

4. 一元线性回归分析是指将一个因变量依另一（且仅一个）自变量变化看成线性关

系，通过统计数据来定量分析自变量变化而导致作为预测值的因变量的变化。一元线性回归模型的一般形式为：

$$y = a + bX + e$$

5. 多元线性回归模型的一般形式为：

$$y = a + b_1 x_1 + b_2 x_2 + b_3 x_3 + \cdots + b_k x_k \quad （假设有 k 个自变量）$$

6. 在相关因素对预测目标的影响是非线性关系的情况下，就要采用非线性回归分析预测法。常见的有指数函数、双曲函数、对数函数、幂函数以及二次曲线等非线性的关系。对这些常见的非线性关系的曲线型，是先将曲线方程式化为线性回归方程，再采用最小二乘法计算回归系数，进行回归分析。

7. 回归分析法涉及经济活动之间的几个因素的相互关系，因此，必须反复分析各因素的作用及其重要性，经定性和定量分析的多层次交叉检验和综合，才能最终得到比较合理的预测结果。

关键术语：

回归分析　回归方程　一元回归分析　多元回归分析　一元线性回归模型　多元线性回归模型

思考题：

1. 什么是回归分析法？主要用途是什么？
2. 什么是多元回归？与一元回归有什么差异？
3. 在回归分析法中如何测量变量之间联系的强度？
4. 如何理解回归模型？

互联网练习题：

利用适当的计算机程序（SPSS 或 SAS）对所拥有的数据进行回归分析。注意正确的操作步骤以及对回归分析结果的读解。

实战练习题：

沃尔玛是全球最大的超级市场之一。通过对商场销售监测数据的分析，能够为许多厂家提供良好的营销建议。下表是沃尔玛最近 12 个月内散装糖果类产品的促销费用以及销售量的统计数据，通过对这组数据进行回归分析，察看散装糖果类产品的促销费用和销售量之间到底关系如何？回归关系是否显著？

沃尔玛散装糖果类产品促销费用及销售量统计

月　份	促销费	销售量	月份	促销费	销售量
1	103	110	7	105	112
2	115	125	8	94	99
3	95	98	9	85	93
4	92	94	10	101	107
5	77	82	11	106	114
6	79	84	12	120	132

促销费单位：千元/销售量单位：公斤

第十二章　市场预测的深化：企业决策

学习目标

- 了解企业决策的含义及特征
- 熟悉企业决策的类型
- 掌握企业决策机制的概念和基本内容
- 把握企业决策的原则和步骤
- 学习决策硬技术和决策软技术
- 掌握决策硬技术的具体方法
- 掌握决策软技术的具体方法

开篇案例

红罐王老吉品牌发展战略的制定与实施

凉茶是广东、广西地区的一种由中草药熬制，具有清热祛湿等功效的药茶。王老吉是众多老字号中最为著名的一个。港资公司加多宝生产的红色罐装王老吉牌凉茶（食字号）是这种老产品的新形式，2002 年以前在广东、浙南地区销量一直稳定。但随着经营规模的扩大，加多宝公司管理层发现，要把企业做大，走向全国，就必须克服一连串的问题。

经研究，红色罐装王老吉品牌的发展主要面临以下几个问题：

1. 认知混乱。红罐王老吉拥有凉茶始祖王老吉的品牌，却长着一副饮料化的面孔，让消费者觉得"它好像是凉茶，又好像是饮料"，陷入认知混乱之中，对于应该什么时候喝王老吉凉茶也没有明确的认同。

2. 品牌地区性过强。两广地区以外，人们并没有凉茶的概念。加上红罐王老吉有淡淡的中药味，内地消费者接受起来存在不小的障碍，3.5 元的零售价也较同类饮料高，这些都使红罐王老吉的进一步发展遇到了问题。

3. 推广概念模糊。到底是用"凉茶"概念来推广，还是作为"饮料"来推广，无论生产企业还是消费者都模棱两可。红罐王老吉的独特价值一直没有被明确地提出。

2002 年年底，加多宝公司找到成美营销顾问公司。成美营销经研究发现，红罐王老吉虽然销售了 7 年，其品牌却从未经过系统、严谨的定位。企业无法回答红罐王老吉究竟是什么，消费者更不清楚为什么要买它。于是，营销顾问一方面研究红罐王老吉、竞争者传播的信息，另一方面在公司内部、经销商、零售商之间进行大量访谈，在此基础上进行综合分析。研究发现，消费者饮用红罐王老吉主要在烧烤、登山、外出就餐、聚会等场合。这些发现均表明，消费者对红罐王老吉大多作为一个功能饮料购买，购买动机是用于

"预防上火"。红罐王老吉以"凉茶始祖"的身份、175 年历史等，完全具有占据"预防上火的饮料"这一定位的能力。通过二手资料、专家访谈等进一步研究表明，中国几千年的中医概念"清热祛火"在全国广为普及，"上火"的概念也在各地深入人心，这就使红罐王老吉突破了凉茶概念的地域局限。研究人员认为："做好了这个宣传概念的转移，只要有中国人的地方，红罐王老吉就能活下去。"

一个多月后，成美向加多宝提交了品牌定位研究报告，首先明确红罐王老吉是在"饮料"行业中竞争，竞争对手应是其他饮料；其品牌定位——"预防上火的饮料"，独特的价值在于——喝红罐王老吉能预防上火，让消费者无忧地尽情享受生活：吃煎炸、香辣美食，烧烤，通宵达旦看足球等。这样的定位主要有四个方面的益处：

1. 利于红罐王老吉走出广东、浙南。
2. 避免红罐王老吉与国内外饮料巨头直接竞争，形成独特区隔。
3. 成功地将红罐王老吉产品的劣势转化为优势。
4. 利于加多宝企业与国内王老吉药业合作。

成美在提交的报告中还提出，由于在消费者的认知中，饮食是上火的一个重要原因，特别是"辛辣"、"煎炸"饮食，因此建议在维护原有的销售渠道的基础上，加大力度开拓餐饮渠道，在一批酒楼打造旗舰店的形象。重点选择在湘菜馆、川菜馆、火锅店、烧烤场等。

凭借在饮料市场的丰富经验和敏锐的市场直觉，加多宝董事长陈鸿道当场拍板，全部接受该报告的建议，决定立即根据品牌定位对红罐王老吉展开全面推广。于是，才有了今天市场上全新的红罐王老吉品牌形象。

紧接着，成美为红罐王老吉制定了"怕上火，喝王老吉"的传播推广主题。第一阶段广告宣传中，红罐王老吉以轻松、欢快、健康的形象出现，与"传统凉茶"明显区分开来。广告选用了日常生活中人们认为最易上火的五个场景：吃火锅、通宵看球、吃油炸食品薯条、烧烤和夏日阳光浴，画面中人们在开心享受的同时纷纷畅饮红罐王老吉。

电视媒体选择主要锁定覆盖全国的中央电视台，并结合原有销售区域（广东、浙南）的强势地方媒体，在 2003 年短短几个月，一举投入 4000 多万元广告费，销量立竿见影，得到迅速提升。同年 11 月，企业乘胜追击，再斥巨资购买了中央电视台 2004 年黄金广告时段。正是这种急风暴雨式的投放方式保证了红罐王老吉在短期内迅速进入人们的头脑，给人们一个深刻的印象，并迅速红遍大江南北。

在地面推广上，除了强调传统渠道的 POP 广告外，还配合餐饮新渠道的开拓，为餐饮渠道设计布置了大量终端物料，如设计制作了电子显示屏、灯笼等餐饮场所乐于接受的实用物品，免费赠送。正是这种针对性的推广，消费者对红罐王老吉"是什么"、"有什么用"有了更强、更直观的认知。目前餐饮渠道业已成为红罐王老吉的重要销售传播渠道之一。

红罐王老吉成功的品牌定位和传播，给这个有 175 年历史的、带有浓厚岭南特色的产品带来了巨大的效益：2003 年红罐王老吉的销售额比上年同期增长了近 4 倍，由 2002 年的 1 亿多元猛增至 6 亿元，并以迅雷不及掩耳之势冲出广东；2004 年，尽管企业不断扩大产能，但仍供不应求，订单如雪片般纷至沓来，全年销量突破 10 亿元，2005 年再接再厉，全年销量稳过 20 亿元；2006 年加上盒装，销量逼近 40 亿元大关。

红罐王老吉在品牌发展过程中遇到了一系列"瓶颈"问题，在解决问题过程中，生产企业与营销顾问公司通过合作研究发现问题、解决问题，最后取得突破性的成功，这一过程都涉及一个核心概念——"企业决策"。企业决策的实质是对市场未来的一个基本判断，它是前面所讲的一系列调查方法以及预测方法在实践中的深化和综合运用。在红罐王老吉案例中，成功的关键是企业找到了合适的决策方法和决策途径。那么，企业决策究竟是怎样发挥作用的？企业在制定决策时都会用到哪些方法和技术？制定企业决策时应当掌握哪些原则和步骤，这些都是本章即将展开讨论的内容。

第一节　企业决策的含义与类型

一、企业决策定义与特点

（一）企业决策定义

任何企业的经营管理不是简单地适应市场环境，而是要能动地反作用于市场环境。企业正是在适应与反作用于市场的运行中满足需求，获取利润，对社会作出贡献。为此，企业经营管理随时面临着一些重大的问题需要作出决策。例如，企业确定经营方向、制订计划、选择组织资源的投入渠道、投资问题，等等。所有重大问题的决策又都是在占有调查研究和预测提供的资料、情报等信息基础上，确定经营目标，利用科学理论和方法，充分发挥人的智慧，系统分析主客观条件，围绕实现目标拟定可行的行动方案，从中选择一个最优方案去组织执行。在组织实施执行中，还要不断地检查和监督，以便发现偏差，加以修正，才能真正达到目标。可见，企业决策不能简单地视为仅仅是领导者一人的"拍板"定案。企业决策是指确定经营目标，从若干实现目标的备选方案中进行最佳选择和组织实施的一种有组织的活动。它包含着在市场调查、搜集信息基础上，确定目标，拟定备选方案，比较选择和组织实施等一系列活动环节。

（二）一般决策概念的特点

企业决策是人类决策中的一个决策种类。它具有一般决策概念的特点：

1. 目的性。决策是为达到某种目的，针对具体问题的未来行动作出谋划与决断。明确决策对象事物目的是决策的客观要求，无目的的行为是无须决策的。企业决策的目的性就是满足市场需求，获得利润，对社会作出贡献，也就是社会主义生产目的。

2. 预测性。决策本质是面向未来，是针对与未来行为有关的事物，包括当前即将到来的事物。决策对象的时间特性表示决策活动侧重点立足于现实，面对未来。决策也就必须在充分认识事物发展客观规律的基础上，参照当前出现的先兆做好预测分析，据此拟定行动方案。

3. 理智性，又称选择性。决策离不开决断，决断离不开比较选择。决策过程存在目标的比较选择和决策方案的比较选择。如果没有比较选择也就没有决策。决策的理智性，是指决策以效用、代价、时机的综合分析、评价比较为依据而作出选择决定。决策者能正确确定目标，从实现目标的多种可行方案中选择出一个最优方案，不仅表明决策思维的合理性，也表明决策者决断能力的高低。

4. 实践性。比较选择后由决断得到最优方案还只是思维结果，要付诸实施执行才能实现决策目标，且还能通过实践使决策者在认识上产生又一次飞跃。如果最优方案未能付诸实施而束之高阁，那么最优方案也就毫无价值可言了。

（三）企业自身经济活动固有的特点

企业作为市场运行主体之一，企业决策还具有其自身经济活动固有的特点，主要有：

1. 宗旨性。市场是企业一切经济活动的起点和终点。企业经营树立以消费者为中心的观念，企业决策就应该遵循满足消费者需求的服务宗旨。为此，企业通过不断的决策来发现机会、采取对策，满足消费者变化着的需求，达到追求利润最优化目的。企业决策也就成为一个典型的一步接一步、永远没有完结的连续决策过程。

2. 科学性。整个决策过程建立在广泛的调查研究和预测基础上，力求决策方案的整体最优。所谓整体最优，表现为确定的目标相对先进，方案在经济上合理合算，方案的目标、任务、措施衔接有序，实施执行上切实可行。达到决策方案整体最优要求决策过程遵循定性分析与定量分析相结合原则和系统性原则，以科学的创造性思维及科学方法与手段，按照科学的程序步骤组织决策。

3. 经济效益性。企业经营的目的是通过满足消费者需求获得利润。企业利润包含着企业、职工、股东、顾客和社会众多方面的利益。只有企业经营有方、决策正确才能获得利润，利润分配做到合理，那么企业、职工、股东固然会得到利润，顾客也会因企业商品品质的提升、服务的提高、附加值的增加，而得到更多的使用价值。社会也会因企业利润增加税收，增添各种公共设施，发展公益事业，以加速社会的繁荣。所以，企业决策中的战略决策、策略决策、业务决策都得以谋求经济效益目标来拟定方案和评价选择。

4. 时效性。市场机遇是机不可失，时不再来的。企业决策时效性体现着"时机是金钱"，要求把握好决策制定和实施时机。具体讲要做到：市场调查研究与预测要及时准确，有利于发现机会；迅速形成可行性方案；决策者比较选择要当机立断；执行决策做到资金有效投入，新产品投产要快，产品投放市场要适时。决策过程突出适时、准确，就能加快企业资金周转，无形地增加财富。为此，速度、速率常常也是决策方案先进性的重要内容之一。

5. 创造性与适度风险性。市场活动中，企业成功机会与遭遇失败风险机会并存。决策对象是随机的，决策总是带有风险的。一点风险都不敢冒的决策者，不能成为高明者。一个善于决策的高明决策者，绝不是对事情有了百分之百的把握时再作出决策，重要的是他能充分发挥主观能动作用，特别是能发挥科学的预见能力和创造能力，做到运筹帷幄，有出其不意、出奇以绝、奇正得体的战略与策略，驾驭市场经济活动，充分体现企业经营特色、差异形象，获得竞争优势，保证企业发展。一般地讲，决策创造性愈强，风险亦大，成功可能性更大。敢冒风险，贵在适度。适度，是指人们对未来的预见程度和应变措施的准备。往往决策者的知识、经验和个性，直接影响企业决策的创造性和适度风险性。

6. 权威性。权威性又称组织性。企业决策内容涉及面广，大到总目标、总的指导思想的确定，小到具体的计划和日常具体的业务管理。企业决策权威性的表现是：①不是企业任何人都能成为决策者而在决策过程中作出决定的，只有企业的权力机构和管理者才是决策者。②企业决策过程一旦"拍板定案"形成了最优方案，最优方案也就成为企业经营管理的规范，全体员工的行动准则，它对所有在该决策所涉及范围内的全部机构和人员都具有约束力。

上述一般特点和企业自身固有特点说明企业决策的实质是争取、保持和发展企业全面的主动性，通过目标、方针、措施以及实施中的调整来保持和提高企业生存和发展的能力。企业拥有决策主动性，经营实力会由弱变强；丧失决策主动性，则经营实力会由强变弱。如何把握好企业发展的决策主动性，使企业决策达到具有主动性的最佳状态，就必须研究企业决策发展过程和企业决策机制。

二、企业决策的发展过程

从经济系统来看，企业决策的重要性和决策理论与方法是随着经济的发展、科学技术的进步以及企业经营规模的扩大而发展的。概括起来，企业决策经历了以下三个发展阶段。

（一）经验的、简单的决策阶段

商品经济初级阶段，企业决策是和小生产经营方式联系在一起的。小生产者在进行经营活动之前，也要看看市场行情，估计一下市场需求变化，根据估计来确定生产什么或经营什么，怎样生产和经营，并估计出可能的经济效益。这种决策是一种凭经验的、简单的决策，它涉及的一般只是眼前的、局部性的问题，一旦决策失误，影响面也不广。

（二）初步战略决策阶段

随着社会化大生产的出现，商品经济联系的范围愈来愈广，企业的规模日益扩大，加上科学技术的发展，市场环境变化不定，企业经营管理者开始意识到了长期战略决策的重要性：一方面，是因为决策涉及的内容愈来愈复杂，经验的、简单的决策很难预计到所有方面及其长远的情况；另一方面，如果战略决策失误，那么经营管理水平愈高，决策执行得愈好，经济损失愈惨重。为此，在这个阶段企业决策十分重视市场调查和预测，千方百计运用各种方法从各种渠道取得大量市场信息，然后进行科学预测分析，得出市场需要什么产品、什么品种及规格、花色，产品购买对象是谁，有多少，空间分布状况是怎样的等认识，继而根据企业自身的资源条件作出生产经营什么、生产经营多少、向何处销售、销售多少的决策，尽可能地减少决策失误。

（三）现代科学决策阶段

商品经济发展到市场经济，管理理论也得到长足发展，现代西方管理学派中出现了决策理论学派。尤其在第二次世界大战以后，在吸收了行为科学、系统理论、运筹学、计算机科学等多门科学成果的基础上，结合决策实践，到 20 世纪 60 年代形成了一门专门研究决策的和探索人们作出正确决策的规律的科学——决策学。决策学研究决策的范畴、概念、结构、决策原则、决策程序、决策方法、决策组织，等等，并探索这些理论与方法的应用规律。随着决策理论与方法研究的深入与发展，企业决策也不断地向民主化、科学化方向发展，进入现代决策阶段。现代科学决策阶段企业决策的变化主要有以下几个方面：①从决策主体性来看，由个人决策向集体决策发展。②从决策思考未来跨度上看，由短期决策向长期决策发展。③从决策结构形式上看，由直线决策向网络决策发展。④从决策对象与环境关系上看，由封闭决策向开放决策发展。⑤从决策方法上看，从单纯的定性决策或定量决策向定性与定量相结合决策发展。⑥从决策实效性上看，从数量决策向质量决策发展。即从简单的少数服从多数的抉择方式转向服从真理作出抉择。由于真理并不总是被多数人掌握，有时往往在少数人一边，为此，要强调用科学的理论和方法来指导决策，在民主基础上实行正确的集中。

上述各种变化的趋向，"殊途同归"于提高企业决策有效性，企业决策由经验决策向科学决策转变。

经验决策是凭决策者个人的经验、知识和智慧作出决策。企业决策有效与否，取决于决策者个人的经验丰富与否，知识渊博与否，智慧过人与否。即使偶尔也会借助个别智囊人物的协助，但关键还是在决策者个人。这是因为小生产情况下，生产规模不大，劳动分工简单，一个决策项目具有较大的独立性，其成功或失误对全局带来的影响并不深，靠决策者经验去作决策，也能适应社会的要求。再者，那时科学技术不发达，也未具备科学决策的条件。而现代化大生产条件下，决策项目，尤其是重大决策项目涉及的范围愈益宽广，不仅跨部门、跨行业，甚至跨领域、跨国界。决策项目涉及如此宽广的范围，所要处理的问题之多，关系之复杂，影响之深远也就可想而知了。现代企业决策通常包含众多的目标、众多的变量、众多的信息、众多的关系，这样的决策仅凭个人经验"拍脑袋"显然不行了，而必须实现从经验决策向科学决策的转变。

科学决策有着丰富的内涵，它不只是在决策过程中运用现代科学技术，如数学模型、计算机技术、现代通信技术，重要的是它包括决策体制、科学的决策原则、程序和科学决策的方法。科学决策是在决策理论指导下，决策者依靠集体智慧进行创造性思维，以信息为依据，充分利用现代技术手段，作出有效决策。科学决策强调的是决策组织、制度、标准、决策方法等在决策过程中的作用，它具有逻辑性和系统性强、盲目性低的优点。当然，为了做到科学决策，掌握科学的决策方法是一个关键。

科学的决策方法是个体系，其构成如图12-1所示。

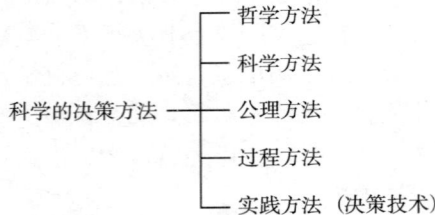

科学的决策方法 ——
- 哲学方法
- 科学方法
- 公理方法
- 过程方法
- 实践方法（决策技术）

图12-1　科学的决策方法体系

哲学方法，是指以哲学原理论述决策中的根据与条件、可能性与现实性、偶然性与必然性；论述决策主体、思维过程及认识形式以及论述决策范畴。科学方法，是指借助"新三论"及"老三论"的观点，研究决策系统的要素、决策结构、信息的理解和运用，以及定性分析和定量分析相结合。公理方法，是指揭示决策系统自身的特定内容的方法。其特点是要求确定前提、确定命题的性质和构成内容，着重研究决策的价值准则、未来预测、决策内容体系及其分类。过程方法，是指针对确定研究对象，分析其起因、进展直至完成的全过程的方法。它着重论述决策组织系统和决策信息系统，及在此基础上形成最优决策方案过程的诸多问题，如决策问题立题、目标确定、拟定行动方案、方案论证及评价选优的决断。实践方法，又称决策技术，它着重论述决策过程人们可利用的实用技术手段，是指就问题的模型进行测试、验证，转换为优化方案过程中经常运用的方法。上述各类方法中，哲学方法和科学方法为高层次决策方法，也是各类学科的共同享用方法。公理方法和过程方法是中层次决策方法。它们是高层次方法在决策系统研究中应用，总结出对提高决策活动的有效性有普遍理论意义的方法。实践方法则是实现决策过程中具体问题的实用技术，是第三层次的决策方法。

三、企业决策的类型

企业决策要解决的问题多种多样，决策过程、思维方式、运用方法技术也各不相同。这里从不同角度进行分类，以便更好地研究与掌握决策规律。

（一）按照决策主体不同分为个人决策和集体决策

个人决策，是指决策者在其职权范围内进行的决策。个人决策大多出现在紧迫性和常规性问题的处理上，具有及时、迅速的特点。由于个人知识、经验和才能的局限性，处理一些复杂问题时要慎用。

集体决策，是指企业权力机构或企业上下级相结合作出的决策。企业权力机构决策常常是通过委员会形式作出决策，如企业中的董事会、经理扩大会、职工代表大会，等等。上下级相结合的决策主要是企业领导机构与下属机构相结合、领导与群众相结合的决策。集体决策能充分发挥集体内每个人的智慧，反映大多数人、各个方面的意见，决策方案较全面，能使长期目标与短期经济效益相结合，方案的制定与具体落实相结合。但作出决策的时间比较长，决策过程复杂，多用于制定企业长远规划、人事制度、分配方案等涉及企业整体利益有关的重大问题的处置。

（二）按照决策涉及的范围分为总体决策和局部决策

总体决策，是指涉及企业系统内管理对象的各个重要方面的决策。如企业的经营战略和年度经营计划的制定。它规定着企业的发展方向、行动纲领和经营目标，是企业全局性的决策。

局部决策，是指仅涉及企业系统内个别管理对象方面的决策。如企业市场销售决策、财务决策、物质技术设备的技术改造决策，等等。局部决策应该是总体决策的组成部分，是一定时期内实现总体决策的手段。

（三）按照决策影响的时间分为战略决策和策略决策

战略决策，是指根据企业外部环境，如国家经济发展速度、市场供求变化、科学技术发展、国家政策法令等变化态势，对企业较长时期内经济活动发展方向、方针、目标的决策。它具有长期性、整体性、层次性和相对稳定性的特征。

策略决策，是指为实现一定时期内的战略目标，在战略决策指导下，企业主动适应市场变化作出的反应与对策。它主要考虑如何调动企业内部因素来实现战略目标，具有短期性、局部性、灵活性和权变性，且影响企业长期发展方向和运用资源的能力。

（四）按照决策的层次分为战略决策、战术决策和作业决策，或高层决策、中层决策和基层决策

战略决策，是指企业最高领导层就企业全局性重大问题作出的决策。决策动力来自企业或整个集团的执行董事、总经理。主要确定全局性的，并且与外界有着密切联系的企业目标和今后实现目标所应采取的方针、政策、规划。例如，企业经营业务范围、商品结构、市场开拓、组织机构设置、领导者的任免，等等。

战术决策，是指企业中层管理部门领导就实现战略决策的实质性问题作出的决策。常常是为实现一定时期企业目标，获得必要的资源，并使之得到高效率利用而作出决策，需要深入调查研究，分析原因，抉择合理措施解决人、财、物资源的组织、利用、协调与控制等问题。

作业决策，是指企业基层管理者就完成各项业务任务作出的决策。它要落实战术决策

规定的具体任务，保证有效地、高效率地完成。如每月每天班组任务的分配、设备的合理使用、残次品的处理等问题。它具有较强的操作性、技术性、重复性的特征。

一般地讲，越是高层的决策，就越具有全局性、指导性、长期性的特征；越是低层的决策，就越具有局部性、执行性、短期性的特征。

（五）按照问题的性质分为程序化决策和非程序化决策

程序化决策，又称结构化决策，是指针对企业经济活动中经常反复出现，且有某种规律的问题作出的决策。解决这类问题通常可按其规律明确决策程序，建立相应决策规范，遇到同类问题出现时便可重复应用决策规范妥善处置。非程序化决策，又称非结构化决策，是指针对企业经营管理中偶然出现的特殊性问题或首次出现的情况或问题作出的决策。解决这类问题一般没有一定的规则，需要创造性思维才能得以解决。且愈是高层的决策，非程序化决策愈多。

美国决策学家拉德福特（K.J.Radford）把决策分为三类，即完全规范化决策、部分规范化决策和非规范化决策。这与程序化决策和非程序化决策的划分有些相似，但其定义更绝对化。完全规范化决策，是指决策过程已经有了规范的程序，包括决策的模型、数学参数名称和数目，以及选择方案的明确标准，等等。只要外部环境基本不变，这些规范的程序就可重复使用于解决同类问题，完全不受决策人主观看法的影响。

非规范化决策，是指完全无法用常规办法来处理的一次性新的决策。这类决策完全取决于决策者个人，由于参与决策的个人，其经验、判断或所取得的信息不同，对于同一个问题会有不同的思维，不同的决策者往往可能作出不同的决断。至于部分规范化决策则是介于二者之间的一种决策，即决策过程涉及的问题，一部分是可以规范化的，另一部分则是非规范化的。例如，先按规范化办法处理规范化那部分问题，然后由决策者在此基础上运用创造性思维作出决断。这种分类优点在于为企业决策运用电脑提供了方便，即规范化决策交由电脑处理十分方便；部分规范化决策，是指将能规范化处理的交电脑处理，然后通过人—机系统妥善解决；非规范化决策只有在开发专家决策支持系统软件条件下才能交电脑处置，难度较大，目前大多数情况是由人脑处置。在企业经营管理中，愈是低层的决策，规范化决策占的比例愈高，非规范化决策占的比例愈低；愈是高层的决策，则反之。

（六）按照决策条件分为确定型决策、风险型决策和不确定型决策

确定型决策，是指具有一个确定的目标，在确定的客观条件下作出的决策。例如，某一家小服装加工部有一资源分派问题，用 3 米衣料可以做一套高级时装，亦可做一套低档服装。由于加工处理条件的限制，每周低档服装的用料量比高档时装的用料量不能多于40 米，而衣料总量最多只有 80 米。高档时装每套售价 800 元，低档服装为 100 元一套。那么一周的加工任务如何分配？显然，这是一个在一系列确定约束条件下，以最大收益目标标准从有限的确定方案中选择一个资源合理分派的决策问题。

风险型决策，是指对未来行为面临两种以上自然状态，且各种自然状态的发生概率可以事先估计出来的问题作出的决策。例如，夏季冷饮的销售量同当年夏季的气温和阴晴天数有关，如果其他因素对冷饮的销售影响可以不考虑，那么就可以根据近几年夏季气温和阴晴天数及相应销售量历史统计资料和当年的气象预测来确定当年夏季不同气温和阴晴状态发生的概率，以及各种状态条件下的冷饮销售量。凭借着自然状态及其出现的概率，以及销售量估计资料按照期望目标可以作出决策，但这种决策是要冒一定风险的，所以叫风险型决策。

不确定型决策，又称完全不确定情况决策，是指在对未来行为面临自然状态的发生概率一概不知的情况下对未来行为作出的决策。例如，一种新产品在两个目标市场中选择一个，在两个市场上都有畅与滞的两种情况，但出现畅与滞的概率无法估计，此时只有凭决策者的经验作出决策，当然风险性更大。

企业决策还可以按照其他不同标准来分类。例如，按照决策问题包含相关问题数目或阶段的不同分为静态决策和动态决策，按照决策标准不同分为最优决策和满意决策，按照决策目标与所用方法的不同分为计量决策和非计量决策，等等。

第二节　企业决策机制与决策原则

一、企业决策机制

（一）企业决策机制的含义与特征

企业拥有经营自主权以后，经营机制运行效果集中体现在经营者的正确领导和决策上，而正确的领导和决策，有赖于企业决策机制的建立与完善。

决策机制，是指企业决策过程中决策要素及其相互关系的内在机理与工作方式。其中，决策要素包括决策者、决策对象、决策目标、决策信息、决策理论与方法和决策环境。决策要素相互之间关系的内在机理与工作方式称为决策结构，包括决策组织结构、决策思维模式和决策程序。企业决策机制作为企业经营机制内含的一个重要子机制，对企业经营机制起着导向作用。在"两权分离"的条件下，决策的正确与否，决定企业的发展前途和事业的成败。完善的经营机制集中体现在经营者的正确领导和决策上，而正确的领导和高效率的决策，有赖于企业良好的决策机制，以便能在瞬息万变的外部环境中，认清企业的优势和劣势，洞察并把握经营机会，果断地做出适当而正确的决策，将企业构造成为具有活力的有机体。企业决策机制具有如下特点：

1. 客观性。社会主义市场经济把企业推向市场，企业成为自主经营的法人经济组织，要依据市场需要合理地用好资产经营处置权、投资权、人事用工权、利益分配权等，就离不开决策机制。企业自主经营权愈大，决策机制的客观必要性愈显著。企业决策机制是企业市场主体特征的客观要求。

2. 功能关联性。功能关联性，是指企业决策机制依赖并作用于企业系统。一方面，企业领导制实行政企分开，从企业领导到基层，从生产经营部门到各职能部门的权力划分和衔接，界定了不同决策层次的决策权限，各层次各部门各自的职责、权利、义务和承担的风险有明确的范围，影响着决策的组织结构形式；另一方面，良好的决策机制可保证决策者以创造性思维模式、科学的决策程序开展决策，提高决策科学化程度，促使经营管理者素质提高，能使企业组织向着既定的目标高效率地运转，取得较高的社会经济效益，对企业系统功能的发挥起到导向作用。

3. 内在性。在一定的外部环境条件下，企业决策机制导向作用发挥的优劣，主要取决于其自身的完善程度。例如，决策者素质、决策科学化与民主化的方法和途径、决策层次与决策规范、信息系统、决策技术手段等方面的水平。企业决策机制完善与否，关系企业决策的科学性，决策的正确、有效与否。近年来，许多企业的实践证明，企业决策机制愈完善，企业的适应能力就愈强，竞争品位也愈高，企业经济效益就愈好，对国家的贡献也就愈大，经营也愈兴旺。

（二）企业决策机制的内容

企业决策机制的基本内容是企业决策机制概念的具体化。它包括企业决策要素和决策结构两个方面内容。

1. 企业决策要素。企业决策要素是对企业决策活动最为本质的组成元素的抽象概括的称谓。企业决策活动的基本要素有决策主体和目标、决策对象、决策环境、决策信息、决策理论与方法和决策结果。

（1）决策主体和目标。决策主体，是指拥有决策权力的决策者，即经营管理领导者和决策机构。目标，是指决策主体期望达到的目标。

（2）决策对象，是指决策主体为达到某种目的，能施加影响，可以控制的因素，又称决策变量。

（3）决策环境，是指制约决策主体达到某种目的，客观存在的有利或不利条件，在决策过程中决策者难以施加影响，不可控制的因素。它们是制约决策变量选择的界限条件。

（4）决策信息，是指决策主体在决策过程中作出正确决策的信息依据，即环境信息和内部信息。

（5）决策理论与方法，是指决策主体作出正确决策必须遵循的科学规律与可借助的技术手段。如决策思维模式、决策程序步骤、决策原则，以及各种决策技术与电脑应用。

（6）决策结果，是指在一定环境条件下，决策主体与决策对象在决策中相互作用产生的行为结果。通常指选择后得到的最佳决策方案及其实施执行后的成果。

上述六个基本决策要素在决策过程中，决策机制要求它们按照内在联系实现最优组合，达到预期目的。具体地讲，在决策过程中，决策主体在一定环境条件下，有目的地根据掌握的决策信息，运用决策理论和方法认真负责地作出正确决策，在决策执行中对决策对象实施控制，通过实践获得成果。决策结果影响作用于决策环境、决策主体、决策对象，引起某种变化就会引出又一决策过程。企业经营管理就是这样的连续决策过程。

2. 决策结构。决策结构是对决策要素相互间内在联系的工作方式及机能的一种概括。它应该反映企业不同管理层次和各职能部门之间决策权力的划分与衔接，以及可取得实效的企业决策的制定与实施执行过程。总的来看，决策结构分为决策的硬结构和决策的软结构两部分。

（1）决策硬结构。决策硬结构，是指对企业参与决策的机构和人员的分工及其完成相关任务的抽象概括。一般而言，决策硬结构要与企业组织结构相对应，它是企业决策的组织保证体系。决策硬结构的形式有三种：①横向决策结构形式。它以企业决策内容划分企业决策构成，基本上与企业职能组织结构相对应（如图12-2所示）。②纵向决策结构形式。它以企业管理层次划分企业决策构成，基本上与企业垂直组织结构相对应（如图12-3所示）。③综合决策结构形式。它以企业各机构和人员在决策过程中的功能划分企业决策构成，基本上与企业网络组织结构相对应（如图12-4所示）。

综合决策结构是一种理想的决策硬结构形式。它把企业不同层次管理机构和不同职能部门，从决策过程的各自功能加以组织，满足企业决策中纵横交错的信息需求，适应现代企业经营管理立体态势发展要求。综合决策结构中各个组织机构之间的关系为：由企业领

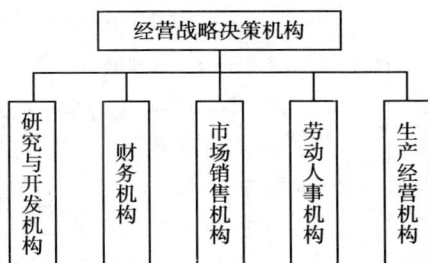

图 12-2　横向决策结构形式

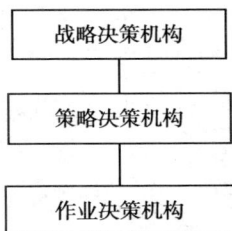

图 12-3　纵向决策结构形式

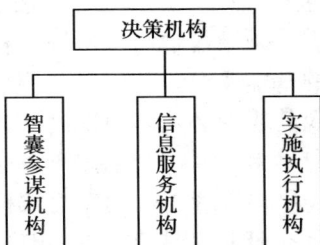

图 12-4　综合决策结构形式

导者和权力机构组成的决策机构，居于决策机制的核心地位，拥有决策权，对其他机构具有领导、指挥与协调作用；由企业内部和外部各类专家组成的智囊参谋机构，为解决决策问题出谋划策，提供专项咨询服务，辅助决策者作出决策；信息服务机构专门从事决策信息的日常收集、加工处理、存储、传递、输出等信息服务工作，满足其他机构的各种信息需求，在决策机制中起到神经枢纽作用；由企业各种生产经营管理机构组成的实施执行机构，负责决策方案任务的落实，各种措施的监督与执行，保证生产经营活动合理运转并取得预期效果，它使决策机制获得成果。正是上述机构的分工协作关系，形成了一个组织程度高的有机决策体系。

（2）决策软结构。决策软结构，是指对企业决策主体的知识结构、能力结构和心理结构的总称。它影响企业决策者的决策行为方式。

企业决策活动涉及社会、自然、经济、人文、技术等各方面的复杂活动。决策主体在决策过程中担负着独特的任务和职能，他们在心理结构上要保持感知、情绪、意志三者的平衡，加上知识结构和能力结构上的互补性，就能使决策硬结构中各部分关系协调，保证决策正确、有实效。

在现代社会中，决策主体的知识结构、能力结构和心理结构是个动态概念，可以通过不断学习和实践来调整、充实和提高。决策主体的知识结构、能力结构和心理结构的构成如图 12-5 所示。

```
                                      ┌─── 基础知识
                          知识结构 ────┼─── 专业知识
                          │           └─── 专业基础知识
                          │           ┌─── 感知
             决策软结构 ───┼─── 心理结构 ┼─── 情绪
                          │           └─── 意志        ┌─── 用人能力
                          │                            ├─── 表达能力
                          │           ┌─── 技能结构 ────┼─── 预见能力
                          │           │                ├─── 判断能力
                          └─── 能力结构 ┤                └─── 信息能力
                                      │                ┌─── 思维模式
                                      └─── 思维结构 ────┼─── 决策程序
                                                       └─── 决策原则
```

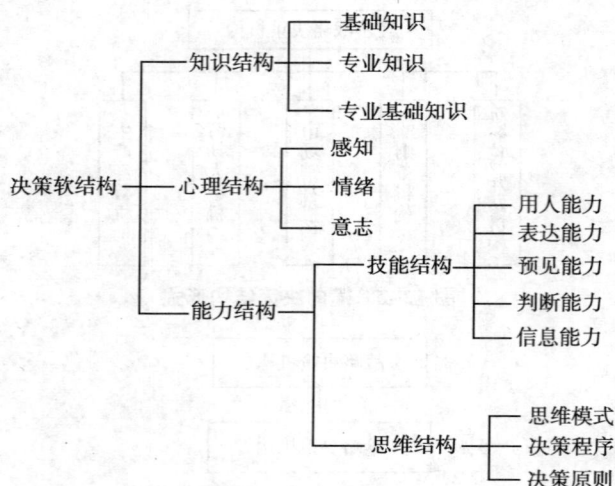

图 12-5　决策软结构的构成

知识结构，是指有一定深度的多种文化知识、专业知识和实践知识组成的有机整体。根据企业经营管理活动的性质，包括基础知识（哲学、社会科学、自然科学等）、专业基础知识（管理学原理、组织行为学、领导科学与艺术等）和专业知识（会计、统计、营销等）三个层次。这是对决策主体的基本要求。

能力结构，是指决策主体实现其职责必须体现现代社会生产力发展的客观要求。决策主体在决策过程中担负着独特的任务和职能，往往集计划者、组织者、指挥者、协调者、激励者于一身，其思维能力和技能应与管理工作的新要求相呼应。

心理结构，是指影响决策主体个性特征诸多心理因素的综合。根据企业决策的特点，决策主体的个性特征受其感知、情绪、意志三个因素的影响。心理结构直接影响决策主体的决策行为。决策主体的决策行为在决策过程中表现出来的极端行为有两种：专断型，权力定位于决策者，个人说了算；民主型，决策权上下分享，鼓励下属自行决定。决策行为不同，决策效果也不同。

企业决策在决策硬结构支持下，通过决策主体的知识结构、能力结构和心理结构相互作用、相互制约、互相促进，会形成达到某种目标的整体决策方案。企业决策按其决策内容而言，彼此各不相同，但就决策过程形成的决策方案（备选方案或最优决策方案）的构成来讲，存在着共性。它应该包含决策目标、对策方案、任务、措施和执行反馈五个部分。

决策目标：某个决策追求的目标。信息服务机构提供的市场研究情报资料，无疑是决策目标赖以产生的问题之源，要通过决策主体的思维，来确定决策目标。不论属于哪种决策内容，均应指明奋斗方向和预期经济效果。

对策方案：为实现目标而可以去组织实施的最佳决策方案。它是智囊参谋机构、信息服务机构在决策机构领导与协调下形成的备选方案，再经决策者综合思维、决断而形成。对策方案指明经营战略、策略以及所必需的人力、财力、物力的组织、利用、配合方案。同时，还附有应变方案，以弥补思维意义上的最佳方案在实践中可能遇到的种种不测。

任务：在决策机构指挥与协调下，由实施执行机构在信息服务机构支持下，为实现目标，实施决策方案，落实各有关部门、分支机构的职责，将决策目标具体化，构成目标体系。

措施：为保证决策方案在执行中顺利地实现目标体系的各项目标任务，确定执行中实施控制与监督的方法和手段。

执行反馈：以确定的决策目标体系和生效的决策方案为参照，及时发现在决策执行过程中遇到的具体实际问题，在局部范围内进行追踪决策。需要追踪决策的问题要分清，该问题的解决是归属程序化决策还是非程序化决策。如果归属程序化决策，往往由实施执行机构自行完成；如果归属非程序化决策，则必须由决策机构负责处置，实施执行机构只能作为协同者。显然，执行反馈离不开信息反馈。

企业决策在决策方案构成上有一定的普遍性，即包含决策目标、对策、对策方案、任务、措施和执行反馈。但决策方案的特色与创新，以及其实际效果就决定于企业决策机制的良好程序。在一定的决策硬结构条件下，决策软结构愈合理，决策方案就愈具科学性、实效性。

二、企业决策的原则

企业决策的原则以丰富的决策实践为基础，以科学的理论为指导，并被决策实践检验与确定。它是对决策活动的基本规律的高度概括和总结。企业决策是一种复杂的过程，遵循企业决策的原则对提高决策科学性有重要的意义。企业决策的原则主要有目标原则、经济原则、系统原则、科学性原则、民主化原则和发展原则。

（一）目标原则

决策必须要有客观需要和明确的具体目标。决策者应当清楚每一项决策必须达到的目标是什么，最低目标是什么，必须满足什么约束条件，并将目标恰当地表达出来，传达给执行者，有利于调动执行者的积极性。目标应具有相对稳定性，一旦确定下来，则不宜轻易取消或频繁变动。当然，在客观情况发生了大的变化时，目标要随之进行适当调整。同时，目标必须是积极、适当的，如果目标过低，则失去激励作用；目标过高则会使人丧失信心，达不到应有的效果。另外，判断决策的优劣，有时需要同时考虑多项指标，如经济指标、服务质量指标、安全指标等目标项目，以求得多项目标的综合优化，形成一个便于执行的目标管理体系。

（二）经济原则

企业决策必须以经济效益为中心，要以较少的劳动消耗和物资消耗来取得最大可能的经济效果。企业决策本身要讲究效果和代价的关系，也就是要研究决策的收益和所花的代价问题。如果决策所花的代价很大，而取得的效益甚微，则应该考虑进行该项决策有无必要。为使每项决策符合经济原则，必须考虑以下两方面问题：

1. 决策的必要性。任何一项企业决策都要付出一定的人力、财力、物力和时间，因此，在决策前要考虑有没有必要进行该项决策。决策的产生是因为现实与要求有距离，通过决策来寻求解决或缩小差距的办法，因而只有决策者认为值得付出代价去解决问题时才有必要去组织决策工作。如果只是小问题，只需要当事人直接去解决就可以了。

2. 决策的方法和手段。对决策的方法和手段要根据决策的重要性、量化程度、计算与逻辑过程的复杂性，以及时间要求等来选择。一般说来，需要进行集体决策或需要试点后再决策的，所花的时间要长一些，代价也较高。对于运用定量分析法进行决策的，尽量采用简化的数学模型和简单的运算方法。总之，贯彻经济原则，就是对企业生产经营活动和决策活动都要考虑人力、财力、物力和时间的投入与其创造出的财富的比例关系，只有决策获得经济效益，决策活动才有价值。

（三）系统原则

企业决策应坚持系统分析的观点，全面地对决策问题进行分析比较，找出对策。这里既要把决策活动看成决策要素组成的决策系统，又要把决策方案的基本构成视为相互联系、相互影响、相互依存、彼此制约的有机整体。同时，决策系统经过企业系统存在于规模宏大、结构复杂、功能综合、因素众多的社会经济大系统中，要受到大系统的制约，并不断与之进行物质、能量和信息的交换。决策系统中各个决策要素和局部构成环节，又可作为相对独立的子系统，它们之间的相关性（服从决策总目标）、层次性（各自特定功能）以及动态性（各要素及环境的变化随时调整决策运行过程）是科学决策研究的内容，也是企业决策特征的集中体现。所以，系统原则是企业决策的基本指导思想。

（四）科学性原则

决策科学化是科学技术和社会生产力高度发展的产物，也是现代企业经济活动取得预期效果的重要条件。只有坚持科学决策，才能在错综复杂的市场环境中避免或减少决策失误。决策过程中贯彻科学性原则，要做到：确定决策目标具有科学依据和客观可能性，重视信息，切忌脱离实际；遵循科学的程序、步骤开展决策活动，强化决策组织避免决策过程的混乱；充分运用科学的决策方法，既不能只搞质的分析不搞量的分析，也不能单纯依赖数学模型，要重视质的分析和量的分析两种方法的密切结合运用；坚持实事求是的态度，在决策实施执行中根据客观情况的变化适时调整和修改决策目标和方案，使决策方案符合生产经营的客观实际。

（五）民主化原则

现代企业决策问题涉及范围广泛，具有高度复杂性，单凭决策者个人知识和能力很难作出有效决策。坚持民主化原则，据以弥补决策者知识、能力方面的不足，可以避免主观武断、独断专行可能造成的失误，保证决策的正确性和有效性。贯彻决策的民主化原则要注意：

1. 要合理划分企业各管理层次的决策权限和决策范围，调动各级决策者和各类人员参与决策的积极性和主动性。

2. 要充分尊重每一个参与决策的决策者的地位和权利，尽力做到协同合作。

3. 要虚心听取广大群众的意见和建议，在群众的参与或监督下完成决策工作。

4. 要重视发挥智囊参谋人员的作用，借助他们做好调查研究、咨询论证，尤其是重大问题决策，要吸收各有关方面专家参加。

5. 加强企业决策领导机构的建设，健全决策工作的民主化程序，对重大问题要坚持集体讨论、集体决策。

（六）发展原则

企业经营管理活动处于不断运动和发展变化之中，企业决策作为对未来经营目标、行动方案的抉择活动，其形式和内容有多种，随着企业系统的发展及环境变化也在不断发展变化，否则，企业决策不能起到导向作用。企业决策遵循发展原则的基本要求有两点：

1. 企业决策的制定要立足现实，更要着眼于未来，要在市场调查和预测基础上把握经济活动内在变化过程的规律，提出带有方向性和发展性的决策目标及选择方案，使之成为企业积极开拓进取的努力方向和推动力。

2. 企业决策机制要不断发展进化，不能停留在现有水平上。例如，积极吸取当代科学技术发展的最新成果，不断更新决策观念，充实决策理论，改进决策方法和技术手段，调整决策组织，提高决策者的自身素质，完善决策信息支持系统，这样，决策机制在发展中才能不断适应社会经济发展而趋于完善。

三、企业决策的程序

企业决策过程大致可分为以下几个步骤：

1. 确定决策对象。确定决策对象，有时本身就是一个决策。因此，在确定决策对象以前，必须收集情报，作为确定这个决策对象是否合理的依据。例如，开发某种新产品或者进行一项基建工程，必须先论证开发这种新产品或进行该项基建工程是否有必要和可行。

2. 探索和制定各种可行方案。至此，可以寻找达到目标的有效途径。途径是否正确，需要进行比较鉴别，所以，必须制定多种可供选择的方案。多种方案是指每个方案必须有原则上的区别，不是只有细节上的差异。

3. 方案的分析、评估和选择。这是指对每个方案的效果进行充分论证，在论证的基础上做出评价。在此阶段，可用可行性分析和依靠决策技术（包括树形决策、矩阵决策、统计决策等）进行分析比较，对不同方案作出正确的评价，最终从各种可供选择的方案中权衡利弊，确定方案。在最终决策时，不能只要求最理想、最优解，一般情况下往往最终选择的是较满意解。

4. 决策的实施和反馈。决策之后，还需根据决策的内容编制出经营计划，进行最后实施。根据最终的实施结果，判断决策的正确与否，并将结果进行反馈，纠正偏差，以保证决策目标的实现。

具体的决策程序见图 12-6。

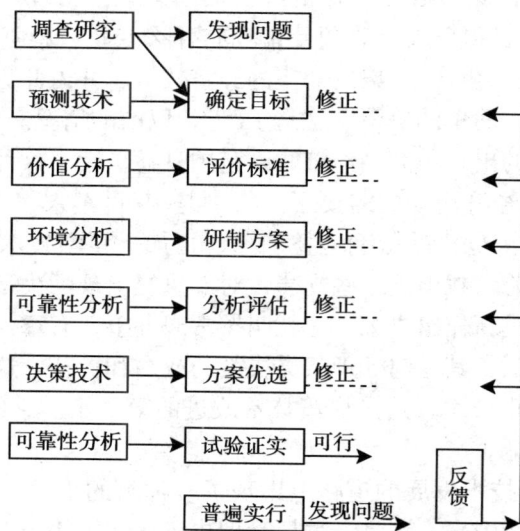

图 12-6　决策程序

第三节 企业决策技术概述

一、决策技术发展过程

(一) 决策技术的重要性

决策，是指人们的创造性思维劳动，是人们对客观事物的全面而本质的认识以及驾驭其发展的主观能力。正确的决策产生正确的行动，得到好的结果；错误的决策产生错误的行动，得到坏的结果。在同样条件下，决策水平的高低往往会带来天壤之别的结果。

无论哪种决策都应回答干什么？为什么？怎么干？谁来干？什么时间？什么地点？效果如何？这些问题表明，不仅要回答目的，也要回答方法和结果问题。既要保证决策正确，掌握必要的信息资料，还必须掌握决策技术，做到方法对头。忽视技术方法，就好比作战中不重视武器和战术，即使知己知彼，也不一定能稳操胜券。一个管理者，必须不断学习，掌握各种决策技术，才能迅速而有效地作出正确的决策。

(二) 决策技术的发展

决策行为的产生可以溯至远古。但对于决策技术的系统研究，却仅仅是近数十年来的事。决策技术，又称为决策分析。从企业决策三个发展阶段来看，决策技术经历了经验决策、科学决策、理性决策和渐进决策、定性分析与定量分析相结合的发展过程。虽然历史很短也还不够完善，但在实践中已经显示出了强大的生命力。随着现代管理科学的发展，决策技术的研究越来越受到重视，决策分析方法也出现了飞跃。

企业决策中最古老的方法是经验决策，是依靠决策者的个人经验，谈不上决策技术的系统研究。最初的管理决策，在小生产的经营活动中就已出现。人们在开展经营活动之前，总要凭借自己的直观和个人经验预计市场有什么变化，根据市场变化确定应当经营（生产）什么，如何经营（生产），以及期望的经济效益，并以此为基础确定经营目标和实施措施。这就是经验的、简单的决策。这是 18 世纪以前的情况。

随着社会化大生产的出现，商品经济联系范围日益扩大，这种经验的、简单的决策已经远远不能适应复杂的经济活动的需要了。特别是 19 世纪末，资本主义进入垄断阶段，市场竞争日趋激烈，经济危机的影响愈益加深，再加上科学技术的发展，市场环境的多变，使管理者积累了经验，找出了一些规律，对于重复出现的决策问题，制定出应当遵循的规章制度，不必每次重新作出决策，这就叫按常规办事，有章可查，有法可循，并建立健全专门的组织机构，赋予其专门处理某类决策的权力和责任。这样，可以减少决策的时间和精力耗费，提高管理效率，这是决策技术改进的第一步。它的主要精神就是制度化、常规化，再加上组织保证。

20 世纪以来，决策技术发展的道路上出现了一种新的现象，即数学方法和自然科学方法逐步应用到管理决策中来。这是一种把管理决策从纯粹凭个人经验和能力的个性化管理艺术，变成建立在严格逻辑论证和实验检查基础上的一门技术科学的趋向。这种趋向到了第二次世界大战以后，随着运筹学和计算机技术的发展而推向高峰，出现了决策技术数学化、模型化和计算机化的热潮。当时在西方，"管理科学"（Management science）一词几乎成了运筹学的同义语，似乎只有在管理决策中应用运筹学的方法才称得上是科学的方法。现在，许多重复性的常规决策，都已编有现成的计算机应用程序供随时调用，许多企业已经建成电子数据处理系统或更高级的管理信息系统。原来属于职员工作范围内的不少决策工作已经自动化，这就可以把管理者的精力从这些常规决策的束缚中解放出来，把更多的精力用于解决更加复杂的综合性的战略决策问题上。此外，管理决策的时效性和准确性也因此得到提高。同时还有助于培养决策者严密的逻辑论证的习惯，有助于克服主观随意性。这一切都说明决策技术的数学化、模型计算机化的确是决策技术发展过程中的一次重大突破。因此，在我国企业管理中大力推广这方面的新技术的确具有重大意义。它将明显地提高我国企业的管理决策水平。

然而，我们也应当看到管理决策中应用量的分析的数学方法虽有许多优点，但在我国现有管理条件下，也存在着某些局限性。这不仅是因为许多复杂问题的决策，至今还没有简便可行的数学手段可以应用；而且有很多决策者对有些数学方法不够熟悉，难以实际应用；同时，电子计算机还不是短时期内能够普及的，而运用计算中心来处理决策问题，所取得的效益也不见得就一定高于所付出的代价。况且，也不是所有决策和决策的一切问题都能进行量的分析。人的因素和社会因素有不少是至今难以数量化的。即使能够进行量的分析的问题，对量的分析的数学方法和现代化手段，也要依靠人去掌握和使用。所以，定量分析不是万能的，还需要有定性分析与之相配合。

从20世纪50年代起，尤其是60年代中，美国曾出现一股追求决策数学化和计算机化的热潮。当时有一部分专家、学者认为所有的决策问题都可以（或将来可以）用数学模型描述，他们轻视管理决策的组织行为方面和人的创造性思维。到了70年代，这种情况有了变化，人们逐渐认识到，盲目地过分地追求决策技术的数学化（量的分析）是一种危险。连著名运筹学专家艾柯夫（R.L.Ackoff）也批评了那些把经济管理的决策问题完全埋没在烦琐的数学模型圈子里的做法，认为这样最终将使管理科学走向死亡。因此，在决策技术发展的过程中又产生了一个新的突破，即逐渐认识到不能仅仅依靠数学化、模型化、计算机化这些决策的"硬"技术（量的分析），还要充分考虑管理决策的组织行为方面和社会心理因素，即必须重视决策"软"技术（质的分析）的研究、推广和应用。现代决策，既不能强调量的分析而忽视质的分析，也不能只搞定性的分析而不重视定量分析。必须是二者结合，"软"、"硬"兼施，取长补短。正如美国管理学者斯塔尔（M.K.Starr）所说，有了决策软技术之后，决策理论才越来越像一门社会科学了。国外的这些历史经验值得我们借鉴。从决策技术发展的过程中可以看出，决策技术科学化的内容应当把软、硬两个方面都包括在内。随着软、硬技术的产生和发展，决策技术就好像插上了双翅，飞跃前进。

二、决策硬技术

决策硬技术，是指建立在严格逻辑论证和实验检查基础上的数学化、模型化、计算机化的系统决策方法。简称数学化、模型化、计算机化。

数学化主要是运筹学的发展及其在企业管理决策中的应用。现代管理决策不仅要求定性分析，而且要求定量描述，要求从各种方案中选择最优方案，于是以运筹学为基础的管理科学从20世纪60年代以后得到迅速的发展，创造出许多有实用价值的决策手段。在每一种数学手段里面，都包括有解决许多管理决策问题的具体数学模型。模型化主要是把决策问题的变量与变量之间的关系以及变量与目标之间的关系，用数学关系式表达出来，即建立数学模型。它最适用于重复性的常规决策。数学模型是决策硬技术"三化"的中心。

电子计算机的出现和发展，为决策中采用数学方法和运用数学模型创造了可能条件。即建立起数学模型后，利用计算机模拟和计算得到数量的结果。因此，数学化和模型化都依赖于计算机化。只有把各式各样的数学模型同电子计算机这种现代化手段结合起来，它们才能真正成为强有力的决策工具。

常用的决策硬技术主要有线性规划、动态规划、目标规划、成本效用分析法、库存论、盈亏分析法，等等。

(一) 线性规划

线性规划 (Linear Programming，LP) 是运筹学中发展得比较早和比较快，同时，在生产经营中应用比较广泛的一个主要分支。它研究的问题主要有两类：一类是已有一定数量的人力、物力、财力，研究怎样合理和充分地使用人力、物力、财力资源，才能使完成的任务量最大；另一类是已确定了一项任务，研究怎样合理安排，才能使完成任务所耗费的资源量最小。实际上，这两类是一个问题的两种不同提法，都是要求耗费最小量的资源 (人、财、物)，完成尽可能多的任务，获得最佳经济效益。

线性规划是 20 世纪 40 年代前后开始发展起来的。早在 30 年代，苏联数学家康特洛维奇就研究了运输问题中的线性规划问题，美国数学家希契科克 (Hitchcook) 在 1941 年提出了不同解法。1947 年，美国数学家旦泽 (G.B.Dantzing) 又提出了线性规划问题的单纯形法 (Simplex Method) 求解方法，为线性规划奠定了理论基础。

线性规划决策模型的特点是决策变量在约束条件和目标函数中都以一次幂的形式出现，因而，约束条件和目标函数都是决策变量的一次函数。因此，线性规划问题可以概括为在一组线性约束条件下，求解线性目标函数的最优解 (根据问题要求，或是求最大值，或是求最小值)。在企业实际管理问题中，约束条件可以是劳动力、材料、设备、能源、资金等资源和生产经营能力、市场需求等的限制，目标函数可以是求利润最大或成本最低，决策变量可以是产品产量、销售量、物资调运量或工作任务分配量，等等。

在线性规划问题中，当决策变量要求为整数时，则称为整数规划 (Integer Programming)。有时，决策变量只要求 0 和 1 两种数值 (如用 1 表示可行，0 表示不可行)，这类问题称为 0—1 规划 (Zero-One Programming)。

线性规划数学模型的一般形式，即求解一组决策变量，满足一组线性约束条件 (等式或不等式)：

$$\sum a_i x_j \leqslant (=或 \geqslant) \ b_i$$

$(i = 1, 2, \cdots, m; j = 1, 2, \cdots, n)$

$x_j \geqslant 0 \ (j = 1, 2, \cdots, n)$

使得目标函数为最大或最小：

$$Y = \sum c_i x_j \ (j = 1, 2, \cdots, n)$$

(最大或最小化)

从数学角度来分析，线性规划数学模型有以下两个基本特征：

1. 等比性。由于决策变量在 x_j 目标函数或约束条件表达式中都以一次幂的形式出现，因而不论是约束条件中的每一项资源耗用量或是目标函数中的利润 (或成本)，它们的数量大小都与决策变量成线性比例，即 x_j 每增减一个单位，资源耗用、利润或成本量就相应增减 a_{ij} 或 c_j 倍。

2. 规定性。在线性规划数学模型中，所有参数（a_{ij}、b_j、c_j）都是已知的常数，在实际决策问题中，这些参数都可以通过调查研究或从统计资料中获得。因而，在一般情况下，问题及其解答是确定的。

（二）动态规划

线性规划，是指研究单一阶段中决策问题的一种数学方法。而动态规划（Dynamic Programming，DP）是指研究多阶段（或时期）决策过程的一种数学方法。

在动态规划的目标函数和约束条件中，决策变量在各个阶段（或时期）中都是相互联系和制约的。对多阶段决策过程来说，某一阶段的解常影响其下一阶段的解，一个阶段的最优决策的选取，不能仅从该阶段自身来考虑，而必须对整体而言是最优的，即它必须是整个决策过程最优解的一个链环。因此，动态规划在研究和确定某一阶段（或时期）的最优决策时，应该考虑和包含在这一阶段（或时期）以前所有阶段（或时期）在内的最优决策，以使最后阶段（或时期）的总体决策达到最优，即把一个大的复杂的决策问题分解为前后有序的、较易解决的几个小决策问题，通过分阶段递推方法求得整个问题最优解。

动态规划是 20 世纪 50 年代前后，由美国数学家贝尔曼（Richard Bellman）和坦奇格（G.B.Dantzing）提出来的。贝尔曼曾指出，应用动态规划求解多阶段决策问题时，任何一个阶段的状态和决策，都应和其以前各阶段的状态和决策相联系，共同构成最优决策。这就是动态规划的"最优化原则"（The Principle of Optimality），也是建立动态规划数学模型的基础。根据最优化原则，我们可以通过分阶段递推方法来求得整个问题的最优解，但具体每个阶段采用什么方法递推达到最优，却可以根据决策问题的性质而随意选择。

常用的方法主要有图解法、列表法和函数法。

（三）目标规划

目标规划是线性规划的一个特殊应用。它能够处理单个主目标与多个次目标并存以及多个主目标和多个次目标并存的情形。在这个意义上讲，普通的线性规划是目标规划在处理一个主目标和一个或多个次目标时的特殊情形。在普通的线性规划的方法中，目标函数必须是单方向的，或者使收益（或效率）最大，或者使成本最小。而正是目标函数的单方向性质局限了单纯形法对整个（既考虑收益又考虑成本）的生产经营计划的应用。

由于目标规划能够处理多维多目标问题，所以，就不再需要把各种各样的因素转换为成本或效益了，只需要管理决策部门按重要性的大小把目标分级，先完成高一级的目标，再考虑完成低一级的目标，那么各种各样的决策问题都可以解决了。而一旦目标规划的模型建立，其计算机法与单纯形法的程序几乎是相同的。

（四）成本效用分析法

决策学中，按照效用理论进行决策分析，主要是利用效用曲线来选择最优方案的。效用曲线是定量表达决策者效用观念的工具。在直角坐标系内，用横坐标轴表示决策方案的损益值，用纵坐标轴表示决策者所认为的决策方案的效用值。这样画出来的曲线就是某个决策者的效用曲线。它反映了该决策者对于风险的态度以及他们对同一方案的评价标准。一般说来，不同的决策者其效用曲线也不相同。

以效用值准则应用成本效用曲线进行分析决策的方法叫做成本效用分析法，主要是分析成本与效用之间的关系，再结合其他指标来选择最优方案。一般情况下，成本愈低，效用值愈大。成本效用曲线如图 12-7 所示。

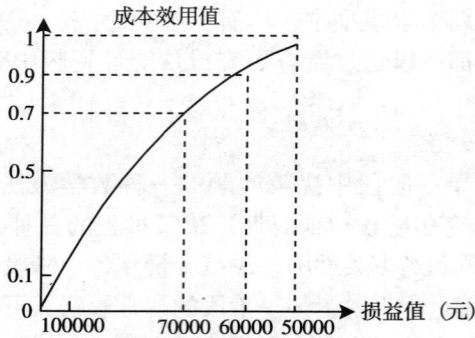

图 12-7 成本效用曲线

（五）库存论

库存理论，又称存储理论(Inventory Theory)。工商企业为了保证生产或经销活动能连续地进行，需要保持一定的库存。但库存过多将增加管理费用，使生产或经营成本增高；库存不足，又将使生产或经营中断。

库存论，是指应用数学方法，研究在一定的采购、运输条件下，使材料、物资、商品保持合适的库存水平，在保证生产或经销活动能连续进行的前提下，使材料、物资、产品的库存总费用达到最小的理论。

（六）盈亏分析法

盈亏分析法，是指借助盈亏平衡图进行决策的定量方法。它用来说明在一定销售量水平上总销售收入与总成本之间的关系。因为销售量一定时，企业的盈利（或亏损）是由总收入和总成本之间的关系决定的，这种函数关系通常表示为：

利润 = 销售收入 – 生产经营成本

在社会主义市场经济条件下，大部分工厂批发部门、零售和服务企业都期望长期赢利，即期望总销售收入长期大于总成本。当总销售额正好等于总成本时，企业既不赢利也不亏损，企业经营就达到了盈亏平衡点（又称保本点）。盈亏平衡点，是指企业经营达到这一点时，总销售额和总成本完全相等。假如企业经营水平高于这一点，企业将赢利；企业经营水平低于这一点，将在这段时间内亏损。而总销售额等于产品销售单价与销售数量的乘积，假如销售价格不变，成本不变，销售量越大，利润就越多（或亏损越小），销售量越小，利润就越小（或亏损越大）；在产品销售量一定的情况下，成本越低，利润就越大（或亏损越小），成本越高，利润就越小（或亏损越大）。达到盈亏平衡点时的销售量称为盈亏平衡销售量或保本销售量。在企业经营管理中，可以用量、本、利三者的实际资料，以成本性态分析① 为基础，确定企业经营的保本点，进而分析有关因素的变化对企业盈亏的影响，这种分析方法就是盈亏分析法，又叫量、本、利分析法。

三、决策软技术

决策软技术，主要是指应用心理学、社会学、信息学、行为科学以及思维科学成就和系统工程方法，充分发挥各方专家才智的决策方法。

---

① 成本性态分析，即分析变动成本和固定成本与产品销售量之间的因果关系。

在决策中利用软技术，始于 20 世纪 50 年代的美国，最早用于兰德（RAND）公司，后来很快在其他公司中推广。在许多企业的实践基础上经过许多学者的研究与总结，方法上不断丰富与改进，理论上逐步充实起来。决策软技术主要是发挥人的经验、智慧和创造力，特别是强调发挥集体和专家的创造力。其核心内容是借助经验、智慧，经过质的分析以及判断、逻辑推理来进行创造性思维，从而作出理想的决策。决策软技术的基本思维方法有三类，即经验思维法、逻辑思维法和直觉思维法。

（一）经验思维法

经验来自实践，又是认识的基础。经验思维法是现实决策活动中最常见的一种决策思维方法。它通常以经验的联想和经验的类推两种方式开展决策。

经验联想是以同类事物过去的决策过程，顺利地作出当前的决策。例如，季节性消费的日用百货商品订货，基本上是年复一年地重复进行的，因而每年这类商品该什么时候组织订货，只要联想以往的决策，也就能决定了。经验联想思维方式适用于重复性决策。

经验类推是根据两个（或两类）对象事物之间属性上的共性或相似性，以先知一个（类）对象事物的原理、结构类推到另一个（类）对象事物上去，据此作出决策。例如，以黑白电视机市场发育过程类推彩色电视机市场发育过程。又如，以国外连锁商店发展趋向类推我国连锁商店发展趋向。经验类推思维方式适用于两个（类）可比性问题的决策，一般多用于市场开拓、新产品开发等决策。经验联想和经验类推两种思维决策方式都比较简单、实用，但在决策过程中都容易忽略一些新的变动因素。当然，经验类推思维方式的创造性思维成分要比经验联想多一些，对新的变动因素的考虑方面稍比前者强些。

（二）逻辑思维法

逻辑思维，是指决策活动中适用性十分广泛的一种决策思维方法。它重视经验、知识，强调对决策对象进行严密、合理的理性思考而作出决策。通常以抽象思维和辩证思维两种方式开展决策。

抽象思维，是指从具体的现象中形成某种内涵丰富的本质的或共同的属性，运用于决策的一种思维方式。例如，每个人的消费都同吃、穿、用、行有关，不同时期各种消费需求会有不同，马斯洛对这种现象的研究，发现人的消费需要有五个层次，按满足的先后次序排列为生理需要、安全需要、社会需要、尊敬需要和自我实现需要。人们为了满足这些需要，就有各种消费活动，了解人们一定时期内的消费需要趋向，就能开发适销对路的商品。

抽象思维往往离不开形象思维。形象思维，是指通过对周围事物产生的感觉图像与一定组织方式的结合得出信息。现实中，人们观察同一对象事物所产生的感觉图像是相同的，单靠感觉图像是不能提供解决问题的信息的，而需要将感觉图像在大脑中按一定样式加以组织或联系，才能得出对问题的解释。人们以何种样式去组织感觉图像，完全取决于人们以往的经验和知识，人们经验和知识不同，作出的解释也就不同，由此引出解决问题的方法就会相异。形象思维也就成为抽象思维必不可少的环节。抽象思维是个过程，首先通过与外界的接触，在头脑中产生感性认识，然后对感觉到的头脑中储存的有关信息加以综合、分析，从而揭示事物的本质及其规律性，实现从感性认识到理性认识的飞跃。利用抽象思维方式开展决策，人们可以超越现实活动的空间，将对象放在扩展了的思维空间中去思考，或放到延伸的时间中去思考，在思维的对象越来越丰富的基础上，也就能对对象本质及其规律作越来越高的抽象概括，将对象的本质凝结在理性概念之中。这样，在决策中就可以将对象有关因素之间的关系，用抽象的概念来表达，寻求某种比较满意的解决问题的方案，并作出分析、判断和决策。

辩证思维，是指在决策中认识矛盾、分析矛盾和解决矛盾的理性思考。决策的本质就是处理一系列的矛盾关系。这些矛盾既由决策涉及的因素决定，也由决策内容决定。一项决策，特别是高层的决策，所要处理的情况往往十分复杂：就客体而言，涉及政治、经济、法律、伦理、文化、技术、组织等因素；就主体而言，涉及地位、心理、情感、素质、知识等因素。这些大量的复杂的因素，会产生诸多矛盾。它们常表现为目标与目标、方案与方案、目标与方案之间的矛盾关系，此外还会有现实情况与变动情况、现有条件与需要条件等矛盾。实际决策过程就是解决这些矛盾的过程，在抽象思维过程中运用辩证思维，才能找到解决矛盾的决策方案。具体地讲，要围绕部分与整体的统一，每完成一项思考，就要向结论靠近一步；符合实际的正确结论，最终通过一步一步的逻辑推理和推算而产生。逻辑思维在决策中应用的决策方法有比较分类法、分析综合法、抽象归纳法等，且均利用量化技术。

（三）直觉思维法

直觉思维，又称非逻辑思维，是指人们超越感性而直接认识事物本质的直观判断。直觉思维在决策过程中不再对事物本身"是什么"作判断，而重于对"应当怎么做"直接作出判断。直觉思维是与决策的关系更为直接和更为密切的一种思维决策方法。

直觉思维的过程常常表现为瞬间，即决策者的思考分析和判断一气呵成，直接得出结论。结论的论证并未严密进行，甚至有时还不知道怎样去论证。所以，直觉思维具有直接性、突发性、随机性的特点。人们的直觉思维能力也不是凭空而来，它来自于人们长期的勤奋学习和善于积累实践中的经验、知识。

对决策领导者来讲，直觉思维能力在其能力结构中占有极其重要的地位。主要表现在以下几个方面：①思维范围的广阔性，即对碰到的不同知识领域、不同实践范围的各方面问题，进行综合分析研究。②思维结论的准确性，即能够从一些不引人注意的日常现象中发现事物的本质和规律性，预见未来发展过程，而不被某种片面虚假现象所蒙蔽。③思维反映的敏捷性，即对于各种复杂变化的情况及时发现，及时解决。④决断的独立性，即领导者领导一个企业、一个部门的生产经营，要能在紧急情况下，当机立断，迅速处理突发的各种复杂问题。这里不仅仅是指逻辑思维上的锻炼和发展，更重要的是下意识的信息处理能力——同时控制身体全部器官和许多功能，平行处理信息，判断外界情况，作出敏捷反应，产生"灵感"，从而迅速地作出决策。

从直觉思维的决策方法来讲，就决策产生的直接性这点来看，似乎和经验思维、逻辑思维没有关系，其实不然。从现实来说，每一个有能力运用直觉思维决策方法作出决策的人，几乎都是有学识、有丰富阅历的人，他们的大脑中都储存着大量的经验和知识信息；否则，"灵感"是不会降临到这些人的头脑中去的。直觉的产生，只是在某一因素的触发下，大脑中各信息之间快速地摆脱原来的联系方式，形成新的联系。可见，直觉思维的决策方法实际上是更高形态上表现出来的经验、逻辑与直觉的综合运用。此时，经验思维与逻辑思维在更深层次上通过直觉在起作用；因而，形式上也就隐而不见了。现实决策中，这三种思维决策方法是综合运用的，综合运用时又往往以某一思维方法为主，其他思维方法为辅。因此，决策软技术是三种思维决策方法的综合运用技术，又称直觉决策技术。常见的有想象力运用技术、有意识的组合与置换技术和集体创造思考法技术等。

我们应当看到硬软两种决策技术均有其长处和短处，它们随着人们决策实践和理论研究的日益丰富而提高。在现实决策中，应该根据具体决策问题的性质和决策过程中各个阶段的特点，灵活地运用各种方法技术，扬长避短，配合使用，才能提高决策的科学化水平。

第四节　几种常见的决策硬技术

一、确定型决策

确定型决策，是指存在着希望达到的目标，存在着确定的自然状态以及不同方案在确定状态下的损益值。方案明确，数据清楚，决策者只要将各备选方案分别计算，就能得出各个方案的最后经济效果，从中取优舍劣，选定一个最优方案。在实际工作中，大多数经济合同和经济决策都属于这类决策。

例1：某商店从外地购进了一批价值16万元的水果，现要进行运输。各种运输方式的费用及损耗如表12-1所示。试确定哪种方案最佳。

表12-1

方案 ＼ 数量 ＼ 项目	运输费用（元）	消耗率（‰）
甲方案（铁路）	2000	4
乙方案（水路）	1000	20
丙方案（公路）	3000	6

解：计算各种方案实施后的全部费用：

甲方案：$2000 + 160000 \times 4‰ = 2640$（元）

乙方案：$1000 + 160000 \times 20‰ = 4200$（元）

丙方案：$3000 + 160000 \times 6‰ = 3960$（元）

综合上述方案，尽管水路运输的运输费便宜，但因为水路运输时间长，损耗率高，综合效果差。比较而言，铁路运输是最优方案。

确定型决策，有时计算起来也是比较复杂的。例如，有 n 个产地，m 个销路的运输问题，当 m，n 较大时，运输方案很多。这时若选择出最小运费的方案，就比较复杂。必须运用线性规划的方法才能解决。

二、风险型决策

风险型决策是指决策者根据几种不同自然状态下可能发生的概率所进行的决策。由于在决策中引入了概率，因此在依据不同概率所拟定的多个决策方案中，不论选择何种方案，都要承担一定的风险，所以叫做风险型决策，又称概率分析决策法。而不同自然状态下的概率值，一般以过去的历史资料为依据，经过统计分析求得，所以又叫统计型决策。

风险型决策，具有以下五个基本特征：①有明确的决策目标。②存在着不以决策者的意志为转移的两种以上的自然状态。③具有可供决策者选择的两个以上的行动方案。④可以计算出不同行动方案在不同自然状态下的可能结果，如收益值或损失值。⑤可估计出各种自然状态下出现的概率。上述五个基本特征，可以称为风险型决策的五个基本要素；凡同时具备以上五个特征的决策，均属于风险型决策问题。这类决策问题的基本结构可以用下面的数学模型来表述，即：

$$W_{ij} = f\ (A_i,\ Q_j)$$

式中：A_i 代表备选方案，我们称之为策略，是决策者可以选择的行动方案，因而也叫可控因素或决策变量；

$\quad\quad$ Q_j 代表自然状态，是决策者不能选择的客观条件，所以又称不可控因素或状态变量；

$\quad\quad$ W_{ij} 代表在 Q_j 状态下采取 A_i 行动方案的条件损益值。

风险型决策主要有以下六种方法：

（一）决策表分析技术

决策表分析技术是进行风险型决策分析的主要方法之一。它是指运用统计分析，通过有关表格计算出各种方案的损益期望值，最后经过比较，按照最优期望标准来选择最佳决策方案的方法。

1. 决策表的结构。在前面描述了构成风险型决策的五个基本要素：决策目标、自然状态、行动方案、概率及损益期望值。这些要素之间的关系，可以列成如表 12-2 的损益表，又称决策结构表。

表 12-2　　　　　　　　　　　　决策结构表（损益表）

自然状态 Q_j / 状态 概率 P_j / 损益值 W_{ij} / 方 案	自然状态				损益期望值 $E(A_i)$
	Q_1	Q_2	…	Q_n	
	P_1	P_2	…	P_n	
方 案　A_1	W_{11}	W_{12}	…	W_{1n}	$E(A_1)$
A_2	W_{21}	W_{22}	…	W_{2n}	$E(A_2)$
⋮	⋮	⋮	⋮	⋮	⋮
A_m	W_{m1}	W_{m2}	…	W_{mn}	$E(A_m)$
决策目标	$A_r = M_{ax}[E(A_i)]$ 或 $A_s = Min[E(A_i)]$				

注：表中：$Q_j = (Q_1, Q_2, \cdots, Q_n)$ 代表自然状态向量；

$\quad\quad$ $A_i = (A_1, A_2, \cdots, A_m)$ 代表行动方案向量；

$\quad\quad$ $P_j = (P_1, P_2, \cdots, P_{2n})$ 代表各种自然状态下出现的概率。

由于这些自然状态下发生的事件都是互相排斥的，所以它们发生的概率值总和为 1，即 $\sum\limits_{j=1}^{n} P_j = 1$。$E(A_i) = \sum\limits_{j=1}^{n} P_j W_{ij}$ 为策略 A_i 的损益期望值，即概率论中离随机变量的数学期望。式中，W_{ij} 表示 A_i 行动方案在 Q_j 自然状态下的损益值；P_j 表示在 Q_j 自然状态下可能出现的概率；$E(A_i)$ 表示 A_i 行动方案的期望值。

从上式中可以看出，期望值，是指将每种方案在不同条件下的损益值情况进行加权平均后所得出的一个综合结果。它考虑到各种可能遇到的自然状态，具有一定的科学性。如果某项行动方案是反复多次执行，用期望值作为标准是比较合理的。运用决策表分析技术进行决策时，可以以最大期望收益值或最小期望损失值为决策目标。

2. 决策表分析步骤。我们举例说明决策表的分析步骤。

例 2：某书店准备在元旦前出售一批挂历。根据往年的经验以及市场预测的结果，市场需求数量和概率分布如表 12-3。已知挂历的成本为每册 10 元。售价为每册 20 元。挂历如果在元旦期间不能售出则必须作削价处理，削价为每册 5 元出售，一定能售完，那么该书店作怎样的订购决策呢？

表 12-3

需求量 Q_j（百册）	0	1	2	3	4	5
概率 P_j	0.05	0.10	0.25	0.35	0.15	0.10

第一步，要建立决策目标。这个问题的决策目标是书店应该订购多少册挂历才能获得最高销售利润。

第二步，必须确定标准。这个问题属于风险型决策问题，问题的决策变量 A_i 为订购量，状态变量 Q_j 为未来的销售量，而条件损益值 W_{ij} 则表示当订购量为 A_i 而销售量为 Q_j 时的利润值。所以是以销售利润期望值作为决策标准。

第三步，形成备选方案。对于风险型问题来讲，由于未来情况存在着几种不同自然状态（即不可控因素），所以同一策略（即可行方案）在执行过程会出现几种不同的可能结果。从题目中我们得知状态变量 Q_j 有 6 种状态，即 $Q_1 = 0$（百册）、$Q_2 = 1$（百册）、$Q_3 = 2$（百册）、$Q_4 = 3$（百册）、$Q_5 = 4$（百册）、$Q_6 = 5$（百册），即有 6 个备选方案。

第四步，建立预测模型并绘制决策表。依题意，当订购量 A_i 不大于销售量 Q_j 时，即挂历供不应求，则订购的挂历全部按原价售完，可以得到利润 $10 \cdot A_i$（百元），而当订购量 A_i 大于销售量 Q_j 时，订购量除销售出 Q_j 外，尚余（$A_i - Q_j$）滞销，需作削价处理才能售完，这时利润值为 $10Q_j - 5 (A_i - Q_j)$（百元）。因此，订货方案的条件利润值 W_{ij} 可以由下式表示：

$$W_{ij} = \begin{cases} 10A_i & \text{当 } A_i < Q_j \text{ 时} \\ 10Q_j - 5 (A_i - Q_j) & \text{当 } A_i > Q_j \text{ 时} \end{cases}$$

利用上式和 $E (A_i) = \sum_{j=1}^{n} P_j W_{ij}$，即可绘制出决策表（见表 12-4）。

第五步，决策分析，对比表中各种订货方案的销售利润期望值，有：

$\text{Max} [E(A_i)] = E(A_3) = 21$（百元）

因此，决策应采纳方案 A_3，订购量为 300 册。

本题也可以追求销售损失最小的订购量为决策目标，相应地以销售损失期望值为决策标准。这里的销售损失是指订购量高于销售量时所发生的滞销损失，以及订购量低于销售量时所蒙受的脱销损失（即因缺货而失去销售机会所蒙受的利润损失）。

依题意，设 L_{ij} 为订货量为 A_i、销售量为 Q_j 时的条件损失值，则有：

$$L_{ij} = \begin{cases} 5 (A_i - Q_j) & \text{当 } A_i > Q_j \text{ 时（滞销损失）} \\ 0 & \text{当 } A_i = Q_j \text{ 时} \\ 10 (Q_j - A_i) & \text{当 } A_i < Q_j \text{ 时（脱销损失）} \end{cases}$$

表 12–4　　　　　　　　　　　　订货量决策表——收益表

自然状态 Q_j 状态概率值 W_{ij} 方案 A_i	销售量（百册）						销售利润期望值（百元）$E(A_i)$
	0	1	2	3	4	5	
P_j	0.05	0.10	0.25	0.35	0.15	0.10	
0	0	0	0	0	0	0	0
订购量（百册）　1	−5	10	10	10	10	10	8.25
2	−10	5	20	20	20	20	17.0
3	−15	0	15	30	30	30	21.0*
4	−20	−5	10	25	40	40	20.25
5	−25	−10	5	20	35	50	16.25
决策	$A_r = \text{Max}[E(A_i)] = E(A_3) = 21.0$						

根据上式可绘制出决策表，如表 12-5 所示。

表 12–5　　　　　　　　　　　　订货量决策表——损失表

自然状态 Q_j 状态损失值概率 L_{ij} 方案 A_i	销售量（百册）						损失期望值（百元）$E(A_i)$
	0	1	2	3	4	5	
P_j	0.05	0.10	0.25	0.35	0.15	0.10	
0	0	10	20	30	40	50	27.5
订购量（百册）　1	5	0	10	20	30	40	18.25
2	10	5	0	10	20	30	10.5
3	15	10	5	0	10	20	6.0*
4	20	15	10	5	0	10	7.75
5	25	20	15	10	5	0	6.75
决策	$A_s = \text{Min}[E(A_i)] = E(A_3) = 6.0$						

对比表中各种订货方案的损失期望值，有：

Min $[E(A_i)] = E(A_3) = 6$（百元）

因此，决策方案为 A_3，即订货量为 300 册。

（二）决策树分析技术

决策表分析技术是单阶段决策经常使用的方法，但对于较复杂的决策问题，则不好使用或无法使用决策表分析技术。为了弥补这一缺陷，我们介绍决策树分析技术。

决策树分析技术是一种非常有价值的决策工具，尤其是对那些备选方案较多的决策，或者是多阶段决策，运用决策树分析技术更为方便。它能形象地表达出各个阶段的决策与整体决策的前后关联与相互影响。

1. 决策树构成要素。决策树是由决策结点、策略枝（方案分枝）、状态结点、概率枝和结果点（期望值）所构成的，其构成如图 12-8 所示。

决策树的绘制是比较简单的。它是由一些方框、圆圈、三角形和线条以及菱形等符号组成的形同树枝形状的图形。各种符号的意义如下：

方框□表示决策结点，从它引出的每一条直线都代表一个策略，即一个备选方案，所以这种由方框引出的直线又叫策略枝。

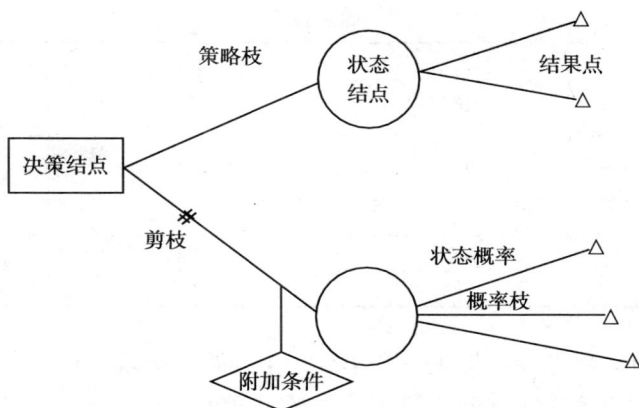

图 12-8　决策树图

圆圈○表示自然状态结点，简称状态结点，从它引出的直线表示不同的自然状态，直线上要标明这种状态发生的概率，所以这种由圆圈引出的直线又称概率枝。

三角形△表示结果点，在它的上方标出每一种策略（也就是每一个方案）在相应状态下的损益值。

菱形框◇连在策略枝上，它表示该策略需要引入的附加条件，附加条件可以标在菱形框内。

符号＃称为剪枝符号，它表示该方案被删除了。

应用决策树分析技术进行决策分析时，决策树图是从左到右、由简而繁绘制的；而分析结果则恰恰相反，是从右到左逐步后退进行分析的，先计算出各个结果点的条件损益值，然后利用概率枝上所标明的状态概率计算出各个状态结点损益期望值，并据以判断策略的取舍，再根据质的分析，做必要的调整，从而求得最优方案。

2. 如何运用决策树来进行单阶段静态决策。

我们举例说明运用决策树分析技术进行单阶段静态决策分析的基本步骤。

例 3：根据市场预测，市场未来对服装的需求不仅在花色、式样上发生变化，而且需求量也将迅速增长，因此商办工业的生产能力已经不能满足市场需要，面临着需要增加服装商品资源的决策问题。

根据现有商办工业的场地条件和其他经济条件，以及国家政策等，可以采用的方案有三个：①对现有的商办工业进行扩建，以增加生产能力。②合同转包，将超过现有商办工业生产能力部分的服装以合同形式转包给集体服装加工厂加工，商业部门提供设计样品和技术指导。③向工业部门增加购进成品，以补充商办工业服装商品资源的不足。

由于未来市场需求状态是不确定的，根据市场调查和预测，未来的市场需求可能出现三种情况，即高需求、一般需求、低需求，它们出现的概率分别为 0.2、0.6、0.2。这三种情况都有可能发生。如果整个经济形势没有突然变化，则三种自然状态主要取决于供应市场的服装花色、款式、质量和价格水平。根据核算，各方案在每一种自然状态下的收益值见表 12-6。

如果采取扩建方案的话，还要增加投资 50 万元。

对这个风险型决策问题，我们利用决策树法来进行决策。①问题的决策目标是采取什么方案增加服装资源可以使商业部门收益值最大。由于问题属于风险型问题，所以应以增

表 12-6 收益表

自然状态 Q_j 收益值 概率 方案 A_i	高需求 Q_1	一般需求 Q_2	低需求 Q_3
W_{ij} P_j	0.2	0.6	0.2
扩建 A_1	350	300	180
合同转包 A_2	360	280	200
向工业进货 A_3	300	250	210

加收益值为决策标准。②这个问题是一个单级决策问题，所以只有一个决策结点；由于备选方案有三个，所以有三个策略枝，每个策略又对应着一个状态点；同时，由于问题中未来可能发生的状态有三种，所以每个策略又都面临着三种未来自然状态，也就是每个状态结点都对应着三个结果点。根据上面的分析，我们可以绘制出下面的决策树（见图 12-9）。

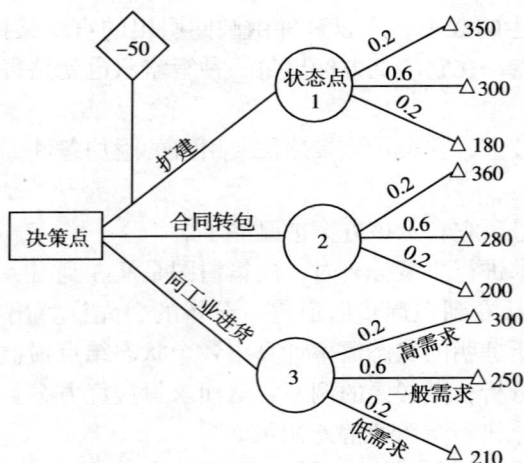

图 12-9

根据图 12-9 我们来计算各结点和决策点的损益期望值。

对于扩建方案而言，对应于三种未来状态的效益值分别为 350、300、180，因此，这个策略（A_1）的效益期望值为 E（A_1）= 0.2 × 350 + 0.6 × 300 + 0.2 × 180 = 286（万元）；对于合同转包方案，E（A_2）= 280（万元）；工业进货方案的效益期望值 E（A_3）= 252（万元）。把上述数据分别填到决策树的状态结点上方，然后对三个方案进行分析决策。由于扩建方案还需要增加 50 万元的投资，所以实际效益期望值为 236 万元。因此，三个方案中合同转包方案作为最优决策行动方案，这样，可获最高收益 280 万元（见图 12-10）。

综上所述，决策树分析法的主要步骤是：

（1）画出决策树图。画决策树图的过程实际上也是决策思维过程和拟定方案过程在图形上的反映。

（2）预计可能出现的自然状态以及各种自然状态的概率。

（3）根据概率值计算出各种自然状态下的期望损益值。

（4）依据一定的标准进行分析比较，选择最优决策方案。

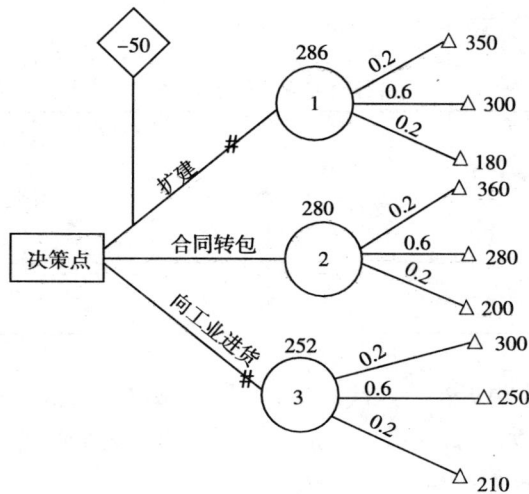

图 12-10

(三) 多阶段动态决策

应用决策树分析技术进行多阶段动态决策，是利用多阶段决策树进行的，而多阶段决策树模型实际上是单阶段决策树模型的复合，即把前一阶段决策树的每个末梢作为下一阶段决策树的根部，从而形成枝叶繁茂的大树，整个问题有两个或两个以上的决策结点。多阶段决策树的形成主要也是以上四大步骤，但它不是第一阶段走完这四步之后再进入下一阶段，而是从左到右完成所有阶段的第一步建树之后，再从右到左完成所有阶段的计算期望值。下面我们举例说明。

例 4：某服装公司下属服装厂由于原生产线落后，所以服装款式落后、生产成本高，如果这类服装能保持目前的价格水平，企业是处于盈亏平衡状态的，而一旦跌价的话，企业就要发生严重亏损。因此，工厂销售部门对市场进行了预测，估计今后五年内该类服装价格变动的情况如表 12-7。同时，根据财务部门的成本核算，计算出了企业在各种价格状态下的损益值（见表 12-8）。

表 12-7   服装价格变动情况

产品售价	下跌	不变	上涨
发生概率	0.3	0.6	0.1

表 12-8   企业在各种价格状态下的损益值

价格状态 利润值（万元） 方　案	产品销价		
	下跌	不变	上涨
原产销方案	-50	0	20

为此，服装厂为了改善经营状况提出了以下两个方案并向公司申请投资贷款：

方案 1：自行研究建立新的生产线。自行研究成功的概率估计为 0.6，研究经费预计为：若保持原产量水平，只需投资 20 万元，但若要增加产量，则需要再投资 5 万元。一旦研究成功，则企业的经营利润见表 12-9。

表 12-9　　　　　　　　　　　自行研究成功后经营利润

利润值（万元）　　产量方案	产品销价		
	下跌	不变	上涨
产量不变	0	50	150
增加产量	-20	80	250

方案 2：向外商洽谈购买新生产线。谈判成功的概率为 0.8，失败的概率为 0.2。而购买生产线的价格为 45 万元（若要增加产量不需要追加购买生产线的投资），购买生产线投产后的经营利润预计见表 12-10。

表 12-10　　　　　　　　　　　购买生产线投产后利润情况

利润值（万元）　　产量方案	产品销价		
	下跌	不变	上涨
产量不变	-40	100	200
增加产量	-120	120	300

如果自行研究或洽谈购买生产线都失败，则工厂仍然采用原来的生产线进行生产，并保持原产量不变。

针对上述情况，服装公司经理应作出什么决策？显然，这是一个三级决策问题。第一级决策是公司是否批准投资贷款，第二级决策是让服装厂自行研究建立生产线还是向外商购买生产线，第三级决策是维持原产量还是增加产量。根据题意，我们先画出决策树。先从左到右把可能方案和可能出现的客观状态及其概率以决策结点、状态结点、策略枝和概率枝画出，然后再算出各个方案在各种可能状态下的利润总和，写在末梢（如图 12-11）。接着从右向左分段计算各方案的利润期望值，计算结果写在各结点上，然后进行淘汰优选、剪枝，把中选方案的期望值写在决策结点上方（如图 12-11）。

从图 12-11 分析的结果，我们的结论是公司经理应采纳向外商购买生产线并维持原产量的方案，向服装厂拨投资贷款 45 万元作为购置费用。照此决策，服装厂可望获利 15.8 万元。上述动态分析的例子中，都是假定概率在各个时期是不变的。

但实际情况中概率却往往会随时间而变化。概率中增加了这种随时间而变化的情况后，风险型决策分析就更复杂了。例如，在广告决策中，一般做了广告宣传后，商品的销售量会增加，即畅销的可能性会增加，但这又和原有的销售量有关。如果该商品原来就很畅销，做了广告之后，虽然也能稍微增加一些今后畅销的概率，但增加量有限；如果该商品原来滞销或销售情况不佳，则做了广告之后会使今后的销售量增大，即增大畅销的概率；这就是同时受上期自然状态和行动方案影响的类型。对这类情况我们如何处理呢？下面举例说明。

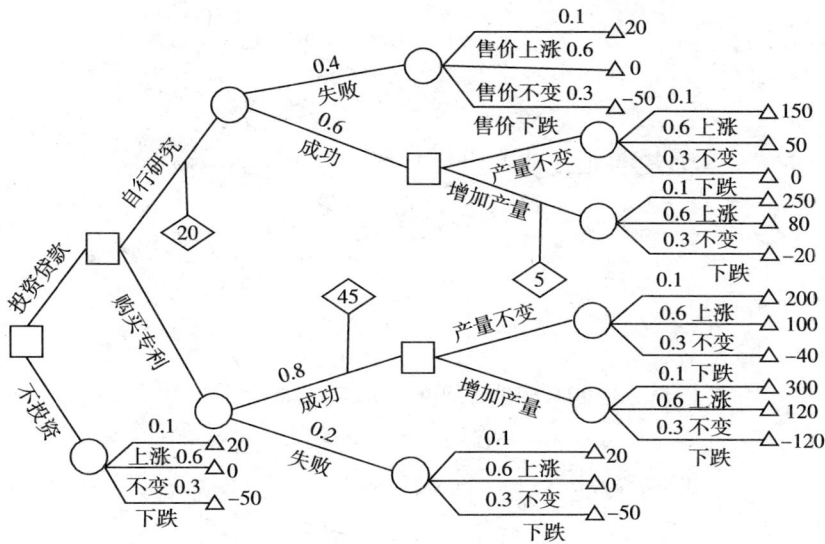

图 12-11　多阶段决策树

例 5：表 12-11 显示了在做广告决策时，受行动方案影响的转移概率。

表 12-11　　　　　　　　　受行动方案影响的转移概率

方案			后一个月			
			畅销		滞销	
			概率	获纯利（元）	概率	获纯利（元）
方案一：不做广告	前一个月	畅销	0.6	4600	0.4	1320
		滞销	0.2	4600	0.8	1320
方案二：做广告	前一个月	畅销	0.7	4000	0.3	720
		滞销	0.5	4000	0.5	720

从表 12-11 中可以看出，不同方案使转移概率发生变化，做了广告之后，畅销的概率提高了，特别是由滞销转为畅销的概率提高更多。由于做广告要支付一定期的广告费用，所以，做了广告以后在相同的自然状态下每月纯利要少一些。现在决策所要解决的问题是，在几个月内，每月应当采取哪个方案才能使这几个月的纯利最大。这里我们先设定两个符号：

x 代表第 i-1 月畅销时第 i 月采用最优方案所获得的纯利累计（累计到过程结束为止）期望值；

y 代表第 i-1 月滞销时第 i 月采用最优方案所获得的纯利累计期望值。

则每个月的决策树如图 12-12 所示。

因为最后一个月的 x 和 y 都为零，可以证明：

$$0.6x_i + 0.4y_i + 3288 > 0.7x_i + 0.3y_i + 3016$$

$$0.5x_i + 0.5y_i + 2360 > 0.2x_i + 0.8y_i + 1976$$

因此，决策结论是：凡是某个月为畅销时，下个月就不用做广告；而当某个月为滞销时，下个月就应做广告，从而保证获得最大纯利。纯利期望值可由下式递推求得：

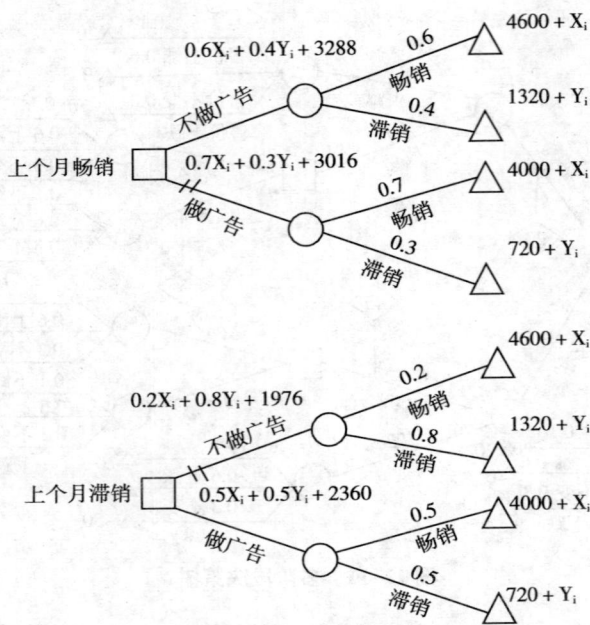

图 12-12　转移概率受行动影响的模型每月决策树

$$\begin{cases} x_{i-1} = 0.6x_i + 0.4y_i + 3288 \\ y_{i-1} = 0.5x_i + 0.5y_i + 2360 \end{cases}$$

因此，1~5 月的纯利累计的最优期望值见表 12-12。

表 12-12　　　　　　　　　　　**各月纯利累计最优期望值**

单位：元

i	x_i	y_i
5	3288.00	2360.00
4	6204.80	5184.00
3	9084.48	8054.40
2	11960.45	10804.95
1	14836.05	13804.95

（四）修正概率期望值法

在风险型决策过程中，我们使用期望值作为评价方案优劣的标准，计算期望值必定要有未来自然状态的概率，这个概率的确定是根据已知发生的情况推断出来的，我们称之为先验概率。若在决策过程中，决策者又获得了新的消息，必须对先验概率进行修正，这个概率为后验概率。这一过程要通过贝叶斯定理进行。

条件概率 P（A | B）表示事件 A 在事件 B 已经发生的条件下的条件概率。其公式为：

$$P（A \mid B） = \frac{P（AB）}{P（B）}$$

式中：P（AB）是指 A，B 两事件同时出现的概率，我们称之为联合概率。

∵ P（AB）= P（A）·P（B | A）

或 P（AB）= P（B）·P（A | B）

$$\therefore P(A) \cdot P(B|A) = P(B) \cdot P(A|B)$$

$$\therefore P(B|A) = \frac{P(B) \cdot P(A|B)}{P(A)}$$

设 B 为 B_i，$i = 1, 2, \cdots, n$

又设事件 A 仅当互不相容事件 B_1，B_2，$\cdots$，B_n 中的任一事件发生时才能发生。在事件 A 已经发生的条件下，计算 B_i 的条件概率：

$$P(B_i|A) = \frac{P(B_i) \cdot P(A|B_i)}{P(A)}$$

根据全概率公式

$$P(A) = P(B_1) \times P(A|B_1) + P(B_2) \times P(A|B_2) + \cdots + P(B_n) \times P(A|B_n)$$

$$= \sum_{i=1}^{n} P(B_i) \times P(A|B_i)$$

故得出贝叶斯公式：

$$P(B|A_i) = \frac{P(B_i) \cdot P(A|B_i)}{\sum_{i=1}^{n} P(B_i) \cdot P(A|B_i)}$$

式中：$P(B_i|A)$：条件概率，即决策者在取得新信息后，修正原事件 B_i 的概率所得出的后验概率；

$P(A|B_i)$：新信息或新证据中所观察得到的条件概率，它是以原事件 B_i 为条件的；

$P(B_i)$：决策者为原来事件指派或假定的后验概率，它属于主观概率；

$P(A)$：边际概率或无条件概率。

例 6：某工厂试制出一种新型产品，欲投放市场，如市场销路好，该企业可获利 10 万元，销路差则亏损 2 万元。根据市场调查，该产品估计市场销路好的概率是 0.3，销路差的概率是 0.7。如果企业采取试生产销售，需费用 6000 元。过去的经验表明，试生产销售所提供的市场情报不一定百分之百正确，销路好的可靠性为 0.8，销路差的可靠性为 0.7，问企业是否值得进行试生产销售？

解：设 B_1 为销路好，B_2 为销路差，A_1 为试生产销售销路好，A_2 为试生产销售销路差。则试生产销售的情报可靠性为：

$P(A_1|B_1) = 0.8 \qquad P(A_2|B_1) = 0.2$

$P(A_1|B_2) = 0.3 \qquad P(A_2|B_2) = 0.7$

全概率：

$$P(A_1) = P(B_1) \times P(A_1|B_1) + P(B_2) \times P(A_1|B_2)$$
$$= 0.3 \times 0.8 + 0.7 \times 0.3$$
$$= 0.45$$

$$P(A_2) = P(B_1) \times P(A_2|B_1) + P(B_2) \times P(A_2|B_2)$$
$$= 0.3 \times 0.2 + 0.7 \times 0.7$$
$$= 0.55$$

根据所获取的情报，可求得后验概率：

$$P\ (B_1|A_1) = \frac{P\ (B_1) \times P\ (A_1\ |\ B_1)}{P\ (A_1)} = \frac{0.3 \times 0.8}{0.45} = 0.533$$

$$P\ (B_2\ |\ A_1) = \frac{P\ (B_2) \times P\ (A_1\ |\ B_2)}{P\ (A_1)} = \frac{0.7 \times 0.3}{0.45} = 0.467$$

$$P\ (B_1|A_2) = \frac{P\ (B_1) \times P\ (A_2\ |\ B_1)}{P\ (A_2)} = \frac{0.3 \times 0.2}{0.55} = 0.111$$

$$P\ (B_2|A_2) = \frac{P\ (B_2) \times P\ (A_2\ |\ B_2)}{P\ (A_2)} = \frac{0.7 \times 0.7}{0.55} = 0.889$$

根据此概率进行期望值计算，画出决策树图（见图 12-13）。

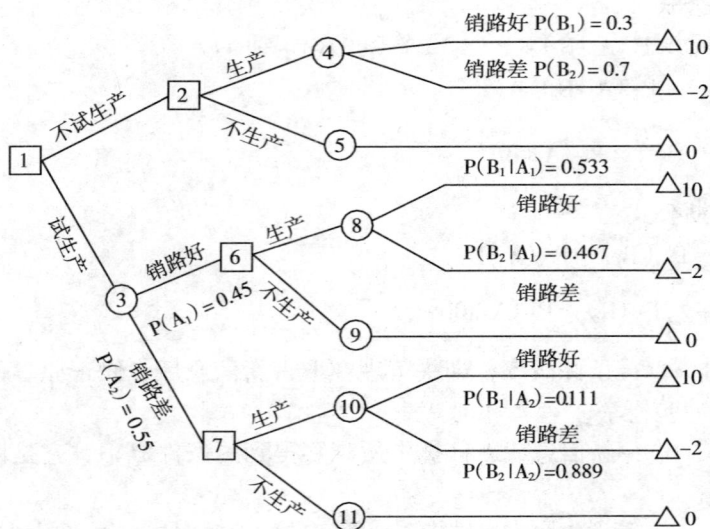

图 12-13

图中：

点 4：$0.3 \times 10 + 0.7 \times (-2) = 1.6$（万元）

点 5 为 0，选择点 4、点 2 为 1.6 万元

点 8：$0.533 \times 10 + 0.467 \times (-2) = 4.399$（万元）

点 9 为 0

选择点 8、点 6 为 4.399 万元

点 10：$0.111 \times 10 + 0.889 \times (-2) = 0.667$（万元）

点 11 为 0

选择点 10、点 7 为 0.667 万元

点 3：$0.45 \times 4.399 + 0.55 \times 0.667 = 2.3464$（万元）

不试生产销售可获期望值为 1.6 万元，试生产销售可获期望值为 2.3464 万元，减去试生产费用 6000 元，可得 1.7464 万元，故值得试生产销售。

（五）期望损益分析决策法

这里指通过计算条件利润和期望利润表，最后从最佳的期望利润中确定最佳方案。

例 7：某食品商店经营新鲜水果，每箱进价 80 元，售价 100 元，利润为 20 元。如果水果当天卖不出去，则需降价处理，按每箱 70 元售出，每箱则亏损 10 元。如果市场需求多，而购入少，每少购一箱，机会损失为 20 元。为了把握市场需求，对前 90 天的销售情况进行了调查。表 12-13 是调查后编制的统计分析表。

表 12-13　　　　　某商店销售新鲜水果统计分析表

月销售量（箱）（1）	出售的天数（2）	出售每个数值的概率（3）＝（2）/∑（2）
12	9	0.1
13	36	0.4
14	27	0.3
15	18	0.2
合计	90	1.0

设 S 为购进量，D 为销售量。当 S＞D 时，则：

条件利润 = 销售收入 – 亏损

$$= 20D - 10(S - D)$$

当 S≤D 时，则：

条件利润 = 20S

由这两个公式，即可计算出该商店的条件利润表，见表 12-14、表 12-15。

下面的表 12-15 是水果购进表。

表 12-14　　　　　商店销售条件利润表

条件利润（元）\ 销售量（箱）	购进量箱 12	13	14	15
12	240	230	220	210
13	240	260	250	240
14	240	260	280	270
15	240	260	280	300

表 12-15　　　　　水果购进表

市场需要量（箱）	销售概率	购进量箱 12 条件利润	期望利润	13 条件利润	期望利润	14 条件利润	期望利润	15 条件利润	期望利润
12	0.1	240	24	230	23	220	22	210	21
13	0.4	240	96	260	104	250	100	240	96
14	0.3	240	72	260	78	280	84	270	81
15	0.2	240	48	260	52	280	56	300	60
合计	1.0		240		257		262		258

最佳购进方案，是能够获得最大期望利润的行动。在本例中，每月购进 14 箱水果，在给定的条件下，可获得最高可能利润为 262 元。

（六）边际分析决策法

使用条件利润和期望利润表进行决策，在可选行动方案和可能出现的自然状态比较少的时候，计算起来比较方便。但是，当行动方案和自然状态增多时，计算就需要反复多次，比较烦琐。这时，使用边际分析决策法，往往可以起到事半功倍的效果。

仍以销售新鲜水果为例，当我们分析某商店每日购进水果应安排多少箱时，从边际分析入手，每增加购进水果 1 箱时，必然会出现两种可能，顺利出售或未能卖出。顺利出售可以多得到利润 20 元，这个 20 元为边际利润（MP）；未能卖出将会蒙受损失 10 元，这个 10 元为边际损失（ML）。

是否多购进的决策标准是把多购进 1 箱的期望边际利润与期望边际损失相比较。若前者大于后者，有利可图，可多购进。若后者大于前者，则损失，不多购进。当两者相等时，处于平衡状态。

这里要介绍的累积销售概率，是至少销售某一数量的概率。例如，市场日销量至少12 箱的累积概率为 1.0。因为日销量 13、14、15 箱，都已经把 12 箱包括进去了，所以，至少销售 12 箱的概率为四种日销量的概率之和（见表 12-16）。

表 12-16   **水果日销售量的累积概率表**

日销售量（箱）	销售概率	累积概率			
		至少销售 12 箱	至少销售 13 箱	至少销售 14 箱	至少销售 15 箱
12	0.1	0.1	—		
13	0.4	0.4	0.4		
14	0.3	0.3	0.3	0.3	
15	0.2	0.2	0.2	0.2	0.2
合计	1.0	1.0	0.9	0.5	0.2

假设以 P 代表可以顺利销售增加购进的 1 箱水果的累积概率，则不能顺利出售的概率为 1-P。令能够顺利出售的期望边际利润 P（MP）等于不能出售的期望边际损失（1-P）（ML），则：P（MP）=（1-P）（ML）

则：

$$P = \frac{ML}{MP + ML}$$

在此例中，

∵ MP = 20 元

   ML = 10 元

∴ $P = \dfrac{10}{20 + 10} = 0.33$

所以，P 在累积概率 0.5 与 0.2 之间时，则：

最佳日购进量 = $14 + \dfrac{(0.5 - 0.33)}{(0.5 - 0.2)} = 14.57$（箱）

或

$15 - \dfrac{(0.33 - 0.2)}{(0.5 - 0.2)} = 14.57$（箱）

表 12-17 是期望边际利润与期望边际损失的计算比较表。

表 12-17　　　　　　　期望边际利润与期望边际损失计算比较表

日销售量（箱）	累计概率（P）	期望边际利润 P（MP）	期望边际损失（1-P）(MP)
12	1.0	1.0×20=20	>0×10=0
13	0.9	18	>0.1×10=1
14	0.5	10	>0.5×10=5
14.57	0.33	6.6	=0.66×10=6.6
15	0.2	4	<0.8×10=8

本章精要：

1. 企业决策是指确定经营目标，从若干实现目标的备选方案中进行最佳选择和组织实施的一种有组织的活动。它包含着在市场调查、搜集信息基础上，确定目标，拟定备选方案，比较选择和组织实施等一系列活动环节。

2. 企业决策具有一般决策的特点，即目的性、预测性、理智性和实践性。同时还具有其自身经济活动固有的特点，即宗旨性、科学性、经济效益性、时效性、创造性与适度风险性、权威性。

3. 概括地讲，企业决策经历了经验的、简单的决策阶段、初步战略决策阶段和现代科学决策阶段三个发展阶段。

4. 企业决策的类型，可以从不同角度进行分类：①按照决策主体不同分为个人决策和集体决策。个人决策是指决策者在其职权范围内进行的决策；集体决策是指企业权力机构或企业上下级相结合作出的决策。②按照决策涉及的范围分为总体决策和局部决策。总体决策是指涉及企业系统内管理对象的各个重要方面的决策；局部决策是指仅涉及企业系统内个别管理对象方面的决策。③按照决策影响的时间分为战略决策和策略决策。战略决策是指根据企业外部环境的发展变化态势，对企业较长时期内经济活动发展方向、方针、目标的决策；策略决策是指为实现一定时期内战略目标，在战略决策指导下，企业主动适应市场变化作出的反应与对策。④按照决策的层次分为战略决策、战术决策和作业决策，或高层决策、中层决策和基层决策。战略决策是指企业最高领导层就企业全局性重大问题作出的决策；战术决策是指企业中层管理部门领导就实现战略决策的实质性问题作出的决策；作业决策是指企业基层管理者就完成各项业务任务作出的决策。⑤按照问题的性质分为程序化决策和非程序化决策。程序化决策是指针对企业经济活动中经常反复出现，且有某种规律的问题作出的决策；非程序化决策是指对企业经营管理中偶然出现的特殊性问题或首次出现的情况或问题作出的决策。⑥按照决策条件分为确定型决策、风险型决策和不确定型决策。确定型决策是指具有一个确定的目标，在确定的客观条件下作出的决策；风险型决策是指对未来行为面临两种以上自然状态，且各种自然状态的发生概率可以事先估计出来的问题作出的决策；不确定型决策是指在对未来行为面临自然状态的发生概率一概不知的情况下对未来行为作出的决策。

5. 企业决策机制是指企业决策过程中决策要素及其相互关系的内在机理与工作方式。企业决策机制具有客观性、功能关联性和内在性特征。

6. 企业决策机制的基本内容主要包括决策要素和决策结构两个方面。决策要素主要有决策主体和目标、决策对象、决策环境、决策信息、决策理论与方法、决策结果六个基本要素。决策结构是对决策要素相互间内在联系的工作方式及机能的一种概括。它可分为决策的硬结构和决策的软结构两部分。

7. 企业决策的原则主要有目标原则、经济原则、系统原则、科学性原则、民主化原则和发展原则。

8. 企业决策过程大致可分为以下四个步骤：确定决策对象；探索和制定各种可行方案；方案的分析、评估和选择；决策的实施和反馈。

9. 决策硬技术是指建立在严格逻辑论证和实验检验基础上的数学化、模型化、计算机化的系统决策方法。常用的决策硬技术主要有线性规划、动态规划、目标规划、成本效用分析法、库存论、盈亏分析法，等等。

10. 决策软技术主要是指应用心理学、社会学、信息学、行为科学以及思维科学成就和系统工程方法，充分发挥各方专家才智的决策方法。决策软技术的基本思维方法有三类，即经验思维法、逻辑思维法和直觉思维法。

11. 风险型决策主要有以下几种方法：决策表分析技术；决策树分析技术；多阶段动态决策；修正概率期望值法；期望损益分析决策法；边际分析决策法。

关键术语：
企业决策　个人决策　集体决策　总体决策　局部决策　战略决策　策略决策
程序化决策　非程序化决策　确定型决策　风险型决策　不确定型决策　企业决策机制
决策硬技术　决策软技术

思考题：
1. 什么是企业决策和企业决策机制？
2. 和一般决策相比，企业决策都具有哪些相同点和不同点？
3. 企业决策都有哪些类型？
4. 战略决策、战术决策和作业决策有什么不同？
5. 企业决策机制都有哪些主要基本内容？
6. 什么是决策软技术？在决策过程中主要发挥哪些作用？与决策硬技术有何不同？
7. 风险型决策主要有哪些方法，各种方法具体都是如何实施的？

互联网练习题：
挑选一国内知名的本土品牌，如化妆品中的美加净；牙膏中的中华、黑妹；家电企业海尔等。访问该品牌的企业网站，收集该企业在近十年的发展策略的变化资料，梳理出该品牌发展过程中都做出了哪些重大的企业决策，这些决策每次都是在什么样的背景之下提出的，采用了哪些你所知道的方法和手段，效果如何。根据你的研究发现，撰写一篇研究报告。

实战练习题：
结合本章学习到的有关企业决策的概念、理论和方法，以及开篇案例中的红色罐装王老吉凉茶饮料的市场决策，如果由你来为王老吉下一年度的市场推广做决策，你会建议企业怎样做？

附表 1　　　　　　　　　　　　　　　　相关系数检验表

n − 2	5%	1%	n − 2	5%	1%	n − 2	5%	1%
1	0.997	1.000	16	0.468	0.590	35	0.325	0.418
2	0.950	0.990	17	0.456	0.575	40	0.304	0.393
3	0.878	0.959	18	0.444	0.561	45	0.288	0.372
4	0.811	0.917	19	0.433	0.549	50	0.273	0.354
5	0.754	0.874	20	0.423	0.537	60	0.250	0.325
6	0.707	0.834	21	0.413	0.526	70	0.232	0.302
7	0.666	0.798	22	0.404	0.515	80	0.217	0.283
8	0.632	0.765	23	0.396	0.505	90	0.205	0.267
9	0.602	0.735	24	0.388	0.496	100	0.195	0.254
10	0.576	0.708	25	0.381	0.487	125	0.174	0.228
11	0.553	0.684	26	0.374	0.478	150	0.159	0.208
12	0.532	0.661	27	0.367	0.470	200	0.138	0.181
13	0.514	0.641	28	0.361	0.463	300	0.113	0.148
14	0.497	0.623	29	0.355	0.456	400	0.098	0.128
15	0.482	0.606	30	0.349	0.449	1000	0.062	0.081

附表 2　　　　　　　　　　　　　　　　t 分布临界值表

$\frac{\lambda\quad\alpha}{n}$	0.10	0.05	0.01	$\frac{\lambda\quad\alpha}{n}$	0.10	0.05	0.10
1	6.314	12.706	63.657	18	1.734	2.101	2.878
2	2.920	4.303	9.925	19	1.729	2.093	2.861
3	2.353	3.182	5.481	20	1.725	2.086	2.845
4	2.132	2.776	4.604	21	1.721	2.080	2.831
5	2.015	2.571	4.032	22	1.717	2.074	2.819
6	1.943	2.447	3.707	23	1.714	2.069	2.807
7	1.895	2.365	3.499	24	1.711	2.064	2.797
8	1.860	2.306	3.355	25	1.708	2.060	2.787
9	1.833	2.626	3.250	26	1.706	2.056	2.779
10	1.812	2.228	3.169	27	1.703	2.052	2.771
11	1.796	2.201	3.106	28	1.701	2.048	2.763
12	1.782	2.179	3.055	29	1.699	2.045	2.756
13	1.771	2.160	3.012	30	1.697	2.042	2.750
14	1.761	2.145	2.977	40	1.684	2.021	2.704
15	1.753	2.131	2.947	60	1.671	2.000	2.660
16	1.746	2.120	2.921	120	1.658	1.980	2.617
17	1.740	2.110	2.898	∞	1.645	1.960	2.576

注：n 为自由度；λ 为临界值 $p\{|t| > \lambda\} = \alpha$。

附表3　　　　　　　　　　　　　**F 分布临界值表（α = 0.05）**

n_2＼n_1	1	2	3	4	5	6	7	8	12	24	∞
1	161.4	199.5	215.7	224.6	230.2	234.0	236.8	238.9	243.9	249.1	254.3
2	18.5	19.0	19.2	19.2	19.3	19.3	19.4	19.4	19.4	19.5	19.5
3	10.1	9.55	9.28	9.12	9.01	8.94	8.89	8.85	8.74	8.64	8.53
4	7.71	6.94	6.59	6.39	6.26	6.16	6.09	6.04	5.91	5.77	5.63
5	6.61	5.97	5.41	5.19	5.05	4.95	4.88	4.82	4.68	4.53	4.36
6	5.99	5.14	4.76	4.53	4.39	4.28	4.21	4.15	4.00	3.84	3.67
7	5.59	4.74	4.35	4.12	3.97	3.87	3.79	3.73	3.57	3.41	3.23
8	5.32	4.46	4.07	3.84	3.69	3.58	3.50	3.44	3.28	3.12	2.93
9	5.12	4.26	3.86	3.63	3.48	3.37	3.29	3.23	3.07	2.90	2.71
10	4.96	4.10	3.71	3.48	3.32	3.22	3.14	3.07	2.91	2.74	2.54
11	4.84	3.98	3.59	3.36	3.20	3.09	3.01	2.95	2.79	2.61	2.40
12	4.75	3.89	3.49	3.26	3.11	3.00	2.91	2.85	2.69	2.51	2.30
13	4.67	3.81	3.41	3.18	3.03	2.92	2.83	2.77	2.60	2.42	2.21
14	4.60	3.74	3.34	3.11	2.96	2.85	2.76	2.70	2.53	2.35	2.13
15	5.54	3.68	3.29	3.06	2.90	2.79	2.71	2.64	2.48	2.29	2.07
16	4.49	3.63	3.24	3.10	2.85	2.74	2.66	2.59	2.42	2.24	2.01
17	4.45	3.59	3.20	2.96	2.81	2.70	2.61	2.55	2.38	2.19	1.96
18	4.41	3.55	3.16	2.93	2.77	2.66	2.58	2.51	2.34	2.15	1.92
19	4.38	3.52	3.13	2.90	2.74	2.63	2.54	2.48	2.31	2.11	1.88
20	4.35	3.49	3.10	2.87	2.71	2.60	2.51	2.45	2.28	2.08	1.84
21	4.32	3.47	3.07	2.84	2.68	2.57	2.49	2.42	2.25	2.05	1.81
22	4.30	3.44	3.05	2.82	2.66	2.55	2.46	2.40	2.23	2.03	1.78
23	4.28	3.42	3.03	2.80	2.64	2.53	2.44	2.37	2.20	2.01	1.76
24	4.26	3.40	3.01	2.78	2.62	2.51	2.42	2.36	2.18	1.98	1.73
25	4.24	3.39	2.99	2.76	2.60	2.49	2.40	2.34	2.16	1.96	1.71
26	4.23	3.37	2.98	2.74	2.59	2.47	2.39	2.32	2.15	1.95	1.69
27	4.21	3.35	2.96	2.73	2.57	2.46	2.37	2.31	2.13	1.93	1.67
28	4.20	3.34	2.95	2.71	2.56	2.45	2.36	2.29	2.12	1.91	1.65
29	4.18	3.33	2.93	2.70	2.55	2.43	2.35	2.28	2.10	1.90	1.64
30	4.17	3.32	2.92	2.69	2.53	2.42	2.33	2.27	2.09	1.89	1.62
40	4.08	3.23	2.84	2.61	2.45	2.34	2.25	2.18	2.00	1.79	1.51
60	4.00	3.15	2.76	2.53	2.37	2.25	2.17	2.10	1.92	1.70	1.39
120	3.92	3.07	2.68	2.45	2.29	2.17	2.09	2.02	1.83	1.61	1.25
∞	3.84	3.00	2.60	2.37	2.21	2.10	2.01	1.94	1.75	1.52	1.00

注：表中 n_1 是第一自由度（分子的自由度）；n_2 是第二自由度（分母的自由度）；λ 是临界值，$P(F > \lambda) = \alpha = 0.05$。

主要参考书目

1. 车礼、高广礼编著：《市场预测与管理决策》，中国人民大学出版社，1995 年版。

2. 胡玉立、杜莹芬、陈迈利编著：《经营决策与市场研究》，中国华侨出版公司，1991 年版。

3. 黄孟藩编：《管理决策概论》，中国人民大学出版社，1982 年版。

4. ［美］赫伯特·A. 西蒙著：《管理决策新科学》，中国社会科学出版社，1982 年版。

5. 叶树滋编：《市场调查与商情预测》，中央广播电视大学出版社，1985 年版。

6. 何国栋编著：《市场预测方法一百种》，广东科技出版社，1987 年版。

7. ［美］M.H. 艾杰、R.E. 勒、P.E. 特迦逊著：《管理决策的定量分析》，机械工业出版社，1983 年版。

8. 中国人民大学管理系统工程教研室编著：《管理系统工程教程》，经济科学出版社，1987 年版。

9. 玄兆国、赵军编著：《情报分析与预测》，科学技术文献出版社，1988 年版。

10. 方爱群、孙亮编著：《企业经营风险决策》，安徽人民出版社，1990 年版。

11.《运筹学》试用教材编写组编著：《运筹学》，清华大学出版社，1982 年版。

12. 冯文权编著：《经济预测与经济决策技术》，武汉大学出版社，1983 年版。

13. 郑人权著：《预测学原理》，中国统计出版社，1988 年版。

14. 程漫江主编：《商业企业经营学》，人民日报出版社，1988 年版。

15. ［日］OR 演习部会编：《初等运筹学教程》，机械工业出版社，1987 年版。

16. ［美］小杰克·伯特、L. 特德·穆尔著：《管理决策模型》，商务印书馆，1992 年版。

17. ［英］罗伯特、海勒著：《现代企业的成功管理》，中国经济出版社，1992 年版。

18. 张尚仁著：《现代决策方法学》，山东人民出版社，1989 年版。

19. ［日］长泽良哉著：《盈亏临界分析例解》，中国经济出版社，1988 年版。

20. 宋雅龄、冯丽云、衡凤玲编著：《市场调查预测指南》，化学工业出版社，1993 年版。

21. 邝鸿主编：《现代市场营销大全》，经济管理出版社，1992 年 5 月版。

22. 胡玉立主编：《企业预测与决策》，中国财政经济出版社，1995 年版。

23. 王春利主编：《现代市场预测》，首都经贸大学出版社，1996 年版。

24. 郭国庆、李先国、牛海鹏主编：《推销员职业技能培训鉴定教材》，中央广播电视大学出版社，1999 年 8 月版。

25. 徐金发著：《市场调查预测》，杭州大学出版社，1993 年版。

26. 彭代武、陈涛主编：《市场调查·商情预测·经营决策》，经济管理出版社，1996 年版。

27. 王静主编：《现代市场调查》，北京经济学院出版社，1996 年版。

28. 樊志育著：《市场调查》，上海人民出版社，1995 年版。

29. 闵建蜀、游汉明著：《市场研究·基本方法》，中文大学出版社，1979 年版。

30. 颜日出、孙静娟主编：《经济预测理论与方法》，广西人民出版社，1991 年版。

31. 庞晓波、陈守东编著：《经济预测与决策》，吉林大学出版社，1990 年版。

32. 侯文超著：《经济预测——理论方法及应用》，商务印书馆，1993 年版。

33. 黄良文主编：《社会经济统计学原理》，中国统计出版社，1996 年 12 月版。

34. 黄升民、黄京华、王冰著：《广告调查》，中国物价出版社，1997 年版。

35. 刘德寰主编、沈浩副主编：《现代市场研究》，高等教育出版社，2005 年 6 月版。

36. 李少华、雷培莉编著：《市场调查与数据分析》，经济管理出版社，2001 年 1 月版。

37. 陆军、周安柱、梅清豪编著：《市场调研》，电子工业出版社，2003 年 1 月版。

38. ［美］小卡尔·麦克丹尼尔（Carl McDaniel, Jr.）、罗杰·盖兹（Roger Gates）著，范秀成等译：《当代市场调研》，机械工业出版社，2000 年 6 月版。

39. ［美］西摩·萨德曼、爱德华·布莱著，宋学宝等译：《营销调研》，华夏出版社，2004 年 1 月版。

40. ［美］William G. Zikmund 著，吕晓娣、史锐译：《营销调研精要》，清华大学出版社，2004 年 2 月版。

41. ［美］Naresh K. Malhotra 著，涂平等译：《市场营销研究——应用导向》（第 3 版），电子工业出版社，2002 年 10 月版。

42. 魏炳麒主编：《市场调查与预测》（第二版），东北财经大学出版社，2002 年 1 月版。

43. 陈祝平编著：《市场调研分析》，上海大学出版社，2004 年 3 月版。

44. William F. Arens, Contemporary Advertising（Ninth Edition），Published by Mc Garw-Hill/Irwin 2004.

45. 冯丽云主编：《现代市场营销学》，经济管理出版社，2008 年 1 月版。

46. 范云峰编著：《市场营销实战》，中国经济出版社，2002 年 8 月版。